QC小组活动常用质量工具解析及运用案例

吴文广 著

中国纺织出版社有限公司

内 容 提 要

本书从质量工具的基本概念出发,在简要说明统计数据和统计方法的基础上,结合开展QC小组活动的实际需求,重点介绍了"相关分析""回归分析""方差分析"和"过程能力分析"4种数理统计方法,以及"老QC七种工具""新QC七种工具"和"其他QC工具"等22种质量工具(QC工具),并针对每一种质量工具从工具介绍、基本程序、应用案例和注意事项四个方面进行详细阐述,使读者真正了解和掌握质量工具,并通过"正确、适宜、有效、真实"地运用质量工具去解决QC小组活动中的质量改进问题。

本书通俗易懂,简明实用,适合QC小组成员(尤其是初次接触QC小组活动的员工)作为开展课题活动和编写成果报告的工具手册参考使用,也可作为企业员工、班组长、质量管理人员、QC小组活动专职管理人员以及各行业希望了解QC小组活动常用质量工具的相关人员作为普及教材阅读、学习和借鉴。

图书在版编目(CIP)数据

QC小组活动常用质量工具解析及运用案例 / 吴文广著. --北京:中国纺织出版社有限公司,2023.6(2025.3重印)
ISBN 978-7-5229-0606-5

Ⅰ.①Q… Ⅱ.①吴… Ⅲ.①企业管理—质量管理
Ⅳ.①F273.2

中国国家版本馆CIP数据核字(2023)第091185号

责任编辑:史 岩 责任校对:高 涵 责任印制:储志伟

中国纺织出版社有限公司出版发行
地址:北京市朝阳区百子湾东里A407号楼 邮政编码:100124
销售电话:010—67004422 传真:010—87155801
http://www.c-textilep.com
中国纺织出版社天猫旗舰店
官方微博http://weibo.com/2119887771
北京虎彩文化传播有限公司印刷 各地新华书店经销
2023年6月第1版 2025年3月第6次印刷
开本:710×1000 1/16 印张:23.5
字数:390千字 定价:99.90元

凡购本书,如有缺页、倒页、脱页,由本社图书营销中心调换

前　言

随着管理科学化与现代化的应用实践日趋成熟，尤其是质量工具应用程式化和简易化的探索实践逐步深入，越来越多样的现代科学方法（系统工程、经济学、管理学、运筹学、统计学等）渗透到 QC 小组活动的具体实践中，越来越广泛的工具应用场景充实到 QC 小组活动常用质量工具的丰富内涵中，通过正确运用质量工具科学、经济、有效地解决质量改进问题逐渐成为员工的基本技能和行为习惯，极大地方便了各岗位员工围绕组织的经营战略、方针目标和现场存在的问题自主开展持续不断的群众性质量改进活动。

为帮助读者更好地了解 QC 小组活动中常用质量工具的基本概念和运用方法，本书结合笔者十多年来在 QC 小组活动理论研究、课题实践、活动指导和成果评审方面的个人体会，参阅大量专业文献和成果案例，在简要介绍统计数据和统计方法基本概念的基础上，挑选了"相关分析""回归分析""方差分析""过程能力分析""老 QC 七种工具""新 QC 七种工具"和"其他 QC 工具"等 22 种 QC 小组活动中最常用的数理统计方法和质量工具进行系统阐述和案例说明，使读者通过本书的学习，能系统了解常用质量工具的基本概念、运用程序和适用场景，真正学会和掌握质量工具和统计方法，并通过"正确、适宜、有效、真实"地运用质量工具和统计方法去解决 QC 小组活动中的质量改进问题。同时，为帮助读者更深刻领会"通过计算机最大限度简化质量工具运用"的指导思想，并对于如何贯彻这一思想建立更直观的感性认识，本书还专门介绍了笔者针对部分统计方法和质量工具开展的"Excel 软件辅助简化"和"VBA代码辅助简化"两方面的探索实践。与同类著作相比，本书的特色在于融入了笔者的实践体会和原创思考，重点突出方法论的应用和具体案例的说明，所有22个质量工具均有笔者原创的应用案例说明。

感谢学术界和产业界所有QC小组活动参与者以各种形式分享他们的智慧、灵感和经验，感谢中国移动为笔者实现个人成长提供广阔舞台。

笔者在本书编写过程中虽然尽了最大努力，但由于理论水平和实践能力有限，某些知识点的理解可能存在偏差，某些个人解读未必就是真理，书中难免存在不少欠妥甚至错误之处，欢迎广大读者提出宝贵批评意见，笔者会根据后续再版和重印的需要逐步完善这本书。

吴文广

2023年4月4日于浙江金华

目 录

1 质量管理与质量工具

1.1 质量管理 ………………………………………………… 2
1.2 质量管理中的质量工具 …………………………………… 7
1.3 QC 小组活动常用的质量工具 …………………………… 11
1.4 QC 小组活动中运用质量工具的必要性 ………………… 14
1.5 运用质量工具的基本思路和方法 ………………………… 15
1.6 运用质量工具的指导思想 ………………………………… 17

2 统计数据

2.1 认识统计数据 ……………………………………………… 31
2.2 统计数据的收集 …………………………………………… 34
2.3 统计数据的抽样 …………………………………………… 35
2.4 统计数据的特征值 ………………………………………… 38
2.5 统计数据的分布 …………………………………………… 44

3 统计方法

3.1 概述 ………………………………………………………… 66
3.2 相关分析 …………………………………………………… 73
3.3 回归分析 …………………………………………………… 84
3.4 方差分析 …………………………………………………… 93
3.5 过程能力分析 ……………………………………………… 100

4 老 QC 七种工具

4.1 调查表（检查表/核对表） ………………………………… 132

4.2 数据分层法（层别法/分类法/分组法） 139
4.3 排列图（帕累托图） 142
4.4 因果图（石川图/鱼骨图） 154
4.5 散布图 160
4.6 直方图 174
4.7 控制图（管理图） 190

5 新 QC 七种工具

5.1 系统图（树图） 219
5.2 关联图 223
5.3 亲和图 229
5.4 过程决策程序图（PDPC 图） 233
5.5 矩阵图 237
5.6 矩阵数据分析法 241
5.7 箭条图 251

6 其他 QC 工具

6.1 头脑风暴法 262
6.2 水平对比法（标杆管理） 268
6.3 优选法 273
6.4 正交试验设计法 289
6.5 价值工程法 322
6.6 5W1H 分析法 334
6.7 流程图 339
6.8 简易图表 343

参考文献 357
附录 358

1　质量管理与质量工具

　　质量管理，是在一定的技术经济条件下，为保证和提高产品质量所进行的一系列经营管理活动的总称，其主要内容包括质量方针、质量策划、质量目标、质量控制、质量保证和质量改进。本质上，质量管理是一种持续不断实施质量改进的循环活动，是一个周而复始、不断进步的过程。

　　质量工具，顾名思义，是质量管理中用来分析问题并支持解决问题的工具，通常称为质量管理工具（质量管理方法与工具），是在开展质量管理活动过程中，用于收集和分析质量数据，分析和确定质量问题，控制和改进质量水平的管理手段或方法，其主要作用在于通过规范使用、简化操作、开拓思路、提升效率等途径解决质量方面存在的问题和不断改进现有过程。本质上，质量工具是具体实施质量改进的一系列经过整理和程序化处理的科学方法。

1.1 质量管理

1.1.1 认识质量管理

18世纪末工业革命后，随着机器生产的广泛普及，工业化大批量生产催生了工业化时代现代意义上的质量管理，过去的一个多世纪，现代质量管理经历了质量检验、统计质量控制和全面质量管理三个阶段。

1.1.1.1 质量管理的定义

为充分满足顾客和所有相关方的需求，对质量形成过程实施的管理性质活动，称为质量管理。根据国际标准化组织（ISO）在 ISO 9000：2015《质量管理体系基础和术语》中的定义：质量管理是"关于质量的指挥和控制组织的协调活动"，它包括"制定质量方针和质量目标，为实现质量目标实施的质量策划、质量控制、质量保证和质量改进等活动"。

全面质量管理是在传统的质量管理基础上，随着科学技术的发展和经营管理上的需要发展起来的现代化质量管理，是一整套以质量为中心的先进质量管理理念和方法的集合，代表了当前质量管理发展的最新阶段。全面质量管理强调以质量为中心，以全员参与为基础，关注质量形成全过程的管理，综合运用各种管理方法和手段，致力于让顾客满意和本组织所有成员及社会受益。质量管理从质量检验和统计质量管理逐步发展成全面质量管理，这标志着从单纯强调符合标准要求的狭义质量（产品）的管理转向了符合标准并满足顾客和所有相关方要求的广义质量（产品、服务、过程等）的管理；从专职人员的管理转向了全员参与的管理；从生产过程的管理转向了产品实现全过程的管理；从单纯运用统计方法的管理转向了综合运用经营管理、专业技术、数理统计等多种科学方法的管理。

基于质量管理专家的理论研究和成功组织的管理实践，全面总结质量管理活动的基本特点和客观规律，形成了全面质量管理的七项基本原则❶：以顾客为关注焦点；领导作用；全员积极参与；过程方法；改进；询证决策；关系管理，如图 1-1 所示。

---

❶ 根据当前最新版本《质量管理体系—要求 ISO 9001：2015》描述的全面质量管理七大原则中，在《质量管理体系—要求 ISO 9001：2008》的质量管理八大原则基础上删减了"系统管理方法"一项，其他七项内容框架没变。

1 质量管理与质量工具

以顾客为关注焦点	领导作用	全员积极参与	过程方法	改进	询证决策	关系管理
全面质量管理关注"充分满足顾客和所有相关方的要求",组织应把顾客的需求和期望放在首位,充分理解顾客当前和未来需求,满足顾客需求并努力超越顾客的期望	最高管理者应发挥领导作用,通过建立质量方针和质量目标,并创造全体员工积极参与实现质量目标的条件,将质量方针和质量目标落实到组织的各个层次,让全体员工正确理解并高效执行	重视人的因素,通过表彰、授权、教育培训和知识共享,尊重员工的个人贡献,挖掘员工的创造潜能,提升员工的质量意识,增长员工的个人才干,积极主动参与到实现质量目标的过程中去	全面质量管理需要通过一系列相互关联的基本过程实现,系统识别并管理每一个基本过程,以及各个过程之间的相互作用,可以更高效地得到预期结果	随着社会生产力的不断发展,顾客的需求和期望也在不断地变化之中,为持续满足顾客的要求,应开展持续的质量改进	基于事实、证据和数据分析做出判断,有助于保证质量决策的客观性和有效性,全面质量管理强调根据事实、证据和数据分析进行决策并采取措施	所有相关方都会对质量目标的实现产生影响,组织应通过互利共赢的原则管理与所有相关方的关系,尽可能发挥相关方的积极作用

图 1-1 全面质量管理的七项基本原则

1.1.1.2 质量管理的理论体系

现代质量管理经历了质量检验、统计质量控制和全面质量管理三个发展阶段,包括质量方针、质量策划、质量目标、质量控制、质量保证和质量改进六项基本活动。美国质量管理专家阿曼德·费根堡姆(Armand Vallin Feigenbaum)于1961年在其《全面质量管理》一书中首次提出全面质量管理的概念以后,质量问题开始作为一个有机整体进行系统研究,以"全员、全过程、全方位和多方法"为特征的管理理念在全球范围内得到广泛认可,并在长期的应用实践中不断丰富和发展,形成了一套以全面质量管理为理论框架,以 ISO 9000 质量管理体系、卓越绩效管理、六西格玛管理、精益管理、QC 小组活动❶等方法为具体实施手段的现代化质量管理理论体系,如图 1-2 所示。

1.1.1.3 朱兰质量管理"三部曲"

质量管理包含以合理成本提高质量,充分满足顾客和相关需求而进行的质量方针、质量策划、质量目标、质量控制、质量保证和质量改进等一系列管理性质活动。基于普遍适用和简洁明晰的考虑,朱兰博士在他的论文《质量"三部曲"》中提出了"质量三元论"的观点,将质量管理的一系列活动概括为三个普遍过程:质量策划、质量控制和质量改进,每个过程都由一套固定的执行程序来实现,这就是著名的"朱兰质量管理'三部曲'",如

---

❶ 根据 T/CAQ 10201—2020《质量管理小组活动准则》的基本定义,QC 小组(质量管理小组)是"由生产、服务及管理等工作岗位的员工自愿结合,围绕组织的经营战略、方针目标和现场存在的问题,以改进质量、降低消耗、改善环境、提高人的素质和经济效益为目的,运用质量管理理论和方法开展活动的团队"。

图1-3所示。

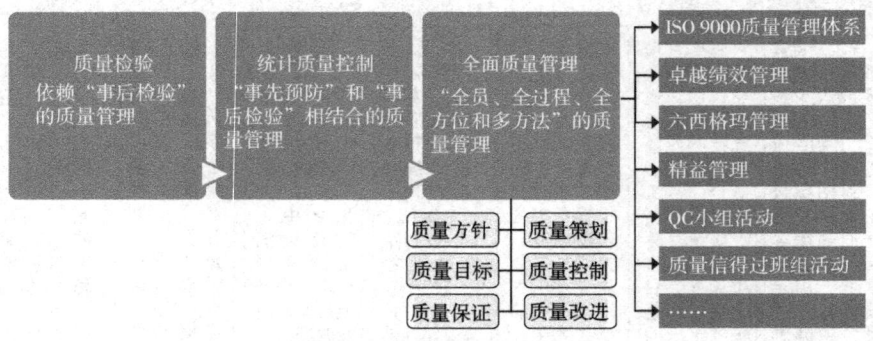

图1-2 质量管理的理论体系

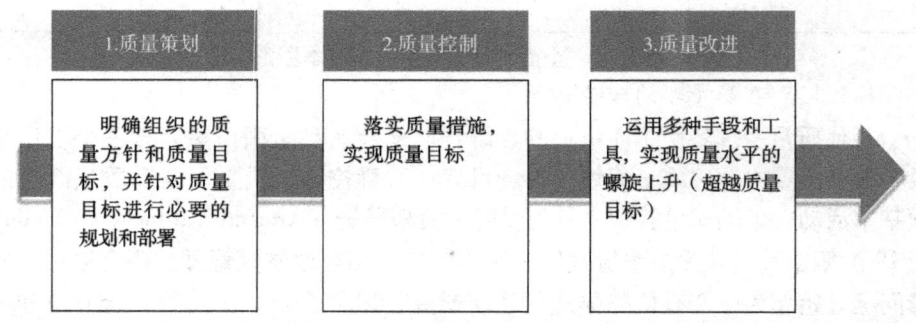

图1-3 朱兰质量管理"三部曲"

1.1.1.4 质量管理的工作程序

科学的管理需要遵循科学的工作程序,质量管理的工作程序基于"策划(Plan)—实施(Do)—检查(Check)—处置(Act)"四阶段的管理循环(简称"PDCA循环")❶,即策划阶段(P)根据顾客要求和组织方针制订质量计划,实施阶段(D)按照计划去实施,检查阶段(C)确认计划的实施情况和效果,处置阶段(A)进行实施完成后的总结处理(成功的纳入标准,不成功的转入下一轮PDCA循环),如图1-4所示。PDCA循环作为质量管理的科学方法,适用于其内部的各项管理活动,质量管理的全过程,本质上就是按照PDCA循环不断运转,持续改进的过程。

---

❶ PDCA循环是质量管理应遵循的科学程序,具有"大小循环"和"循环上升"的特点,广泛适用于包括质量管理在内的一切循序渐进和持续改善的管理工作,由美国质量管理专家沃特·阿曼德·休哈特(Walter A. Shewhart)首先提出,并在戴明的推广努力下得以普及,所以又称戴明环。

1 质量管理与质量工具

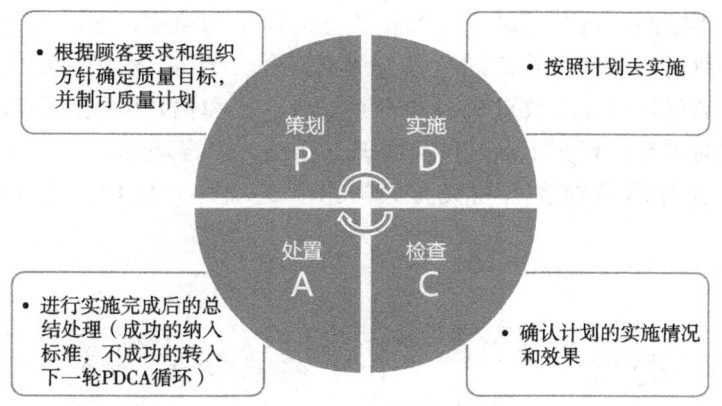

图 1-4 质量管理的 PDCA 循环

1.1.2 质量改进

质量改进是质量管理的一部分，是为持续满足甚至超越顾客和相关方的需求和期望，在整个组织范围内所采取的实现持续质量提升的所有活动措施，致力于增强满足质量要求的能力，通过采取各种有效措施消除系统性问题，基于现有质量水平实现持续的质量提升。

关注过程控制的质量控制（解决存在的质量问题）和关注过程改进的质量改进（不断寻找改进机会并持续提升质量水平）是质量管理的两类基本活动。质量控制致力于满足质量要求，重点是防止差错或问题的发生，将质量维持在一定的水平之上（维持现有的质量），质量改进致力于持续实现质量提升，通过积极寻求改进机会并不断采取纠正和预防措施实施改进活动，基于现有质量水平以合理成本实现持续的质量提升（超越现有的质量），在不断追求更高质量目标的过程中持续满足甚至超越顾客和相关方的需求和期望。质量控制是质量改进的前提，是临发的间断过程，是临时性和阶段性工作，质量改进是质量控制的发展方向，是渐进的持续过程，是长期性和日常性工作，质量管理基于稳定的质量控制结果（受控状态）持续实施质量改进活动，不断提高质量水平，如图 1-5 所示。

无论是基于国际标准化组织的经典定义，还是基于朱兰质量管理"三部曲"的科学总结，质量管理的所有活动内容最终都需要落实到质量控制和质量改进的具体实施上，而质量控制只是开展质量改进的基础前提和中间过程（完成暂时性的质量控制后必然进入常态化的质量改进），质量改进活动作为一个渐进的、持续的、日常的、"永无止境"的工作，涉及质量管理的全过程。因此，基于 PDCA 循环开展质量管理活动，满足质量要求并持续提升质量水平，不断满足甚至超越顾客和相关方的需求和期望，核心内容是开展持续的质量改进，即针对既定的范围与对象，全员参与，运用一定的质量工具与方法，通过积极寻求改进机会并不断采取纠正和预防措施，以项目管理的科学方式对现有过程实施渐进的持续改进活动，以合理成本（"最经济的水平"和"充分满足顾客和相关方的需求"的统一）实现质量水平的持续提升。

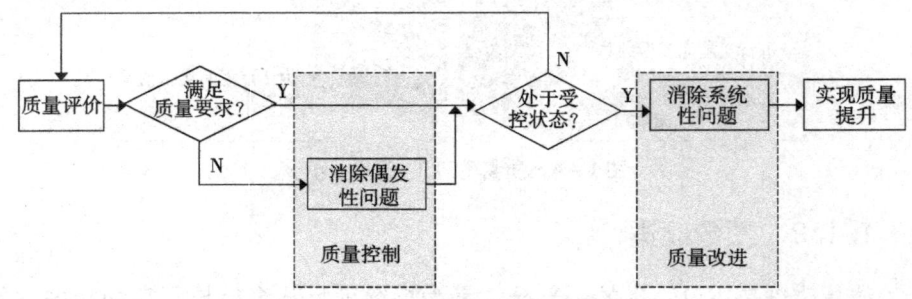

图1-5 质量控制与质量改进

1.1.2.1 质量改进的工作程序

通过开展持续的质量改进不断满足甚至超越顾客和相关方的需求和期望是质量管理的基本特点。质量改进作为质量管理的重要活动内容，同样遵循"PDCA 循环"的基本工作程序，循环上升，持续改善，具体概括为"四个阶段，七个步骤"：策划阶段（Plan）：识别和确定改进机会；调查把握现状；分析问题原因；制订对策计划。实施阶段（Do）：实施对策计划。检查阶段（Check）：确认改进效果。处置阶段（Act）：巩固和分享改进成果，如图1-6所示。

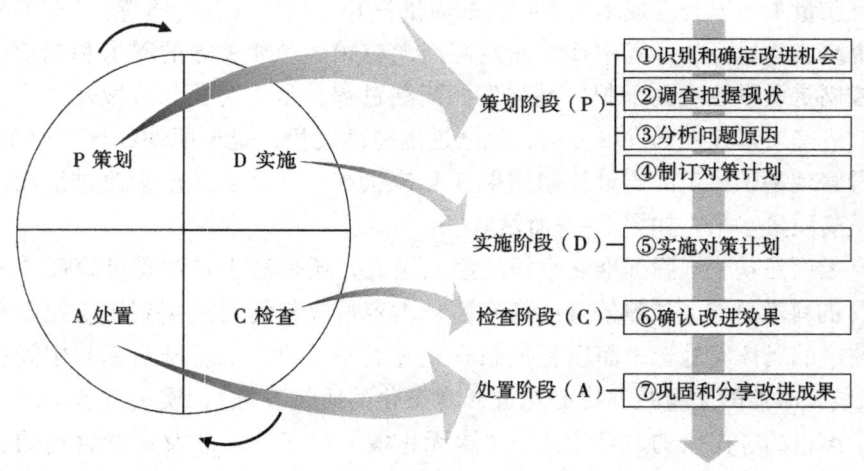

图1-6 质量改进的工作程序

1.1.2.2 质量改进的开展形式

质量改进的开展形式包括（与质量有关的）劳动竞赛、合理化建议、技术革新、质量信得过班组活动、QC小组活动和六西格玛小组活动等，如图1-7所示。根据质量改进的参与主体，分为个人参与改进（与质量有关的劳动竞赛、合理化建议、技术革新等）和团队参与改进（质量信得过班组活动、QC小组活动、六西格玛小组活动等）；根据质量改进的推动方式，分为群众性的质量改进活动（与质量有关的劳动竞赛、合理化建议、技术革新、质量信得过班组活动、QC小组活动等，通常以员工自我管理为主，自下而上的方式推进）和管理层主导的质量改进活动（六西格玛小组活动等，通常由管理层主导，自上而下的方式推进）。企业应积极引导并组织员工开展多种形式的质量改进活动，实现持续质量改进。

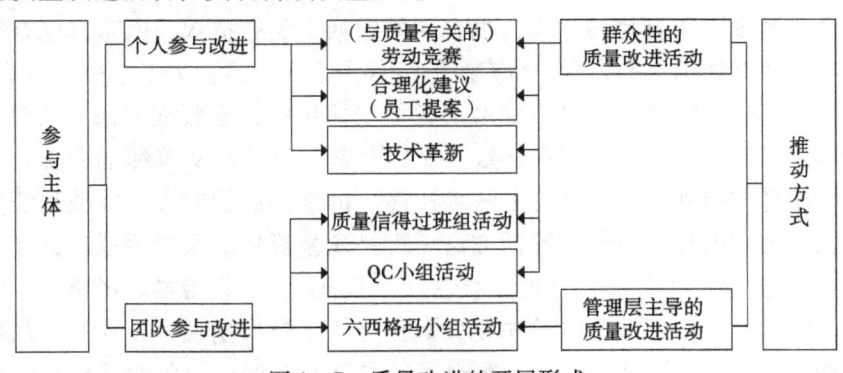

图1-7 质量改进的开展形式

1.2 质量管理中的质量工具

1.2.1 认识质量工具

当我们面临需要完成的工作（需要解决的问题）时，常常会思考是否可以通过运用工具简化过程，提高效率。比如，工人用挖土机（工具）开挖土方，农民用抽水机（工具）灌溉农田，作家用Office软件（工具）撰写小说，使用工具的场景几乎无处不在。

现代质量管理近百年的发展史，关于各种质量工具在质量管理领域的应用实践一直是备受关注的主题。具体实施质量管理过程中，为了高效解决质量方面存在的问题和不断改进现有过程，通常会将某些依据一定的科学理论或相关学科知识建立的分析问题的方法进行整理和程序化处理，作为在一定范围内具有普遍适用性的质量工具，这些工具主要包括质量管理五大工具（统计过程控制 SPC、测量系统分析 MSA、失效模式和效果分析 FMEA、产品质量先期策划 APQP、生产件批准程序 PPAP），老 QC 七种工具，新 QC 七种工具以及其他 QC 工具等，管理者通过正确、恰当地运用质量工具，有助于实现质量管理具体实施过程的模式化、通俗化、图表化、系统化、细节化，保证质量决策的客观性，提高质量管理工作的科学性和有效性。

1.2.1.1 质量工具的定义

质量工具，是在质量管理的基本原理指导下，通过成功管理实践的经验积累总结出来的能科学地且经济有效地解决质量问题的通用方法与技术。

随着社会生产力的发展，以及人类对质量认知的不断深入，影响质量的因素越来越多，既有物的因素，也有人的因素；既有技术的因素，也有管理的因素；既有组织内部因素，也有组织外部干系人因素。为了准确把握事实，客观做出判断，需要广泛灵活地运用各种现代化的科学管理方法。同时，质量管理强调基于客观事实和真实数据做出判断和决策，从单纯运用统计方法的统计质量控制到强调"管理方法多样性"的全面质量管理，以数理统计和随机抽样为理论基础的传统统计方法一直是质量管理的重要手段。此外，在当前大数据❶背景下的质量管理实践中，除了统计学、运筹学、经济学、管理学等传统学科外，还涉及非结构化大数据分析、数据挖掘、云计算、数据计算智能等新兴学科。因此，基于客观事实和真实数据运用各种现代化的科学管理方法（包括应用各种统计方法❷）开展质量管理活动，往往需要面对许多复杂的逻辑分析、数据统计、数值计算、变量解析等专业知识，导致大多数没有专业学科基础的普通员工无法参与到质量管理的实践活动中。

通过对某些长期成功的管理实践进行整理和程序化处理，将晦涩深奥的专业学科基础理论融入普遍适用的方法论中，屏蔽基础理论，简化操作过程，形成可以程序化使用的质量工具，便于大多数人理解和使用，使不具备专业

---

❶ 大数据，是指具有海量数据规模、快速数据流转、多样数据类型、全面数据信息和较低价值密度等特征的数据，主要以非结构化数据为主，通常无法采用以随机抽样为特征的传统统计方法进行数据分析。

❷ 统计方法是指一切涉及量化分析的数据决策方法，包括以随机抽样和数理统计为理论基础的各种传统统计方法（主要考察结构化数据和样本数据）和以大数据时代全数统计（主要考察非结构化数据和总体数据）为主要特征的各种现代统计方法，比如大数据挖掘和云计算等。鉴于篇幅限制，尤其是笔者对现代统计方法尚缺乏必要的了解，本书仅讨论结构化数据相关的传统统计方法。

学科基础知识的普通员工不必再费力学习掌握这些工具所依据的理论知识就能正确地掌握运用并取得预期效果。例如，用于质量问题原因分析的因果图，用于判断过程是否受控的控制图，用于寻找关键症结的排列图，用于确认数据之间相关性的散布图等，这些质量工具能通过简单的操作解决复杂的质量问题，既有科学性，也有实用性，方便多数普通员工掌握和使用。通过正确、恰当地运用质量工具实施质量改进，有助于以事实为依据，用数据说话，基于事实（信息）、证据和数据分析对质量现状做出判断，基于调查、整理、分析、归纳、验证、评价的结果进行决策并采取措施，规避经验判断和主观决策的风险，同时，也有助于降低质量管理的门槛，提高质量管理的效率，在把握问题现状、找出关键症结、防范项目风险、把控项目进展、开拓解决思路等方面通常能产生事半功倍的效果。

1.2.1.2 质量工具的分类

质量工具按工具用途不同可分为"定量分析工具"和"定性分析工具"；按应用场景不同可分为"过程分析工具""数据采集工具""数据整理与分析工具""评价和判断工具""原因分析工具""确定解决方案工具"及"过程控制工具"；按数据类型不同可分为"数字资料的质量工具"（统计类）和"非数字资料的质量工具"（非统计类），等等，不同的工具分类方法只是不同的人看问题的角度差异，读者可以结合个人情况灵活掌握和运用。笔者结合十多年来开展QC小组活动的实践体会和个人思考，倾向于认为根据工具用途分类更适合读者在具体开展QC小组活动的实践中灵活运用和选择，因此，将质量工具概括为"统计型质量工具"和"思维型质量工具"两大类。

①统计型质量工具，基于客观事实和真实数据做出判断和决策，要求我们通过对客观现象的数量特征和数量关系开展定量与定性相结合的分析研究，认识和揭示客观现象间的相互关系、变化规律和发展趋势，进而做出合理的推断和预测，为相关决策提供依据和参考。统计型质量工具以统计数据（计量和计数数据）为基础，以统计方法（传统和现代统计方法）为手段，通过收集、整理、分析和解释统计数据，研究质量分布规律、质量影响因素等，并从中得出科学结论，强调通过统计分析解决科学决策的问题，如排列图、散布图、优选法、水平对比法等。随着人们对定量研究的日益重视，统计型质量工具已被广泛应用于社会科学和自然科学的众多学科领域。

②思维型质量工具，进入全面质量管理时代，质量管理已经从单纯运用统计方法的管理转向了综合运用现代思维科学、系统工程、经济学、管理学、运筹学、统计学等多种科学方法的管理，运用系统分析的观点认识质量问题，高效解决质量方面存在的问题和不断改进现有过程，仅靠统计型质量工具是

不够的，还应结合质量管理的具体实践，综合运用各种思维型质量工具。

思维型质量工具以各种语言文字资料为基础，以各种图表为表现手段，通过讨论、整理、归纳和思辨等方式形成正确的或建设性的意见、观点和方案，激发创新思维，整理问题思路，明确问题方向，侧重于通过逻辑思考的方式帮助建立解决质量问题的思路，如系统图、关联图、因果图、过程决策程序图❶等，主要应用在PDCA管理循环的策划环节活动中。

1.2.2 基于全面质量管理的质量工具变革趋势

质量工具作为质量管理领域中的实施质量改进的重要手段，是便捷高效实现组织产品、服务、过程、体系等客体的质量水平提升必不可少的科学方法。随着质量管理学科的发展及"大质量观"的出现，尤其是2010开始"大数据时代"的到来，质量工具的内涵和应用等方面发生了深刻变革。

1.2.2.1 实现手段多元化

管理科学化与现代化的应用实践日趋成熟，基于全面质量管理"管理方法多样性"的理念，所有有利于提高质量的科学管理方法及手段均被纳入质量管理活动中，质量工具已经不局限于以数理统计和随机抽样为理论基础的传统统计方法，除了"老QC七种工具""新QC七种工具"以及其他QC工具，多种科学管理方法、工具及一些系统化改进模式共同构成了质量工具的全新内涵。

1.2.2.2 应用领域扩大化

基于全面质量管理"全过程""全方位"的管理思路，同时由于大质量观的不断丰富和卓越绩效评价准则以及质量奖的全面推行，质量管理从产品、服务、工程领域逐步延伸到了环境、职业健康和安全、能源、信息等领域，尤其是随着大数据技术❷特别是信息技术的飞速发展，"大数据"广泛渗入人类社会生活的方方面面，移动互联、数据挖掘、云计算等技术相继进入质量管理领域，传统的质量管理工具（方法）在各领域、各行业中与其他领域的管理工具（方法）相互借鉴及融合，并不断得到实践和深入，工具内涵不断丰富，应用领域不断扩大。

---

❶ 过程决策程序图，简称PDPC图，是为了完成某个任务或达成某个目标，在制订行动计划或进行方案设计时，预测可能出现的障碍和结果，并相应地提出多种应变计划的一种方法，又称重大事故预测图法。

❷ 大数据技术是当今社会发展的新概念，其主要针对海量数据进行采集、分析、处理和应用，确保海量数据可以表现出更强的应用价值。

1.2.2.3 使用人员普及化

全面质量管理强调全员参与质量管理，质量工具作为有效实施质量改进的方法论及重要的技术手段，随着计算机技术的飞速发展以及质量工具应用程式化和简易化的应用实践逐步深入，应用门槛不断降低，已不再是组织中质量工程师及专业质量管理人员的专利，而成为致力于质量改进的广大公众以及各领域普通员工均可应用的问题解决手段。

1.3 QC 小组活动常用的质量工具

QC 小组活动（质量管理小组活动）是各岗位员工以团队形式自主参与质量改进的一种群众性质量管理活动，是实施全面质量管理的一种典型方式。团队成员基于共同的愿景，运用全面质量管理理论、方法和工具，围绕组织的经营战略、方针目标和现场存在的问题自主开展持续不断的质量改进活动。根据质量管理小组活动准则 T/CAQ 10201—2020 的要求，开展 QC 小组活动需遵循五项基本原则：全员参与；持续改进；遵循 PDCA 循环；基于客观事实；应用统计方法，如图 1-8 所示。

图 1-8 QC 小组活动的五项基本原则

根据本书对质量工具分类的观点阐述，作为全面质量管理实施质量改进形式之一的 QC 小组活动中常用的质量工具包括"统计型质量工具"和"思维型质量工具"两大类，但由于 QC 小组活动起源于日本并率先在日本得到推广普及，QC 小组活动中一些经典的、实用的、基础的质量工具最早由日本人总结提炼出来，受惯性思维的影响，也是基于学科领域内概念一致性的考虑，QC 小组活动相关的理论与实践中，人们更习惯于按照日本的方式对常用质量工具❶进行罗列和分类，包括"老 QC 七种工具""新 QC 七种工具"和"其他 QC 工具"三大部分：老 QC 七种工具：调查表；数据分层法；排列图；因果图；散布图；直方图；控制图；新 QC 七种工具：系统图；关联图；亲和图；过程决策程序图；矩阵

---

❶ 本书介绍的常用质量工具仅是当前阶段 QC 小组活动的应用实践中相对简单、基础、典型、实用和普及的质量工具，全面质量管理的理论和方法本身处于不断完善和不断发展中，质量工具的种类包括但不局限于"老 QC 七种工具""新 QC 七种工具"和"其他 QC 工具"这 22 种工具。

图；矩阵数据分析法；箭条图；其他QC工具：头脑风暴法；水平对比法；优选法；正交试验设计法；价值工程法；5W1H分析法；流程图；简易图表，如图1-9所示。其中，"老QC七种工具"和"新QC七种工具"都是由日本人总结出来的，之所以称为"七种工具"，是因为日本古代武士在出阵作战时，经常携带七种武器，所谓七种工具就是沿用了七种武器。

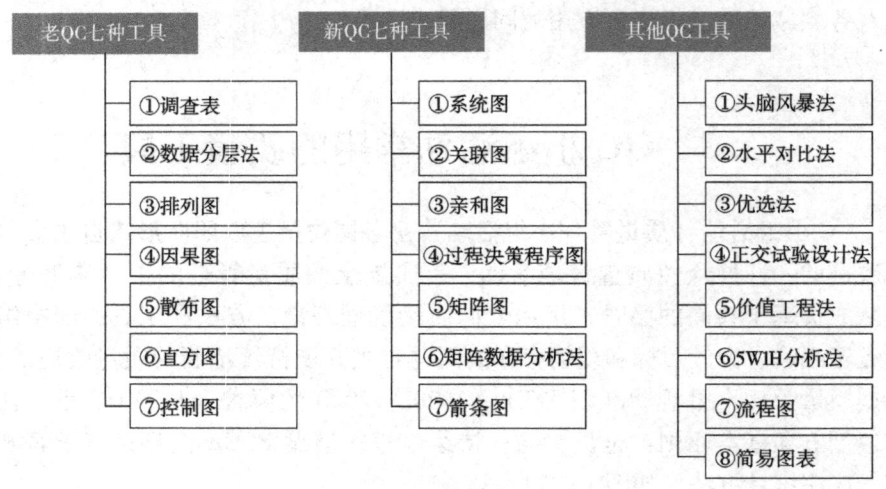

图1-9 QC小组活动常用的质量工具

1.3.1 老QC七种工具

日本质量管理专家在推行全面质量管理工作过程中，引进学习美国质量管理理论，先后提出了QC小组活动新老七种工具。主要基于随机抽样和数理统计进行总结和固化的"老QC七种工具"于1962年由日本质量管理专家石川馨提出，20世纪70年代备受日本工业界推崇，并很快在日本的工厂企业现场质量管理中发挥了巨大作用，是QC小组活动中最基础、最经典也是最实用的质量工具。"老QC七种工具"关注用数据说话，偏重于统计分析，强调基于质量数据的量化研究揭示质量的分布规律、相互关系和发展趋势，以统计数据为基础，以统计方法为手段，通过统计分析解决科学决策的问题，重点针对问题发生后的改善，解决PDCA循环各个阶段的质量控制和质量改进问题，如表1-1所示。

表1-1 老QC七种工具

工具名称	工具类型	工具作用	备注
调查表	统计型	收集整理数据，反映问题现状	
数据分层法	统计型	不同角度发现问题	通常组合使用

续表

工具名称	工具类型	工具作用	备注
排列图	统计型	寻找主要问题，确定关键症结	
因果图	思维型	表达和分析因果关系	针对单一问题，无交叉关系
散布图	统计型	发现、显示和确认两组数据之间的相关关系和相关程度	
直方图	统计型	描述质量分布情况，判断过程统计稳态和技术稳态	
控制图	统计型	分析和判断过程是否处于统计稳态	

1.3.2 新QC七种工具

1979年，日本科学技术联盟组织一些专家经过多年理论研究和现场实践，运用运筹学、系统工程等学科的原理和方法，在原有的QC七种工具之外，又提出了用于开展QC小组活动的另外七种质量管理工具，为进行必要的区分，通常将原有的七种工具称为"老QC七种工具"，新提出的七种工具被称为"新QC七种工具"。与"老QC七种工具"偏重统计分析相比，"新QC七种工具"更加注重从问题提出到有效解决的思维整理过程，主要以图形表达为基本手段，以厘清问题思路为最终目标，通过语言文字资料的分析和推理，明确问题重点（方向），制定解决对策，强调在问题发生前进行预防，解决PDCA循环P阶段（策划阶段）的策划和管理问题，如表1-2所示。

表1-2 新QC七种工具

工具名称	工具类型	工具作用	备注
系统图	思维型	展开方案或系统寻求实现目标的手段（措施）	针对单一问题，无交叉关系
关联图	思维型	厘清复杂因素间的关系	针对单一（或多个）问题，有交叉关系
亲和图	思维型	归纳整理意见、观点和想法	
过程决策程序图	思维型	预先考虑问题，采取预防措施	
矩阵图	思维型	多角度考察存在的问题，明确问题的关键点	
矩阵数据分析法	统计型	实现因素之间相关性的量化评价，本质是矩阵图的定量分析	
箭条图	思维型	实施进度管理	关键路径可能不止一条

1.3.3 其他 QC 工具

随着质量工具在 QC 小组活动中的应用实践日趋普及和深入，除了经典的新老 QC 七种工具继续发挥重要作用，更多的质量工具得到总结和提炼，并作为现有 QC 十四大工具的有益补充被广泛应用于 QC 小组活动的质量改进工作中，这些质量工具既有注重用数据说话的统计型，也有强调语言文字资料分析和推理的思维型，如表 1-3 所示。

表 1-3 其他 QC 工具

工具名称	工具类型	工具作用	备注
头脑风暴法	思维型	激发群体思维，产生或澄清观点	
水平对比法	统计型	明确自身差距，寻找改进机会	
优选法	统计型	质量问题的单因素试验选择	针对单因素
正交试验设计法	统计型	质量问题的多因素多水平试验选择	针对多因素
价值工程法	统计型	价值分析	
5W1H 分析法	思维型	模式化思维	
流程图	思维型	描述过程和设计过程	
简易图表	统计型	数据可视化	

1.4 QC 小组活动中运用质量工具的必要性

质量工具在 QC 小组活动中的正确运用有助于简化统计分析操作，开拓问题解决思路，提升科学决策效率，是有效开展 QC 小组活动的基本保障和重要手段。

1.4.1 提高管理效率

QC 小组活动中运用质量工具开展质量改进活动，不仅体现在简化了问题处理过程，提高了问题解决效率，更重要的是推动了 PDCA 循环等科学管理方法和管理理念在组织内部的普及，使广大员工通过学习和接触质量管理，更好地掌握科学管理方法，在实际工作中形成自觉运用质量工具的意识和行为，改进工作方法，提高管理效率，提升个人素质，减少管理成本。

1.4.2 辅助科学决策

QC 小组活动五项基本原则强调"基于客观事实"和"应用统计方法"，通过正确、适宜地应用质量工具，基于数据、信息等客观事实实现科学收集、科学处理和科学分析，基于各种观点、意见等问题解决思维实现厘清问题、展开方案和制订计划，有助于推进科学决策（组织环境分析、识别评估风险、预测发展趋势、分析异常因素等），体现以客观事实为依据的管理，是实现从凭经验和直觉管理转向依据事实和数据管理的有效途径。

1.4.3 简化沟通过程

把运用质量工具作为沟通、讨论问题的必要手段，能使日常管理和改进工作变得有的放矢，简洁高效，便于将质量管理过程中繁杂的质量现状直观简明地向管理者和有关各方沟通。

1.4.4 培养科学思维

熟练掌握并灵活运用质量工具有助于培养科学、规范、严谨的思维习惯，形成发现问题、分析问题和解决问题的正确思维方式，帮助大家更有效地报告、分析、预防、解决工作中遇到的问题，有助于员工的思维训练和素质提升。同时，质量工具程序化应用的特点，可以保证任何人按规定步骤操作就能快速准确得到预期结果，分析过程和分析结果可以按需重现，便于问题反思和结果验证。

1.4.5 促进全员参与

随着计算机技术的飞速发展以及质量工具应用实践的日趋成熟，质量工具的运用变得越来越容易，越来越普及，运用简单方便的质量工具解决复杂烦琐的质量问题逐渐成为员工的基本技能和行为习惯，极大地方便了普通员工围绕组织的经营战略、方针目标和现场存在的问题自主开展持续不断的质量改进活动。

1.5 运用质量工具的基本思路和方法

正确、恰当地运用质量工具是顺利达成预期质量管理目标的基本保证，是否需要运用质量工具，运用哪种质量工具，以及如何运用质量工具，需要基于各种因素考量遵循相应的基本思路和方法，通常需要按照如下四个步骤进行，如图 1-10 所示。

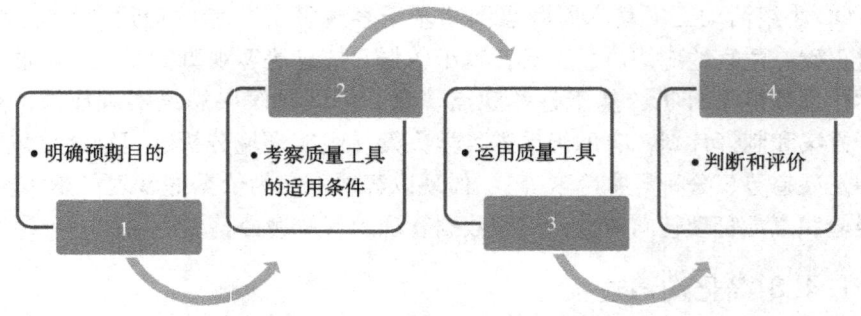

图 1-10　运用质量工具的基本思路和方法

1.5.1　明确预期目的

准备在 QC 小组活动中运用质量工具实施质量改进之前，首先需要明确预期目的，即希望通过运用质量工具解决什么问题。

1.5.2　考察质量工具的适用条件

根据不同质量工具的理论基础和应用特点，每一种质量工具都有相应的适用条件，选择合适的质量工具解决质量问题，需要结合预期目的、当前活动阶段、质量数据特点、质量问题特性等因素考察相应质量工具的适用条件是否匹配（比如，控制图需要事先收集受控状态下一定量的基础数据才能确定初始控制界限，因果图只能针对单一问题表达和分析因果关系并且不能存在交叉关系）。

1.5.3　运用质量工具

根据之前明确的预期目的，结合不同质量工具的应用特点和 QC 小组活动的具体问题需求，如了解质量现状、确定关键症结、明确问题思路等，选择合适的质量工具，并按照相应质量工具的运用规则和步骤解决相应的质量问题，简化问题解决过程，提升科学决策效率。

1.5.4　判断和评价

基于质量工具的运用结果做出判断和评价（文字性明确结论或者图表化直观呈现）。

1.6 运用质量工具的指导思想

QC 小组活动中通过广泛运用各种质量工具实施质量改进，简化问题分析，提高管理效率，是全面质量管理"管理方法多样性"的具体体现，是开展 QC 小组活动过程中贯彻"基于客观事实""应用统计方法"原则的基本要求，是体现 QC 小组活动"小、实、活、新"特色的重要实践，也是质量管理从凭经验和直觉管理转向依据事实和数据管理的必要途径。

1.6.1 把握"正确、适宜、有效、真实"的基本原则

1.6.1.1 正确

运用正确的质量工具解决质量问题，能实现复杂问题简单化，达到事半功倍的效果，运用错误（不合适）的质量工具解决质量问题，会使简单问题复杂化甚至产生结论误导，事倍功半。"正确"运用质量工具基于两层含义：首先，质量工具的运用应当立足于 QC 小组活动的具体问题需求，正确判断是否需要运用工具和需要运用什么工具；其次，根据不同质量工具的应用特点和程序要求，掌握正确的质量工具使用方法，并结合具体问题需求按照规定步骤和要求正确地使用质量工具解决问题，得到预期效果，避免错用乱用质量工具得出的错误结论对 QC 小组活动的质量改进工作产生方向性误导。

1.6.1.2 适宜

质量工具不是越高端越好，也不是越新颖越好，适宜才是根本。QC 小组活动强调质量工具的按需使用，用合适的质量工具解决合适的质量问题，不盲目追求质量工具的高端、新颖、独特和时髦。运用质量工具要切合问题实际，结合具体问题和预期目的重点考虑是否能简化分析过程（复杂的问题简单化）？是否能解决质量问题？是否能得出明确的结论（明确的思路）？是否能实现结果呈现的直观化？如果不用或者运用简单的质量工具就能解决质量问题，就不要一味地强求使用复杂的质量工具，避免生搬硬套，把简单的问题复杂化，比如，排列图的应用价值在于从 3 类以上的分类因素中找出影响质量问题的"关键少数"，当分类因素较少时（比如只有 2~3 类），使用饼分图（简易图表）更为直接有效，结果呈现也更为直观简明。表 1-4 和表 1-5 是目前比较通用的两张质量工具运用推荐表格，分别是按应用场景分类的质量工具矩阵和质量管理小组活动常用统计方法汇总表，供有需要的读者在选用质量工具时参考。

表 1-4 按应用场景分类的质量工具矩阵[1]

质量工具	过程分析	数据采集	数据整理与分析	评价和判断	原因分析	确定解决方案	过程控制
流程图	✓				✓	✓	✓
关联图	✓				✓	✓	
检查表		✓					✓
调查法		✓					
统计抽样		✓					✓
描述性统计			✓	✓	✓		
重要度—绩效分析				✓			
绩效指数				✓			
趋势图			✓	✓			✓
直方图	✓		✓		✓		✓
因果图					✓		
排列图					✓		
散布图			✓	✓			
头脑风暴	✓	✓			✓	✓	
亲和图	✓				✓	✓	
矩阵图			✓	✓		✓	
失效模式及影响分析	✓				✓		
树图	✓	✓	✓	✓	✓		
分层法	✓	✓	✓	✓	✓		
质量机能展开			✓		✓	✓	
防错						✓	
甘特图						✓	✓
网络图						✓	✓
显著性分析			✓	✓			✓
方差分析			✓		✓		
回归分析			✓		✓		
实验设计						✓	
控制图							✓
过程能力分析			✓	✓		✓	✓

[1] 中国质量协会. 简明质量工具与方法 [M]. 北京:中国科学技术出版社,2012.

表 1-5 质量管理小组活动常用统计方法汇总表[1]

序号	活动程序	分层法	调查表	排列图	头脑风暴法	亲和图	因果图	树图	关联图	水平对比法	流程图	PDPC法	简易图表	直方图	散布图	控制图	优选法	正交试验设计法	矩阵图	箭条图
1	选择课题	●	●	●	O	O				O	O		●		O	O			O	
2	现状调查（自定目标课题）	●	●	●						O	O		●	O	O	O				
3	设定目标		O							●			●							
4	目标可行性论证（指令性目标课题）	●	●	●						O	O		●	O	O	O				
5	原因分析				O		●	●	●											
6	确定主要原因				O								●	●						
7	制定对策	O			O	O		O				O	O	O			O	O	O	O
8	对策实施																			
9	效果检查	●	O	●						O			●	O		O				
10	制定巩固措施		O										●							
11	总结和下一步打算	O	O																	

注1：● 表示经常用，O 表示可用。

注2：简易图表包括：折线图、柱状图、饼分图、甘特图、雷达图。

1.6.1.3 有效

简化分析过程，真正解决问题，是质量工具的价值体现。QC小组活动鼓励在正确、适宜的基础上灵活运用工具，创新运用工具，但最本质最核心的要求应该是确保运用质量工具后有所收获，能简化思考（分析）过程，得出明确的结论，建立清晰的思路，或者得到更直观的结果呈现，如果运用质量工具后没有输出有意义的结果，那就失去了运用工具的必要性。

1.6.1.4 真实

质量工具的运用要以真实数据和客观事实为前提，不能为了得到所谓"完美"的结果拼凑甚至编造虚假数据，虚假的数据和事实不能客观真实地反映质量问题，在此基础上运用质量工具进行问题分析会得出错误和误导性结论。同时，质量工具应基于现场的问题需求进行运用，以问题为导向，不能

---

[1] 中国质量协会. 质量管理小组活动准则 T/CAQ 10201—2020 [M]．北京：中国标准出版社，2020．

仅仅为了在成果报告中体现质量工具的运用而事后套编。

1.6.2 质量工具是解决问题的手段而不是目的

1.6.2.1 结合具体问题运用质量工具

运用质量工具的最终目的是辅助解决质量问题，重点关注问题是否得到解决。每种质量工具的工具特性、应用场景和应用目的存在区别，开展QC小组活动过程中结合具体问题运用才能发挥质量工具的最大效用，应避免为了认证和评奖的需要，被动地使用质量工具，生硬地套用质量工具，甚至采用倒推的方法在质量工具运用方面做表面文章。如果为了运用而运用，则偏离了运用质量工具的真正目的，也背离了开展QC小组活动的初衷。

1.6.2.2 针对分析结论采取有效措施

运用质量工具本身不是目的，而是通过运用质量工具简化问题分析，根据得出的结论（思路）指导科学决策，进而实施有效的质量改进。因此，运用质量工具后，还应针对得到的结果进行深入分析，做出明确判断和结论，并针对结论采取有效解决措施，避免只采集数据不分析，只分析不做结论，只做出结论不采取解决措施。

1.6.3 理性看待质量工具的作用

随着近些年质量工具推广普及工作的深入开展，以及各行各业QC小组活动课题成果评优工作对质量工具的重视，质量工具的作用受到了前所未有的关注，并一度被人为夸大和神化，将开展QC小组活动等同于运用质量工具，只注重质量工具运用而忽视课题成果的内容和质量，活动过程中过度依赖质量工具和生搬硬套质量工具的情况屡见不鲜。对此，我们应保持理性认识，质量工具的作用是有限的，主要体现在辅助解决质量问题的导向指引、简化过程和提高效率等方面，开展QC小组活动实施质量改进并取得成效，不能仅仅依靠质量工具，还需要结合专业技术的具体实施，即质量工具并非单独或直接地使质量问题得到了改善。比如生产过程存在异常波动，我们借助质量工具找到原因，最后针对找到的原因采取相应的专业技术上的对策措施解决了问题，直接导致问题得到改善的是专业技术上的对策措施，在此过程中，质量工具发挥了辅助性的、指引性的科学决策作用。

1.6.4 通过计算机最大限度简化质量工具的运用

21世纪是信息的时代，也是计算机的时代，计算机辅助科学计算和数据处理的应用场景覆盖和渗透到社会生活的方方面面，区块链、云计算、人工智能、大数据、5G 网络彻底改变了人们以往的工作和生活模式，计算机已经成为信息时代必不可少的工具。计算机时代的滚滚浪潮，同时深刻影响着质量管理的理论、方法及应用实践，计算机越来越强的计算能力对质量工具的运用前景带来全新挑战和机遇，深入研究计算机时代数据规模大、更新速度快、类型多样化、价值密度低等特点，充分利用计算机在数据处理能力方面的独特优势，通过计算机最大限度简化质量工具的运用，推动质量工具运用的变革，是当前面临的现实问题。

1.6.4.1 商业软件辅助简化

尽管质量工具通过程序化处理屏蔽了专业学科基础理论，使用上并不存在障碍，具体步骤和方法也有章可循，但部分工具涉及的操作过程仍然相对复杂，某些工具数据分析处理涉及的计算量仍然相对较大，借助商业软件可以极大地简化操作过程，减少数据分析处理过程的计算量，比如 Excel 电子表格软件提供丰富的表格处理、计算功能和图表工具，便于统计数据的记录、整理、计算、分析和图表化呈现。另外，Visio 绘图软件（支持各种图表制作）、Swiff Chart 表格软件（适合各种表格制作）、亿图图示（支持各种图表制作）、Microsoft Project 项目管理软件（适合甘特图制作和项目管理可视化）、Worktile 企业协作办公平台（适合项目管理和各种图表制作），以及专业公司开发的一些小众化专业软件也可以有选择地使用。

Microsoft Excel 是微软公司为使用 Windows 和 Apple Macintosh 操作系统的电脑编写的一款电子表格软件（它和 Word 文字处理软件、PowerPoint 演示文稿软件同属于 Office 办公软件套装的常用组件），具有非常强大的计算和作图功能，是目前最流行的个人计算机数据处理软件。通过运用 Excel 电子表格软件实现统计表格创建，数据表格化处理，统计分析与计算，数据可视化呈现，以及建立多样化的统计图表分析，是当前时代背景下质量工具运用的一大特色。鉴于 Excel 电子表格软件在日常工作，尤其是质量工具中的广泛应用，以及自身丰富的数据处理和图表功能，本书后续章节将重点结合 Microsoft Excel 电子表格软件的应用❶具体阐述 QC 小组活动常用质量工具的相关内容。

（1）Excel 的函数计算和图表功能

①以下三种方式均可以完成相应数据的函数计算功能，如图 1-11 所示。方式1：菜单栏【公式】选项卡下单击【插入函数】按钮，进入对话框选择函数类别并输入函数参数；方式2：菜单栏【公式】选项卡下单击具体的函数类别按钮，选择相应的函数名称并输入函数参数；方式3：直接在编辑栏单

---

❶ 本书所有 Excel 操作均基于 Microsoft Excel 2007 版本实现。

击【f_x】按钮进入对话框选择函数类别并输入函数参数。

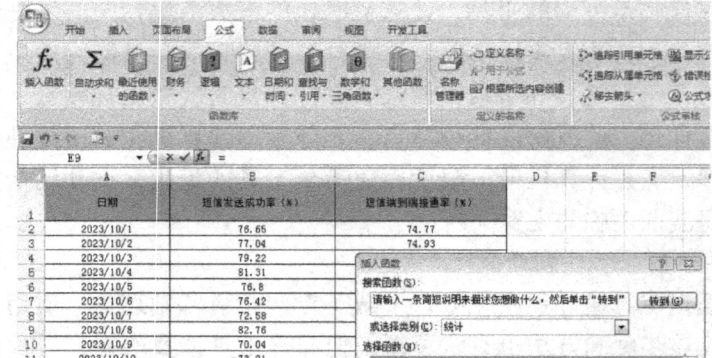

图1-11 Excel的函数计算功能

②对于简单的函数计算功能（平均值、计数、数值计数、求和、最小值、最大值、求和），也可以通过在状态栏单击右键，勾选相应计算功能的方式实现，选定相应的待分析数据区域的单元格范围后，计算结果将直接显示在状态栏中，如图1-12所示。

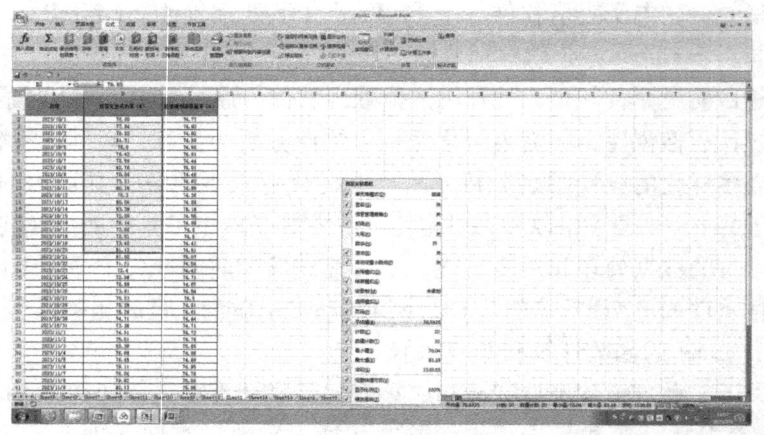

图1-12 Excel的状态栏计算功能

③选定待分析数据区域的单元格范围后，菜单栏【插入】选项卡下单击相应的图表大类按钮，进入对话框选择具体的图表类型，或者选定待分析数据区域的单元格范围后，直接按功能键<F11>，均可以完成相应数据的图表

呈现功能，如图 1-13 所示。

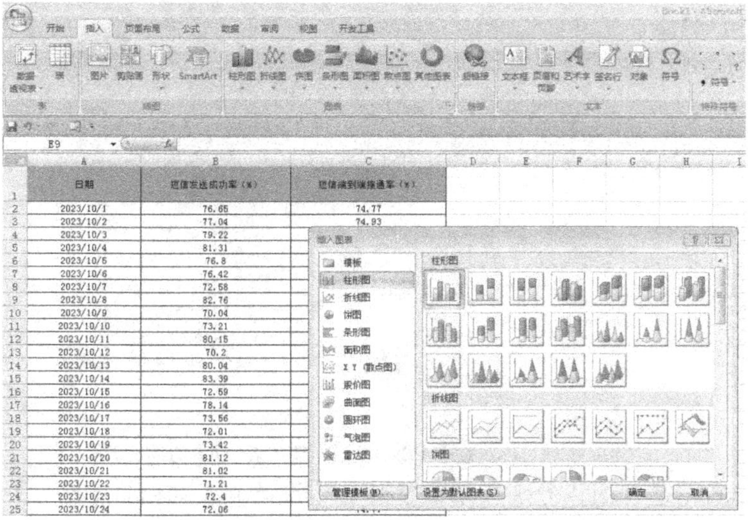

图 1-13　Excel 的图表功能

（2）Excel 的 <数据透视图（表）> 功能

菜单栏【插入】选项卡中单击【数据透视图】按钮打开对话框，设置好待分析数据区域的单元格范围及放置结果的位置，进入数据透视图（表）界面，根据统计需求在【选择要添加到报表的字段】对话框内勾选相应字段，将需要显示的字段添加到数据透视图（表）中，如图 1-14 所示。

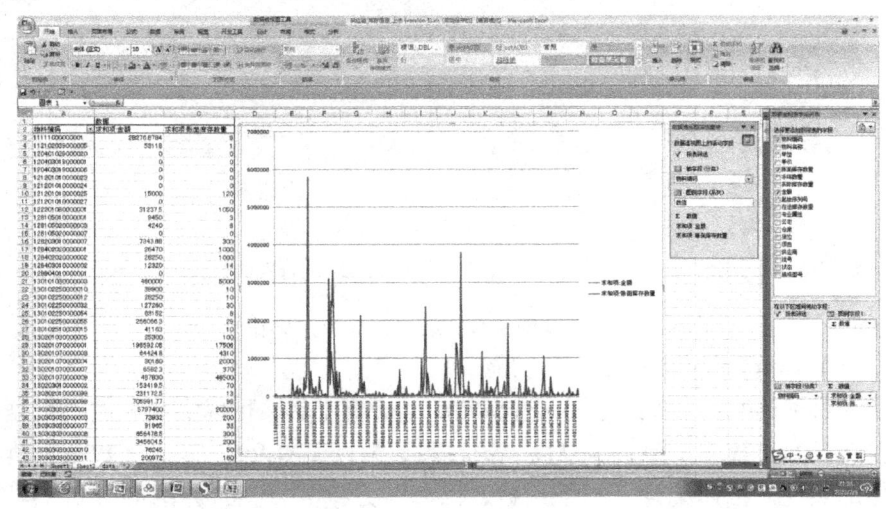

图 1-14　Excel 的 <数据透视图（表）> 功能 - A

右键单击相应统计字段，选择 <数据汇总依据>，或者在右下角对话框中单击相应的字段名,选择<值字段设置>,可以更改字段统计方式,如图1-15所示。

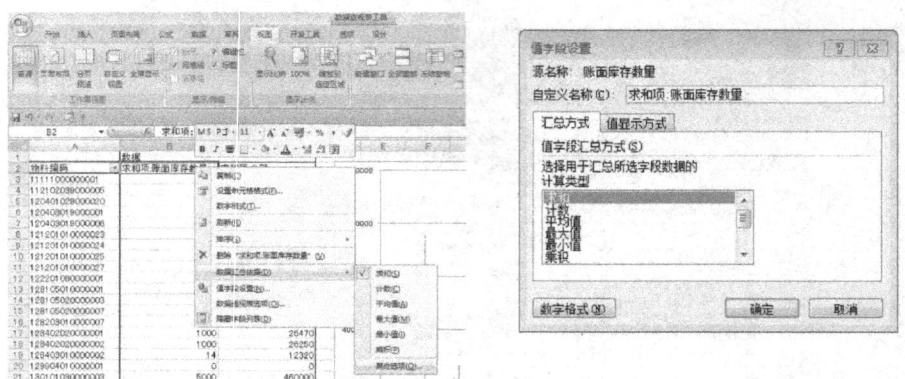

图1-15 Excel的<数据透视图(表)>功能-B

单击数据透视图,分别打开菜单栏上【设计】【布局】【格式】选项卡,可以根据具体需要调整数据透视图(表)类型、格式、布局等内容,如图1-16所示。

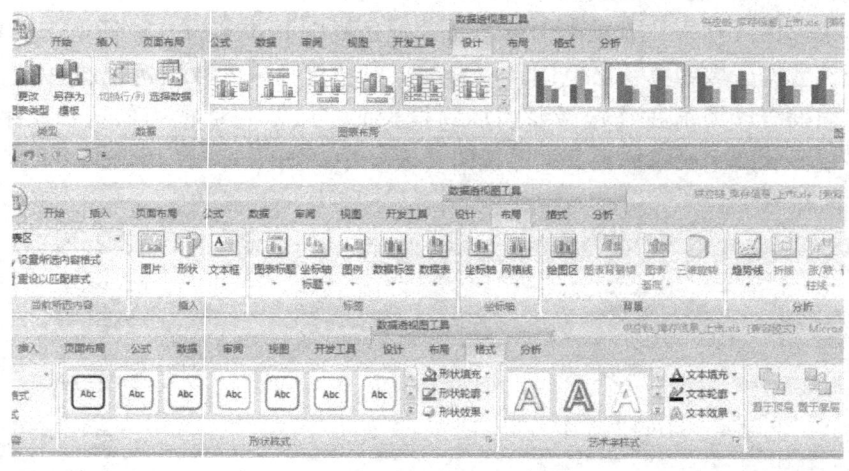

图1-16 Excel的<数据透视图(表)>功能-C

(3) Excel的<数据分析>功能

通过Excel的<数据分析>选择相应的分析工具,可以实现相应的数据分析功能。鉴于篇幅所限,本书以<协方差>为例简单介绍Excel<数据分析>功能的实现。描述统计、相关系数、回归、方差分析、直方图等分析工具本书将在后续章节中结合具体统计方法的介绍予以说明。

菜单栏【数据】选项卡下选择【数据分析】按钮,分析工具选择<协方差>,

打开<协方差>对话框，<输入区域>栏输入待分析数据区域的单元格范围（B1：C31），如果待分析数据区域包含标题则勾选<标志位于第一行>，<输出区域>栏任意输入一个空白单元格，如图1-17所示。

图1-17　通过Excel的<数据分析>实现协方差分析-A

<协方差>分析结果显示，协方差值Cov（x，y）=0.721361778（＞0），这表明两个变量之间存在正相关，即"短信发送成功率（%）"和"短信端到端接通率（%）"两列数据的变化趋势一致，如图1-18所示。

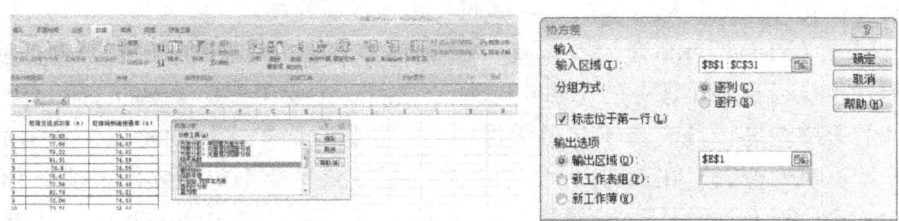

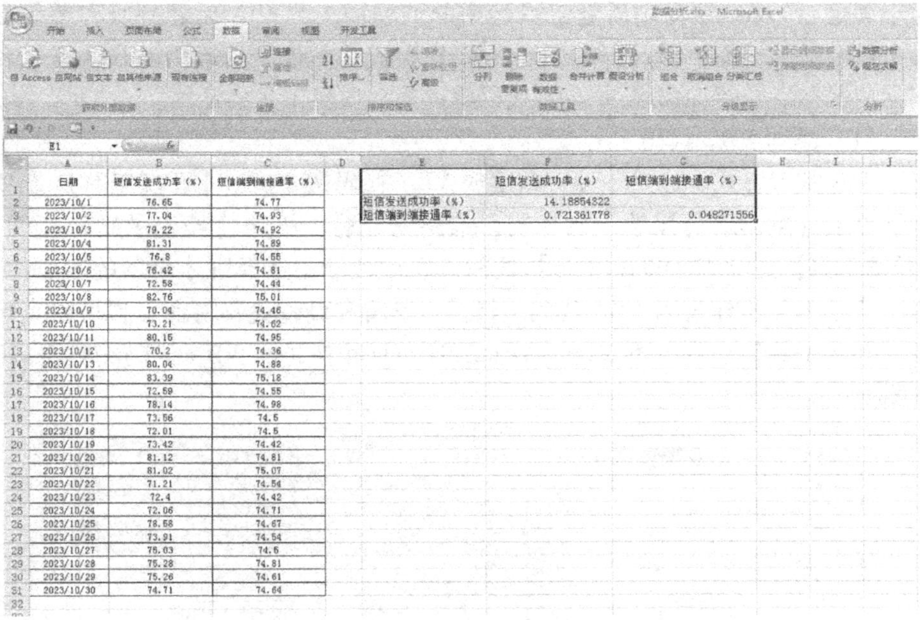

图1-18　通过Excel的<数据分析>实现协方差分析-B

1.6.4.2　编写代码辅助简化

为了在解决问题时更有针对性，除了借助商业软件，笔者建议有简单编程基础的读者能通过编写代码的方式简化质量工具的运用。比如，通过Python代码可以实现数据分析与计算，数据可视化呈现，自动化操作Excel，以及人工智能和大数据领域的数据挖掘、机器学习、深度学习等。通过VBA

（Visual Basic For Application）代码可以自动化实现 Office 软件中大多数模块化、流程化、重复性的数据分析和图表呈现，极大地提高工作效率。另外，Microsoft Visual C++开发工具，Delphi 应用程序开发工具，以及其他一些流行的可视化开发工具都可以按个人掌握和熟悉程度使用。

VBA（Visual Basic for Applications）是由微软公司开发的一种在其桌面应用程序中执行自动化任务的 Visual Basic 宏语言，主要用于扩展 Microsoft Office 软件的程序功能，具有易于学习掌握、功能强大、简单实用的特点，特别适合非计算机专业人士在部门内部或针对个人需要编写小型应用软件。基于 Office 应用程序（Excel、Word 等）运行的 VBA 代码不需要单独安装开发环境，可以使用宏记录器记录用户操作并将其转换为 VBA 程序代码，实现手工工作流程化，复杂工作简易化，重复工作自动化。由于 Microsoft Excel 电子表格软件在质量工具中应用非常普遍，而 VBA 内置于 Excel 等 Office 应用程序中实现调用，基于按需使用与简洁高效的原则，以及软件平台单一化的便捷考虑，对于满足 QC 小组活动中质量工具运用的编程需求，VBA 无疑是所有编程工具中最合适的选择。因此，本书后续章节将根据质量工具运用的具体需求和实际情况重点介绍如何通过 VBA 代码辅助简化质量工具的运用。

（1）编写 VBA 代码

①录制宏方式。这是一种自动生成 VBA 代码的方式。【开发工具】选项卡下单击【录制宏】按钮开始录制，录制完成后，单击【停止录制】按钮，【开发工具】选项卡下单击【宏】按钮，在对话框中选择刚才录制的宏文件，单击【编辑】按钮进入 VBA 代码编辑窗口查看和调整代码内容（也可以直接在【开发工具】选项卡下单击【Visual Basic】按钮进入 VBA 代码编辑窗口）如图 1-19 所示。

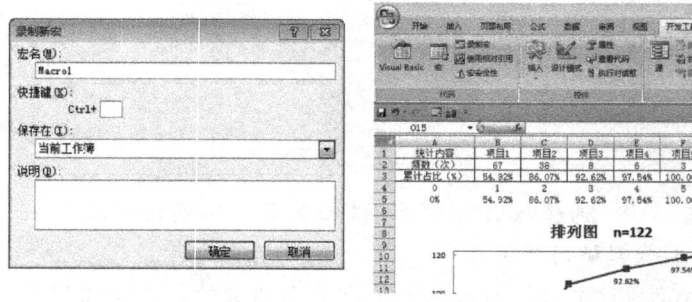

图 1-19　Excel 的【开发工具】选项卡

②编辑窗口自定义编写方式。这是一种手工输入生成 VBA 代码的方式。【开发工具】选项卡下单击【宏】按钮，单击【编辑】按钮进入 VBA 代码编

辑窗口手工输入代码，或者在【开发工具】选项卡下单击【Visual Basic】按钮进入 VBA 代码编辑窗口手工输入代码，如图 1-20 所示。

图 1-20　VBA 代码编辑窗口

（2）运行 VBA 代码

①快捷键方式。【开发工具】选项卡下单击【宏】按钮，在对话框中选择相应的宏文件，单击【选项】按钮设置相应的快捷键，或者在【开发工具】选项卡下单击【录制新宏】按钮开始录制新的宏时，在对话框中设置相应的快捷键。设置完成后，可直接通过键盘输入快捷键运行 VBA 代码，如图 1-21 所示。

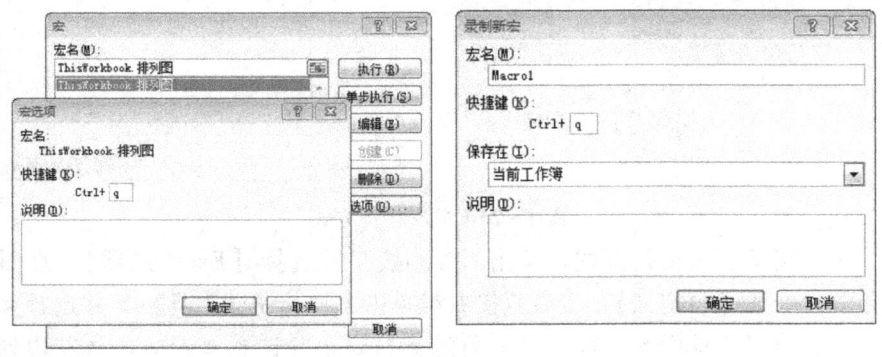

图 1-21　快捷键方式

②功能区方式。【开发工具】选项卡下单击【宏】按钮,在对话框中选择相应的宏文件,单击【执行】按钮运行 VBA 代码,或者在【开发工具】选项卡下单击【Visual Basic】按钮进入 VBA 代码编辑窗口,选择相应的宏文件后,单击工具栏上【运行子过程/用户窗体】按钮(或者按功能键<F5>)运行 VBA 代码,如图 1-22 所示。

图 1-22 功能区方式

③关联控件方式。【开发工具】选项卡下单击【插入】按钮,选择相应的<表单控件>类型,在<指定宏>对话框中关联指定的宏文件,或者直接在【插入】选项卡下插入图片(也可以是剪贴画或形状),右键单击插入的图片(也可以是剪贴画或形状),选择【指定宏】按钮进入对话框,完成指定宏文件的关联。设置完成后,可直接通过点击关联控件运行 VBA 代码,如图 1-23 所示。

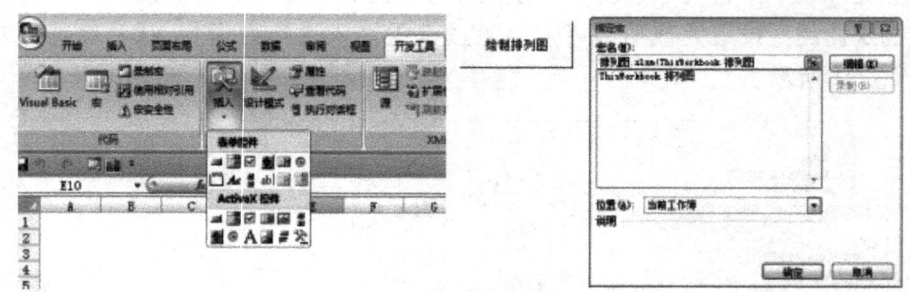

图 1-23 关联控件方式

④自定义工具按钮方式。单击 Office 按钮并选择【Excel 选项】,在对话框导航栏中选【自定义】,或者直接右键单击<快速访问工具栏>并选择<自定义快速访问工具栏>,打开左上角的下拉列表并选择<宏>,从左边列表框中选择指定的宏文件<添加>到右边列表框中,宏文件的工具按钮图标将出现在<快速访问工具栏>中。设置完成后,可直接通过点击工具按钮图标

运行 VBA 代码，如图 1-24 所示。

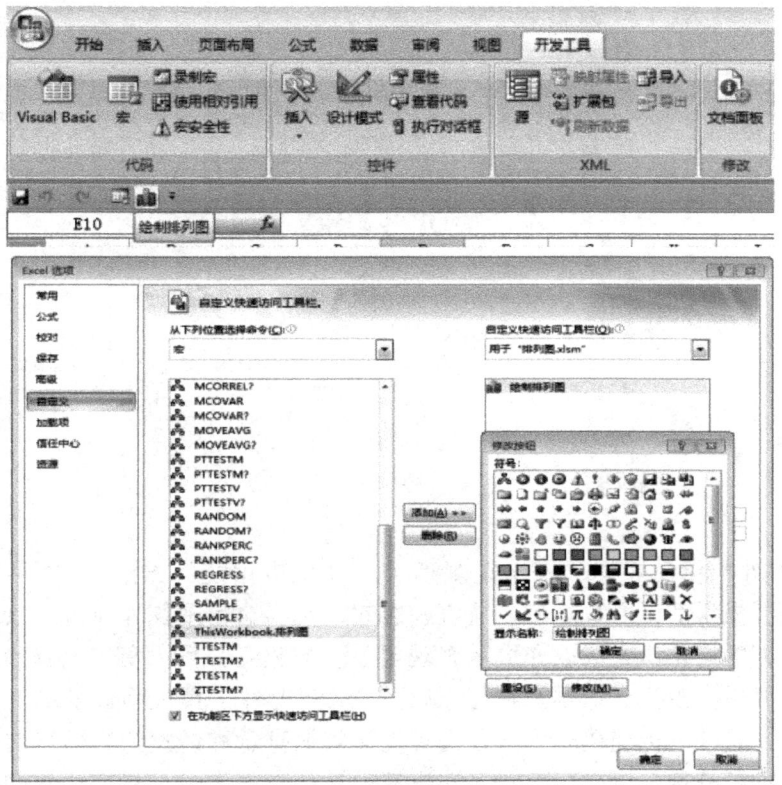

图 1-24 自定义工具栏方式

2 统计数据

QC 小组活动强调"基于客观事实"和"应用统计方法",以事实为依据,用数据说话,通过正确、适宜、有效、真实地运用各种质量工具,基于质量数据的量化研究认识和揭示客观现象间的相互关系、变化规律和发展趋势,为科学决策提供依据和参考。以"老 QC 七种工具"为代表的统计型质量工具,是利用传统数理统计方法实现从依据直觉和经验的管理转向依据事实和数据的管理,提高预测水平和决策质量的重要手段,其理论基础是随机抽样和数理统计,应用实践是运用统计方法收集、整理、分析和解释统计数据,实现精准量化、可靠预测、合理决策。为方便读者理解和掌握统计型质量工具的运用,本书第 2 章和第 3 章将分别对统计数据和统计方法的基本概念进行专门阐述。

2.1 认识统计数据

信息时代，万物数化，随着工业化和信息化的深度融合，尤其是大数据时代和物联网时代的来临，人们分析和使用的各类数据呈现爆炸式增长，数据日益成为人们日常生活中不可或缺的组成部分。

那么，数据究竟是什么？国际数据管理协会（DAMA）认为，数据是以数字、文本、图像、声音和视频等格式对事实进行表现的可识别的、抽象的符号，美国质量学会（ASQ）将数据定义为"收集的一组事实"，《新牛津美语词典》则将数据定义为"收集在一起的用于参考和分析的事实"。不同学科领域、不同应用场景下数据的概念并没有明确统一的定义，站在质量管理的角度上，我们认为数据是用于定性或者定量描述客观事实和观察结果的各种信息（资料）的统称，包括数字、文本、语音、图像、视频等。而统计数据则是指为了认识客观事物本质和预测发展趋势，可应用统计方法实施定量或定性研究的数据，理论上，任何数据都有适合的统计方法，因此，质量管理实践中，通常认为数据即是统计数据，统计数据简称数据。真实准确的统计数据可支持分析、推理、计算和决策。在科学领域，统计数据可以用来建立知识、检验假说、推进思路；企业等其他营利组织可以通过统计数据的采集、分析、处理和应用，支撑科学决策，优化业务流程，降低运营成本和控制风险，更好地满足客户需求；而在政府、教育和非营利组织中，统计数据则可以被用来提供更好的公共服务，指导日常运营和制定发展战略。

统计数据是运用统计方法发现问题、分析问题、解决问题的基础，不同类型的统计数据适用不同的统计方法，理解统计数据的分类，有助于我们选择适宜的统计方法收集、整理、分析、解释统计数据，揭示客观事实的本质，提高科学决策的质量。根据数据存储组织方式的不同，统计数据可划分为两大类：结构化数据；非结构化数据❶，如图 2-1 所示。

---

❶ 结构化数据和非结构化数据适用不同的统计方法，鉴于笔者知识储备有限以及篇幅所限，本书仅讨论结构化数据相关的统计数据和统计方法。

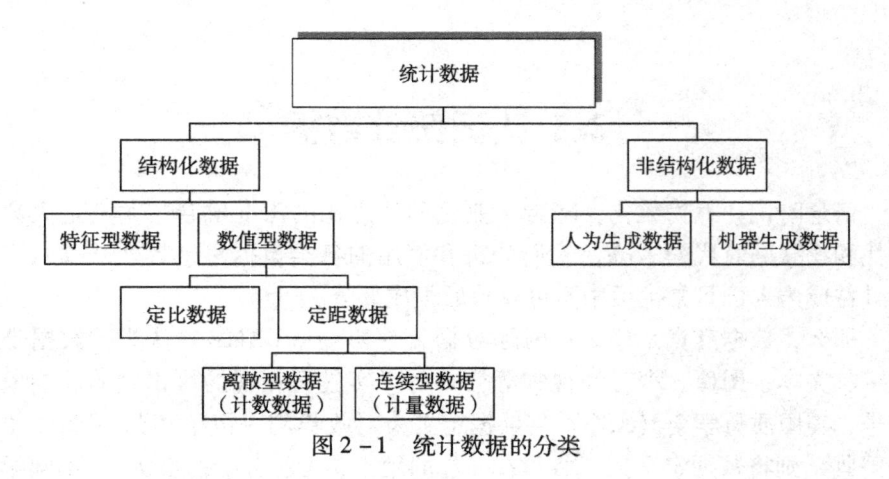

```
                    ┌─────────┐
                    │ 统计数据 │
                    └────┬────┘
              ┌──────────┴──────────┐
         ┌────┴─────┐          ┌────┴─────┐
         │ 结构化数据 │          │非结构化数据│
         └────┬─────┘          └────┬─────┘
        ┌────┴────┐            ┌────┴────┐
    ┌───┴──┐  ┌───┴──┐      ┌──┴───┐ ┌───┴───┐
    │特征型│  │数值型│      │人为生│ │机器生 │
    │数据  │  │数据  │      │成数据│ │成数据 │
    └──────┘  └──┬───┘      └──────┘ └───────┘
           ┌────┴────┐
        ┌──┴──┐  ┌───┴──┐
        │定比 │  │定距  │
        │数据 │  │数据  │
        └─────┘  └──┬───┘
           ┌───────┴────────┐
        ┌──┴──────┐   ┌─────┴────┐
        │离散型数据│   │连续型数据│
        │(计数数据)│   │(计量数据)│
        └─────────┘   └──────────┘
```

图 2-1 统计数据的分类

2.1.1 结构化数据

结构化数据，即行数据，是由明确定义的数据类型组成并能够用统一的数据结构逻辑表达的数据，数据库存储时通常用二维表❶结构来逻辑表达。结构化数据遵循某种严格架构，所有数据都具有相同的字段或属性，一般在关系数据库（Oracle、MySQL、SQL Server、Microsoft Access、DB2 等）中存储，使用结构化查询语言 SQL 进行检索。高度组织和整齐格式化的模式使它们可以被有效应用于规范的统计分析模型中，方便计算机根据字段或查询算法实现输入、检索和分析，典型的结构化数据包括销售报表、库存报表、财务报表、学生成绩表等。目前，针对结构化数据的数据分析主要是根据随机抽样获取的样本数据，运用传统统计方法（概率论和数理统计）来完成。

结构化数据是信息预先定义其格式规范的数据模型。根据具体数据特征的差异，结构化数据可以细分为特征型数据和数值型数据。

2.1.1.1 特征型数据

特征型数据，描述的是客观事物（现象）的品质特征，其结果表现为类别，是按照客观事物的某种属性或者按照客观事物的等级差或顺序差（优劣、程度、先后等）进行分类或分组计量，各类各组之间属于并列、平等并且互相排斥的关系，如员工性别分为男性和女性；健康码颜色分为红色、黄色和绿色；员工绩效考核等级分为优秀、良好、中等、合格和不合格；员工教育程度分为小学、初中、高中、大学、研究生等。

---

❶ 二维表，是关系模型中数据结构的表示方法，数据的逻辑结构由固定的行和列组成，知道行号列号就可以确定一个表中的数据，成绩单、工资表、人员花名册、价格表、物料清单等都属于二维表的应用。

2.1.1.2 数值型数据

数值型数据，描述的是客观事物（现象）的数量特征，其结果表现为数值，是使用定距标尺和定比标尺计量得到的数据，根据计量数据获取方式和表现形式的差异，具体细分为定距数据和定比数据。

（1）定距数据

定距数据，是使用测量器具具体计量测度客观事物（现象）内部各类别之间的间距得到的数值型数据，可以是离散型数据（计数数据），比如员工人数、产品个数、故障次数等；也可以是连续型数据（计量数据），比如螺母直径、支出金额、室内温度等。

（2）定比数据

定比数据，是在定距数据的基础上，确定相应的比较基数，然后将两种相关的数据加以对比而形成的比值，包括相对数数据（销售增长率、资金周转率、利润率等）和平均数数据（人均产量、平均年龄等）。

2.1.2 非结构化数据

非结构化数据，本质上是结构化数据之外的一切数据，是指数据结构不规则或不完整，没有预定义的数据模式，无法用统一的数据结构（如常见的二维表）逻辑表达的数据。它不符合任何预定义的模式，也难以预先确定模式，随着数据的增长处于不断演变中，因此它存储在非关系数据库（Redis、MongBD、Hbase、CouhDB等）中，并使用非结构化查询语言 NoSQL 进行检索。非结构化数据具有内部结构，但未通过预定义的数据模型或架构进行结构化，是字段可变的数据，它可以是文本的，也可以是非文本的，并且可以是人为生成的或机器生成的，通常不容易输入、检索和分析，常见的非结构化数据包括文本、图片、音频、视频等。由于没有统一组织和格式化的数据结构，非结构化数据的数据分析通常无法适用传统的数理统计分析模型，而需要运用人工智能、机器学习、语义分析、图像识别等技术手段，甚至是大数据挖掘和云计算等"全样本"分析模型。

随着信息技术革命的全面深入，社会生活各领域的数据化程度不断提高，移动互联、工业控制、自动驾驶、智慧城市、环境监测等应用产生了更多的非结构化数据，据 IDC 的调查报告显示，非结构化数据占企业数据的 80% 以上，并且以每年 55% 和 65% 的速度增长。

非结构化数据是信息无法预先定义其格式规范的数据模型。根据数据产生方式的差异，非结构化数据可以细分为人为生成数据和机器生成数据。

2.1.2.1 人为生成数据

移动互联网的兴起，使社会每个人都身处一个被数据所包围的世界，数字化生存触手可及，人们在与世界交互过程中的个体行为产生了大量的非结构化数据。典型的人为生成的非结构化数据包括文本文件、网络平台、移动数据、媒体资源（包括传统媒体、新媒体、自媒体、社交媒体）等，如表2-1所示。

表2-1　人为生成的非结构化数据

序号	数据类型	数据内容
1	文本文件	电子邮件、电子文档、日志文件等
2	网络平台	Web页面、浏览记录、网站视频（音乐）等
3	移动数据	电话、短信、照片、视频、录音等
4	媒体资源	抖音、直播、音乐、微博、微信、QQ等

2.1.2.2 机器生成数据

随着大数据和云计算等技术的逐步普及，"自动驾驶""智慧城市""远程医疗""智能家居"等概念逐步成为现实，尤其是物联网的全面兴起，各种机器设备围绕测量、记录和分析产生了大量非结构化数据。典型的机器生成的非结构化数据包括卫星图像、科学数据、数字监控、传感数据、识别系统等，如表2-2所示。

表2-2　机器生成的非结构化数据

序号	数据类型	数据内容
1	卫星图像	气象数据、污染评估、灾害预测、资源普查等
2	科学数据	试验数据、资源勘探等
3	数字监控	监控照片、监控视频等
4	传感数据	交通、天气、水文、地质等
5	识别系统	语音识别、指纹识别、人脸识别等

2.2　统计数据的收集

统计数据的收集主要通过现场观测、问卷调查、查阅资料等方式实现，根据收集来源的不同可以归纳为直接获取数据和间接获取数据两种方式。

2.2.1　直接获取数据

直接获取数据来源于直接的调查和科学的试验，是统计数据的直接来源，也称为第一手统计数据,具体包括人们通过问卷调查(访问、邮件、会议、电话、网络等)、信息采集(应用程序、门户网站、无人值守设备等)、现场观测、科学实验,或者研发、施工、生产、营销、售后等企业运营过程中自动形成记录等方式直接收集、记录的数据。

2.2.2 间接获取数据

间接获取数据来源于其他人的调查或试验(由其他人完成数据的搜集整理),属于间接取得的统计数据,是统计数据的间接来源,也称为第二手统计数据,具体包括报表报告查阅、参考文献查询、统计信息检索、统计年鉴查询、互联网搜索、统计门户平台查询等方式间接收集、记录的数据。

2.3 统计数据的抽样

统计分析实践中❶,由于收集时间、收集费用、收集手段等方面条件的限制,获取完整的统计数据进行全数分析(100%分析)往往是不太现实的,也是没有必要的。因此,在多数情况下需要通过随机抽取少量代表性数据的非完全取数方式,由少量代表性数据的分析结果估计和推断研究对象的整体情况,这就是统计数据的抽样。

2.3.1 总体与样本

2.3.1.1 总体

总体又称"母体",是所研究对象的全部个体(数据)的集合。组成总体的每一个元素称为个体。总体中所含的个体数量叫作总体含量(总体大小),常用符号 N 表示。总体可以是一批产品,也可以是一个过程,根据数目是否可数分为有限总体和无限总体。有限总体,是指总体范围是能够明确的,而且元素数目是有限可数的,例如,一批待检验的产品是一个有限总体;无限总体,是指总体包含的元素是无限的,不可数的,例如,自然数或有理数是一个无限总体。

研究总体特征是统计学的主要任务。在许多实际问题中,总体通常是无

---

❶ 大数据时代所涉及的数据数量大,种类多,并难以预先确定模式(非结构化),不适用随机抽样和数理统计为基础的传统统计方法实施"样本数据"分析,需要运用数据挖掘、模型预测、云计算等技术实施"总体数据"分析,本书仅讨论"样本数据"分析。

限总体或是数量很大的有限总体，无法通过获取全部数据进行总体研究，往往需要借助样本数据的研究来认识总体（有时候也可以通过理论计算进行假定）。

2.3.1.2 样本

样本又称"子样"，是从总体中随机抽取出来并且要对它进行详细研究分析的一部分个体（产品）。被抽取出来的样本中的每个个体（产品）称为样品，样本由1个或若干个样品组成，样本中所含的样品数目（构成样本的元素数目）叫作样本容量（样本大小），常用符号 n 表示。当样本容量足够大的时候，样本（n）无限趋近总体（N）。

样本用于研究总体。从总体中抽取样本，并由样本数据的研究结论推断总体特征，是科学实验、质量检验、社会调查等众多工作中普遍采用的研究方式。

2.3.2 抽样过程

抽样，又称取样，是从总体中随机抽取样品组成样本的活动过程。统计学中，通过抽样获得样本信息是进行推断性统计（由样本推断总体）的必要前提，具体实现过程为：根据问题研究的需要，从目标总体中抽取样品组成样本（随机抽样），研究整理样本信息形成样本特征后，依据样本特征对总体状况进行一定可靠程度下的分析推断（参数估计与假设检验），从而完成对总体的研究，如图2-2所示。

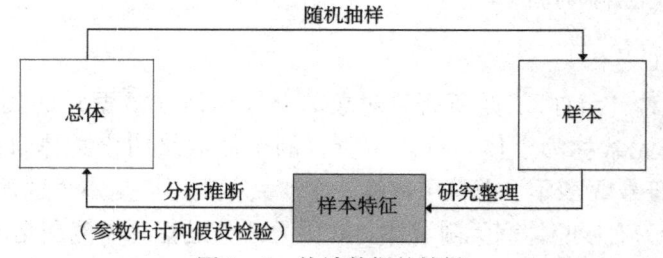

图2-2 统计数据的抽样

2.3.3 抽样方法

为确保抽取的样本对总体具有充分的代表性，提高推断性统计的可靠性，抽样方法的设计应保证抽样过程最大限度的随机性❶，使总体中的每一个个体

---

❶ 推断性统计的可靠性依赖于抽样过程的绝对随机性，而现实生活中绝对的随机性是很难实现的，所有的抽样过程都只是无限逼近绝对随机而不是真正的绝对随机。

（产品）都有同等机会被抽取出来组成样本。生产实践中，常用的抽样方法有简单随机抽样、系统随机抽样、分层随机抽样和整群随机抽样。

2.3.3.1 简单随机抽样

简单随机抽样，也叫纯随机抽样，是指抽样过程独立进行并且总体中每个个体被抽到的机会均等。随机抽样不是随便抽取，为实现随机化，可采取抽签、掷随机数骰子或查随机数值表等方法。比如，从100件产品中随机抽取10件组成样本，可以把这100件产品从1开始编号直到100号，然后用抓阄的方法任意抽出10个编号，由这10个编号代表的产品组成样本。

简单随机抽样是最简单的抽样方法，也是其他各种抽样方法的基础，其优点是每个样品之间完全独立，被抽中的机会相等，抽样误差小；缺点是抽样手续繁杂，通常在总体数目较少或各个体之间差异程度较小时采用这种方法。应用实践中，受各种客观条件和主观心理等诸多因素综合影响，真正做到每个个体被抽到的机会相等并不容易，因此，直接采用简单随机抽样的并不多。

2.3.3.2 系统随机抽样

系统随机抽样，又叫周期系统抽样、等距抽样或机械抽样，即将总体中所有个体按顺序编号，在规定范围内随机抽取一个个体作为首个样品，进而按事先规定好的规则依次抽取其他样品组成样本。比如，从120个零件中取5个做样本，先按生产顺序给产品编号，用简单随机抽样法确定首个样品，然后每隔24（120÷5=24）个号码抽取一个样品，共抽取5个样品组成样本。

系统随机抽样的优点是适用于流水线上取样，操作简便，实施起来不易出现差错；缺点是容易出现大的偏差，抽样起点一经确定，整个样本就完全固定，对总体质量特性含有某种周期性变化，当抽样间隔恰好与质量特性变化周期相吻合时，就可能得到一个偏差很大的样本。

2.3.3.3 分层随机抽样

分层随机抽样，也叫类型抽样法，是将总体按某种特征或某种规则划分为不同的层，然后按规定比例从不同的层中独立、随机地抽取样品组成样本的方法。比如，当不同设备、不同环境生产同一种产品时，不同条件下，产品质量可能有较大差异，为了使所抽取的样本具有代表性，可以将不同条件下生产的产品组成组，使同一组内产品质量均匀，然后在各组内按比例随机抽取样品组成一个样本。分层随机抽样的样本代表性比较好，抽样误差较小，能够通过较少的样本调查，得到比较准确的推断结果，特别是当总体数目较大、内部结构复杂时，分层抽样常能取得令人满意的效果，常用于产品质量检验。

2.3.3.4 整群随机抽样

整群随机抽样，也叫集团抽样法，是先将总体按一定方式分成多个群，然后随机抽取若干群并由这些群中的所有个体组成样本。比如，从20箱产品中随机抽取2箱，对这2箱产品进行全数检查，这2箱产品就组成"整群抽样"样本。整群随机抽样的优点是抽样实施方便，缺点是样本来自个别群体而不能均匀分布在总体中，因而代表性差，抽样误差较大，常用于工序控制中。

2.4 统计数据的特征值

特征值是基于统计数据整理和计算的，概括描述统计数据代表性数量特征和分布规律的重要统计指标，着眼于准确提炼数据的统计特性，为进行客观的描述性统计和合理的推断性统计提供依据和参考。

2.4.1 总体特征值

2.4.1.1 总体均值

总体均值，又称总体的数学期望或简称期望，是总体数据的算术平均值（将一组数据的总和除以这组数据的项数计算得出），描述总体数据取值的平均状况。总体均值是应用最广泛的反映总体数据集中趋势的统计特征值，用符号 μ 表示，计算公式为：

$$\mu = \frac{1}{n}(x_1 + x_2 + \cdots + x_n) = \frac{1}{n}\sum_{i=1}^{n} x_i \qquad (2-1)$$

式中：n 是总体数量，x_i 是个体数据，统计中经常用样本均值 $\bar{x}$ 估计总体均值 μ。

总体均值将同质总体（被平均的对象必须具有同质性）内各单位的数量差异抽象化，消除了个体之间个别偶然的差异，以反映总体的一般水平，并表示总体数据的中心。总体均值的计算可以通过 Microsoft Excel 中的 AVERAGE（）函数实现。

2.4.1.2 总体方差

总体方差用来衡量总体数据取值与总体均值的偏离程度，是每个数据取值与总体均值之差的平方值的平均数，总体方差用符号 σ^2 表示，其计算公式为：

$$\sigma^2 = \frac{\sum_{i=1}^{n}(x_i - \mu)^2}{n} \qquad (2-2)$$

式中：n 是总体数量，x_i 是个体数据，μ 是总体均值。

在样本量很大的情况下，样本方差的取值通常和总体方差很接近（样本方差的数学期望等于总体方差）。抽样统计中，通常用样本方差估计总体方差，样本方差是总体方差的无偏估计。总体方差的计算可以通过 Microsoft Excel 中的 VARP（）函数实现。

2.4.1.3 总体标准偏差

总体标准偏差也称为总体标准离差、总体标准差或总体均方差，它是衡量总体数据波动性（离散程度）的指标，用字母 σ 表示。总体标准偏差是总体方差的开平方，其计算公式为：

$$\sigma = \sqrt{\frac{\sum_{i=1}^{n}(x_i - \mu)^2}{n}} \qquad (2-3)$$

式中：n 是总体数量，x_i 是个体数据，μ 是总体均值，统计中经常用样本标准偏差 S 估计总体标准偏差 σ。

总体标准偏差能反映总体数据的离散程度，总体标准偏差越小，这些值偏离总体均值就越少，反之亦然。总体均值相同，总体标准偏差未必相同。抽样统计中，通常用样本标准偏差估计总体标准偏差，样本标准偏差不是总体标准偏差的无偏估计，样本标准偏差需要通过修偏系数 C_4 修正后 $\left(\frac{\bar{S}}{C_4}\right)$ 才是总体标准差的无偏估计，C_4 是样本量 n 的函数，当样本量足够大的时候，C_4 接近 1。总体标准偏差的计算可以通过 Microsoft Excel 中的 STDEVP（）函数实现。

2.4.1.4 总体变异系数

总体变异系数又称总体离散系数，用于衡量总体数据的相对离散程度，总体变异系数小，说明均值对总体的代表性好。总体变异系数是总体标准偏差除以算术平均数得到的一个相对值，用符号 C_v 表示，计算公式如下：

$$C_v = \frac{\sigma}{\mu} \times 100\% \qquad (2-4)$$

式中：σ 是总体标准偏差，μ 是总体均值。

总体变异系数是一个无量纲值，常用在两个总体均值不等或量纲不同的指标的离散程度的比较上。当对两个或多个总体的变异程度进行比较时，如果其度量单位和均值都相同，可以直接利用总体标准偏差来比较；若二者不同，则需计算总体变异系数，以消除数据的绝对大小对变异程度的影响。

2.4.2 样本特征值

2.4.2.1 样本均值

样本均值，又叫样本平均数，是一组样本数据的算术平均值，表示样本数据的平均特征，反映了所有样本数据的分布中心，用符号 $\bar{x}$ 表示，计算公式如下：

$$\bar{x} = \frac{1}{n}(x_1 + x_2 + \cdots + x_n) = \frac{1}{n}\sum_{i=1}^{n} x_i \qquad (2-5)$$

式中：n 是样本数量，x_i 是个体数据，统计中经常用样本均值 $\bar{x}$ 估计总体均值 μ。

样本均值是应用最为广泛的反映样本数据集中趋势的特征值，计算相对简单，但容易受极端值的影响，对于偏态分布的数据，样本均值的代表性较差。样本均值的计算可以通过 Microsoft Excel 中的 AVERAGE（ ）函数实现。

2.4.2.2 样本中值（样本中位数）

在一组样本数据中，按其大小次序排序后，以排在正中间的一个数表示样本数据的平均水平（一半的数比中值小，另一半的数比中值大），称为样本中值，或样本中位数，用符号 $\tilde{x}$ 表示，计算公式如下：

$$\tilde{x} = \begin{cases} x\left(\dfrac{n+1}{2}\right), & n \text{ 为奇数} \\ \dfrac{1}{2}\left[x\left(\dfrac{n}{2}\right) + x\left(\dfrac{n}{2}+1\right)\right], & n \text{ 为偶数} \end{cases} \qquad (2-6)$$

式中：n 是样本数量。

样本中值也是反映样本数据集中趋势的一种统计特征值，虽然比样本均值所表示的数据集中趋势粗略一些，但是计算更简单。与样本均值相比，样本中值不会因极端值的影响而出现虚假的集中趋势。当样本数据个数为奇数时，样本中值是排在正中间的一个数；当样本数据个数为偶数时，样本中值为正中两个数的算术平均值。样本中值不等于样本均值。样本中位数的计算可以通过 Microsoft Excel 中的 MEDIAN（ ）函数实现。

2.4.2.3 样本众数

样本众数是指一组样本数据中出现频率最高的那个数据，即在统计分布上具有明显集中趋势点的数值，代表数据的一般水平，通常用符号 Mod 表示，计算公式如下：

$$\text{MOD} = 出现频率最高\{x_1, x_2, x_3, \cdots, x_n\} \tag{2-7}$$

式中：n 是样本数量。

样本众数也是反映样本数据集中趋势的一种统计特征值，描述一组数据中出现次数最多的数据，是按照数据位置确定的代表值，而不是相应的次数。当数据分布存在明显的集中趋势且有显著极端值时，适合使用样本众数，但其计算功能和稳定性略差，一组数据中可能没有众数，也可能有多个众数。样本众数不等于样本均值。样本众数的计算可以通过 Microsoft Excel 中的 MODE（）函数实现。

2.4.2.4 样本极差

样本极差，亦称为全距或误差范围，是指一组样本数据观察值中的最大值和最小值之差，是用数据变动的幅度来反映其离散状况的特征值，说明数据的伸展情况，用符号 R 表示，计算公式如下：

$$R = x_{\max}(最大观察值) - x_{\min}(最小观察值) \tag{2-8}$$

样本极差是反映样本数据离散程度的一种最简单的统计特征值，计算简单、使用方便，但结论粗略，所反映的仅仅是一组数据的最大差异（离散）值，适用于小样本的一般预备性检查。相同实验次数下的两组数据，极差大的一组数据要比极差小的一组数据更为离散，但极差数值仅受两个极端值（最大值和最小值）的影响，而忽略了全部观察值之间的差异，损失的质量信息多，不能全面反映中间数据的分布和波动规律。比如，两组数据最大值和最小值相同，极差相等，但是差异性特征可能相当不一致。

2.4.2.5 样本四分位差

（1）样本四分位数

样本四分位数，也称为样本四分位点，是把样本数据所有数值由小到大排序并分成四等分$\left(每部分包含\frac{1}{4}的数据\right)$，处于三个分割点位置的数值。样本四分位数有三个，第一个四分位数 Q_1 称为下四分位数（也称为较小四分位数），位于全部数据的 $\frac{1}{4}$ 分割位置；第三个四分位数 Q_3 称为上四分位数（也称为较大四分位数），位于全部数据的 $\frac{3}{4}$ 分割位置，我们通常所说的四分位数就是指 Q_1 和 Q_3；而第二个四分位数等同于样本中位数（即 $\tilde{x}$），用 Q_2 表示。样本四分位数的具体计算公式如表 2-3 所示（假设样本数据从小到大排序后的数列为 $D_1, D_2, D_3, \cdots, D_n$）：

表 2-3 样本四分位数的计算公式

四分位数序号	Q_1	Q_2	Q_3	备注
四分位数位置	$L_1 = 1 + \dfrac{(n-1)}{4}$	$L_2 = 1 + \dfrac{2(n-1)}{4}$	$L_3 = 1 + \dfrac{3(n-1)}{4}$	n 为样本数据的数值个数
四分位数位置的整数部分	INT(L_1)	INT(L_2)	INT(L_3)	Excel 函数 INT(L) 实现从数值 L 中提取整数部分的功能
整数部分对应数值	$D_{\text{INT}(L_1)}$	$D_{\text{INT}(L_2)}$	$D_{\text{INT}(L_3)}$	D_i 为样本数据的第 i 个数值
四分位数位置的小数部分	MOD(L_1,1)	MOD(L_2,1)	MOD(L_3,1)	Excel 函数 MOD(L,1) 实现从数值 L 中提取小数部分的功能
小数部分数值	$N_1 = \text{MOD}(L_1,1) \times [D_{\text{INT}(L_1)+1} - D_{\text{INT}(L_1)}]$	$N_2 = \text{MOD}(L_2,1) \times [D_{\text{INT}(L_2)+1} - D_{\text{INT}(L_2)}]$	$N_3 = \text{MOD}(L_3,1) \times [D_{\text{INT}(L_3)+1} - D_{\text{INT}(L_3)}]$	
四分位数数值	$D_{\text{INT}(L_1)} + N_1$	$D_{\text{INT}(L_2)} + N_2$	$D_{\text{INT}(L_3)} + N_3$	

样本四分位数数值的最终结果由两部分相加得到：其一，四分位数位置的整数部分对应数值；其二，四分位数位置的小数部分乘以四分位数位置的整数部分对应数据的下一个数据减去四分位数位置的整数部分对应数据的差值得到。当样本数据的数值总数 n 是奇数时，第二个样本四分位数 Q_2（即样本中位数）的位置是整数值，可以在从小到大排序后的数列中直接找到；当样本数据的数值总数 n 满足 $\dfrac{(n-1)}{4}$ = 整数（比如，$n=5$，9，13，…）时，样本四分位数（Q_1、Q_2 和 Q_3）位置都是整数值，各四分位数可以在从小到大排序后的数列中直接找到。

样本四分位数主要应用于统计学中的箱形图绘制，具体计算可以通过 Microsoft Excel 中的 QUARTILE（） 函数实现。

（2）样本四分位差

四分位差又称内距，也称四分间距，是指样本数据所有数值由小到大排序并分成四等分（每部分包含 $\dfrac{1}{4}$ 的数据），所得第三个四分位数的值（Q_3，位于 $\dfrac{3}{4}$ 位置）与第一个四分位数的值（Q_1，位于 $\dfrac{1}{4}$ 位置）的差，用公式表示为：

$$IQR = Q_3 - Q_1 \tag{2-9}$$

样本四分位差反映了中间 50% 数据的离散程度。数值越小，说明中间的数据越集中；数值越大，说明中间的数据越离散。与样本极差相比，样本四分位差不受极值的影响，如图 2-3 所示。此外，由于样本中值处于数据的中间位置，因此四分位差的大小在一定程度上说明了样本中值对一组数据的代表程度。样本四分位差主要用于描述顺序数据的离散程度，对于数值型数据也可以计算四分位差，但不适合分类数据。样本四分位差的计算可以通过 Microsoft Excel 中的 QUARTILE（）函数的组合使用来实现。

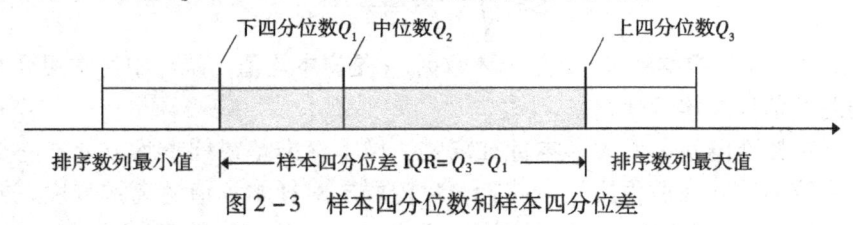

图 2-3 样本四分位数和样本四分位差

2.4.2.6 样本平均差

样本平均差是指一组数据中的各数据与其算术平均值的偏差的绝对值的算术平均值，用符号 MD 表示，计算公式如下：

$$MD = \frac{1}{n}\sum_{i=1}^{n} |x_i - \bar{x}| \tag{2-10}$$

式中：n 是样本数量，x_i 是个体数据，$\bar{x}$ 是样本均值。

样本平均差弥补了样本极差的不足，反映了中间数据的变动，样本平均差越大，表明各样本数据与算术平均值的差异程度越大，该算术平均值的代表性就越小；样本平均差越小，表明各样本数据与算术平均值的差异程度越小，该算术平均值的代表性就越大。为规避样本数据偏离中心的方向性，样本平均差的计算需要对偏差取绝对值。样本平均差的计算可以通过 Microsoft Excel 中的 AVEDEV（）函数实现。

2.4.2.7 样本方差

为了避免样本平均差绝对值计算的不便，可用样本方差来度量样本数据的离散性。样本方差是最常用的反映数据离散程度的特征值，是每个样本数据与样本均值之差的平方值的平均数，用符号 S^2 表示，计算公式如下：

$$S^2 = \frac{\sum_{i=1}^{n}(x_i - \bar{x})^2}{n-1} \tag{2-11}$$

式中：n 是样本数量，x_i 是个体数据，$\bar{x}$ 是样本均值。

在样本容量相同的情况下，方差越大，说明数据的波动越大，越不稳定。样本方差的计算可以通过 Microsoft Excel 中的 VAR（）函数实现。

2.4.2.8 样本标准偏差

为了使统计量的单位同观察值的单位相一致，通常将样本方差开平方，即得到样本标准偏差，用字母 S 表示（或者 SD），样本标准偏差是个体数据与均值偏差平方和的算术平均值的算术根，计算公式如下：

$$S = \sqrt{\frac{\sum_{i=1}^{n}(x_i - \bar{x})^2}{n-1}} \qquad (2-12)$$

式中：n 是样本数量，x_i 是个体数据，$\bar{x}$ 是样本均值，统计中经常用样本标准偏差 S 估计总体标准偏差 σ。

样本标准偏差也称为样本标准离差、样本标准差或样本均方差，它是衡量数据波动性（离散程度）的指标，反映样本对样本均值的离散程度，样本均值相同，样本标准偏差未必相同。样本标准偏差的计算可以通过 Microsoft Excel 中的 STDEV（）函数实现。

2.4.2.9 样本变异系数

样本变异系数又称样本离散系数，有时也称为相对标准偏差，是用样本标准偏差除以样本均值得到的一个相对值，用符号 C_v 表示，计算公式如下：

$$C_v = \frac{S}{\bar{x}} \times 100\% \qquad (2-13)$$

式中：S 是样本标准偏差，$\bar{x}$ 是样本均值。

当需要比较两组样本数据离散程度大小的时候，如果测量尺度相差太大，或者数据量纲不同，直接使用样本标准偏差来比较不合适，此时应使用样本变异系数。样本变异系数是一个无量纲值，表示数据的相对离散程度，样本变异系数小，说明均值对样本的代表性好。

2.5 统计数据的分布

物理学上有一个关于光的波粒二象性的理论：当光发生干涉和衍射时，表现出来的性质更接近波的性质，所以说光具有波动性（惠更斯的波动说）；当光照射金属表面发生光电效应时，表现出来的性质更接近实物粒子的性质，所以说光具有粒子性（牛顿的微粒说）。统计学上也有类似对立统一的说法，统计数据的分布同时表现为个体数据的波动性和总体（样本）分布的规律性❶。即使在生产技术条件完全相同的情况下，同一总体的个体数据（产品质量特性）却并不完全相同，这种个体间的差异性，反映在统计上即为个体数据的波动性；然而当运用统计方法对大量丰富的个体数据进行加工、整理和分析后，我们又会发现这些个体数据波动服从一定的分布规律（统计分布），统计上称为总体分布的规律性。

2.5.1 个体数据的波动性

哲学家莱布尼茨说"世界上没有完全相同的两片树叶"。相同生产技术条件下生产出来的一批产品，受各种因素影响，其质量特性值不会完全一样，这种个体间的差异性，反映了质量特性值个体数据的波动性。从统计学角度来看，产品质量波动可分为正常波动和异常波动两类，偶然性因素（随机原因）引起产品质量正常波动，系统性因素（系统原因）引起产品质量异常波动，如表2-4所示。

表2-4 正常波动与异常波动

类别	定义	特点	要求
正常波动	偶然性因素引起的产品质量波动	过程固有；普遍存在；影响很小；不易发现，难以消除（技术难度大而且经济代价高）	一般情况下在生产过程中允许存在
异常波动	系统性因素引起的产品质量波动	非过程固有；单一现象；影响较大；容易查明原因，容易预防和消除	由于对生产影响大，生产过程中不允许存在。质量管理工作的一项重要工作，就是把正常波动控制在合理范围内，消除异常波动

2.5.1.1 正常波动

正常波动是指质量数据波动在质量标准允许范围内，并服从稳定的正态分布，由偶然性因素引起。由偶然性因素引起的产品质量随机波动是不可避免的。

正常波动是由偶然性因素引起的产品质量波动。在一定生产力水平下，随机性因素具有随机发生的特点，是不可避免、难以测量和控制的。这些偶

---

❶ 总体分布的规律性，也称为统计数据的分布形态，统计数据的频率分布在统计数轴上会形成一定的图形轮廓（连续型随机变量中称为概率密度曲线），这些中心位置、散布程度和具体形状不同的图形轮廓反映了统计数据的总体特征。

然因素在生产过程中大量存在，对产品质量经常产生影响，但其所造成的质量特性值波动往往较小，产品质量特性的变化不会超出允许的界限（公差），产品质量符合要求。对这些波动的随机因素的消除，在技术上难以达到，在经济上代价又很大，因此，一般情况下，这些波动在生产过程中是允许存在的，属于正常波动。公差就是承认这种波动的产物。把仅有正常波动的生产过程称为处于统计控制状态，简称受控状态。

2.5.1.2 异常波动

异常波动是指质量数据波动超越了质量标准允许范围，由系统性因素引起。由系统性因素造成的产品质量波动在生产过程中是不允许存在的，只要发现产品质量有异常波动，就应尽快找出原因并及时消除。

异常波动是由系统性因素引起的产品质量波动。系统性因素在生产过程中并不大量存在，但对产品质量特性值影响较大，同时，系统性因素是确定性因素，可观测可控制，因此，一般来说，生产过程中是不允许其存在的。质量管理的一项重要工作，就是要找出产品质量波动规律，把正常波动控制在合理范围内，消除系统性因素引起的异常波动。我们把有异常波动的生产过程称为处于非统计控制状态，简称失控状态。

2.5.2 总体分布的规律性

世界万物都是有规律的，思想家恩格斯说"任何偶然性存在的场合，都受客观规律所支配，问题是如何发现并利用这些规律"。通过对大量个体质量数据的整理和分析，我们发现，虽然产品质量特性值呈现个体数据的无序波动，但数据总体大多分布在数值变动范围的中部区域，有向分布中心靠拢的倾向，表现为数据的集中趋势；还有一部分质量特性值分布在远离中心的两侧，有远离分布中心的倾向，表现为数据的离散程度（离中趋势）。产品质量特性值在总体分布形态上表现出的这种规律性，称为总体分布规律性。根据质量数据的类型不同（连续型数据和离散型数据），总体分布分为连续型分布和离散型分布。

2.5.2.1 连续型分布

（1）均匀分布

①均匀分布的数学定义。在概率论和统计学中，均匀分布也叫矩形分布，全称是"在区间 $[a, b]$ 上的均匀分布"，它是连续型随机变量最简单的概率分布，表示在区间 $[a, b]$ 内任意等长度区间内事件出现的概率相同这样一种分布。如果随机变量 x 在相同长度间隔的分布概率是等可能的，即在区间 $[a, b]$ 上概率密度函数是一个常数，则称随机变量 x 服从 $[a, b]$ 上的

均匀分布，记为 $x \sim U[a, b]$。均匀分布的期望 $E(x) = \frac{a+b}{2}$；方差 $D(x) = \frac{(b-a)^2}{12}$。均匀分布的概率密度函数如下：

$$f(x) = \begin{cases} \frac{1}{b-a}, & a \leq x \leq b \\ 0, & 其他 \end{cases} \quad (2-14)$$

式中：区间 $[a, b]$ 表示 $a \leq x \leq b$；区间 $[a, b)$ 表示 $a \leq x < b$。

均匀分布由两个参数 a 和 b 定义，它们是数轴上的最小值和最大值，表明 x 落在 $[a, b]$ 的子区间内的概率只与子区间长度有关，而与子区间位置无关，因此，x 落在 $[a, b]$ 的长度相等的子区间内的可能性是相等的，所谓的均匀指的就是这种等可能性。均匀分布的概率密度函数曲线从 a 到 b 的区间上恒等于 $\frac{1}{(b-a)}$，其余恒等于 0，如图 2-4 所示。

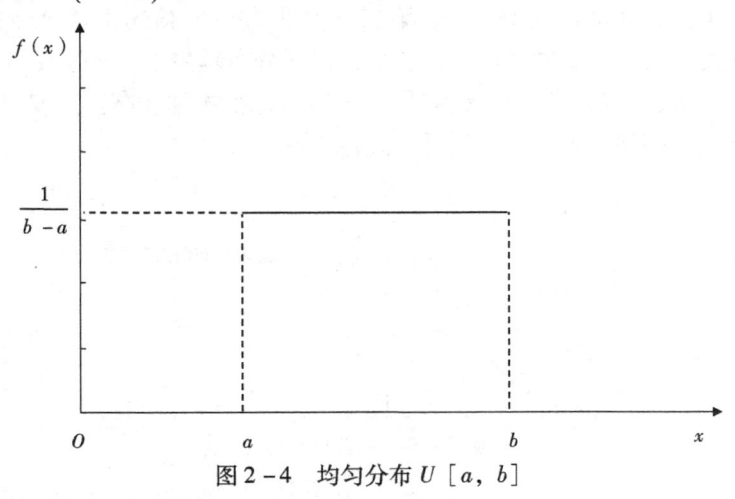

图 2-4 均匀分布 $U[a, b]$

②均匀分布的具体应用。均匀分布在自然情况下极为罕见，而人工栽培的有一定株行距的植物群落即是均匀分布。在实际问题中，当我们无法区分在区间 $[a, b]$ 内取值的随机变量 x 取不同值的可能性有何不同时，我们就可以假定 x 服从 $[a, b]$ 上的均匀分布。

(2) 正态分布

①正态分布的数学定义。正态分布（Normal Distribution），也称常态分布，又名高斯分布（Gaussian Distribution），是连续型随机变量最常见的一种概率分布，在统计学上有重大的影响力。一般来说，如果一个变量是由许多微小的独立随机因素影响的结果，那么就可以认为这个变量具有正态分布。

若随机变量 x 服从一个均值（数学期望）为 μ、标准偏差为 σ（方差为 $σ^2$）的正态分布，记为 $x \sim N(μ, σ^2)$，概率密度函数如下：

$$f(x) = \frac{1}{σ\sqrt{2π}} e^{\frac{-(x-μ)^2}{2σ^2}} \qquad (2-15)$$

当数学期望 μ = 0，标准偏差 σ = 1 时，正态分布成为标准正态分布，记为 $x \sim N(0, 1)$，概率密度函数如下：

$$f(x) = \frac{1}{\sqrt{2π}} e^{\frac{-x^2}{2}} \qquad (2-16)$$

正态分布曲线 $N(μ, σ^2)$ 以 x=μ 为对称轴，左右完全对称，并在 μ 处取最大值，在正（负）无穷远处（$x \to ±∞$）取值为 0，在 μ±σ 处有拐点，曲线形状呈钟形，因此人们又经常称之为钟形曲线，如图 2-5 所示。正态分布曲线受两个参数影响，如图 2-6 所示。第一，均值 μ 描述正态分布的集中趋势位置，离 μ 越近，概率取值越大，离 μ 越远，概率取值越小，正态分布的均值、中位数和众数均等于 μ；第二，标准偏差 σ 描述正态分布的离散程度，σ 越大，数据分布越离散，σ 越小，数据分布越集中，σ 也称为是正态分布的形状参数，σ 越大，曲线越扁平，σ 越小，曲线越瘦高。质量管理中，σ 反映了质量的好坏，σ 越小，质量一致性越好。

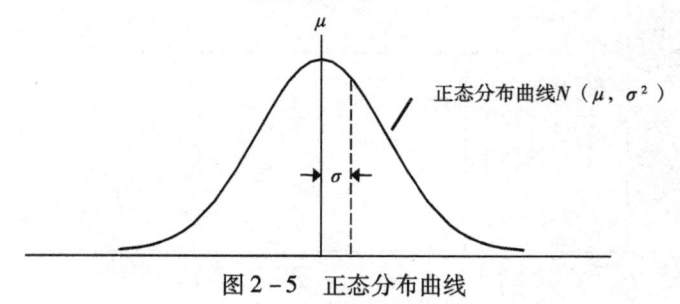

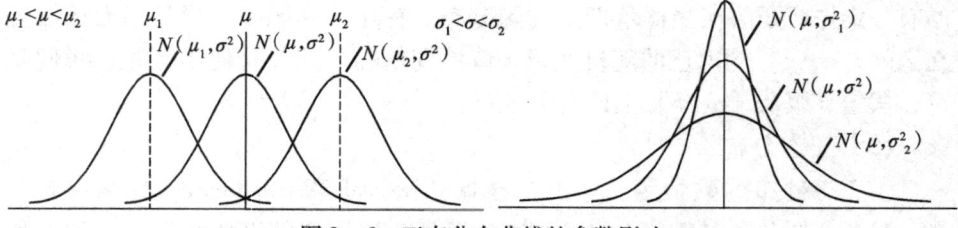

图 2-5 正态分布曲线

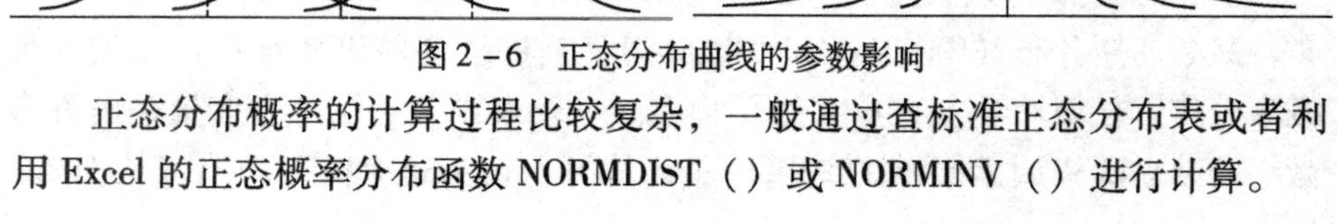

图 2-6 正态分布曲线的参数影响

正态分布概率的计算过程比较复杂，一般通过查标准正态分布表或者利用 Excel 的正态概率分布函数 NORMDIST（）或 NORMINV（）进行计算。

②正态分布的具体应用。在自然现象和社会现象中，大量的随机变量都服从或近似地服从正态分布，正态分布是很多统计方法的理论基础，同时也是很多其他类型分布的极限情况。

第一种，正态分布与"3σ"原则。正态分布曲线与横轴间面积总和等于1，相当于概率密度函数的函数从正无穷到负无穷积分的概率为1，即频率的总和为100%。x落在（$\mu-3\sigma$，$\mu+3\sigma$）以外的概率小于千分之三，在实际问题中常认为相应的事件是不会发生的，基本上可以把区间（$\mu-3\sigma$，$\mu+3\sigma$）看作是随机变量x实际可能的取值区间，这称之为正态分布的"3σ"原则，如图2-7所示。

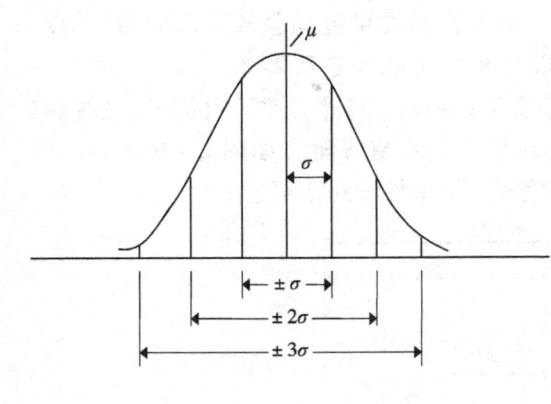

区间	区间内的概率	区间外的概率
$\pm\sigma$	68.26%	31.74%
$\pm 2\sigma$	95.45%	4.55%
$\pm 3\sigma$	99.73%	0.27%
$\pm 4\sigma$	99.994%	0.006%
$\pm 5\sigma$	99.99994%	0.00006%（0.6ppm）
$\pm 6\sigma$	99.9999998%	0.0000002%（0.002ppm）

图2-7 正态分布与"3σ"原则

第二种，正态分布与六西格玛质量水平。当正态分布曲线的分布中心（μ）向左或向右偏移公差中心（M）1.5σ❶时，根据正态分布的特性，此时一侧出现在公差区间（$\mu\pm 6\sigma$）外的概率不足百万分之3.4，另一侧出现在公差区间（$\mu\pm 6\sigma$）外的概率数量极小可忽略不计，公差区间（$\mu\pm 6\sigma$）外的概率总计近似为百万分之3.4，这就是"六西格玛质量水平"只产生百万分之3.4不合格率的说法。六西格玛质量水平（6σ）意味着即使产品均值与目标值还存在一点偏离（1.5σ），产品的差错率也仅为百万分之3.4，过程的波动非常小，都集中在目标值附近，满足顾客要求的能力很强，如图2-8所示。

---

❶ 偏移1.5σ：通过长期研究得出的经验值，针对实际过程中普遍存在的偏移，根据大量数据演算，稳定情况下长期能力相对短期能力偏移1.49σ（大概为1.5σ），所以在得到短期能力后都要通过偏移来估算长期水平。六西格玛规定偏移只能在一个方向上发生（向左或向右偏移），且不超过1.5σ。

图2-8 正态分布与六西格玛

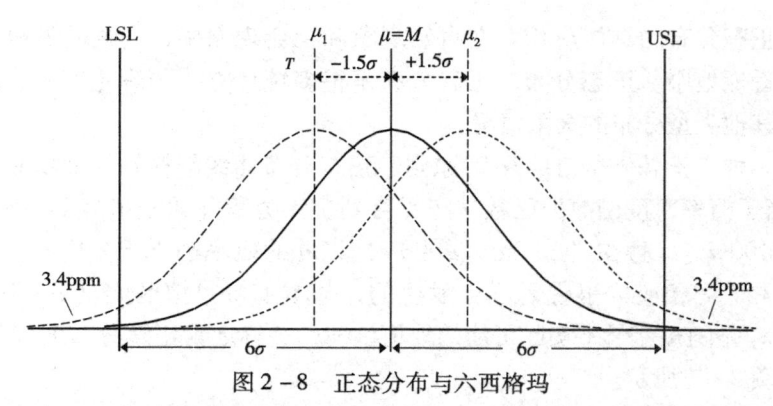

第三种，正态分布与两类错误。如果产品质量波动服从正态分布，则产品质量特性值落在控制界限（$\mu \pm 3\sigma$）外的可能性是0.27%，落在界限外一侧的概率仅为0.135%，根据小概率事件在一次试验中几乎不可能发生的似然推理，若质量特性值出界就可以判断生产过程有异常，如图2-9所示。然而，概率0.27%虽然很小，但并不代表这类事件绝对不可能发生。

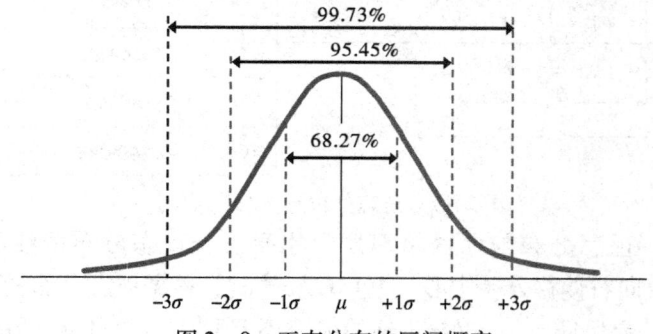

图2-9 正态分布的区间概率

当生产过程正常时，由于控制界限设置过窄，随机因素导致个别质量特性值落在界限外，如果我们根据质量特性值出界而判断生产过程存在异常，就会产生"弃真"错误，统计学上称为第Ⅰ类错误（Type Ⅰ Error），即原假设是正确的，却拒绝了原假设。

如果为了减少第Ⅰ类错误，把控制界限扩大到（$\mu \pm 4\sigma$），第Ⅰ类错误发生的概率下降为0.006%，那么又会面临一个新问题：由于控制界限设置过宽，虽然生产过程已经有了异常，但仍然存在个别质量特性值落在控制界限之内，如果我们根据质量特性值未出界而判断生产过程正常，就会产生"取伪"错误，统计学上称为第Ⅱ类错误（Type Ⅱ Error），即原假设是错误的，却没有拒绝原假设。

上述两类错误在推断性统计过程中是一对矛盾的客观存在，减小一类错误的概率，必然增大另一类错误的概率，但是可以把两类错误带来的总损失降到最低限度。实践应用中，以（$\mu \pm 3\sigma$）为控制界限时，两类错误造成的总损失最小，如图2-10所示。

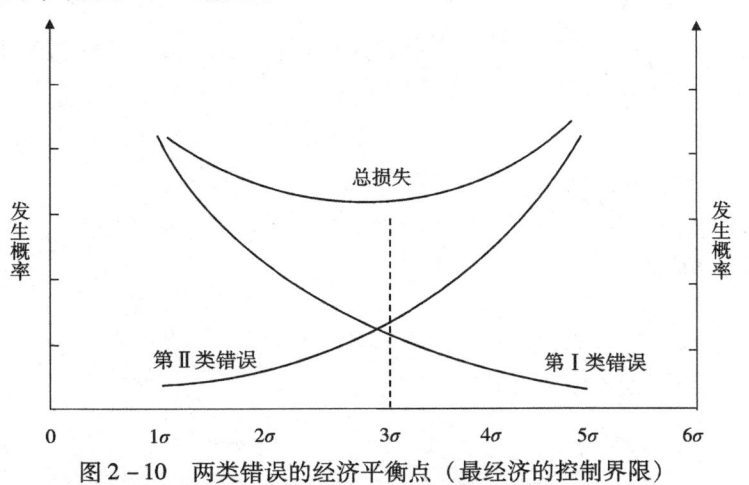

图2-10 两类错误的经济平衡点（最经济的控制界限）

第四种，正态分布与中心极限定理。在自然界与生产中，一些现象受到许多相互独立的随机因素的影响，如果每个因素所产生的影响都很微小，总的影响可以看作是服从正态分布的。

中心极限定理从数学上证明，大样本条件下，不论总体的分布如何，样本的均值总是近似地服从正态分布。对于那些不属于正态分布的数据，根据中心极限定理，当样本容量很大时，总体参数的抽样分布是趋向于正态分布的，最终都可以依据正态分布的假设前提对它进行下一步分析。

（3）卡方分布

①卡方分布的数学定义。若 n 个相互独立的随机变量（x_1, x_2, …, x_n）均服从标准正态分布 N（0，1），则这 n 个随机变量的平方和构成一个新的随机变量 $Q = \sum_{i=1}^{n} x_i^2$，其分布规律服从自由度为 n 的卡方分布（χ^2 分布）（Chi-square Distribution），记作 $Q \sim \chi^2(n)$，参数 n 称为自由度❶。卡方分布是由正态分布构造而成的一个新的分布，当自由度 n 很大时，分布近似为正

---

❶ 自由度，我们常常把一个式子中独立变量的个数称为这个式子的"自由度"，确定一个式子自由度的方法是：若式子包含有 n 个变量，其中 k 个被限制的样本统计量，则这个表达式的自由度为 $n-k$。比如 n 个变量（x_1, x_2, …, x_n）相互独立，则自由度为 n；又如 n 个变量（x_1, x_2, …, x_n）中的 $x_1 \sim x_{n-1}$ 相互独立，x_n 为其余变量的平均值，因此自由度为 $n-1$。通俗地讲，样本中独立或能自由变化的自变量的个数，称为自由度。

态分布。卡方分布的期望 $E(\chi^2) = n$，方差 $D(\chi^2) = 2n$；卡方分布的概率密度函数如图 2-11 所示。

$$f_n(x) = \frac{\left(\frac{1}{2}\right)^{\frac{n}{2}}}{\Gamma\left(\frac{n}{2}\right)} x^{\frac{n}{2}-1} e^{-\frac{n}{2}}，其中 \Gamma(x) = \int_0^{+\infty} e^{-t} \times t^{(x-1)} dt (伽玛函数)$$

(2-17)

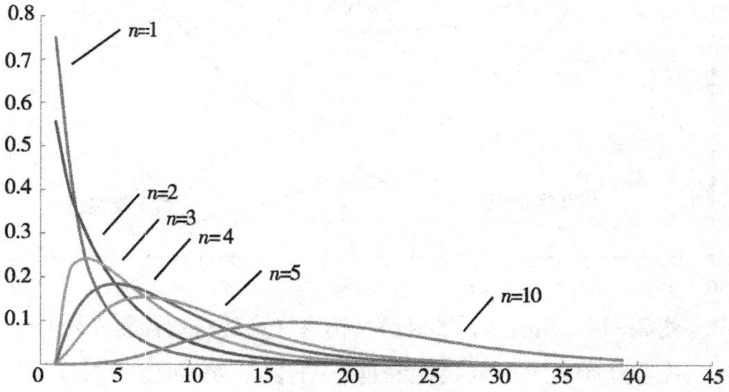

图 2-11 卡方分布的概率密度函数

卡方分布图呈正偏态（右偏态），不同的自由度 k 决定不同的卡方分布，自由度越小，分布越偏斜：当 $n \leqslant 2$ 时，卡方分布是一条先高后低的 L 型曲线；当 $n > 2$ 时，卡方分布的形状发生改变，呈具有偏度的钟形；随着自由度 n 增大，卡方分布向正无穷方向延伸，分布曲线越来越低，曲线逐渐趋于对称；当 $n \rightarrow \infty$ 时，卡方分布趋近于正态分布。

卡方分布的计算过程比较复杂，一般通过查表或者利用 Excel 的卡方概率分布函数 CHIDIST（）或 CHIINV（）进行计算，其中伽玛分布通过伽玛分布函数 GAMMADIST（）进行求解。

②卡方分布的具体应用。卡方分布常用于假设检验和置信区间的计算，可以用来测试随机变量之间是否相互独立，也可用于检查实际结果与期望结果之间何时存在显著差别，也就是检验一组给定的数据与指定分布的吻合程度。

(4) t 分布

①t 分布的数学定义。在概率论和统计学中，t 分布（t-distribution），用于根据小样本来估计呈正态分布且方差未知的总体的均值。如果总体方差已知（例如当样本数量足够多时），则应该用正态分布来估计总体均值。假设 x 服从标准正态分布 $N(0, 1)$，y 服从自由度为 n 的 $\chi^2(n)$ 分布，且 x 与 y 相

互独立,那么 $z = \dfrac{x}{\sqrt{\dfrac{y}{n}}}$ 的分布称为自由度为 n 的 t 分布,记为 $z \sim t(n)$。t 分布的期望 $E(t) = 0$,$n > 1$;方差 $D(t) = \dfrac{n}{n-2}$,$n > 2$。t 分布的概率密度函数如下:

$$f_z(x) = \dfrac{\Gamma\left(\dfrac{n+1}{2}\right)}{\sqrt{n\pi}\,\Gamma\left(\dfrac{n}{2}\right)}\left(1 + \dfrac{x^2}{n}\right)^{-\frac{n+1}{2}}, \text{ 其中 } \Gamma(x) = \int_0^{+\infty} e^{-t} \times t^{(x-1)} dt (\text{伽玛函数})。 \tag{2-18}$$

t 分布曲线是关于 $x = 0$ 对称的单峰分布($x = 0$ 处取最大值),以 X 轴为水平渐进线,曲线形态与 n 的大小有关,对应于每一个 n,就有一条 t 分布曲线,与标准正态分布曲线相比,n 越小,t 分布曲线越低平,曲线中间越低,曲线两侧翘尾越高,n 越大,t 分布曲线越接近标准正态分布曲线,当 $n = \infty$ 时,t 分布曲线成为标准正态分布曲线,故 t 分布是标准正态分布的小样本形态(标准正态分布是 t 分布的特例),如图 2-12 所示。

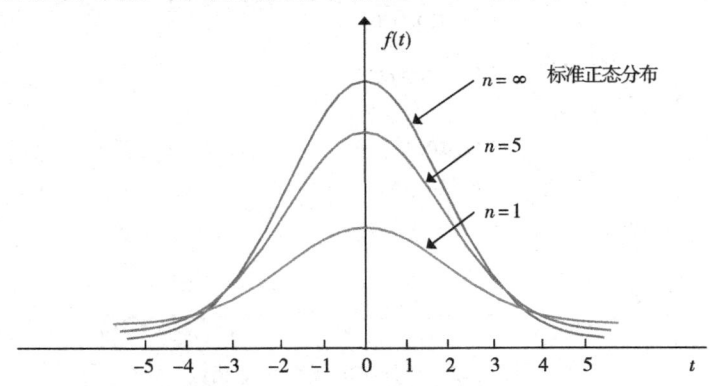

图 2-12 t 分布的概率密度函数

t 分布的计算过程比较复杂,一般通过查表或者利用 Excel 的 t 概率分布函数 TDIST() 或 TINV() 进行计算。

②t 分布的具体应用。t 分布在置信区间估计、显著性检验等问题的计算中发挥重要作用。t 分布经常应用在对呈正态分布的总体均值进行估计,当总体标准偏差是未知的,但又需要根据小样本估计总体均值时,我们可以运用 t 分布。

(5)F 分布

①F 分布的数学定义。设 x 服从自由度为 m 的 χ^2 分布,y 服从自由度为 n

的 χ^2 分布，且 x 和 y 相互独立，则称变量 $z = \dfrac{\dfrac{x}{m}}{\dfrac{y}{n}}$ 服从 F 分布，记为 $z \sim F(m, n)$，其中第一自由度为 m，第二自由度为 n。F 分布的期望 $E(F) = \dfrac{n}{n-2}$；方差 $D(F) = \dfrac{2n^2(m+n-2)}{m(n-2)^2(n-4)}$，$n \geqslant 4$。$F$ 分布的概率密度函数如下：

$$f_z(x) = \begin{cases} \dfrac{\Gamma\left(\dfrac{m+n}{2}\right)\left(\dfrac{m}{n}\right)^{\frac{m}{2}} x^{\left(\frac{m}{2}\right)-1}}{\Gamma\left(\dfrac{m}{2}\right)\Gamma\left(\dfrac{n}{2}\right)\left[1+\left(\dfrac{mx}{n}\right)\right]^{\frac{m+n}{2}}}, & x > 0 \\ 0, & \text{其他} \end{cases} \quad (2-19)$$

F 分布曲线是一种非对称分布，形状依赖于分子和分母的自由度，随分子、分母自由度的增加而渐近正态分布，如图 2-13 所示。

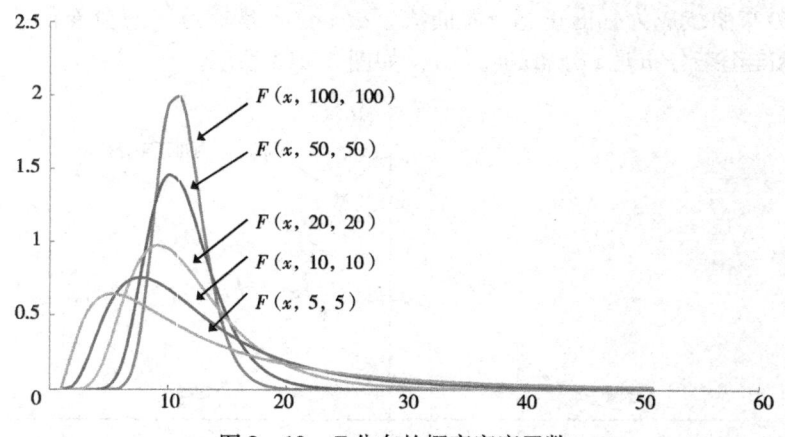

图 2-13 F 分布的概率密度函数

F 分布的计算过程比较复杂，一般通过查表或者利用 Excel 的 F 概率分布函数 FDIST（ ）或 FINV（ ）进行计算。比如，进行方差分析、协方差分析和回归分析时，对 F 分布情况的确认，一般通过查找 F 分布表的方式进行，如果没有现成的 F 分布表，也可以利用 Excel 的 F 概率分布的逆函数 FINV（ ）进行计算，或建立一个 F 分布表。

②F 分布的具体应用。F 分布有广泛的应用，如在方差分析、回归方程的显著性检验中都有重要的地位。

（6）指数分布

①指数分布的数学定义。在概率理论和统计学中，指数分布（也称为负

指数分布）是描述泊松过程中的独立事件之间时间间隔的概率分布，即事件以恒定平均速率连续且独立地发生的过程，它是几何分布的连续模拟。指数分布（Exponential Distribution）是一种连续概率分布。随机变量 x 服从参数为 λ 的指数分布，记为 $x \sim \mathrm{Exp}(\lambda)$。$\lambda$ 为常数，表示平均每单位时间发生该事件的次数，是指数函数的分布参数。指数分布的期望 $E(x) = \dfrac{1}{\lambda}$，方差 $D(x) = \dfrac{1}{\lambda^2}$。指数分布的概率密度函数如下：

$$f(x) = \begin{cases} \lambda e^{-\lambda x}, & x \geq 0 \\ 0, & x < 0 \end{cases} \tag{2-20}$$

指数分布图从最大值（λ）开始，随着连续随机变量 x 取值逐步增大，概率值急剧下降，呈指数式递减。曲线形态上，当 λ 越大，概率密度函数曲线下凹的程度越大，如图 2-14 所示。

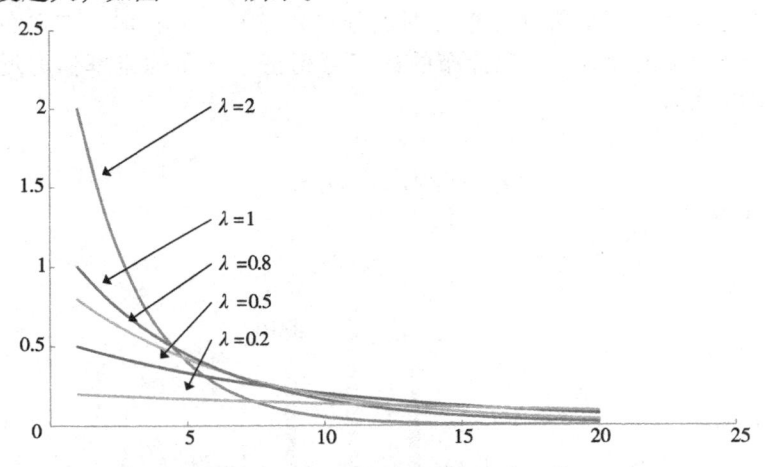

图 2-14　指数分布的概率密度函数

指数分布的计算过程比较复杂，一般通过查表或者利用 Excel 的指数分布函数 EXPONDIST（）进行计算。

②指数分布的具体应用。指数分布具有无记忆性，服从指数分布的随机变量概率只与时间间隔有关，而与时间起点无关，所以，指数分布广泛用于生存分析，从机器的预期寿命到人类的预期寿命，指数分布都能成功地提供结果。

2.5.2.2　离散型分布

（1）二项分布

①二项分布的数学定义。在概率论和统计学中，二项分布是一种具有广

泛用途的离散型概率分布，本质是重复 n 次独立的伯努利试验[1]。

进行 n 次伯努利试验，每次试验成功的概率均为 p，每次试验失败的概率均为 $(1-p)$，预期成功次数 $E(x) = np$ [数学期望 $E(x) = np$]，方差 $D(x) = np(1-p)$，取得 x 次成功的概率（$x = 0, 1, 2, \cdots, n$），可用下面的二项分布概率公式来描述：

$$b(x, n, p) = C_n^x p^x (1-p)^{n-x} \left[\text{其中} C_n^x = \frac{n!}{x!(n-x)!}\right] \quad (2-21)$$

二项分布是离散型分布，概率条形图是阶跃式的。当 $p \neq \frac{1}{2}$ 时，二项分布图形呈偏态，$p < \frac{1}{2}$ 与 $p > \frac{1}{2}$ 的偏斜方向相反，随着 n 逐渐增大，图形偏态逐渐降低。当 $p = \frac{1}{2}$ 时，二项分布图形最终趋向对称的分布形态。当 $n = 1$ 时，二项分布等同于伯努利分布（两点分布）。当 $n \to \infty$ 时，二项分布等同于正态分布（n 很大时，二项分布的概率可用正态分布的概率作为近似值），如图 2-15 所示。

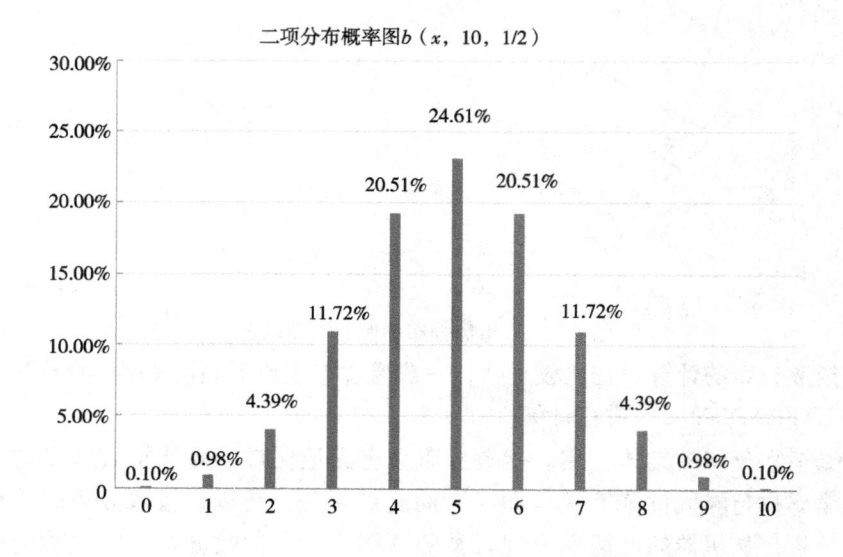

二项分布概率图 $b(x, 10, 1/2)$

---

[1] 每次试验中只有两种可能的结果，而且两种结果发生与否互相对立，每次试验是独立的，与其他各次试验结果无关，事件发生与否的概率在每一次独立试验中都保持不变，则这一系列试验称为伯努利试验。

二项分布概率图 $b(x, 10, 4/5)$

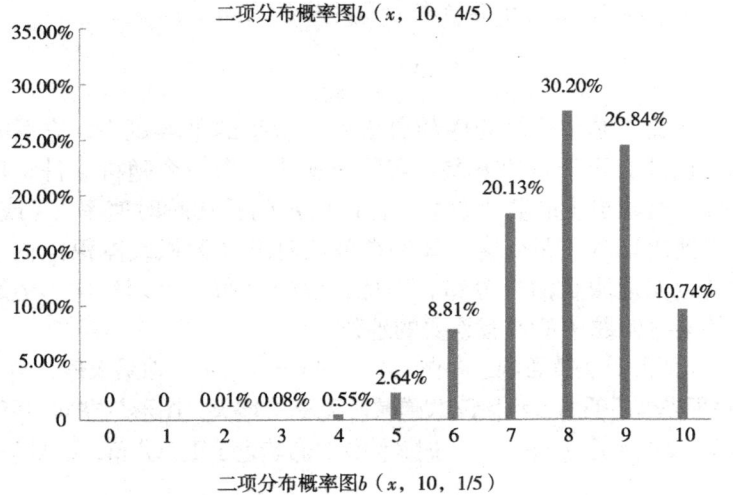

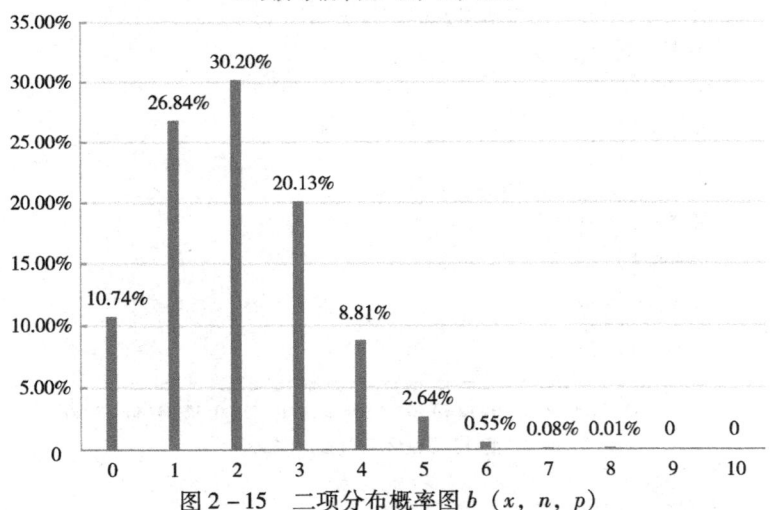

二项分布概率图 $b(x, 10, 1/5)$

图 2-15　二项分布概率图 $b(x, n, p)$

二项分布概率的计算过程比较复杂，通常通过查表或者 Excel 的二项式分布函数 BINOMDIST（）辅助实现。

②二项分布的具体应用。二项分布主要用于解决含有机遇性质的问题。所谓机遇问题，是指在实验或调查中，实验结果可能是由猜测造成的。比如，选择题的回答，可能完全由猜测造成。此类问题，欲区分由猜测造成的结果与真实的结果之间的界限，就要应用二项分布来解决。

（2）泊松分布

①泊松分布的数学定义。泊松分布是概率论中常用的一种离散型概率分布，常用来描述单位时间内随机事件发生次数的概率分布。若随机变量 x 服从参数为 λ 的泊松分布，记作 $x \sim P(\lambda)$。泊松分布的数学期望 $E(x) = \lambda$，

方差 $D(x) = \lambda$。泊松分布的概率分布计算公式如下：

$$P(x) = \frac{\lambda^x}{x!}e^{-\lambda} \tag{2-22}$$

其中，参数 λ 是单位时间内随机事件 x 发生的平均概率，它既是泊松分布的均值，也是泊松分布的方差。实际事例中，当一个随机事件，例如网站的访问次数、医院出生的婴儿数量等，以固定的平均瞬时速率 λ（或称密度）随机且独立地出现时，那么这个事件在单位时间（面积或体积）内出现的次数或个数就近似地服从泊松分布，因此，泊松分布在管理科学、运筹学以及自然科学的某些问题中都占有重要的地位。

泊松分布图形受 λ 值影响，并在 $x = \lambda$ 和 $x = \lambda - 1$ 处取最大值，当 $\lambda = 1$ 时，泊松分布呈现先高后低的 L 型阶跃式递减，随着 λ 增大，图形从左向右移动，呈现中间高、两头低的钟形，当 $\lambda \to \infty$ 时，泊松分布趋近于正态分布，如图 2-16 所示。

泊松分布概率图 $P(x)$（$\lambda = 1$）

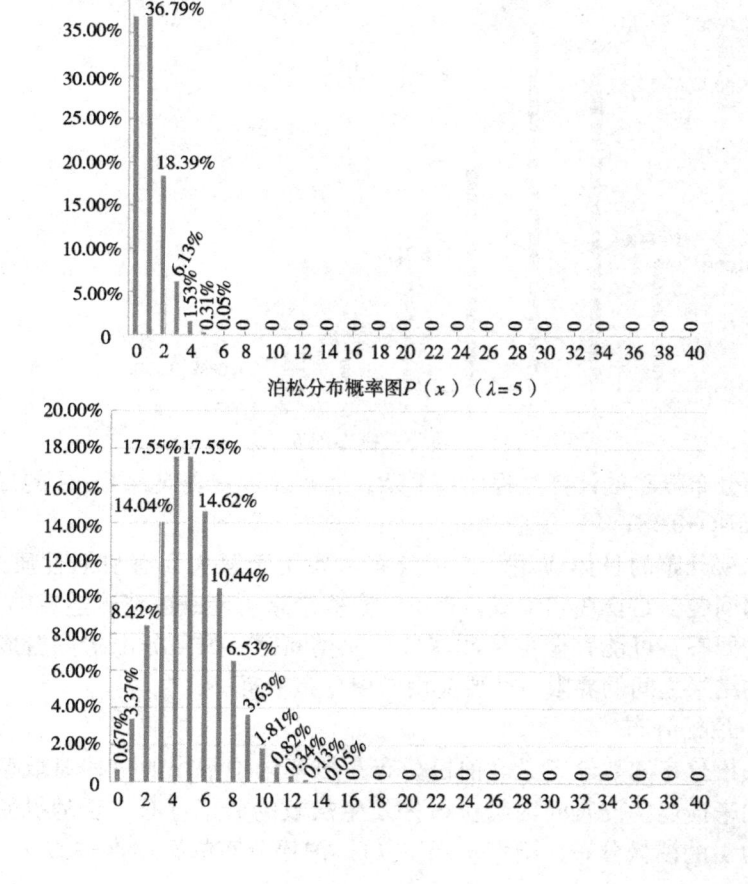

泊松分布概率图 $P(x)$（$\lambda = 5$）

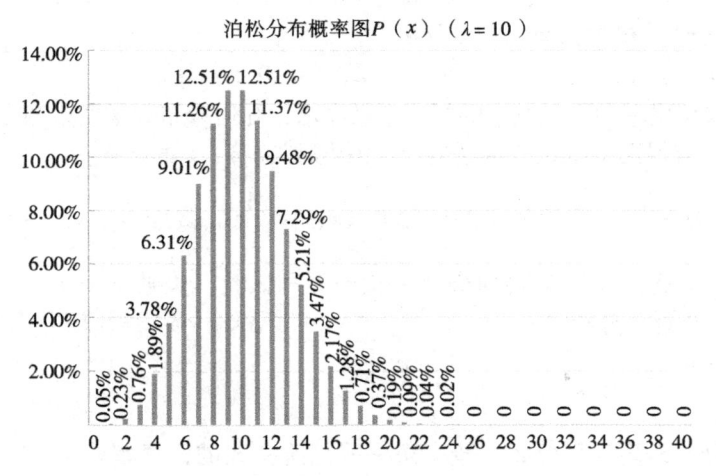

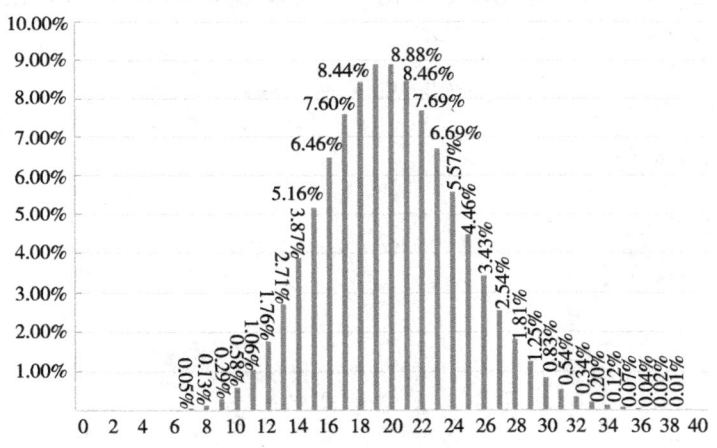

图 2-16　泊松分布概率图 $P(x)$

泊松分布的概率计算比较复杂，通过查表或者 Excel 的泊松分布函数 POISSON( ) 辅助实现。

②泊松分布的具体应用。日常生活中，大量事件是有固定频率的，我们可以预估这些事件的总数，但是没法知道具体的发生时间。泊松分布就是描述某段时间内，事件具体的发生概率。泊松分布的一个常见应用是预测特定时间内的事件数，比如 1 小时内到达电话交换机的呼叫次数。

(3) 几何分布

①几何分布的数学定义。几何分布（Geometric Distribution）是离散型概率分布。其中一种定义为：在 n 次伯努利试验中，试验 x 次才得到第一次成功的概率［前 $(x-1)$ 次皆失败，第 x 次成功］。伯努利试验中，成功的概率

为 p，若 x 表示出现首次成功时的试验次数，则随机变量 x 服从几何分布，记为 $x \sim \mathrm{GE}(p)$，概率计算公式如下：

$$\mathrm{GE}(x) = (1-p)^{x-1} p, \quad (x = 1, 2, \cdots, 0 < p < 1) \tag{2-23}$$

根据成功概率和失败概率的两种定义需求，几何分布数学期望和方差如下：

第一，为得到 1 次成功而进行 x 次伯努利试验，x 的概率分布（$x = 1, 2, 3, \cdots, 0 < p < 1$），几何分布的期望 $E(x) = \dfrac{1}{p}$，方差 $D(x) = \dfrac{1-p}{p^2}$。

第二，为得到 1 次成功而进行 x 次伯努利试验，失败 $y = x - 1$ 次，第 x 次成功，y 的概率分布（$x = 0, 1, 2, 3, \cdots, 0 < p < 1$），几何分布的期望 $E(x) = \dfrac{1-p}{p}$，方差 $D(x) = \dfrac{1-p}{p^2}$。

几何分布是离散型分布，概率条形图是阶跃式的，概率在 $x = 1$ 处取最大值，概率随着 x 增大呈等比级数变化，等比级数又称几何级数，这就是几何分布名称的由来，如图 2-17 所示。

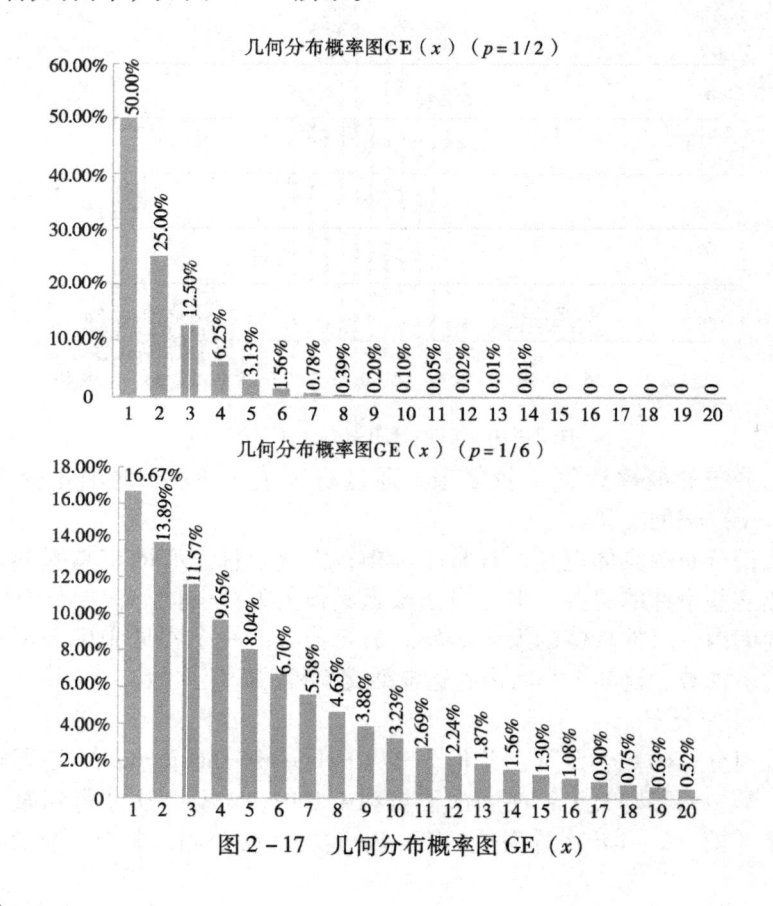

几何分布概率图 $\mathrm{GE}(x)$（$p = 1/2$）

x	1	2	3	4	5	6	7	8	9	10	11	12	13	14	15	16	17	18	19	20
%	50.00	25.00	12.50	6.25	3.13	1.56	0.78	0.39	0.20	0.10	0.05	0.02	0.01	0.01	0	0	0	0	0	0

几何分布概率图 $\mathrm{GE}(x)$（$p = 1/6$）

x	1	2	3	4	5	6	7	8	9	10	11	12	13	14	15	16	17	18	19	20
%	16.67	13.89	11.57	9.65	8.04	6.70	5.58	4.65	3.88	3.23	2.69	2.24	1.87	1.56	1.30	1.08	0.90	0.75	0.63	0.52

图 2-17 几何分布概率图 $\mathrm{GE}(x)$

几何分布的概率计算比较简单，借助 Excel 函数公式组合"POWER [（1−p），x−1]×p"即可实现。

②几何分布的具体应用。几何分布回答了一个问题：为了在第 x 次尝试取得第 1 次成功，首先你要失败（x−1）次。概率为 p 的事件 A，首次发生所进行的试验次数 x，则 x 的分布列服从几何分布，直接套用公式求解 GE（x）。

（4）超几何分布

①超几何分布的数学定义。超几何分布是统计学上一种离散概率分布。它描述了由有限个物件中抽出 n 个物件，成功抽出指定种类的物件的次数（不放回抽样）。之所以称为超几何分布，是因为其形式与"超几何函数"的级数展式的系数有关。

超几何分布有三个参数（N，M，n），在产品质量的不放回抽检中，若 N 件产品中有 M 件次品，抽检 n 件时所得次品数 x=k，则称随机变量 x 服从超几何分布（Hypergeometric Distribution），记为 $x \sim H（N，M，n）$。超几何分布的数学期望 $E（x）=\frac{nM}{N}$，方差 $D（x）=\frac{nM}{N}-\left(\frac{nM}{N}\right)^2+\frac{n(n-1)M(M-1)}{N(N-1)}$。超几何分布的概率分布计算公式如下：

$$H（x=k）=\frac{C_M^k C_{N-M}^{n-k}}{C_N^n} \tag{2-24}$$

超几何分布概率图中间高，两头低，概率在期望值 $\left[E（x）=\frac{nM}{N}\right]$ 处取最大值，随着 x 取值增大或者减小，概率值阶跃递减，如图 2−18 所示。

超几何分布概率图 H（300，100，5）

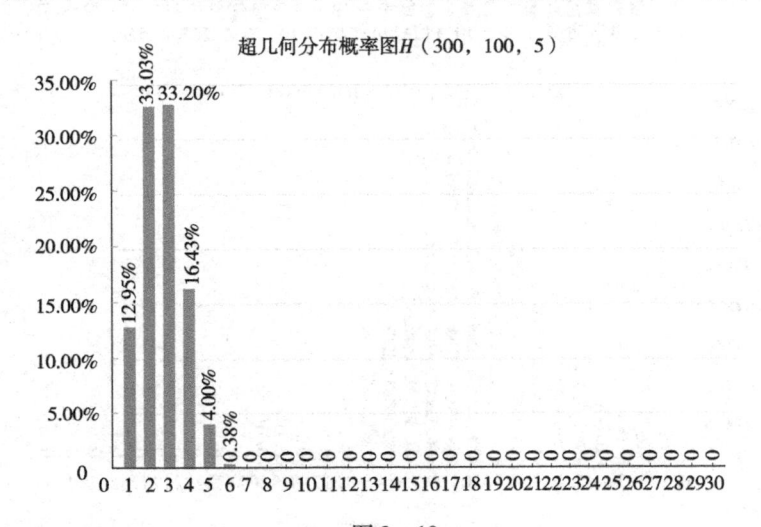

图 2−18

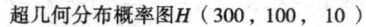

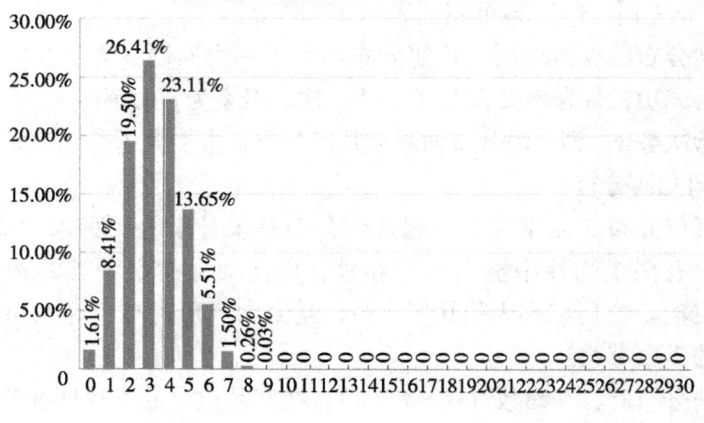

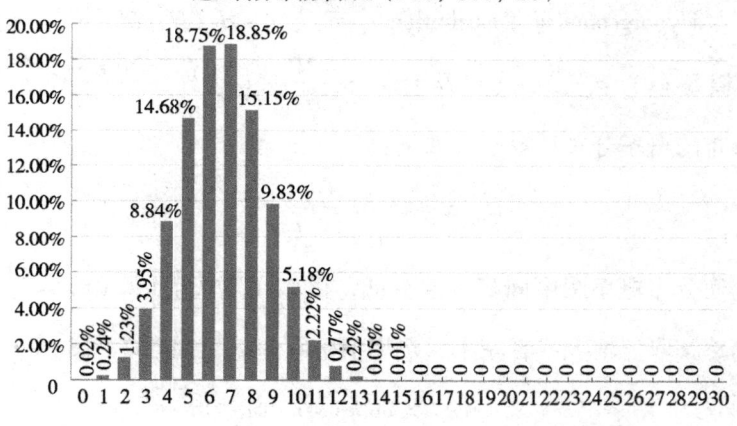

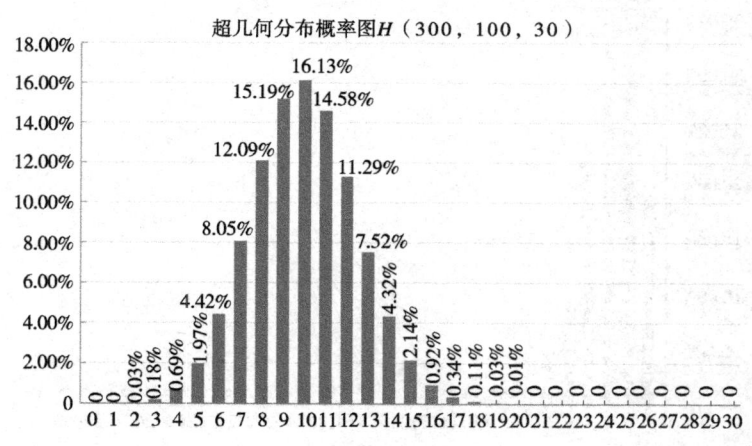

图 2-18 超几何分布概率图 $H(N, M, n)$

超几何分布的概率计算比较复杂，通过查表或者 Excel 的超几何分布函数 HYPGEOMDIST（）辅助实现。

②超几何分布的具体应用。超几何分布适用于有限总体中的不放回抽样，已经知道某个事件的发生概率，判断从中取出一个小样本，该事件以某一个概率出现的概率问题。比如，产品质量进行不放回抽检，N（100）件产品中有 M（5）件次品，抽检 n（2）件产品，肯定能抽到次品的概率，可以直接套用超几何分布公式求解 $H(N, M, n)$，求解 H（次品）= H（1）+ H（2）。

（5）伯努利分布（两点分布）

①伯努利分布的数学定义。伯努利分布又称 0 - 1 分布，或者两点分布，是一种离散型概率分布。随机事件 x 发生记为 $x = 1$，随机事件 x 不发生记为 $x = 0$，p 为 $x = 1$ 时的概率（$0 < p < 1$），若随机事件 x 服从参数为 p 的伯努利分布，记为 $x \sim B(x, p)$。伯努利分布的数学期望 $E(x) = p$，方差 $D(x) = p(1-p)$。伯努利分布的概率分布计算公式为：

$$B(x = k) = p^k (1-p)^{1-k} \qquad (2-25)$$

伯努利分布就是 $n = 1$ 情况下的二项分布，即只进行单次伯努利试验，该事件发生的概率为 p，不发生的概率为 $q = 1 - p$。若随机事件 x 服从伯努利分布（0 - 1 分布），则 x 的分布率如表 2 - 5 所示。

表 2 - 5 伯努利分布率

随机事件	x	1	0
概率分布	b	p	$1-p$

因为伯努利分布值进行单次试验，伯努利分布的图形只有一根概率条形，概率值为 p（$x = 1$）或者 $1 - p$（$x = 0$），如图 2 - 19 所示。

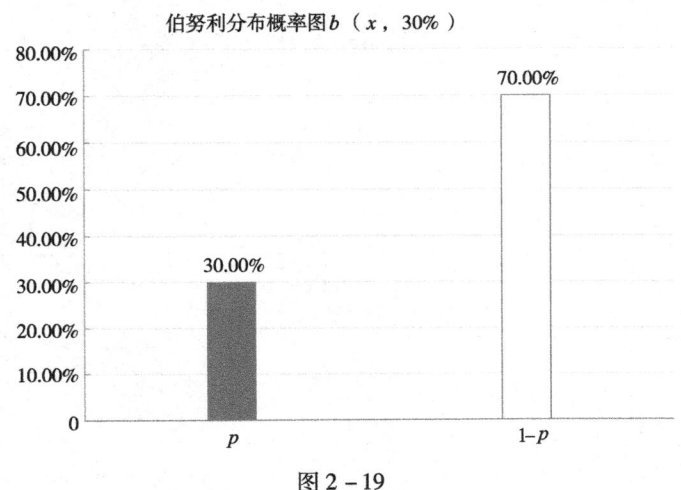

伯努利分布概率图 b（x，30%）

图 2 - 19

伯努利分布概率图 $b(x, 50\%)$

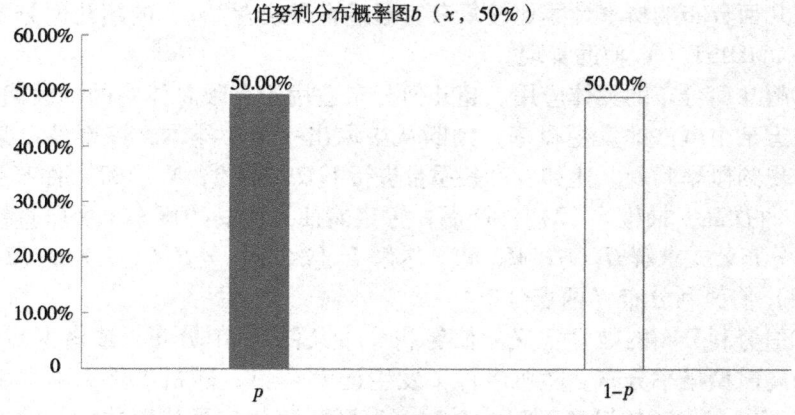

图2-19　伯努利分布概率图 $b(x, p)$

②伯努利分布的具体应用。伯努利分布是一种最简单的数据分布，任何一个只有两种结果的随机现象都可用它来描述。若伯努利试验成功，则伯努利随机变量取值为1；若伯努利试验失败，则伯努利随机变量取值为0，记其成功概率为 p，则失败概率为 $q = 1 - p$。

3　统计方法

实施质量改进的过程中灵活应用各种统计方法，对统计数据的个体波动状况和总体分布规律进行定量（或定性）分析，基于客观事实和真实数据做出判断和决策，是 QC 小组活动的基本原则之一。无论是 20 世纪 20 年代提出统计质量控制的概念，重视运用数理统计方法实现质量控制数量化和科学化，还是强调"管理方法多样性"的全面质量管理的今天，以数理统计和随机抽样为理论基础的传统统计方法❶一直是质量管理的重要手段，也是以"老 QC 七种工具"为代表的统计型质量工具的重要理论基础。

---

❶ 传统统计方法，主要是指针对结构化数据的以随机抽样为特征的统计方法。

3.1 概述

深邃浩瀚的宇宙，空间无边无际，时间无始无终，过去、现在和未来，绝大多数事物都是不确定的。从远古时代开始，人类一直被各种不确定性所困扰，并不断尝试通过理解事物内在规律去推断事物发展的确定性。

从不确定的统计数据中寻求确定性的活动规律，是统计方法的本质。统计方法通过收集、整理、分析和解释统计数据，并以样本的数量特征推断总体数量特征（由部分推断全体），揭示事物本质和发展规律，从而为相关决策提供依据和参考。随着人们对统计分析的日益重视，统计方法已被应用到自然科学和社会科学的众多领域。根据功能标准划分，统计方法具体包括描述性统计和推断性统计。使用统计特征数或特定图表概括和描述数据特征、总体规律及变量之间关系，称为描述性统计（直接描述）；在描述性统计的基础上，根据样本数据的观察和分析，以有限样本特征推断未知总体特征，称为推断性统计（间接推断）。

3.1.1 描述性统计方法

未经整理分析的统计数据是杂乱无章和难于理解的，如何通过数据资料的整理、概括和计算，对总体数量规律进行简洁的描述，揭示数据的基本特征以及彼此的关联类属关系，这就是描述性统计所要解决的问题。

描述性统计是指通过计算概括性数据或图表可视化呈现等方式，对统计数据实施整理、归纳和显示，描述数据特征、总体规律及变量之间关系的一种最基本的统计方法。它是现代统计学的基础和前提，是研究和分析数据的第一步，做数据分析的时候一般首先要对数据进行描述性统计分析，再选择进一步分析的方法，适用于能够收集到定量数据的所有统计分析领域，主要包括两种实现方式：一是通过统计特征值描述数据的基本特征；二是通过图表法直观呈现数据的总体状况，如图 3-1 所示。

3.1.1.1 特征值描述

（1）集中趋势

统计数据的集中趋势，是指一组数据向某一中心值（统计数据中心点的位置所在）靠拢的程度，反映统计数据的共同性质和一般水平。统计学中，集中趋势代表数据水平的中心值（或者表征一个概率分布的中间值），可以由有限的数组（如一群样本）或理论上的概率分配（如正态分布）求得，最常见的表示数据集中趋势的统计特征值包括均值、中位数、众数等。

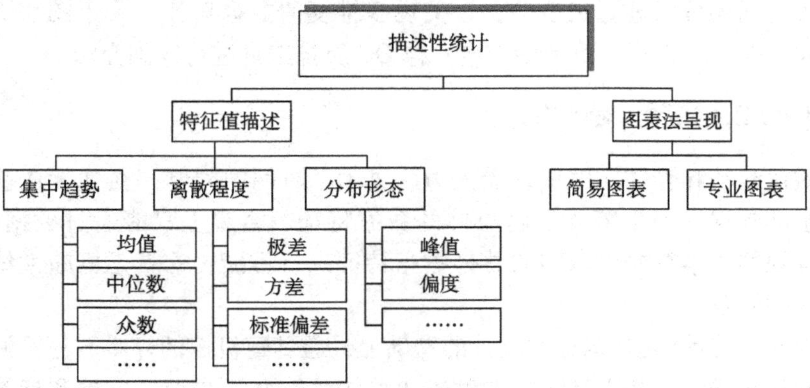

图 3-1 描述性统计

(2) 离散程度

全面描述数据的总体特征，不但需要了解数据的集中趋势，还需要关注数据的离散程度。统计数据的离散程度，也叫离中趋势，是指一组数据背离分布中心的特征，衡量各变量值偏离其中心位置的程度。统计学中，离散程度反映观测值偏离中心位置的趋势，常用的表示数据离散程度的统计特征值包括极差、方差、标准偏差等。

(3) 分布形态

前面介绍了描述性统计描述数据的两个维度：集中趋势和离散程度，我们对数据总体状况有了初步了解。然而，数据的总体状况仍然是不确定的，还需要明确数据描述的第三个维度，即数据的分布形态。统计数据的频率分布在统计数轴上会形成一定的图形轮廓（连续型随机变量中称为概率密度曲线），这些中心位置、散布程度和具体形状不同的图形轮廓反映了统计数据的总体特征差异，称为统计数据的分布形态。数据的分布形态用各种统计图形将数据的概率分布或频数分布形象地展现在图形上，使分析者一目了然。分布形态通常用峰值和偏度来描述，峰值反映数据分布图形的尖峭程度或峰凸程度，反映曲线峰部的尖度；偏度反映指数据分布不对称的方向和程度，反映曲线尾部的相对长度。

3.1.1.2 图表法呈现

采用图表进行数据可视化呈现，有助于数据信息的清晰表达，直观描述数据特征，并呈现可能的数据规律（反映数据差异和变化趋势），使复杂的数据变得直观、容易理解，为合理的推断和预测提供依据。

图表法呈现是对统计数据进行描述性统计的常用手段，图表种类包括折线图、柱状图、饼分图等简易图表,也包括排列图、直方图等专业图表,不同图表之间还可以进行组合分析,实现多维度的数据对比。关于图表法呈现的具体内容,将在后续章节中结合具体 QC 质量工具进行详细介绍。

3.1.2 推断性统计方法

质量活动和管理实践中,受人力、成本、时间的限制,往往无法获取总体的全部数据,如果需要了解总体的数据特征,客观上只能通过数据抽样,根据有限的样本数据对未知的总体数据特征进行推断,这就是推断性统计所要解决的问题。

推断性统计❶是在描述性统计的基础上,通过随机性的样本数据观测以及问题的先验假设,基于有限样本对未知总体的特征(均值、方差和标准偏差等)以概率形式进行合理估计和判断的一种重要的统计方法。它是现代统计学的核心和关键,本质上是一种由部分推断全体的不完全归纳,适用于无法获取总体数据的各种统计分析场合,具体包括两方面内容:参数估计(利用样本特征参数推断总体特征参数)和假设检验(利用样本信息判断对总体的假设是否成立),如图 3-2 所示。

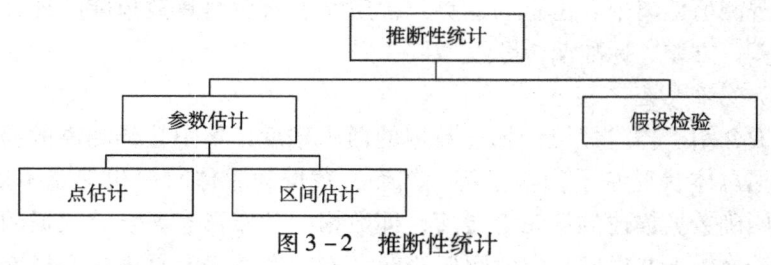

图 3-2 推断性统计

3.1.2.1 参数估计

参数估计(Parameter Estimation),是指通过数据抽样,借助有限的样本数据对未知总体数据特征(如均值、方差和标准偏差等)进行合理估计的方法,其基本思想是根据样本数据的统计特征给出总体特征参数(如均值、方差和标准偏差等)的估计数值。根据总体特征参数估计结果的性质不同,参数估计有两种基本形式:点估计和区间估计。

(1)点估计

点估计是指根据样本数据的分析结果,直接用样本数据的某个具体特征参数代表未知的总体参数,给出总体参数的具体估计值(估计结果以一个点的数

---

❶ 由于总体的不均匀性和样本的随机性,推断性统计会产生一定程度的偏差,但是,大多数情况下这种偏差的存在是合理的,是可以容忍的。

值表示），是最简单的参数估计。比如，某市电视台新闻调查栏目为了进行初中生的身高水平调查，随机选取1000名初中生作为样本，统计出样本平均身高1.63米，如果直接用样本平均身高1.63米代表该市初中生的平均身高（由样本均值估计总体均值），则这种估计方法就是点估计。同理，总体方差的估计值可以由样本方差进行估计，总体标准偏差的估计值可以由样本标准偏差进行估计。

点估计应用简便，但由于随机抽样的偶然性以及抽样比例的差异性，估计误差的大小无法衡量，可信度不高，只能在总体参数估计精度要求不高的情况下作为一种不精确的大致估计，为定性研究提供一定的数据参考。当需要精确估计总体参数时，一般不能直接使用点估计。

（2）区间估计

为了提高参数估计的可信度，提出了区间估计的概念。区间估计是在点估计的基础上，根据样本数据的分析结果，给出可能包含未知总体特征参数的一个区间范围，即置信区间 $[a,b]$，同时给出未知总体特征参数落在这个区间内的可能性，即置信水平 $(1-\alpha)$。区间估计的置信区间通常由样本统计参数加减估计误差（标准误差 SE❶）得到，如图3-3所示。

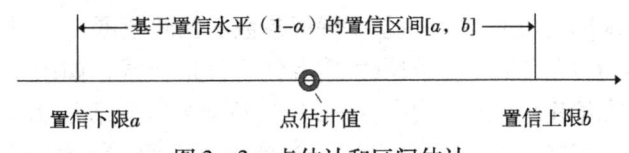

图 3-3 点估计和区间估计

同样以初中生身高水平调查为例，随机选取1000名初中生作为样本进行区间估计，如果在95%的置信水平下，根据置信区间公式计算出平均身高在1.58~1.68米，则表示在95%的把握下（置信水平），该市初中生的平均身高范围是 $[1.58, 1.68]$（置信区间）米。

区间估计的估计结果以置信区间表示，体现了在一定置信水平下有限样本数据对总体特征参数所在区间的估计精度，通常应用于通过有限样本估计未知总体特征参数，并且对估计有一定精度要求的场合。

---

❶ 样本标准误差 SE 不是样本标准偏差 S，样本标准偏差 $S\left[S=\sqrt{\dfrac{\sum_{i=1}^{n}(x_i-\bar{x})^2}{n-1}}\right]$ 反映样本数据个体对样本均值 $\bar{x}$ 的离散程度，衡量个体间变异大小；样本标准误差 SE $\left(SE=\dfrac{S}{\sqrt{n}}\right)$ 反映样本均值 $\bar{x}$ 对总体均值 μ 的变异程度，衡量抽样误差的大小。随着样本容量 n 的增大，样本标准偏差 S 趋向某个稳定值，即样本标准偏差 S 逐步接近总体标准偏差 σ，而样本标准误差 SE 则随着样本容量 n 的增大逐渐减小，即样本均值 $\bar{x}$ 逐步接近总体均值 μ。

①置信水平。通过有限样本数据对未知总体参数作出估计,由于样本的随机性,其结论总是不确定的。因此,区间估计采用概率的方法描述总体特征参数值落在样本估计值某一区间范围内的可能性,称为置信水平,用($1-\alpha$)表示,其中,α称为显著性水平,如图3-4所示。

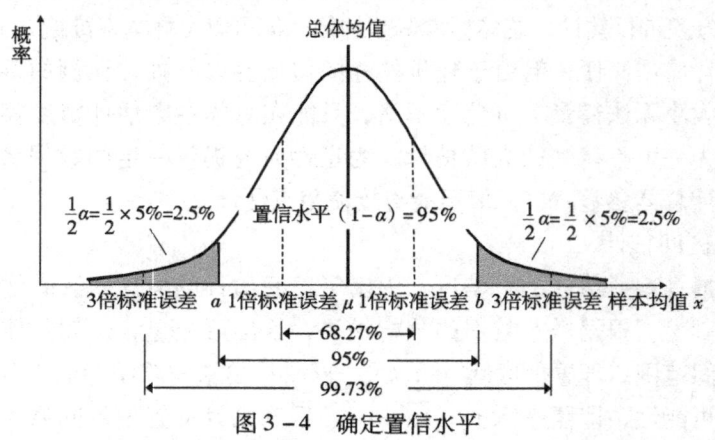

图3-4 确定置信水平

②置信区间。置信区间是指在某一置信水平下,由有限样本数据的统计信息所推导出来的可能包含未知总体特征参数的区间范围[a, b],其中,区间最小值a称为置信下限,区间最大值b称为置信上限,如图3-5所示。置信区间基于预先给定的置信水平($1-\alpha$)进行计算(显著性水平α),置信水平越高,置信区间越大。给定什么样的置信水平取决于具体需要,推断性统计中通常会将置信水平($1-\alpha$)设定为95%(显著性水平α为5%)。

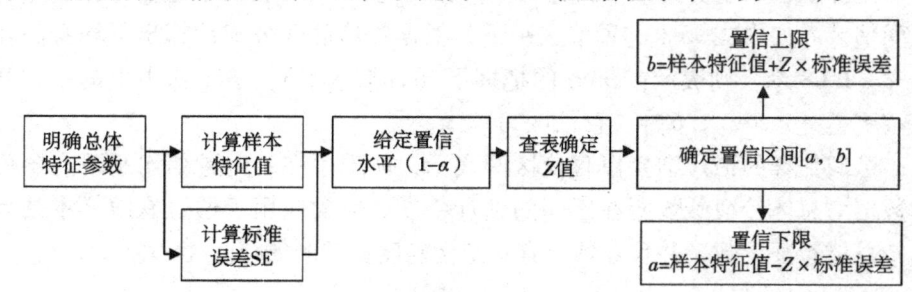

图3-5 确定置信区间

给定的置信水平($1-\alpha$)上,置信区间的计算公式如下:

置信区间[a, b] = [样本特征值$-Z\times$标准误差,样本特征值$+Z\times$标准误差] (3-1)

式中:标准误差$SE\left(SE=\dfrac{S}{\sqrt{n}}\right)$,$S$为样本标准偏差,$n$为样本大小;$Z$值是根据给定的置信水平($1-\alpha$)查标准正态分布表得到的一个常数值(置信水平90%对应 Z 值 1.64，置信水平95%对应 Z 值 1.96，置信水平99%对应 Z 值 2.58）。

3.1.2.2 假设检验

假设检验（Hypothesis Testing），是指借助有限的样本数据对未知总体数据特征（均值、方差和标准偏差等）的假设是否成立进行合理判断的方法，其基本思想是针对总体特征参数作出某种假设，然后基于样本数据的分析结论，对此假设应该被拒绝还是接受作出推断，如图3-6所示。

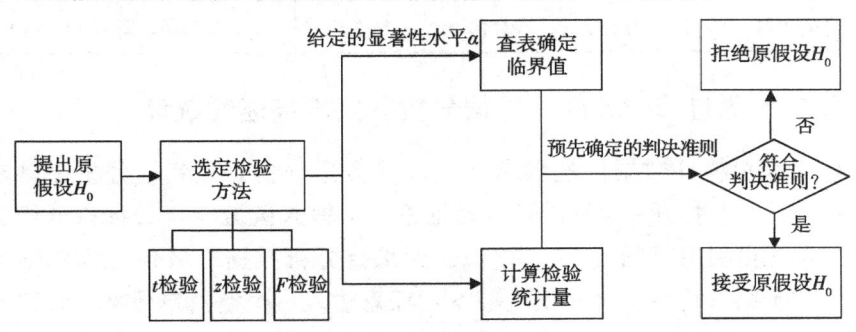

图3-6 假设检验

运用假设检验实施推断性统计的具体步骤：首先根据具体问题需要对所研究的总体特征提出原假设 H_0（备择假设 H_1），然后基于样本数据构造合适的检验统计量（t 检验、z 检验、F 检验等），接着给定一个恰当的显著性水平 α 并查表确定临界值❶，最后根据预先确定的判定准则对比临界值和检验统计量，作出拒绝或接受原假设 H_0 的判断。

由于样本的随机性，通过样本数据判断总体参数的假设是否成立，可能会出现两类小概率的判断错误，即第Ⅰ类错误和第Ⅱ类错误。第Ⅰ类错误是指原假设正确，但根据样本数据作出了拒绝原假设的结论，由于拒绝了真实的原假设，所以又叫弃真错误，这类错误发生的概率记为 α；第Ⅱ类错误是指原假设错误，但根据样本数据作出了接受原假设的结论，由于接受的原假设是假的，所以又叫存伪错误，这类错误发生的概率记为 β。质量管理实践中，利用有限的样本数据对总体特征的假设作出判断，弃真错误和存伪错误是一对矛盾的客观存在，减小（增大）弃真错误的概率，必然增大（减小）存伪错误的概率，无法同时降低两类错误的概率。假设检验中通常希望将弃真错误（第Ⅰ类错误）的概率 α 控制在较低水平，相应地概率（$1-\alpha$）则处于较

---

❶ 双侧检验时应根据 $\dfrac{\alpha}{2}$ 或 $\left(1-\dfrac{\alpha}{2}\right)$ 确定临界值；单侧检验时应根据 α 或（$1-\alpha$）确定临界值。

高水平。$(1-\alpha)$ 称为假设检验的置信水平,而 α 称为假设检验的显著性水平,如表 3-1 所示。

表 3-1 假设检验的两类错误

真实情况	统计判断	
	接受 H_0	拒绝 H_0
H_0 为真	正确判断,概率 $(1-\alpha)$	第 I 类错误(弃真错误),概率 α
H_0 为假	第 II 类错误(存伪错误),概率 β	正确判断,概率 $(1-\beta)$

3.1.3 通过 Excel 的 <数据分析> 实现描述性统计

(1)菜单栏【数据】选项卡下选择【数据分析】按钮,分析工具选择 <描述统计>,打开 <描述统计> 对话框,<输入区域> 栏选择待分析数据区域的单元格引用范围(A1:A31),如果待分析数据区域包含标题则勾选 <标志位于第一行>,<输出区域> 栏任意输入一个空白单元格,勾选 <汇总统计>。如果需要在输出结果的某一行中包含平均数的置信度,勾选 <平均数置信度>,并输入要使用的置信度(例如,数值 95% 可用来计算在显著性水平为 5% 时的平均数置信度)。如果需要列出待分析数据区域中相应大小排序的数据,则勾选第 K 大值(或第 K 小值),并输入相应的排序值(例如,第 K 大值输入"1",则分析结果会列出待分析数据区域中从大到小排序第 1 位的数据),如图 3-7 所示。

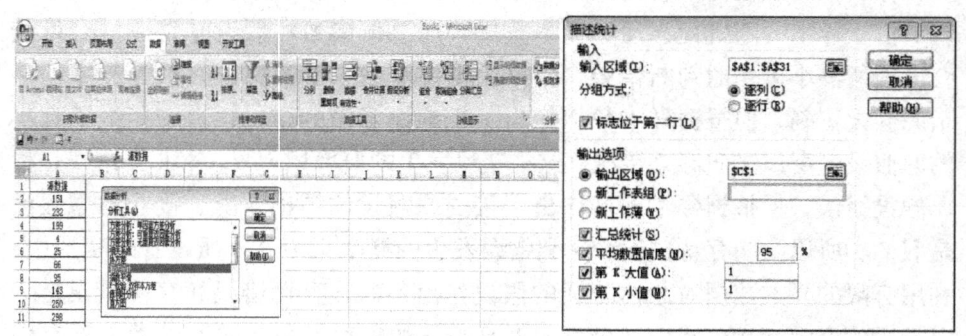

图 3-7 通过 <数据分析> 实现描述性统计 - A

(2)<描述统计> 分析结果中,反映集中趋势(平均、中位数、众数),离散程度(标准差、标准误差、方差)和分布形态(偏度和峰度)的统计数据特征值,以及最大值、最小值、数值计数、数值求和等均已呈现,如图 3-8 所示。

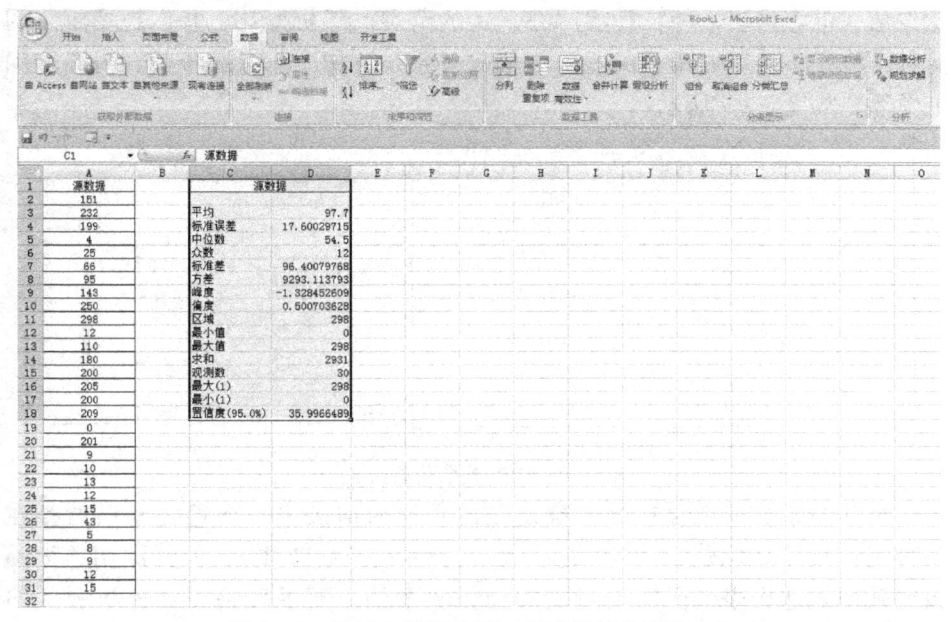

图3-8　通过<数据分析>实现描述性统计-B

3.2　相关分析

在数理统计中，相关分析与回归分析是两种常用的统计分析方法，主要用于研究两个或两个以上变量之间的相关关系（相关分析），并基于变量之间的相关关系建立合适的回归模型，实现对变量值的预测和控制（回归分析）。

3.2.1　基本概念

3.2.1.1　认识相关关系

"万物皆有联"，世界是一个普遍联系的有机整体，客观上各种事物之间都是相互关联的。统计分析实践中，为了评估事物之间的相互影响（作用），经常会涉及变量之间相互关系的研究。最简单的变量关系是函数关系，即存在一定数量关系的一个或几个变量取一定值时，与之相对应的另一变量或其他变量有确定值与之对应（可以根据函数表达式精确求解），这是一种确定性的数量关系，比如，圆形的半径和周长之间的关系 $C=2\pi r$；实际工作中的变量关系更多的是另一种非确定性的数量关系，即存在一定数量关系的一个或几个变量取一定值时，与之相对应的另一变量或其他变量并不表现为一个确定的值,但它仍按某种统计规律在一定的范围内随机变化,我们把变量之间这种不稳定不确定的相互关系称为相关关系,比如,儿童的年龄和身高之间的关系,如图3-9所示。

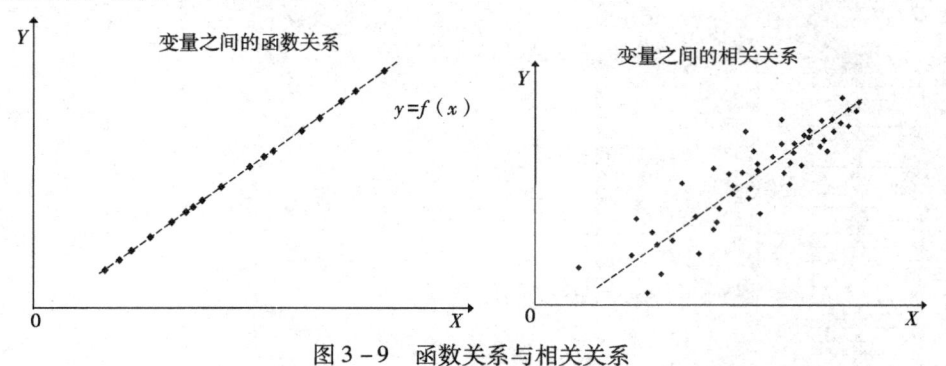

图3-9 函数关系与相关关系

相关关系是客观存在的非确定性的数量对应关系,变量之间虽然存在某种统计规律(均值在大量观察下趋向于某一函数曲线),但无法用数学函数精确地表达出来,研究变量之间相关关系的主要手段是相关分析和回归分析。

3.2.1.2 相关关系与因果关系

相关关系和因果关系是不同概念。变量间所有相互影响、相互制约、相互印证的关系统称相关关系,因果关系是相关关系的一个子集,变量之间存在因果关系,则必定存在相关关系,而存在相关关系的变量不一定是因果关系。简单地说,相关关系是变量之间一种非确定的相互依存关系,因果关系是变量之间一种非确定的单向依存关系。

3.2.1.3 相关关系与函数关系

散布图中所有样本点都落在某一函数曲线上,则变量之间具有函数关系;散布图中所有样本点都落在某一函数曲线附近,则变量之间具有相关关系;散布图中所有样本点都落在某一函数曲线附近,并且该函数曲线是一条直线,则变量之间具有线性相关关系。

3.2.1.4 相关关系的种类

变量之间的相关关系有各种不同的分类定义,如图3-10所示:按相关的程度,分为完全相关(函数关系)、不完全相关(存在相关性)和不相关(各自独立);按相关的方向,分为正相关(变量的变化趋势相同)和负相关(变量的变化趋势相反);按相关的形态,分为直线相关(线性相关)和曲线相关(非线性相关);按涉及的变量,分为一元相关(两个变量相关)和多元相关(两个以上变量相关)。

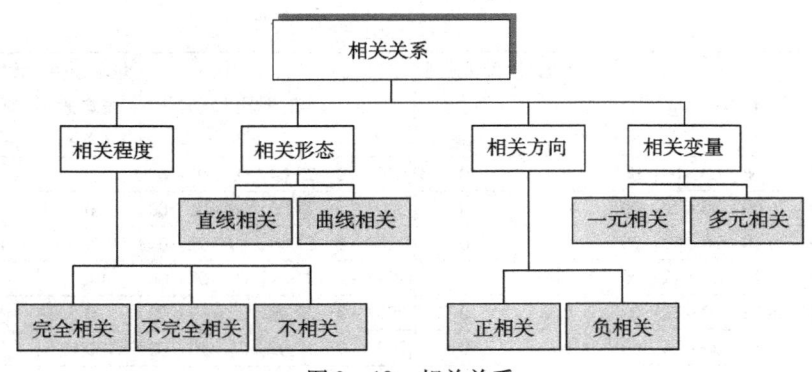

图 3-10 相关关系

3.2.2 相关分析的内容

相关分析基于变量的具体统计数据对变量之间是否存在相关关系，以及相关形态做出基本判断，并通过适当的统计分析方法（绘制散布图和计算相关系数等），明确变量之间具体的相关形态、相关方向和相关程度。如果两个变量之间关系可以用直线方程来近似表达（变量在二维坐标中构成的数据点分布在一条直线的周围），则称变量之间存在线性相关。线性相关是最简单的相关关系，为了方便理论阐述，本书只讨论对线性相关的相关分析。

3.2.2.1 相关图表分析

通过绘制图表进行数据可视化呈现是相关分析最简单也最常用的方式。图表分析是把两个变量的具体数据整理成相关表格，并通过图表的形式（折线图或散布图等）直观呈现它们之间的相互关系，对变量之间是否存在相关关系以及大致相关形态和相关方向作出定性判断。

（1）折线图分析

折线图关注各个变量的可视化图形呈现，并从时间维度考察不同变量数据的整体波动趋势和数据对比情况，揭示变量之间的相互联系和相互区别，确定相关关系的存在如表 3-2、图 3-11 所示。

表 3-2 垃圾短信群发导致无线信道拥塞统计

统计时段	垃圾短信发送量（条）	无线信道拥塞数（次）	统计时段	垃圾短信发送量（条）	无线信道拥塞数（次）
2007-9-26 00:00~01:00	12000	77	2007-9-26 04:00~05:00	0	0
2007-9-26 01:00~02:00	13000	88	2007-9-26 05:00~06:00	0	0
2007-9-26 02:00~03:00	0	0	2007-9-26 06:00~07:00	0	0
2007-9-26 03:00~04:00	0	0	2007-9-26 07:00~08:00	0	0

续表

统计时段	垃圾短信发送量（条）	无线信道拥塞数（次）	统计时段	垃圾短信发送量（条）	无线信道拥塞数（次）
2007-9-26 08:00~09:00	0	0	2007-9-27 04:00~05:00	0	0
2007-9-26 09:00~10:00	0	0	2007-9-27 05:00~06:00	0	0
2007-9-26 10:00~11:00	0	0	2007-9-27 06:00~07:00	172000	1108
2007-9-26 11:00~12:00	134000	890	2007-9-27 07:00~08:00	4000	28
2007-9-26 12:00~13:00	0	0	2007-9-27 08:00~09:00	0	0
2007-9-26 13:00~14:00	0	0	2007-9-27 09:00~10:00	13000	81
2007-9-26 14:00~15:00	2000	16	2007-9-27 10:00~11:00	71000	458
2007-9-26 15:00~16:00	302000	2016	2007-9-27 11:00~12:00	0	0
2007-9-26 16:00~17:00	98000	650	2007-9-27 12:00~13:00	0	0
2007-9-26 17:00~18:00	0	0	2007-9-27 13:00~14:00	0	0
2007-9-26 18:00~19:00	54000	360	2007-9-27 14:00~15:00	0	0
2007-9-26 19:00~20:00	0	0	2007-9-27 15:00~16:00	0	0
2007-9-26 20:00~21:00	0	0	2007-9-27 16:00~17:00	79000	510
2007-9-26 21:00~22:00	0	0	2007-9-27 17:00~18:00	31000	197
2007-9-26 22:00~23:00	4000	26	2007-9-27 18:00~19:00	47000	303
2007-9-26 23:00~24:00	0	0	2007-9-27 19:00~20:00	0	0
2007-9-27 00:00~01:00	358000	2320	2007-9-27 20:00~21:00	0	0
2007-9-27 01:00~02:00	0	0	2007-9-27 21:00~22:00	0	0
2007-9-27 02:00~03:00	0	0	2007-9-27 22:00~23:00	0	0
2007-9-27 03:00~04:00	0	0	2007-9-27 23:00~24:00	0	0

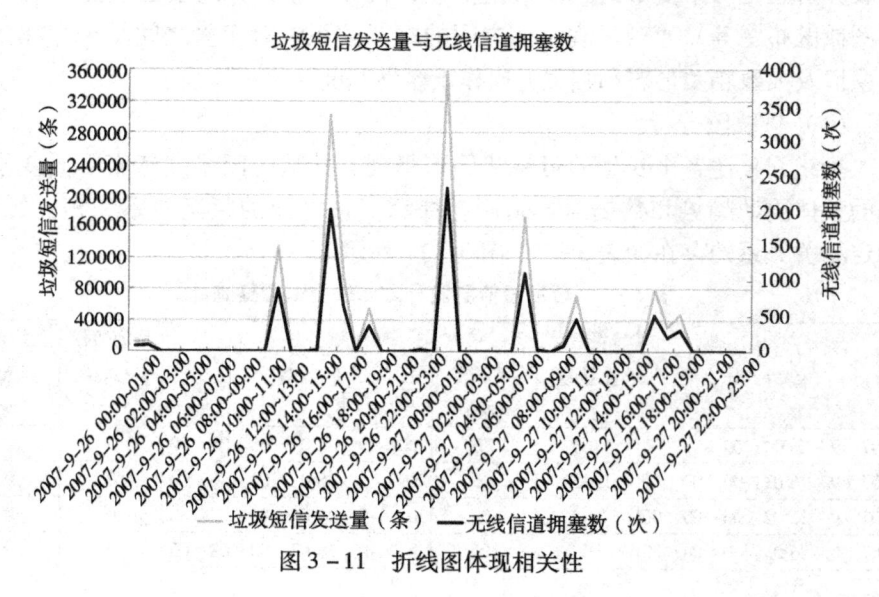

图 3-11 折线图体现相关性

（2）散布图分析

散布图是进行相关分析的常用手段，将两组变量数据以配对数据点的形式在直角坐标系中进行点子云描述，通过研究点子云的分布特征直观判断两组变量之间是否相关及大致相关形态和相关方向（比如，点子云分布呈现直线形态，则说明两组变量之间存在线性相关）如表3-3、图3-12、表3-4所示。

表3-3　投篮训练时间与投篮命中率统计

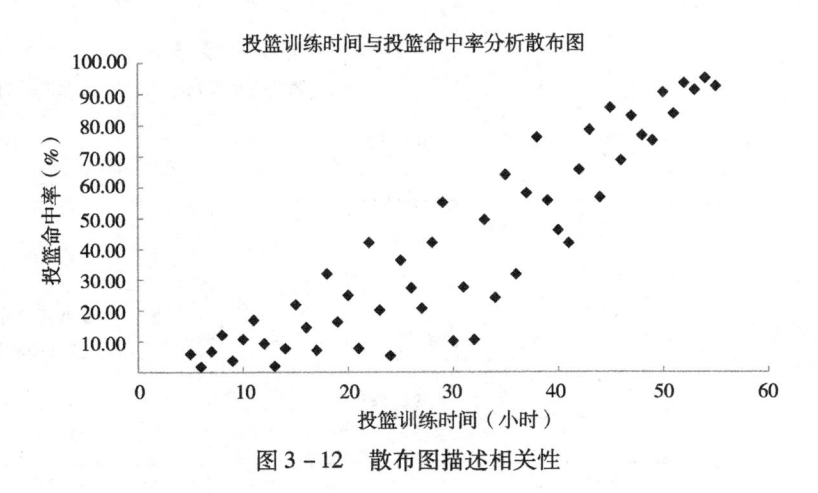

投篮训练时间（小时）	投篮命中率（%）	投篮训练时间（小时）	投篮命中率（%）	投篮训练时间（小时）	投篮命中率（%）
5	6.00	22	42.20	39	55.80
6	1.80	23	20.20	40	46.20
7	6.80	24	5.40	41	42.00
8	12.20	25	36.40	42	65.80
9	3.80	26	27.40	43	78.60
10	10.80	27	20.80	44	56.80
11	17.00	28	42.20	45	85.60
12	9.40	29	55.20	46	68.80
13	2.00	30	10.20	47	83.00
14	7.80	31	27.60	48	76.80
15	22.00	32	10.60	49	75.20
16	14.60	33	49.60	50	90.60
17	7.20	34	24.20	51	83.80
18	32.00	35	64.20	52	93.60
19	16.40	36	31.80	53	91.40
20	25.00	37	58.20	54	95.20
21	7.80	38	76.20	55	92.59

图3-12　散布图描述相关性

表3-4 散布图典型图例

相关性	图例	x与y的关系	图形特征
强正相关	(强正相关散点图)	x增大，y增大；x减小，y减小	数据点分布呈现较强的线性规律
强负相关	(强负相关散点图)	x增大，y减小；x减小，y增大	数据点分布呈现较强的线性规律
弱正相关	(弱正相关散点图)	x增大，y大致增大；x减小，y大致减小	数据点分布呈现较松散的线性规律
弱负相关	(弱负相关散点图)	x增大，y大致减小；x减小，y大致增大	数据点分布呈现较松散的线性规律
非线性相关	(非线性相关散点图)	x与y曲线相关	数据点分布呈现某种曲线规律

续表

相关性	图例	x 与 y 的关系	图形特征
完全不相关	(散点图，不相关)	x 与 y 不相关	数据点分布杂乱无章

3.2.2.2 协方差分析

协方差用于反映两个变量之间的线性相关特性。基于相关图表分析的结论，通过计算协方差量化评估变量关系，可以对变量之间是否存在线性相关，以及相关方向和相关程度作出定量判断。当协方差 Cov $(x, y) \neq 0$ 时，两个变量 x 和 y 之间存在一定的相关关系（协方差绝对值越大，相关关系越密切），如果协方差为正值，表示两个变量的变化趋势一致（正相关），如果协方差为负值，表示两个变量的变化趋势相反（负相关）；当两个变量相互独立时（不相关），协方差 Cov $(x, y) = 0$[1]，如表 3–5 所示。

协方差的计算可以通过 Microsoft Excel 中的函数 COVAR（）或者数据分析工具（协方差分析）实现，具体计算公式如下：

$$\text{Cov}(x, y) = \frac{\sum_{i=1}^{n}(x_i - \bar{x})(y_i - \bar{y})}{n-1} \tag{3-2}$$

表 3–5 协方差分析

协方差值	变量关系	相关性	备注
Cov $(x, y) = 0$	x 与 y 不存在线性相关	不相关或非线性相关	—
Cov $(x, y) > 0$	x 与 y 变化趋势一致	正相关	$0 < \text{Cov}(x, y) < +\infty$
Cov $(x, y) < 0$	x 与 y 变化趋势相反	负相关	$-\infty < \text{Cov}(x, y) < 0$

协方差考察两个变量之间的相关性，当需要进行两个以上变量之间的相关分析时，应该使用协方差矩阵，比如，对于三变量样本数据 (x_i, y_i, z_i)，样本协方差矩阵是一个 3×3 阶的数据矩阵：

$$C_{xyz} = \begin{bmatrix} \text{Cov}(x,x) & \text{Cov}(x,y) & \text{Cov}(x,z) \\ \text{Cov}(y,x) & \text{Cov}(y,y) & \text{Cov}(y,z) \\ \text{Cov}(z,x) & \text{Cov}(z,y) & \text{Cov}(z,z) \end{bmatrix}$$

3.2.2.3 相关系数分析

协方差的大小与量纲有关，不同的量纲可能导致较大的协方差数值差异，

---

[1] 协方差 Cov $(x, y) = 0$，两组数据并不一定相互独立（可能存在其他非线性关系）。

为了客观评价变量之间的相关关系，需要对协方差进行归一化处理，引入相关系数的概念。

相关系数是一种消除了量纲影响、归一化后的特殊协方差，反映变量之间线性相关的密切程度，记为 ρ [总体相关系数 $\rho = \dfrac{\mathrm{Cov}(x,y)}{\sigma_x \sigma_y}$] 或者 r [样本相关系数 $r = \dfrac{\mathrm{Cov}(x,y)}{S_x S_y}$]。相关系数分析基于相关图表分析的结论，通过计算相关系数评估变量关系，对变量之间是否存在线性相关，以及相关方向和相关程度作出定量判断。

(1) 相关系数的计算

相关系数 r（协方差除以两个变量的标准偏差之积）用于定量评价两个变量之间的线性相关程度和相关方向，取值区间为 $[-1,1]$，r 的绝对值大小反映相关程度，$|r|$ 值越大，线性相关程度越高（$|r|=1$，完全相关），$|r|$ 值越小，线性相关程度越低（$|r|=0$，无线性相关，即两个变量之间不存在线性相关）。r 的正负号反映相关方向，当 $r>0$ 时表示线性正相关，当 $r<0$ 时表示线性负相关，如表 3-6 所示。

相关系数的计算可以通过 Microsoft Excel 中的函数 CORREL( ) 或者数据分析工具（相关系数分析）直接实现，具体计算公式如下：

$$r = \frac{\mathrm{Cov}(x,y)}{S_x S_y} = \frac{\dfrac{1}{n-1}\sum_{i=1}^{n}(x_i-\bar{x})(y_i-\bar{y})}{\sqrt{\dfrac{1}{n-1}\sum_{i=1}^{n}(x_i-\bar{x})^2}\sqrt{\dfrac{1}{n-1}\sum_{i=1}^{n}(y_i-\bar{y})^2}}$$

$$= \frac{\sum_{i=1}^{n}(x_i-\bar{x})(y_i-\bar{y})}{\sqrt{\sum_{i=1}^{n}(x_i-\bar{x})^2}\sqrt{\sum_{i=1}^{n}(y_i-\bar{y})^2}} = \frac{L_{xy}}{\sqrt{L_{xy}}\sqrt{L_{yy}}} \qquad (3-3)$$

$$S_x = \sqrt{\frac{1}{n-1}\sum_{i=1}^{n}(x_i-\bar{x})^2},\ S_y = \sqrt{\frac{1}{n-1}\sum_{i=1}^{n}(y_i-\bar{y})^2} \qquad (3-4)$$

$$L_{xy} = \sum_{i=1}^{n}(x_i-\bar{x})(y_i-\bar{y}) = \sum_{i=1}^{n}x_i y_i - \frac{1}{n}\sum_{i=1}^{n}x_i \sum_{i=1}^{n}y_i \qquad (3-5)$$

$$L_{xx} = \sum_{i=1}^{n}(x_i-\bar{x})^2 = \sum_{i=1}^{n}x_i^2 - \frac{1}{n}\left(\sum_{i=1}^{n}x_i\right)^2 \qquad (3-6)$$

$$L_{yy} = \sum_{i=1}^{n}(y_i-\bar{y})^2 = \sum_{i=1}^{n}y_i^2 - \frac{1}{n}\left(\sum_{i=1}^{n}y_i\right)^2 \qquad (3-7)$$

表 3-6 相关系数 r 对应的散布图形态

相关系数 r	变量关系	相关性	图形特征	图例
$r = 0$	x 与 y 不存在线性相关	曲线关系	数据点全部分布在一条曲线上	$r=0$
		曲线相关	数据点随机分布在一条曲线附近	$r=0$
		完全不相关	数据点分布杂乱无章	$r=0$
$r = 1$	x 与 y 存在线性关系	完全正相关（线性关系）	数据点全部分布在一条直线上	$r=1$
$r = -1$	x 与 y 存在线性关系	完全负相关（线性关系）	数据点全部分布在一条直线上	$r=-1$
$0 < r < 1$	x 与 y 存在线性相关	正相关	数据点随机分布在一条直线附近	$0<r<1$
$-1 < r < 0$	x 与 y 存在线性相关	负相关	数据点随机分布在一条直线附近	$-1<r<0$

(2) 相关系数的显著性检验

质量管理实践中，通常是将样本相关系数 r 作为总体相关系数 ρ 的估计值，从样本特征推断总体特征受随机抽样的影响，存在一定的错判概率。因此，为判断样本相关系数 r 对总体相关程度的代表性，需要对相关系数进行显著性检验[1]（只有在统计上是显著的，才可以用样本相关系数 r 代表总体相关程度），包括 t 检验法和相关系数临界值查表法两种检验方式，具体步骤如下：

① t 检验法。

a. 建立检验假设。首先提出原假设 H_0，样本相关系数 r 抽自零相关的两个变量总体（总体相关系数 $\rho = 0$），即：$H_0 : \rho = 0$，$H_1 : \rho \neq 0$。

b. 计算检验统计量 t。双侧检验方式下，检验统计量：$t = \dfrac{r\sqrt{n-2}}{\sqrt{1-r^2}}$，对于一元线性回归分析，自变量个数 $m = 1$，自由度 $\mathrm{d}f = n - m - 1$，所以自由度 $\mathrm{d}f = n - 2$。

c. 确定临界值 t_α。检验统计量 t 服从自由度为 $(n-2)$ 的 t 分布，根据给定的显著性水平 α（双侧）和自由度 $\mathrm{d}f = n - 2$ 查询 "t 分布表"，得到临界值 t_α，如图 3–13 所示。

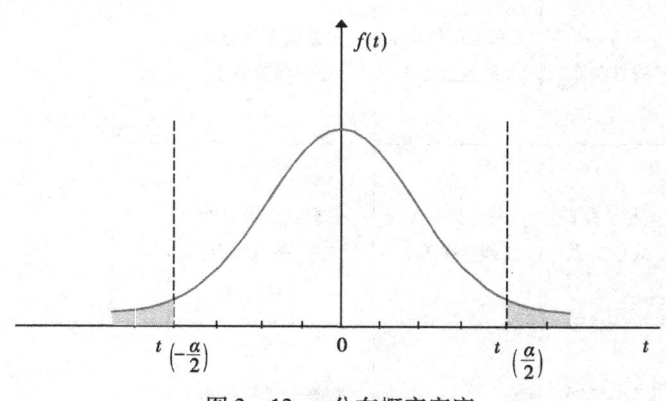

图 3–13 t 分布概率密度

---

[1] 显著性检验，通常又称假设检验，是数理统计学中由样本推断总体的一种推断统计方法。其基本思想是先对总体特征作出某种假设，然后通过样本信息研究来判断总体的真实特征与原假设是否有显著性差异，最后依据"小概率事件实际不可能发生"原理来接受或否定假设。进行显著性检验的目的是消除推断性统计中的第Ⅰ类错误（弃真错误）和第Ⅱ类错误（存伪错误）。两类错误是一对矛盾的客观存在，减小一类错误的概率，必然增大另一类错误的概率，因此，需要通过给定显著性水平的方式在第Ⅰ类错误和第Ⅱ类错误之间做出权衡，显著性水平越低，判定显著性的证据就越充分（结论的可信度越高），常用的显著性水平是 0.05、0.01 和 0.001。

d. 检验结论。将计算得到的统计量 t 与查表得到的临界值 t_α 进行比较，判断两个变量之间线性相关的显著性（接受或拒绝 H_0）：如果 $t > t_\alpha$，则变量间线性相关在统计上是显著的；如果 $t < t_\alpha$，则变量间线性相关在统计上不显著。

②相关系数临界值查表法。

a. 建立检验假设。首先提出原假设 H_0，样本相关系数 r 抽自零相关的两个变量总体（总体相关系数 $\rho = 0$），即：$H_0: \rho = 0, H_1: \rho \neq 0$。

b. 确定临界值 r_α。根据给定的显著性水平 α 和自由度 $df = n - 2$ 查询附录"相关系数临界值表"，得到相关系数临界值 r_α。

c. 检验结论。将计算求得的相关系数 r 和查表得到的相关系数临界值 r_α 进行比较，判断两个变量之间线性相关的显著性（结束或拒绝 H_0）：若 $|r| > r_\alpha$，则变量间线性相关在统计上是显著的；若 $|r| < r_\alpha$，则变量间线性相关在统计上不显著。

③相关系数的应用。

a. 相关系数用于表征两个变量之间线性相关程度的强弱，存在线性相关的两个变量，相关系数绝对值越大，相关程度越强。

b. 相关系数只用于线性相关程度的判断，相关系数数值为零，表示变量之间不存在线性关系（零相关），但不排除变量之间可能存在其他非线性关系，比如曲线关系，即不能肯定变量之间没有关系。

c. 评价变量之间的相关关系不能直接根据相关系数作出结论，应该在相关图表分析作出定性判断的基础上，根据相关系数数值大小对相关程度进行定量评价。

3.2.3 通过 Excel 的 <数据分析> 计算相关系数

菜单栏【数据】选项卡下选择【数据分析】按钮，分析工具选择 <相关系数>，打开 <相关系数> 对话框，<输入区域> 栏输入待分析数据区域的单元格范围（B1：C31），如果待分析数据区域包含标题则勾选 <标志位于第一行>，<输出区域> 栏任意输入一个空白单元格，如图 3 – 14 所示。

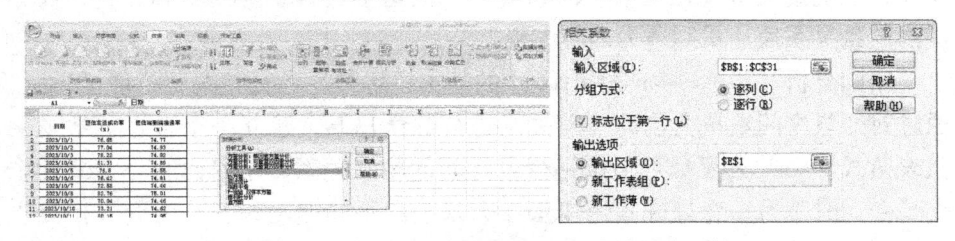

图 3 – 14 通过 Excel 的 <数据分析> 计算相关系数 – A

<相关系数>计算结果显示,相关系数 $r > 0$ 并接近于 1,表示两个变量之间存在强正相关,即"短信发送成功率(%)"和"短信端到端接通率(%)"两列数据的变化趋势一致,并密切相关,如图 3-15 所示。

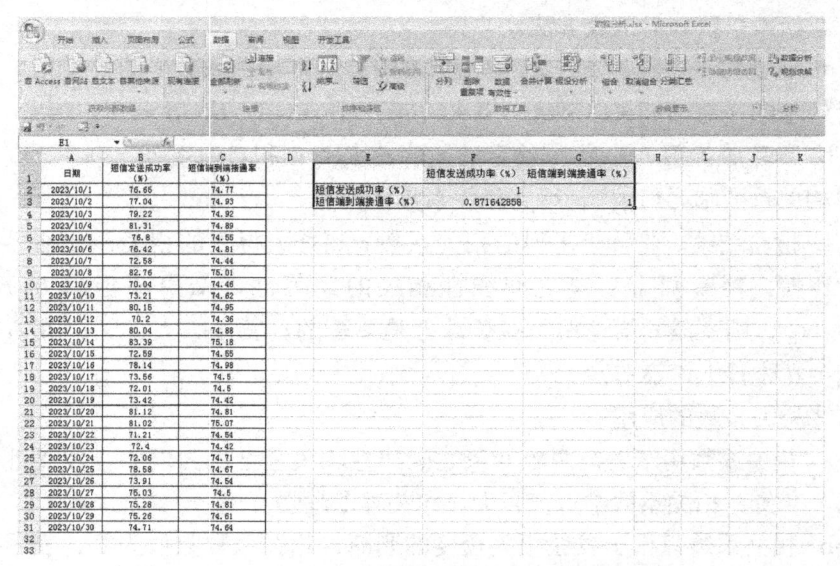

图 3-15 通过 Excel 的<数据分析>计算相关系数-B

3.3 回归分析

3.3.1 基本概念

3.3.1.1 认识回归分析

通过相关分析明确变量之间存在相关关系后,如果我们能在变量之间建立一种近似的数学定量关系,将有利于从已知变量的变化推断未知变量的变化,建立定量关系(建立数学回归模型)的这个过程就称为回归分析,而相应的定量关系表达式则称为回归方程。

回归分析(Regression Analysis)的基本思想是在进行相关分析的基础上,通过对变量之间数量变化的一般关系进行数学总结,建立一个合适的数学函数表达式(回归方程)近似描述变量之间的相互关系,用以说明一个或几个变量变动时,另一变量或其他变量在数量上的平均变动情况,为变量预测提供重要依据。

3.3.1.2 回归分析的类型

回归分析是确定两个或两个以上变量间相互依赖的定量关系的一种统计分析方法。按照涉及的相关变量多少，分为一元回归分析和多元回归分析；按照回归方程的类型，分为直线（线性）回归分析和曲线（非线性）回归分析，如图3-16所示。

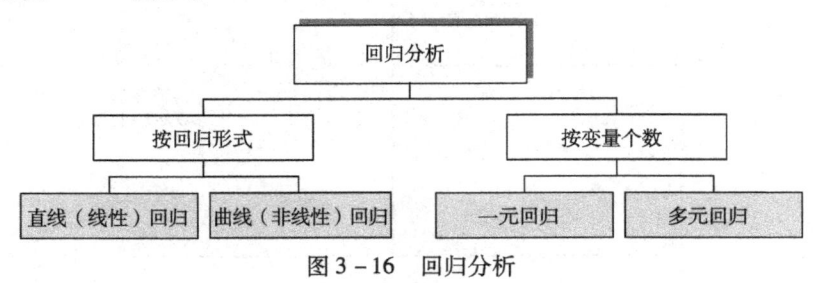

图3-16 回归分析

3.3.2 回归分析的内容

回归分析基于相关分析的结论，根据变量之间的相关关系（相关形态、相关方向和相关程度）建立合适的回归模型，实现对变量值的预测和控制。回归分析可以通过Microsoft Excel中的数据分析工具（回归分析）或者相应的回归函数（TREND、LINEST、LOGEST等）来完成。如果回归分析中只包括一个自变量（x）和一个因变量（y），且二者的关系可用一条直线近似表示，则称为一元线性回归分析。为了方便理论阐述，本章节笔者只讨论一元线性回归分析。

3.3.2.1 建立回归方程

散布图中存在显著线性相关的两个变量 x 和 y，样本点分布趋近于一条直线（回归直线 $\hat{y} = a + bx$），数学上可以概况为一元线性回归模型 $y = a + bx + \varepsilon$。其中，常数项 a 表示回归直线在纵坐标轴上的截距，回归系数 b 表示回归直线的斜率，随机误差 ε[1] 表示随机因素对因变量 y 所产生的影响。根据回归模型的数学定义 $y = (a + bx) + \varepsilon = \hat{y} + \varepsilon$，样本信息包含两部分内容：一部分由回归直线 $\hat{y} = a + bx$ 表征（因变量 y 受自变量 x 影响），另一部分由误差项 ε 表征（因变量 y 受自变量 x 之外的未加控制的因素影响），而样本点基本分布在回归直线附近，回归直线（$\hat{y} = a + bx$）很大程度上体现了回归模型的基本特征，因此，可以用一元线性回归方程 $\hat{y} = a + bx$ 近似表达变量 x 和 y 之

---

[1] 随机误差 ε，也叫残差，是样本值与回归值的差（$y_i - \hat{y}_i$），包括测量误差、偶然误差和其他被忽略因素的相关影响。

间的相互关系，对于给定的自变量 x，揭示因变量 y 在数量上的平均变化，如图 3-17 所示。

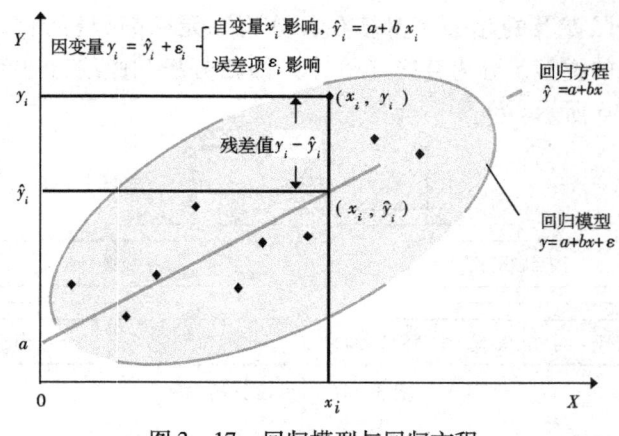

图 3-17 回归模型与回归方程

通过最小二乘法[通过最小化残差平方和寻找回归方程的最佳系数匹配，即实现 $\sum_{i=1}^{n}(y_i-\hat{y}_i)^2$ 最小化]求解回归方程 $\hat{y}=a+bx$，可以得到最佳的 a 和 b，使得尽可能多的 (x,y) 数据点落在或者更加靠近这条拟合出来的回归直线上，具体计算公式如下：

$$b = \frac{\sum_{i=1}^{n}(x_i-\bar{x})(y_i-\bar{y})}{\sum_{i=1}^{n}(x_i-\bar{x})^2} = \frac{\sum_{i=1}^{n}x_i y_i - n\bar{x}\bar{y}}{\sum_{i=1}^{n}x_i^2 - n\bar{x}^2} \quad (3-8)$$

$$a = \bar{y} - b\bar{x} \quad (3-9)$$

3.3.2.2 回归方程的检验

回归方程是对回归模型的近似表达，样本值与回归估计值之间存在一定的偏差，为了判断回归方程对实际现象的拟合程度，确认回归直线（$\hat{y}=a+bx$）是否最大限度体现回归模型的基本特征，需要对回归方程进行检验，如图 3-18 所示。

（1）残差分析

根据回归模型的数学定义 $y=(a+bx)+\varepsilon=\hat{y}+\varepsilon$，样本信息包含回归直线 $\hat{y}=a+bx$ 和误差项 ε（残差）两部分内容，建立回归方程 $\hat{y}=a+bx$ 是在残差不对变量关系构成显著影响的前提下，如表 3-7 和图 3-19 所示。因此，为保证回归方程的可靠性（体现随机性和不可预测性），并判断样本数据是否存在异常，首先需要对回归方程进行残差分析。残差值应在以 0 为中心的合适范围内平均散布，并且在整个拟合范围内恒定均匀地扩散，如果个别样本对应残差值过大或者残差呈现不随机的规律性，应进行深入分析并做必要的纠正。

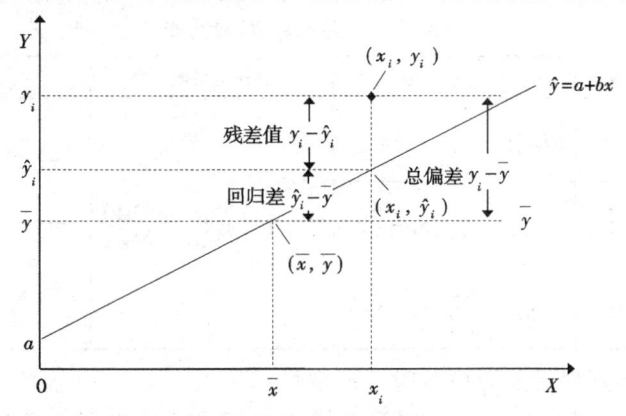

图 3-18 回归方程的检验

表 3-7 残差分析

样本编号	1	2	3	…	n
变量 x	x_1	x_2	x_3	…	x_n
变量 y	y_1	y_2	y_3	…	y_n
回归值	$\hat{y}_1 = a+bx_1$	$\hat{y}_2 = a+bx_2$	$\hat{y}_3 = a+bx_3$	…	$\hat{y}_n = a+bx_n$
残差值	$y_1 - \hat{y}_1$	$y_2 - \hat{y}_2$	$y_3 - \hat{y}_3$	…	$y_n - \hat{y}_n$

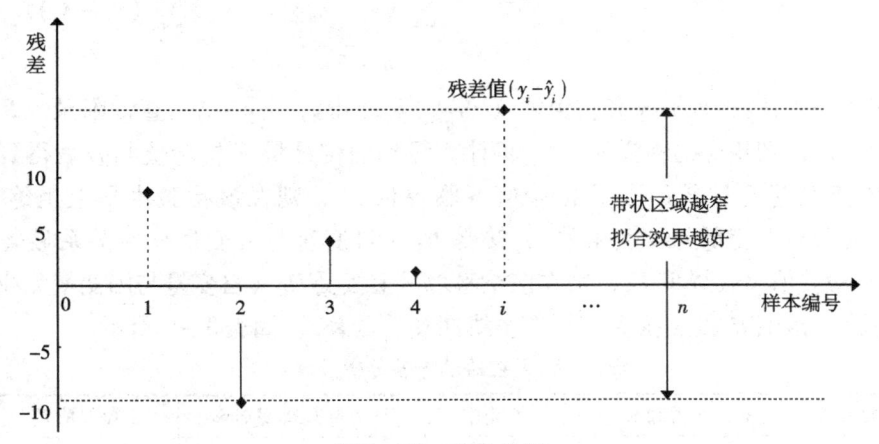

图 3-19 残差分析

（2）总体回归效果检验（判定系数）

判定系数 R^2（$0 \leqslant R^2 \leqslant 1$），又称拟合优度或决定系数，数值上与相关系数 r 的平方相等，即 $R^2 = (r)^2$。线性回归模型中，判定系数用于评价回归方程的拟合效果，它反映回归直线对样本数据的代表程度（体现自变量 x 对因

变量 y 变化的贡献率），R^2 越接近 1，表示回归方程对实际现象的拟合程度越高（因变量 y 的变化主要由自变量 x 的不同取值造成），如表 3-8 所示。

表 3-8 判定系数 R^2 计算表

偏差名称	偏差数据	偏差平方和	判定系数	备注
残差值	$y_i - \hat{y}_i$	$SS_{残差} = \sum_{i=1}^{n}(y_i - \hat{y}_i)^2$	$R^2 = 1 - \dfrac{SS_{残差}}{SS_{总和}} = \dfrac{SS_{回归}}{SS_{总和}}$	—
回归差	$\hat{y}_i - \bar{y}$	$SS_{回归} = \sum_{i=1}^{n}(\hat{y}_i - \bar{y})^2$		—
总偏差	$y_i - \bar{y}$	$SS_{总和} = \sum_{i=1}^{n}(y_i - \bar{y})^2$		$SS_{总和} = SS_{残差} + SS_{回归}$

（3）回归方程的显著性检验（F 检验）

统计学上，F 检验用于分析两组样本之间是否存在显著差异，从而判断两组样本是否来自同一个整体。为了检验回归方程自变量与因变量是否存在线性关系，建立检验假设 H_0（回归系数 $b = 0$，自变量与因变量无线性相关）；H_1（回归系数 $b \neq 0$，自变量与因变量线性关系显著），并构造检验统计量

$$\left[F\text{检验值} = \frac{回归均方差}{残差均方差} = \frac{MS_{回归}}{MS_{残差}} = \frac{\dfrac{\sum_{i=1}^{n}(\hat{y}_i - \bar{y})^2}{1}}{\dfrac{\sum_{i=1}^{n}(y_i - \hat{y}_i)^2}{n-2}} = \frac{\sum_{i=1}^{n}(\hat{y}_i - \bar{y})^2 (n-2)}{\sum_{i=1}^{n}(y_i - \hat{y}_i)^2} \right],$$

根据给定的检验水平 α 和自由度（$df_{回归} = 1$，$df_{残差} = n - 2$）查询附录 "F 分布表"，得到相应的临界值 F_α，将计算得到的统计量 F 检验值与查表得到的临界值 F_α 进行比较：当 F 检验值 > 临界值 F_α，则在该检验水平上拒绝 H_0（自变量与因变量无线性相关），接受 H_1（自变量与因变量线性关系显著）；当 F 检验值 < 临界值 F_α，则在该检验水平上接受 H_0（自变量与因变量无线性相关），拒绝 H_1（自变量与因变量线性关系显著），如表 3-9 所示。

表 3-9 F 检验的方差分析（$m = 1$）

差异来源	偏差平方和 SS	自由度 df	均方差 MS	统计量 F	临界值 F_α
回归	$SS_{回归} = \sum_{i=1}^{n}(\hat{y}_i - \bar{y})^2$	$df_{回归} = m$	$\dfrac{SS_{回归}}{df_{回归}}$	$\dfrac{MS_{回归}}{MS_{残差}}$	"F 分布表" 查询 $F_\alpha(df_{回归}, df_{残差})$
残差	$SS_{残差} = \sum_{i=1}^{n}(y_i - \hat{y}_i)^2$	$df_{残差} = n - m - 1$	$\dfrac{SS_{残差}}{df_{残差}}$		
总和	$SS_{总和} = SS_{回归} + SS_{残差}$	$df_{总} = n - 1$	—	—	

(4) 回归系数的显著性检验（t 检验）

回归方程的总体回归效果显著，并不代表每个自变量对因变量都是重要的。为了确认所有自变量在回归方程中都起明显作用，需要通过 t 检验的方式对回归系数进行显著性检验，评估回归系数的影响（如果某个自变量对因变量作用不显著，则相应的回归系数应取值为零），从而剔除回归方程中影响不显著的自变量，使回归方程更简洁。

一元线性回归方程 $\hat{y} = a + bx$ 通过检验回归系数 b 是否与零有显著性差异来判断自变量 x 与因变量 y 的线性关系是否显著。建立检验假设 H_0（回归系数 $b = 0$，则回归方程 $bx = 0$，变量 x 和 y 之间不存在线性关系）；H_1（回归系数 $b \neq 0$，则回归方程 $bx \neq 0$，变量 x 和 y 之间存在显著线性关系），并构造检验统计量 $t_b = \dfrac{b}{\sqrt{\dfrac{\sum_{i=1}^{n}(y_1 - y_i)^2}{n-2}}\sqrt{\dfrac{1}{\sum_{i=1}^{n}(x_i - \bar{x})^2}}}$，根据给定的检验水平 α（双侧检验）和自由度 $df = n - 2$ 查询附录"t 分布表"，得到相应的临界值 t_α。将计算得到的统计量 t_b 与查表得到的临界值 t_α 进行比较，判断变量之间线性相关的显著性（接受或拒绝 H_0）：如果 $t_b > t_\alpha$，则变量 x 和 y 之间线性相关在统计上是显著的；如果 $t_b < t_\alpha$，则变量 x 和 y 之间线性相关在统计上不显著。

3.3.2.3 回归方程的变量预测

(1) 点估计

回归方程通过检验后，就可以应用到新的数据中，预测因变量的发展趋势。对于给定的一个自变量 x_0，根据回归方程 $\hat{y} = a + bx$，得到对应的因变量 y 的估计值 $\hat{y}_0 = a + bx_0$，如图 3-20 所示。根据因变量 y 的数据类型差异，点估计分为 y 的平均值的点估计和 y 的个别值的点估计，两者的计算方式是相同的。

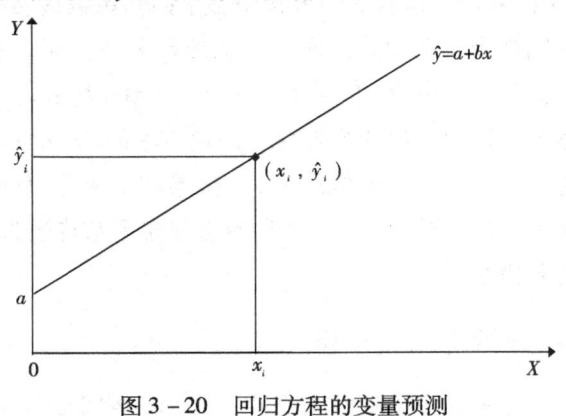

图 3-20 回归方程的变量预测

(2) 区间估计

回归方程是对变量关系的近似表达，点估计值和实际值之间是有误差的，因此需要进行区间估计，即对于自变量 x 的一个给定值 x_0，根据回归方程得到因变量 y 的一个估计区间。根据因变量 y 的数据类型差异，区间估计分为因变量 y 的均值的估计区间（置信区间）和因变量 y 的个别值的估计区间（预测区间），置信区间比预测区间更窄一些（误差更小）。

①置信区间。根据回归方程，对于自变量 x 的一个给定值 x_0，求出因变量 y 的均值的估计区间，称为置信区间，置信水平 $(1-\alpha)$ 下的置信区间为：

$$\hat{y}_0 \pm t_\alpha \sqrt{\frac{\sum_{i=1}^{n}(y_i - \hat{y}_i)^2}{n-2}} \sqrt{\frac{1}{n} + \frac{(x_0 - \overline{x})^2}{\sum_{i=1}^{n}(x_i - \overline{x})^2}} \qquad (3-10)$$

②预测区间。根据回归方程，对于自变量 x 的一个给定值 x_0，求出因变量 y 的个别值的估计区间，称为预测区间，置信水平 $(1-\alpha)$ 下的预测区间为：

$$\hat{y}_0 \pm t_\alpha \sqrt{\frac{\sum_{i=1}^{n}(y_i - \hat{y}_i)^2}{n-2}} \sqrt{1 + \frac{1}{n} + \frac{(x_0 - \overline{x})^2}{\sum_{i=1}^{n}(x_i - \overline{x})^2}} \qquad (3-11)$$

3.3.3 回归分析的两种检验方式

对于一元线性回归来说，回归系数显著性检验（t 检验）和回归方程显著性检验（F 检验）在应用价值上是等价的，所以，应用实践中只需做一种检验即可。而对于多元线性回归，这两种检验考虑的角度不同，并不等价。多元回归分析中，t 检验用于检验回归方程中各个回归系数（自变量系数）的显著性，而 F 检验则被用于检验总体回归关系的显著性，即 F 检验只能确认回归方程的整体显著性（假设 $H_0: b_1 = b_2 = \cdots = b_i = 0$，$H_1: b_1, b_2, \cdots, b_i$ 不全为 0），要检验具体某个回归系数的显著性（假设 $H_0: b = 0$，$H_1: b \neq 0$），只能针对该回归系数进行 t 检验。一般情形下，t 检验与 F 检验的结果没有必然联系；但当自变量之间两两不相关时，若所有自变量系数均通过 t 检验，那么回归方程也能通过 F 检验。

3.3.4 相关分析与回归分析

相关分析与回归分析都是研究两个或两个以上变量之间相关关系的统计

分析方法。相关分析是回归分析的基础，回归分析则是相关分析的深入和继续。实际工作中，通常先进行相关分析，当变量之间存在显著相关时，再通过回归分析对变量相关的具体形式进行总结提炼（建立回归模型），实现变量预测，如图3-21所示。

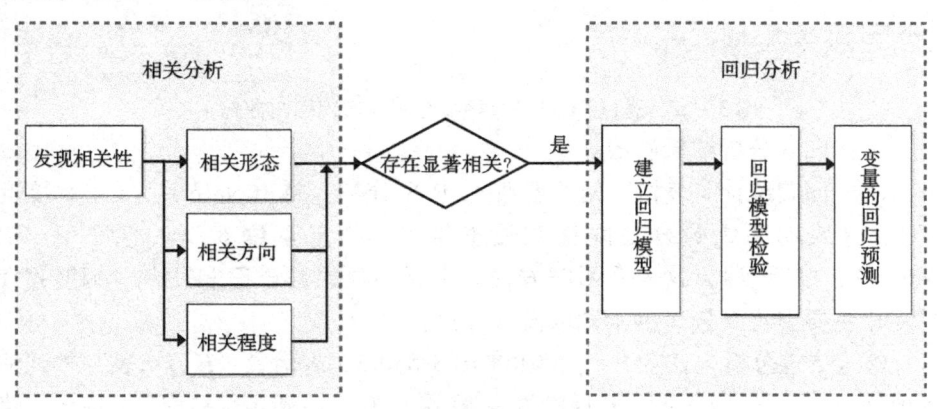

图3-21 相关分析与回归分析

相关分析关注变量之间相关关系的定性评价，包括相关形态、相关方向和相关程度，而回归分析则关注变量之间相关关系的定量评价，通过数学模型对变量之间的相关关系进行量化表达。

相关分析侧重于发现变量之间的相互关系，变量关系是对等的（x和y相关，y与x相关，两者是等价的），不需要区分自变量和因变量，回归分析侧重于研究变量之间的依存关系，以便用一个变量去预测另一个变量，变量关系是不对等的（由x估计y构建的回归方程，由y估计x构建的回归方程，两者通常是不等价的），需要区分自变量和因变量。

相关分析主要应用于变量关系的现状分析，回归分析主要应用于通过总结变量关系的数学模型指导变量预测。

3.3.5 通过Excel的＜数据分析＞实现回归分析

菜单栏【数据】选项卡下选择【数据分析】按钮，分析工具选择＜回归＞，打开＜回归＞对话框，＜Y值输入区域＞栏输入待分析数据的因变量单元格范围（C1：C31），＜X值输入区域＞栏输入待分析数据的自变量单元格范围（B1：B31），如果待分析数据包含标题则勾选＜标志＞，＜输出区域＞栏任意输入一个空白单元格，可以根据具体分析需求勾选＜残差＞、＜残差图＞、＜线性拟合图＞等选项，如图3-22所示。

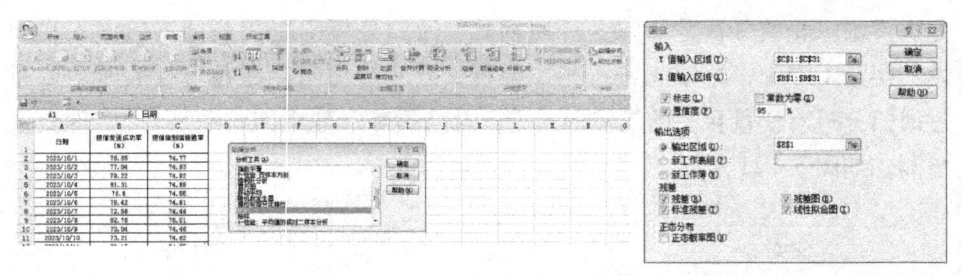

图3-22 通过Excel的<数据分析>实现回归分析-A

<回归>分析结果显示：

①<回归统计>表格中相关系数 $r=0.871643$（Multiple R）>0，并接近于1，这表明两组数据之间存在强正相关，判定系数 $R^2=0.759761$（R Square），接近于1，这表明回归方程对实际现象的拟合程度较高（因变量 Y 的变化主要由自变量 X 的不同取值造成）❶。

②<方差分析>表格中 F 检验值❷ $=88.55073$，查附录"F 分布表"得到临界值 $F_{0.05}(1,8)=5.32$，F 检验值$>$临界值 F_α，在给定检验水平上应该拒绝 H_0（自变量与因变量无线性相关），接受 H_1（自变量与因变量线性关系显著），同时，弃真概率❸（Significance F）$=3.62\times 10^{-10} \leqslant 0.05$，在给定检验水平上应该拒绝 H_0（自变量与因变量无线性相关），接受 H_1（自变量与因变量线性关系显著），这表明回归方程对实际现象的拟合程度较高（高度显著）。

③<残差分析>表格中，残差值普遍较小（均小于0.2），相应地，<残差图>中可以直观发现残差值在以0为中心的合适范围内均匀散布，并且在整个拟合范围内恒定均匀地扩散，这表明回归方程对实际现象的拟合程度较高。

④<线性拟合图>中，"短信端到端接通率"的预测值和实际值基本接近。由此得出结论，根据"短信发送成功率（%）"和"短信端到端接通率

---

❶ 判定系数 R^2，又称拟合优度或决定系数。线性回归模型中，判定系数用于评价回归方程的拟合效果，它反映回归直线对样本数据的代表程度（体现自变量 X 对因变量 Y 变化的贡献率），数值上与相关系数 r 的平方相等，即 $R^2=(r)^2$。R^2 越接近1（$0 \leqslant R^2 \leqslant 1$），表示回归方程对实际现象的拟合程度越高（因变量 Y 的变化主要由自变量 X 的不同取值造成）。

❷ 回归方程的显著性检验（F检验）中，F 检验值 $=\dfrac{MS_{回归}}{MS_{残差}}$，该比值用于检验回归方程自变量与因变量是否存在线性关系。

❸ 弃真概率（Significance F），是在显著性水平下的 F_α 临界值，一般要小于0.05，越小越显著。t 检验的结果看 $P-value$ 值，F 检验的结果看 Significant F 值，由于 t 检验用于对某一个自变量 X_i 对于 Y 的线性显著性，F 检验用于对所有的自变量 X 从整体上看对于 Y 的线性显著性，所以，在一元回归分析中（只有一个自变量 X），F 检验中的 Significance F 值与 t 检验中的 $P-value$ 值是相等的。

(%)"两列数据之间的相关性建立的回归模型对实际现象的拟合程度较高，如图3-23所示。

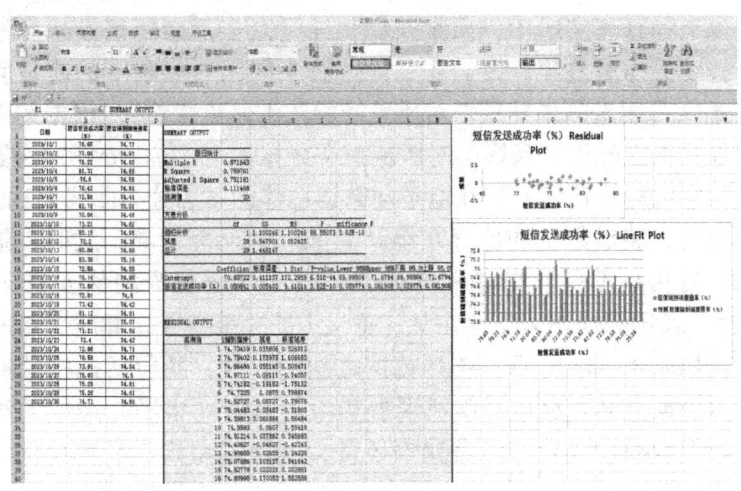

图3-23 通过Excel的<数据分析>实现回归分析-B

3.4 方差分析

3.4.1 基本概念

3.4.1.1 认识方差分析

方差分析[1]（Analysis of Variance），又称"变异数分析"或"F检验"，是一种用于检验两组或者两组以上数据的样本均值在统计意义上是否具备显

---

[1] 统计学中，方差用来衡量总体（样本）偏离均值的程度，记为 σ^2（总体方差）= $\dfrac{\sum\limits_{i=1}^{n}(x_i-\mu)^2}{n}$ 或者 S^2（样本方差）= $\dfrac{\sum\limits_{i=1}^{n}(x_i-\bar{x})^2}{n-1}$，是比较理想和可靠的描述统计数据离散程度的指标，方差越大，数据离散程度越大，均值对总体（样本）的代表性越差；方差越小，数据离散程度越小，均值对总体（样本）的代表性越好。根据样本方差 $S^2 = \dfrac{\sum\limits_{i=1}^{n}(x_i-\bar{x})^2}{n-1} = \dfrac{\text{平方和}}{\text{自由度}}$，方差分析构造 F 检验值 $= \dfrac{MS_{组间}}{MS_{组内}} = \dfrac{\frac{\text{平方和}}{\text{自由度}}}{\frac{\text{平方和}}{\text{自由度}}}$，$F$ 检验值的计算公式应用了样本方差计算公式，这就是方差分析名称的由来。

著性差异的数理统计方法，主要应用于开展试验设计，判断试验因素对试验结果是否产生显著性影响。

现实生产和管理实践中，质量问题往往受众多复杂因素影响和制约，并呈现不同程度的质量差异，我们希望能了解不同因素影响下的质量问题是否存在显著差异（因素的差异是否对质量问题产生显著影响）。根据第 2 章的知识，数据仅受独立随机因素影响时服从正态分布 $x \sim N(\mu, \sigma^2)$，均值 μ 描述正态分布的集中趋势位置。当几组不同数据总体的正态分布曲线表现为均值 μ 的离散分布时，表示数据均值存在统计意义上的显著差异，此时，组间差异是显著的；当几组不同数据总体的正态分布曲线表现为均值 μ 的重合分布（近似）时，表示数据均值不存在统计意义上的显著差异，此时，组间差异是不显著的，如图 3-24 所示。统计数据之间的差异，既包括抽样的随机误差造成的组内数据差异，也包括随机误差和不同因素（水平）造成的组间数据差异，判断组内数据差异占显著比例还是组间数据差异占显著比例，需要使用方差分析。

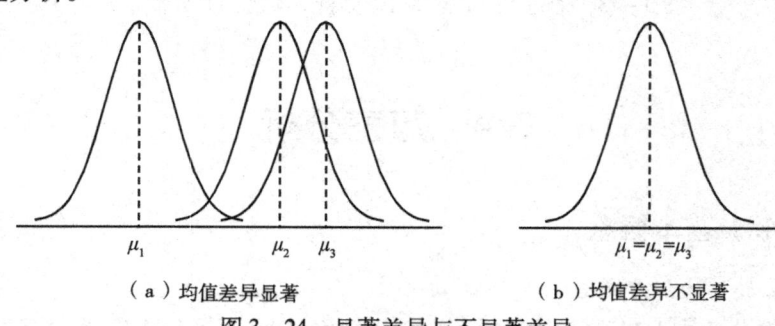

（a）均值差异显著　　　　　　　（b）均值差异不显著

图 3-24　显著差异与不显著差异

方差分析是一种假设检验方法，其基本思想是将试验数据的总离散分解为来源于不同因素（不可控的随机因素和可控的试验因素）的离散，并对不同来源的离散对总离散的贡献大小作出数据估计，从而确定各个因素在总离散中所占的重要程度。具体实施上是将数据差异分解成组内差异和组间差异两部分，用它们的平均偏差平方和构造 F 检验值，通过 F 检验作出数据差异是否显著的统计判断。方差分析用平均偏差平方和表征组间数据差异（$MS_{组间}$）和组内数据差异（$MS_{组内}$），通过构造 F 检验值 $\left(F = \dfrac{MS_{组间}}{MS_{组内}}\right)$，以组内数据差异（认为组内数据差异完全由抽样的随机误差产生）为参考基准，考察组间数据差异（随机误差和不同因素共同影响）是否具有统计学意义，如果组间数据差异远大于组内数据差异（F 值大于临界值 F_α），则认为组间数据存在显著差异，如图 3-25 所示。

```
                        ┌─────────────┐
                        │  数据差异    │
                        └──────┬──────┘
                ┌──────────────┴──────────────┐
         ┌──────┴──────┐              ┌──────┴──────┐
         │  组间差异   │              │  组内差异   │
         └──────┬──────┘              └──────┬──────┘
         ┌─────┴─────┐                       │
  ┌──────┴─────┐ ┌───┴──────────┐    ┌──────┴──────┐
  │随机误差引起│ │因素（水平）改变引起│    │随机误差引起 │
  └────────────┘ └──────────────┘    └─────────────┘
```

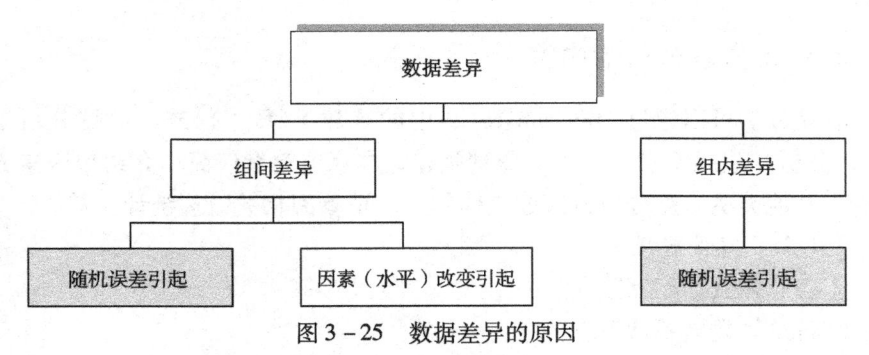

图 3-25 数据差异的原因

3.4.1.2 方差分析的类型

方差分析的目的是通过数据分析找出对该事物有显著影响的因素，各因素之间的交互作用，以及显著影响因素的最佳水平等。根据因素的个数，方差分析可以分为单因素方差分析和多因素方差分析。

（1）单因素方差分析

研究一个因素下多个水平对试验结果是否产生显著性影响，称为单因素方差分析。

（2）多因素方差分析

当考虑两个或两个以上因素对试验结果是否产生显著性影响时，可用多因素方差分析的方法来分析，多因素方差分析也称"多向方差分析"，原理与单因素方差分析基本一致。

①独立因素的方差分析。当同时考虑两个因素或三个因素对试验结果的影响，且因素之间相互独立（没有交互作用）时，可进行独立因素的方差分析，分别是随机区组设计的方差分析（双因素）和拉丁方设计的方差分析（三因素）。

②析因设计的方差分析。当考虑两个因素或多个因素对试验结果的影响，且因素之间可能存在相互影响或交互作用时，可进行析因设计的方差分析。析因设计的方差分析可以分析多个因素对试验结果的独立影响，也可以分析多个因素之间的相互作用对试验结果的影响，是一种高效率的方差分析方法。

③正交设计的方差分析。当考虑三个或三个以上因素对试验结果的影响，且因素之间可能存在相互影响或交互作用时，可进行正交设计（正交试验设计法）的方差分析。正交设计的方差分析可以分析多个因素对试验结果的独立影响，也可以分析多个因素之间的相互作用对试验结果的影响，适用于因素和水平较多的情况。当考虑较多影响因素时，试验次数会急剧增加，利用正交表安排试验，可以用较少的试验次数，获得较好的分析结果。

3.4.2 方差分析的内容

方差分析可以通过 Microsoft Excel 中的函数 VAR（ ）或者数据分析工具（方差分析）直接实现。为方便原理阐述，本章节笔者仅简单介绍单因素方差分析，其他类型方差分析方法的具体阐述，请参阅相关数理统计文献。

3.4.2.1 假设前提

①各总体数据相互独立。

②各总体数据服从正态分布。

③各总体数据方差相等（方差齐性）。

3.4.2.2 基本步骤

（1）建立检验假设

假定只考察一个因素 F 对试验结果的影响，因素 F 有 m 个水平，每个水平下进行 r 次重复试验。原假设 $H_0: \bar{y}_1 = \bar{y}_2 = \cdots = \bar{y}_m$（差异不显著）；备择假设 $H_1: \bar{y}_1, \bar{y}_2, \cdots, \bar{y}_m$ 不全相等（差异显著），如表 3–10 所示。

表 3–10　单因素试验数据

因素水平	试验数据				和值	均值
F_1	y_{11}	y_{12}	$\cdots$	y_{1r}	$T_1 = \sum_{j=1}^{r} y_{1j}$	$\bar{y}_1 = \dfrac{T_1}{r}$
F_2	y_{21}	y_{22}	$\cdots$	y_{2r}	$T_2 = \sum_{j=1}^{r} y_{2j}$	$\bar{y}_2 = \dfrac{T_2}{r}$
$\cdots$	$\cdots$	$\cdots$	$\cdots$	$\cdots$	$T = \sum_{i=1}^{m}\sum_{j=1}^{r} y_{ij}$	$\cdots$
F_m	y_{m1}	y_{m2}	$\cdots$	y_{mr}	$T_m = \sum_{j=1}^{r} y_{mj}$	$\bar{y}_m = \dfrac{T_m}{r}$
合计					$T = \sum_{i=1}^{m} T_i$	$\bar{y} = \dfrac{T}{mr}$

（多行均值列中）$\bar{y} = \dfrac{1}{m}\sum_{i=1}^{m}\bar{y}_i$

（2）做 F 检验

①计算偏差平方和。偏差平方和，是指一组数据中各个具体数值与它们的算术平均值之差的平方和，反映数据的离散或集中程度，记为 SS。偏差平方和越大，该组数据越离散；偏差平方和越小，该组数据越集中。总偏差平方和反映试验结果的总差异，可以分解成因素水平变化引起的组间差异（组间偏差平方和）和随机误差引起的组内差异（组内偏差平方和），如表 3–11 所示。

表 3-11 偏差平方和计算方法

名称	总偏差平方和		组间偏差平方和		组内偏差平方和
	$SS_{总} = SS_{组间} + SS_{组内}$		$SS_{组间}$		$SS_{组内}$
公式	$\sum_{i=1}^{m}\sum_{j=1}^{r}(y_{ij}-\bar{y})^2$	$=\sum_{i=1}^{m}\sum_{j=1}^{r}y_{ij}^2 - \frac{T^2}{mr}$	$\sum_{i=1}^{m}r(\bar{y_i}-\bar{y})^2$	$=\sum_{i=1}^{m}\frac{T_i^2}{r} - \frac{T^2}{mr}$	$\sum_{i=1}^{m}\sum_{j=1}^{r}(y_{ij}-\bar{y_i})^2$

② 计算自由度。统计学中,自由度指的是计算某一统计量时,取值不受限制(独立或能自由变化)的变量个数。比如,有一组数据包含四个数值(y_1, y_2, y_3, y_4),如果限制条件为均值 $\bar{y}=5$,那么自由确定 2、4、5 三个数值后,第四个数值只能是 9,否则 $\bar{x} \neq 5$,因而自由度 $df = 4-1 = 3$。推而广之,任何统计量的自由度 $df = n-k$(n 为数值个数,k 为限制条件的个数)。自由度反映了互相独立的数据个数,与偏差平方和相对应,总自由度也可以分解为两部分内容,即总自由度 = 组间自由度 + 组内自由度($df_{总} = df_{组间} + df_{组内}$),如表 3-12 所示。

表 3-12 自由度计算方法

名称	总自由度	组间自由度	组内自由度
	$df_{总}$	$df_{组间}$	$df_{组内}$
计算	$mr-1$	$m-1$	$mr-m$

③ 计算平均偏差平方和(均方差)。偏差平方和是若干项平方的和,它们的大小与项数有关,数据项数多,偏差平方和就可能大,因此不能确切反映各因素的情况。为了消除项数的影响,合理比较由不同项数所组成的两组数据的离散或集中程度,通常采用平均偏差平方和(简称均方差),即偏差平方和与自由度的比值,如表 3-13 所示。

表 3-13 平均偏差平方和计算方法

名称	组间平均偏差平方和	组内平均偏差平方和
	$MS_{组间}$	$MS_{组内}$
计算	$\dfrac{SS_{组间}}{df_{组间}}$	$\dfrac{SS_{组内}}{df_{组内}}$

④ 构造 F 检验值。组间平均偏差平方和与组内平均偏差平方和的比值构成 F 检验值 $\left(F = \dfrac{MS_{组间}}{MS_{组内}}\right)$,该比值的大小反映组间差异对试验结果影响程度的大小。显然,只有当比值大于 1 时,组间差异才有统计学意义,实际应用中 F 值大于临界值的概率可通过查阅附录"F 分布表"获得。

⑤ 列方差分析表,做 F 检验。为了判断试验因素对结果影响的显著性大小,给出检验水平 α,将计算得到的 F 值与"F 分布表"上查到的相应临界

值 F_α 进行比较，对试验因素进行显著性检验（F 检验），如表 3-14 所示。从 F 分布概率密度图可以看出，F 值越大，组间差异越大（横坐标越向右），如图 3-26 所示。若 F 值大于临界值 F_α，则拒绝原假设 H_0，认为该组间差异对试验结果有显著影响；若 F 值小于或等于临界值 F_α，则接受原假设 H_0，认为组间差异对试验结果无显著影响。

表 3-14 方差分析表

差异来源	偏差平方和 SS	自由度 df	均方 MS	统计量 F	临界值 F_α	显著性
组间差异	$SS_{组间}$	$df_{组间} = m-1$	$\dfrac{SS_{组间}}{df_{组间}}$	$\dfrac{MS_{组间}}{MS_{组内}}$	"F 分布表"查询 $F_\alpha(df_{组间}, df_{组内})$	
组内差异	$SS_{组内}$	$df_{组内} = mr-m$	$\dfrac{SS_{组内}}{df_{组内}}$			
差异总和	$SS_总 = SS_{组间} + SS_{组内}$	$df_总 = mr-1$				

（3）检验结论

当 F 检验值 $> F_\alpha$（$\alpha = 0.05$），则在 $\alpha = 0.05$ 的检验水平上拒绝 H_0：$\bar{y}_1 = \bar{y}_2 = \cdots = \bar{y}_m$（差异不显著），接受 H_1：$\bar{y}_1, \bar{y}_2, \cdots, \bar{y}_m$ 不全相等（差异显著）；当 F 检验值 $< F_\alpha$（$\alpha = 0.05$），则在 $\alpha = 0.05$ 的检验水平上接受 H_0：$\bar{y}_1 = \bar{y}_2 = \cdots = \bar{y}_m$（差异不显著），拒绝 H_1：$\bar{y}_1, \bar{y}_2, \cdots, \bar{y}_m$ 不全相等（差异显著）[1]，如表 3-15 所示。

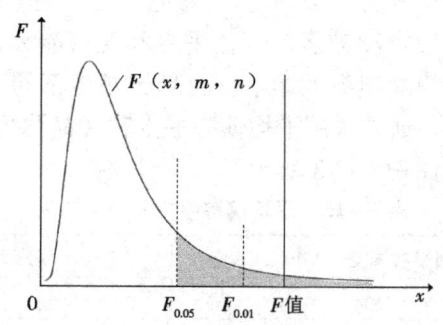

图 3-26 F 分布概率密度图（m 是分子的自由度，n 是分母的自由度）[2]

---

[1] 单因素方差分析得出检验结论（是否拒绝原假设）的方法，除了根据 F 检验值的大小（临界值法）外，还可以根据 t 检验中的 P 值分析（Excel 中称为 P-value，对于单因素方差分析只有单变量的情况，t 检验的 P-value 值相当于 F 检验的 Significant F 值）；若 $0.01 < P$-value < 0.05，表示差异显著，拒绝 H_0，接受 H_1，即各样本的总体均数不全相等（若 P-value < 0.01，则表示差异高度显著）；若 P-value > 0.05，则表示差异不显著，接受 H_0，拒绝 H_1，即各样本的总体均数全相等。

[2] 检验水平 α，是指我们对作出的判断大概有 $(1-\alpha)$ 的把握，对于不同的检验水平，有不同的 F 分布表，常用的检验水平是 $\alpha = 0.01$ 和 $\alpha = 0.05$。

通过方差分析确认组间数据差异是否显著的结论后，通常还应做进一步的方差齐性检验（对不同水平下的总体方差是否相等进行检验）和多重比较检验（确认不同水平的影响程度）。

表3-15　F 检验判定规则

序号	判定规则	显著程度
1	$F > F_{0.01}(df_{组间}, df_{组内})$	差异高度显著
2	$F_{0.01}(df_{组间}, df_{组内}) > F > F_{0.05}(df_{组间}, df_{组内})$	差异显著
3	$F_{0.05}(df_{组间}, df_{组内}) > F$	差异不显著

3.4.3　通过 Excel 的 <数据分析> 实现方差分析

菜单栏【数据】选项卡下选择【数据分析】按钮，分析工具选择 <方差分析：单因素方差分析>，打开 <方差分析：单因素方差分析> 对话框，<输入区域> 栏输入待分析数据的单元格范围（B1：C31），如果待分析数据包含标题则勾选 <标志位于第一行>，<输出区域> 栏任意输入一个空白单元格，如图3-27所示。

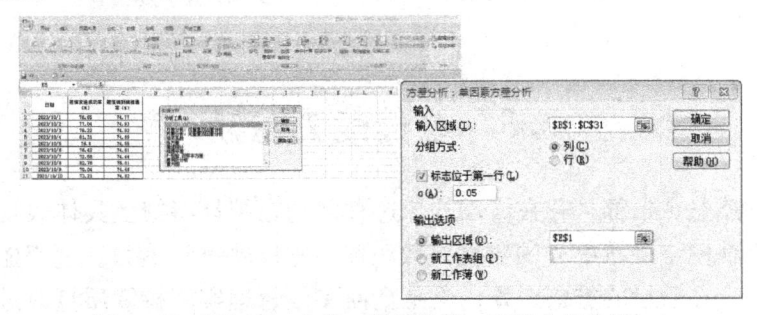

图3-27　通过 Excel 的 <数据分析> 实现方差分析-A

<方差分析> 结果显示：

①<方差分析> 表格中 F 检验值❶ = 3.454852，临界值 $F_{0.05}(1, 58)$ = 4.006873，F 检验值 < 临界值 $F_{0.05}$，在给定检验水平上应该接受原假设 H_0：两组数据均值相等（差异不显著），拒绝备择假设 H_1：两组数据均值不全相等（差异显著），认为组间差异对试验结果无显著影响。

②<方差分析> 表格中 $P-value = 0.068143 > (\alpha = 0.05)$，在给定检验

---

❶ 单因素方差分析的显著性检验（F 检验）中，F 检验值 $= \dfrac{MS_{组间}}{MS_{组内}}$，该比值大小反映组间差异对试验结果影响程度的大小。

水平上应该接受原假设 H_0：两组数据均值相等（差异不显著），拒绝备择假设 H_1：两组数据均值不全相等（差异显著），认为组间差异对试验结果无显著影响。由此得出结论，"短信发送成功率（%）"和"短信端到端接通率（%）"两组数据的均值相等，并无显著差异，如图 3–28 所示。

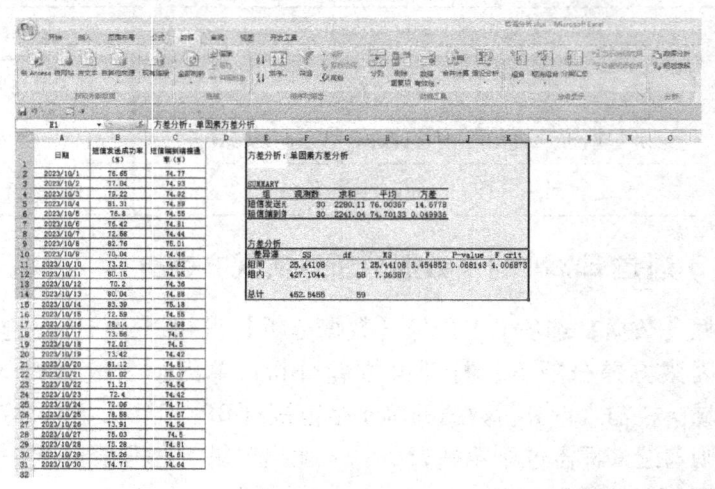

图 3–28 通过 Excel 的 <数据分析> 实现方差分析 – B

3.5 过程能力分析

任何质量数据都是存在波动的，这种波动在统计特征上具体表现为产品质量特性值围绕分布中心的数据离散程度，它反映过程能力。过程能力是保证与提高产品质量的重要因素，更是全面质量管理实施持续质量改进的核心内容，分析和评价过程能力将有助于我们随时保持过程在受控和有能力的状态下运行，从而使产品和服务稳定地满足顾客的要求。

3.5.1 认识过程能力

3.5.1.1 基本概念

生产实践中，产品质量波动是一种普遍现象，偶然性因素影响产生正常波动，系统性因素影响产生异常波动，正是因为有了波动的存在，才出现了过程能力的概念。当生产过程处于稳定状态时，系统性因素（5M1E）的影响处于可控范围内，仅需要考虑偶然性因素的影响，此时，产品质量的正常波动幅度就是过程能力。

过程能力，也称工序能力，或者加工精度，是指生产过程处于稳定状态下的实际加工能力。过程能力描述生产过程的最佳性能，它取决于过程的自然输出能力（自身能力）而与设计的目标值（技术要求）无关。

3.5.1.2 过程能力的量化描述

过程能力是根据产品质量特性值的统计分布来衡量的。对于任何生产过程，产品质量特性值的离散是一种客观存在，过程能力的强弱体现为受控状态下（仅受偶然性因素影响）产品质量特性值离散程度的大小：过程能力越强，离散程度越小；过程能力越弱，离散程度越大。当生产过程处于统计稳态时，过程输出特性服从均值为 μ，标准偏差为 σ 的正态分布，根据正态分布的"3σ"原则，产品的质量特性值有 99.73% 散布在区间 $[\mu-3\sigma, \mu+3\sigma]$ 内，即几乎全部质量特性值都落在 6σ 范围内，当继续扩大取值范围时，代价较大，而取值概率提升并不显著，经济性大幅下降，如图 3-29 所示。因此，基于兼顾全面性、精确度和经济性的综合考虑，通常用质量特性值分布的 6 倍总体标准偏差（6σ）来量化描述过程能力，它的数值越小越好（区间宽度 6σ 越小，质量特性值的离散程度越小，过程能力就越强）。

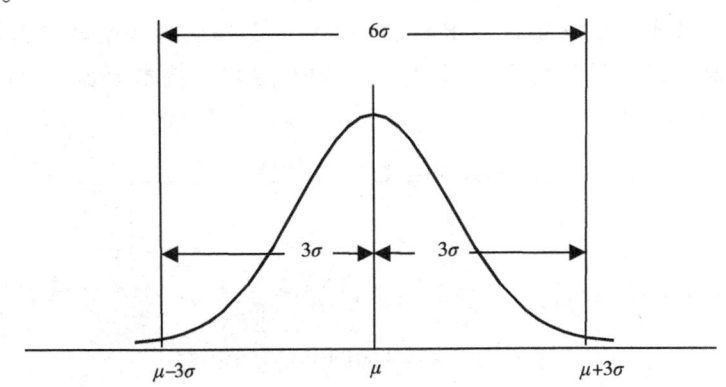

图 3-29 过程能力的量化描述

3.5.1.3 过程能力与过程能力指数

过程能力与过程能力指数是两个不同的概念。过程能力是过程具有的实际加工能力，属于量化描述（能力具体数量大小），反映生产者的质量水平。过程能力取决于质量因素，而与公差无关，不改变过程的固有质量因素（人机料法环），过程能力无法提高。过程能力指数是指过程能力对产品技术要求满足的程度，属于指数评价（能力满足要求程度），反映一种能力匹配关系。过程能力指数取决于过程能力和技术要求（公差范围）两方面，通过降低技术要求或者提高过程能力都能提高过程能力指数。

3.5.2 分析过程能力

质量是"最经济的水平"与"充分满足顾客要求"的协调统一。生产者的过程能力有强弱，顾客对产品的技术要求有高低：过程能力强，只代表加工质量（精度）高，并不等于对顾客技术要求的满足程度高（过程能力强未必肯定生产合格产品）；反之，过程能力弱，只代表加工质量（精度）低，并不等于对顾客技术要求的满足程度低（过程能力弱未必无法生产合格产品）。实施质量改进，应致力于关注生产者的过程能力是否持续满足顾客的技术要求，而不是片面追求过程能力如何出色，如图 3-30 所示。

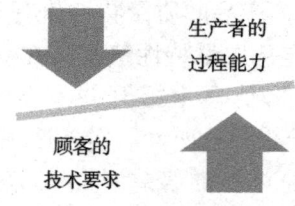

图 3-30 分析过程能力

分析过程能力，实质上就是通过系统地分析和研究来评定生产者的过程能力与顾客技术要求（指定需求）的一致性，基本内容包括两个方面：生产过程的状态判稳（统计稳态）；计算过程能力指数（技术稳态），如图 3-31 所示。

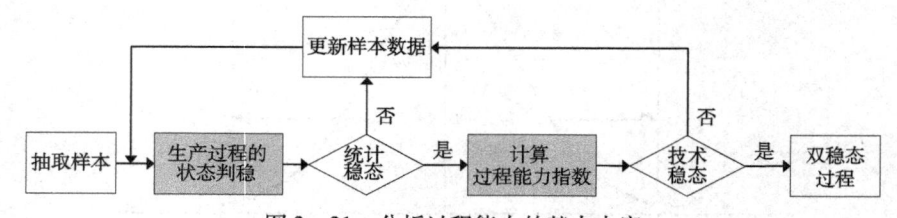

图 3-31 分析过程能力的基本内容

3.5.2.1 生产过程的状态判稳

分析过程能力的第一步，首先是实现生产过程的状态判稳（进入统计稳态[1]）。当生产过程仅受偶然性因素影响（消除了系统性因素影响）时，产品质量的统计特征保持稳定，过程输出服从稳定可预期的分布（统计稳态），在

---

[1] 统计稳态是指过程输出服从稳定并可预测的分布，而正态分布是指过程输出服从均值为 μ、标准偏差为 σ 的正态分布。统计稳态基于正态分布 3σ 原则，所以过程服从正态分布是处于统计稳态的前提，即过程处于统计稳态，一定服从正态分布；过程不服从正态分布，一定不处于统计稳态。但由于正态分布的标准偏差大小有差异，过程服从正态分布，过程不一定处于统计稳态。简言之，正态分布是统计稳态的必要条件，而不是充分条件。

此前提下，如果过程能力充分满足顾客的技术要求（技术稳态），将可以持续稳定地生产出满足顾客需要的产品。

（1）统计稳态

统计稳态，也称受控状态，是指生产过程中一切非随机的系统性因素都已被消除或被严格控制在一定水平上（仅受偶然性因素影响），质量特性值以一定的概率属于规定的范围或容许的界限。处于统计稳态的生产过程对产品质量有完全把握，并且生产状态最经济。判断过程是否处于统计稳态的常用方法是控制图（利用控制界限进行判稳和判异）和直方图（观察分布形态是否服从正态分布）。

①受控状态。当生产过程仅受偶然性因素影响时，产品质量波动服从稳定的随机分布（随着时间的推移，过程输出形成一个稳定的分布并可预测），生产过程是稳定的，此时过程处于统计控制状态，简称受控状态，或统计稳态（稳定状态）。受控状态下，过程性能是可预测的，过程能力也是可评价的，在任何一个时刻观测过程，它的分布位置和分布宽度保持恒定，如图3-32所示。

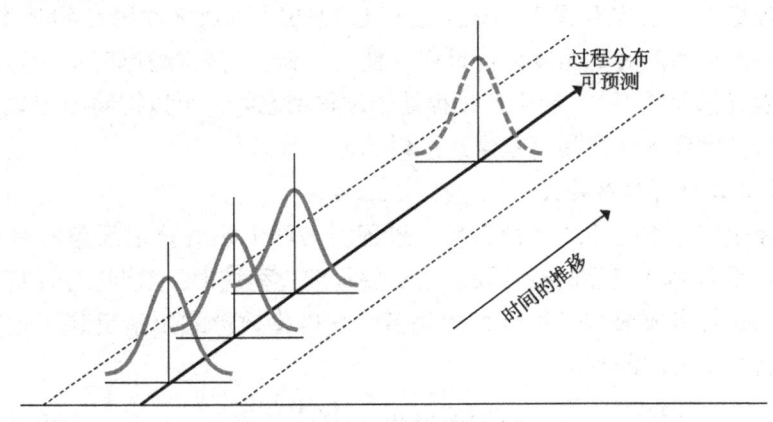

图3-32 受控状态

②失控状态。当生产过程存在系统性因素影响时，产品质量波动随时间无序变化（随着时间的推移，过程输出分布不稳定并无法预测），生产过程是不稳定的，此时过程处于非统计控制状态，简称失控状态或不稳定状态。失控状态下，过程性能是不可预测的，在不同的时刻观测过程，它的分布位置和分布宽度都可能发生变化，如图3-33所示。

（2）技术稳态

技术稳态，是指生产过程的过程能力指数满足顾客要求的状态。处于技术稳态的生产过程，过程能力充分满足顾客要求。判断过程是否处于技术稳态的常用方法是控制图（根据规格界限要求计算过程能力指数）和直方图（图形分布范围与规格界限比较）。

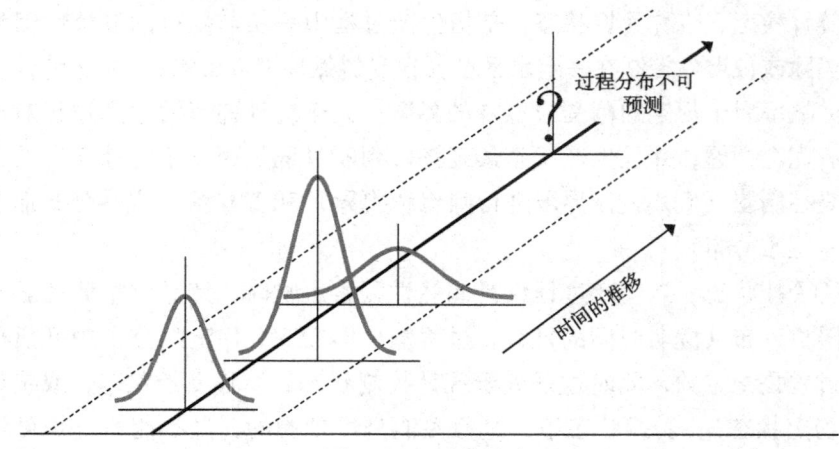

图 3-33 失控状态

（3）过程稳态（双稳态）

过程稳态，也称双稳态，是指生产过程同时达到统计稳态和技术稳态。统计稳态时从生产者的角度评价过程（能力高低），技术稳态时从顾客的角度评价过程（满足需要），当生产过程处于过程稳态时，可以持续稳定地生产出满足顾客技术要求的产品，是生产过程的理想状态。

3.5.2.2 计算过程能力指数

确保生产过程处于统计稳态后，过程能力的大小（产品质量特性值的离散程度）是否满足产品的技术要求，需要根据过程能力指数[1]进行评价。过程能力指数是技术要求与过程能力的比值，它以指数形式定量反映了过程能力满足产品技术要求的程度：

$$过程能力指数 = \frac{技术要求}{过程能力} \tag{3-12}$$

过程能力指数数值大小，通常代表过程质量保证能力的高低（过程能力指数越大，表明产品的离散程度相对于技术标准的公差范围越小，过程质量保证能力越强；过程能力指数越小，表明产品的离散程度相对于技术标准的公差范围越大，过程质量保证能力越弱）。但更高的过程能力指数意味着更大的加工成本，结合经济和质量两方面要求的综合考虑，过程能力指数并非越

---

[1] 过程能力指数的计算过程比较烦琐，生产实践中通常会通过专业软件来完成，比如 MATLAB。

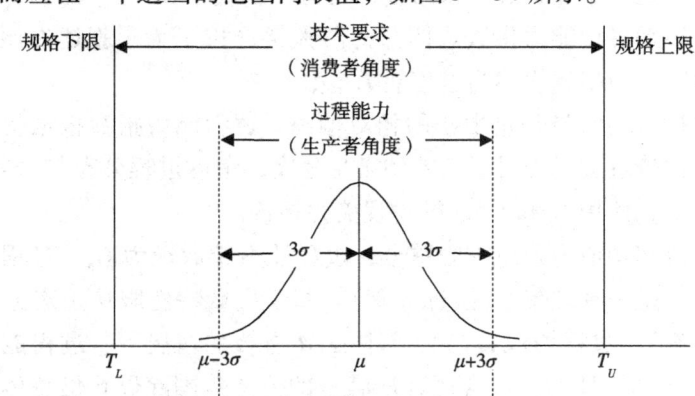

大越好，而应在一个适当的范围内取值，如图3-34所示。

图3-34 技术要求与过程能力

根据过程能力评价基于过程短期波动或者过程长期波动进行，过程能力指数分为短期过程能力指数和长期过程能力指数（过程性能指数），如图3-35所示。

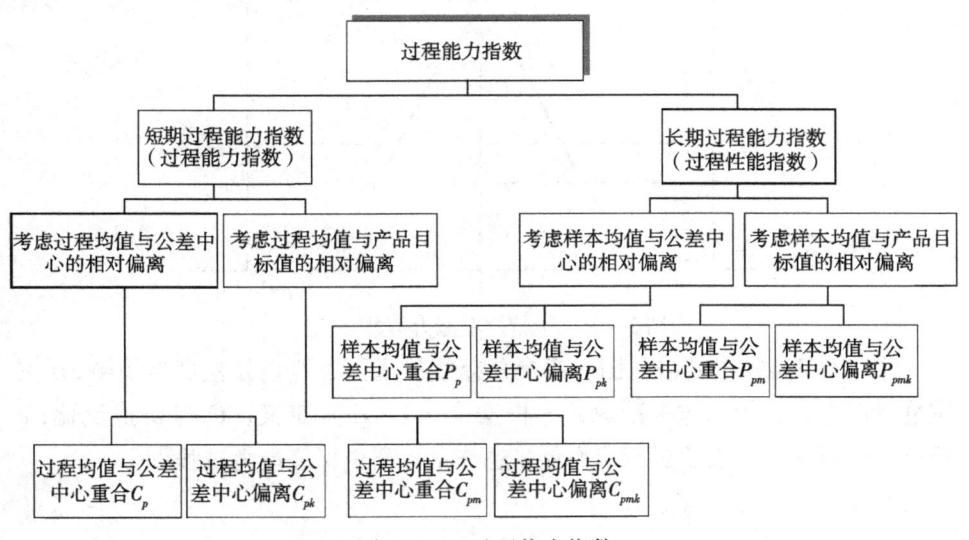

图3-35 过程能力指数

（1）短期过程能力指数（过程能力指数）

短期过程能力指数，基于过程短期波动考查过程能力满足产品技术要求的程度，是生产实践中普遍应用的过程能力评价标准，通常所讨论的过程能力指数，如果没有特别说明，一般都是指短期过程能力指数，所以短期过程能力指数经常简称为过程能力指数。短期过程能力指数仅考虑偶然性因素影响,强调过程处于受控状态。根据过程均值与公差中心❶和产品目标值的相对偏离关系,短期过程能力指数具体分为两大类(以下为了叙述方便,本书直接将短期过程能力指数表述为过程能力指数)。

①考虑过程均值与公差中心的相对偏离。过程能力指数根据受控状态下的取样数据评价过程能力对于公差的满足程度,考虑过程分布与公差范围❷的相对偏离关系,使用 C_p 和 C_{pk} 表征过程能力指数。

第一,过程均值与公差中心重合,过程能力指数记为 C_p。过程均值与公差中心重合,是一种理想情况($\mu = M$)。基于质量特性服从正态分布(并且处于统计稳态),过程均值 μ 与公差中心 M 重合的情况下,过程能力指数记为 C_p,如图 3-36 所示。通常用客户满意的公差范围除以 6 倍总体标准偏差(6σ)的结果来表示,计算公式为:

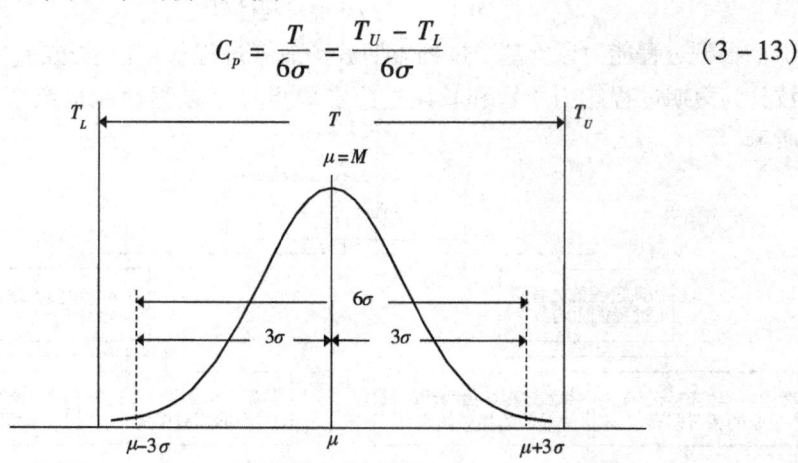

$$C_p = \frac{T}{6\sigma} = \frac{T_U - T_L}{6\sigma} \tag{3-13}$$

图 3-36 无偏过程能力指数(C_p)

式中:T 是技术公差范围,T_U 是公差规格上限,T_L 是公差规格下限,σ 是质量特性值分布的总体标准偏差。根据式(3-13)定义,C_p 与 σ 成反比,σ 越小,C_p 值越大,表示过程能力储备越充足,质量保证能力越强❸。

---

❶ 公差中心 $M = \dfrac{T_L + T_U}{2}$,T_L 为公差规格下限,T_U 为公差规格上限。

❷ 公差范围 $T = T_U - T_L$,T_L 为公差规格下限,T_U 为公差规格上限。

❸ 当总体标准偏差 σ 未知时,可用 $\hat{\sigma}_R = \dfrac{\overline{R}}{d_2}$ 或 $\hat{\sigma}_S = \dfrac{\overline{S}}{C_4}$ 进行估计,其中 R 为样本极差,$\overline{R}$ 为其平均值,S 为样本标准偏差,$\overline{S}$ 为其平均值,d_2 和 C_4 是修偏系数,可通过查国标《常规控制图》GB/T 4091—2001 表得到。通常情况下,质量特性值分布的总体标准偏差 σ 是未知的,当样本量足够大时,C_4 接近 1,为了简化计算过程,可以用样本标准偏差 S 来代替。

第二，过程均值与公差中心偏离，过程能力指数记为 C_{pk}。现代化生产中，过程均值与公差中心经常发生偏离（$\mu \neq M$）。过程能力指数 C_p 不能反映偏离的影响，即偏离情况与不偏离情况下的 C_p 值是一样的（图 3-37 所示为过程能力指数 C_p 的本质），如果仍然用 C_p 计算和表征过程能力指数，将产生不必要的误导，需要加以修正。为真实评价过程均值偏离公差中心情况下的过程能力，引入过程能力指数 C_{pk}。

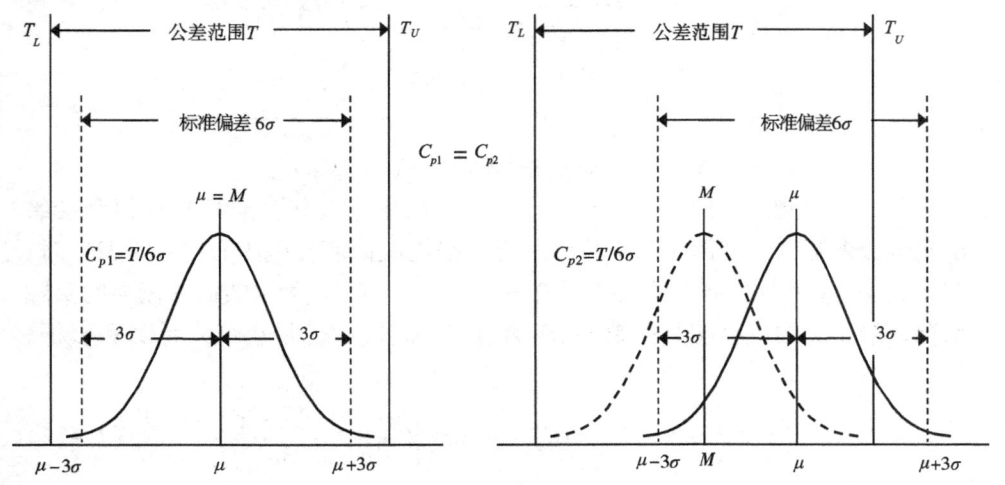

图 3-37 过程能力指数 C_p 的本质

其一，单侧公差的情况（C_{pl} 或 C_{pu}）。生产实践中，某些质量特性值只规定了单侧公差（只规定上限值，或者只规定下限值）。当过程均值处于公差范围内时，过程均值 μ 把公差范围划分为（T_L, μ）和（μ, T_U）左右两个区间，它们与 3σ 的比值 $\left(\dfrac{\mu - T_L}{3\sigma} 和 \dfrac{T_U - \mu}{3\sigma}\right)$ 反映过程能力在左侧（T_L, μ）或右侧（μ, T_U）满足顾客要求的程度，相应的过程能力指数分别记为 C_{pl}（下单侧过程能力指数）和 C_{pu}（上单侧过程能力指数），具体如下：

$$C_{pl} = \frac{\mu - T_L}{3\sigma}, \quad C_{pu} = \frac{T_U - \mu}{3\sigma} \tag{3-14}$$

式中：T_L 是公差规格下限，T_U 是公差规格上限，μ 是过程均值，σ 是质量特性值分布的总体标准偏差。当 $\mu \leq T_L$ 时，记 $C_{pl} = 0$；当 $\mu \geq T_U$ 时，记 $C_{pu} = 0$❶，如图 3-38 所示。

---

❶ 当总体均值 μ 和总体标准偏差 σ 未知时，可用样本估计，即样本均值 $\bar{x}$ 估计总体均值 μ，样本标准偏差 S（$\hat{\sigma}_R$ 或 $\hat{\sigma}_S$）估计总体标准偏差 σ。

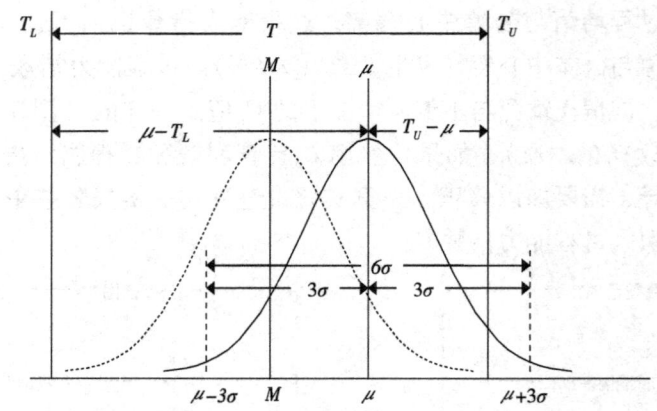

图 3-38 单侧公差过程能力指数（C_{pl} 和 C_{pu}）

其二，双侧公差的情况（C_{pk}）。生产实践中，大部分质量特性值都会给出双侧公差范围。如图 3-39 所示，当过程均值偏离公差中心（$\mu \neq M$）时，左侧公差（$\mu - T_L$）$\neq$ 右侧公差（$T_U - \mu$），$C_{pl} \neq C_{pu}$，为真实反映偏离的实际情况，修正后的过程能力指数 C_{pk} 应通过 C_{pl} 和 C_{pu} 中的最小值来计算和表征，具体如下：

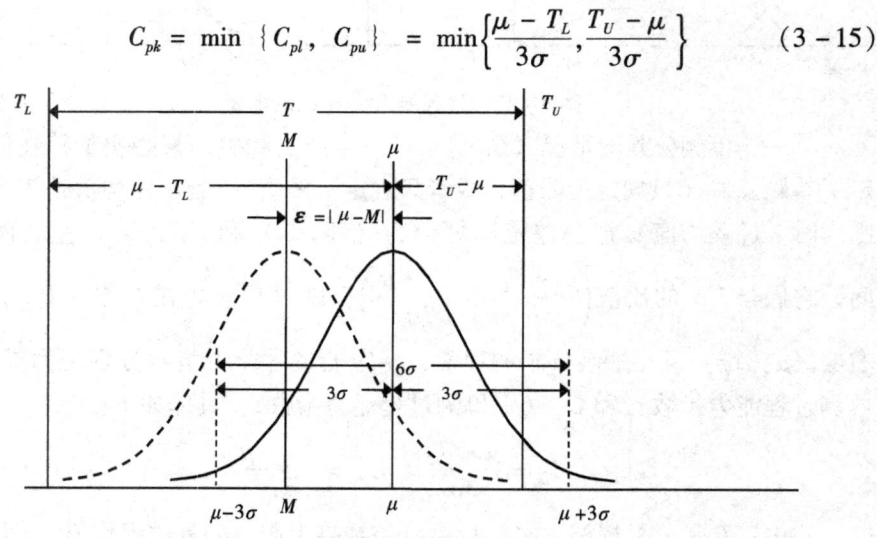

$$C_{pk} = \min\{C_{pl}, C_{pu}\} = \min\left\{\frac{\mu - T_L}{3\sigma}, \frac{T_U - \mu}{3\sigma}\right\} \qquad (3-15)$$

图 3-39 有偏过程能力指数（C_{pk}）

如果过程均值与公差中心重合（$\mu = M$），则左侧公差（$\mu - T_L$）= 右侧公差（$T_U - \mu$）= $\dfrac{T}{2} = \dfrac{T_U - T_L}{2}$，$C_{pl} = C_{pu} = C_{pk} = C_p$，此时，$C_{pk}$ 等同于 C_p。

过程能力指数 C_{pk} 的定义：基于质量特性服从正态分布（并且处于统计稳态），如果记过程均值 μ 相对公差中心 M 偏离量为 ε（$\varepsilon = |\mu - M|$），定义

偏离度为 $K\left(K=\dfrac{2\varepsilon}{T}\right)$，则过程能力指数修正为：

$$C_{pk} = (1-K)\ C_p = \dfrac{T-2\varepsilon}{6\sigma} = \dfrac{(T_U-T_L)-2\varepsilon}{6\sigma},\ K=\dfrac{\varepsilon}{\dfrac{T}{2}}=\dfrac{2\varepsilon}{T} \qquad (3-16)$$

式中：T 是技术公差范围，T_U 是公差规格上限，T_L 是公差规格下限，ε 是过程均值与公差中心的偏离量，K 是过程均值与公差中心的偏离度（$0 \leqslant K < 1$），σ 是质量特性值分布的总体标准偏差，μ 是过程均值，M 是公差中心。可以证明，公式（3-15）和公式（3-16）等价。

C_p 从数据离散程度评价过程能力，C_{pk} 则在 C_p 的基础上考虑了中心偏离（过程均值偏离公差中心）的影响。$C_{pk} \leqslant C_p$，偏离度 K 越小（偏离量 ε 越小），C_{pk} 越接近 C_p。当过程均值与公差中心重合（$\mu = M$）时，偏离度 $K=0$，$C_{pk} = C_p$，可知 C_p 是 C_{pk} 在（$\mu = M$）时的特例；当过程均值等于公差界限（$\mu = T_U$ 或 T_L）时，偏离度 $K=1$，$C_{pk}=0$，表示过程能力由于偏离而严重不足，需要采取措施加以纠正❶。

②考虑过程均值与产品目标值的相对偏离。过程能力指数 C_p 和 C_{pk} 用于衡量过程分布对公差范围（规格界限）的符合程度，公差范围内的产品无论处于什么位置都均等的好（可接受），公差范围外的产品无论处于什么位置都均等的差（不可接受）。然而，同在公差范围之内的产品，其相关联的成本并不是均等的。根据质量损失函数曲线，过程分布偏离产品目标值所浪费的成本呈抛物线形状，浪费成本在产品目标值时最小，随着逐渐偏离产品目标值往规格界限方向开始快速增长，如图 3-40 所示。

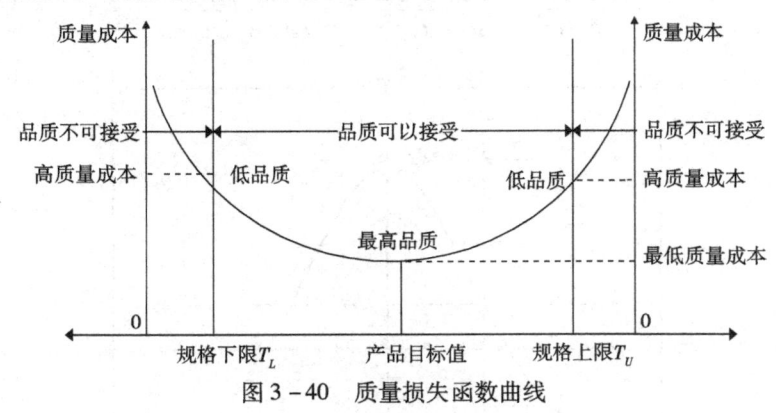

图 3-40　质量损失函数曲线

---

❶ 当总体均值 μ 和总体标准偏差 σ 未知时，可用样本估计，即样本均值 $\bar{x}$ 估计总体均值 μ，样本标准偏差 S（$\hat{\sigma}_R$ 或 $\hat{\sigma}_S$）估计总体标准偏差 σ。

因此,为了强调过程分布偏离产品目标值造成的质量损失,也为了更准确地评价过程能力(客户要求在产品目标值附近会得到更好的满足,同样处于公差范围之内的产品,偏离产品目标值意味着更低的品质,接近产品目标值意味着更高的品质),考虑过程分布与公差范围相对偏离的同时,需要考虑过程分布偏离产品目标值的影响,引入过程能力指数 C_{pm} 和 C_{pmk}。

对称公差情况下,公差中心 M 就是产品目标值 T_v($M = T_v$),比如公差范围(10 - 0.1, 10 + 0.1)的公差中心是 10,产品目标值也是 10。因此,考虑与公差中心的偏离和考虑与产品目标值的偏离是等效的,不需要单独考虑过程均值与产品目标值的相对偏离,本质上等同于 C_p 和 C_{pk}。

非对称公差情况下,公差中心 M 不等于产品目标值 T_v($M \neq T_v$),比如公差范围(10 - 0.1, 10 + 0.7)的公差中心是 10.3,而产品目标值却是 10。因此,需要单独考虑过程均值与产品目标值的相对偏离关系,仍然使用 C_{pk} 会有误导性,为真实评价过程均值偏离产品目标值的过程能力,引入 C_{pm} 和 C_{pmk} 表征过程能力指数。

第一,过程均值与公差中心重合,过程能力指数记为 C_{pm}。过程均值与公差中心重合,是一种理想情况($\mu = M$)。如图 3 - 41 所示,基于质量特性服从正态分布(并且处于统计稳态),过程均值 μ 与公差中心 M 重合的情况下,考虑过程均值 μ 与产品目标值 T_v 的相对偏离关系,过程能力指数记为 C_{pm},计算公式为:

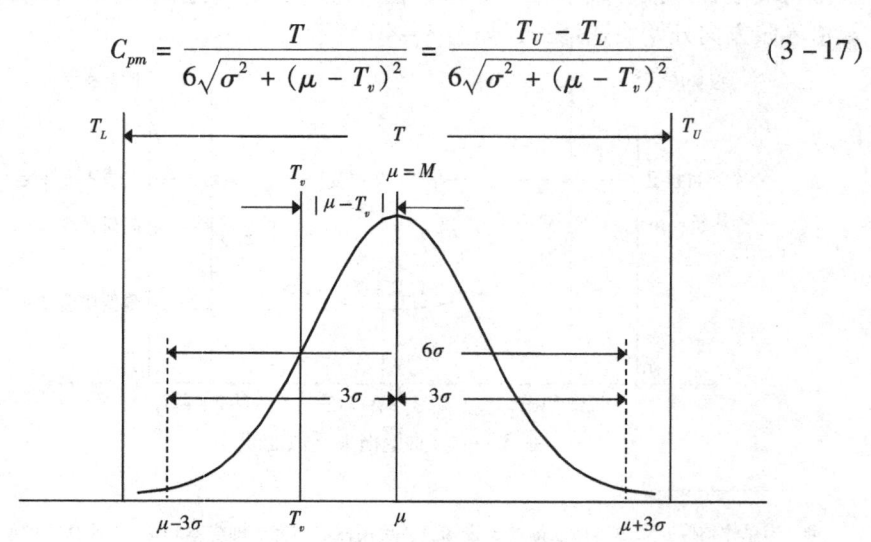

$$C_{pm} = \frac{T}{6\sqrt{\sigma^2 + (\mu - T_v)^2}} = \frac{T_U - T_L}{6\sqrt{\sigma^2 + (\mu - T_v)^2}} \quad (3-17)$$

图 3 - 41 考虑产品目标值偏离的无偏过程能力指数(C_{pm})

式中：T 是技术公差范围，T_U 是公差规格上限，T_L 是公差规格下限，σ 是质量特性值分布的总体标准偏差，μ 是过程均值，T_v 是产品目标值，$(|\mu-T_v|)$ 是过程均值与产品目标值的偏离量。

过程能力指数 C_{pm} 在 C_p 的基础上考虑了过程均值与产品目标值的偏离，因此 $C_{pm} \leq C_p$，偏离量（$|\mu-T_v|$）越小，C_{pm} 越接近 C_p。当过程均值与产品目标值重合（$\mu=T_v$），根据（$\mu=M$，$\mu=T_v$）的条件，将得到推论 $M=T_v$（公差中心与产品目标值重合），$C_{pm}=C_p$，可知 C_p 是 C_{pm} 在（$\mu=T_v$）时的特例❶。

第二，过程均值与公差中心偏离，过程能力指数记为 C_{pmk}。现代化生产中，过程均值与公差中心经常发生偏离（$\mu \neq M$）。过程能力指数 C_{pm} 不能反映偏离的影响，如果仍然用 C_{pm} 计算和表征过程均值 μ 偏离产品目标值 T_v 的过程能力指数，将产生不必要的误导，需要加以修正。为真实评价过程均值同时偏离公差中心和产品目标值情况下的过程能力，引入过程能力指数 C_{pmk}。

其一，单侧公差的情况（C_{pml} 或 C_{pmu}）。生产实践中，某些质量特性值只规定了单侧公差（只规定上限值，或者只规定下限值）。如图 3-42 所示，当过程均值 μ 处于公差范围内时，过程均值 μ 把公差范围划分为（T_L，μ）和（μ，T_U）左右两个区间，同时考虑过程均值 μ 与产品目标值 T_v 的相对偏离（$\mu \neq T_v$），$\dfrac{\mu-T_L}{3\sqrt{\sigma^2+(\mu-T_v)^2}}$ 和 $\dfrac{T_U-\mu}{3\sqrt{\sigma^2+(\mu-T_v)^2}}$ 反映过程能力在左侧（T_L，μ）或右侧（μ，T_U）满足顾客要求的程度，相应的过程能力指数分别记为 C_{pml}（下单侧过程能力指数）和 C_{pmu}（上单侧过程能力指数），具体如下：

$$C_{pml}=\dfrac{\mu-T_L}{3\sqrt{\sigma^2+(\mu-T_v)^2}}，\quad C_{pmu}=\dfrac{T_U-\mu}{3\sqrt{\sigma^2+(\mu-T_v)^2}} \quad (3-18)$$

式中：T_L 是公差规格下限，T_U 是公差规格上限，μ 是过程均值，σ 是质量特性值分布的总体标准偏差，T_v 是产品目标值，$(|\mu-T_v|)$ 是过程均值与产品目标值的偏离量。当 $\mu \leq T_L$ 时，记 $C_{pml}=0$；当 $\mu \geq T_U$ 时，记 $C_{pmu}=0$。

---

❶ 当总体均值 μ 和总体标准偏差 σ 未知时，可用样本估计，即样本均值 $\bar{x}$ 估计总体均值 μ，样本标准偏差 S（$\hat{\sigma}_R$ 或 $\hat{\sigma}_S$）估计总体标准偏差 σ。

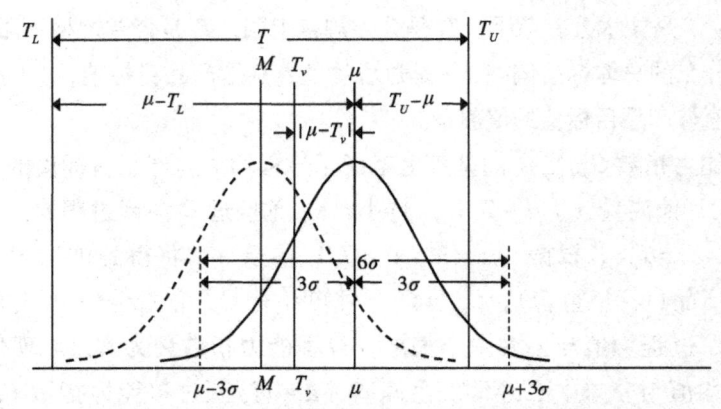

图3-42 考虑产品目标值偏离的单侧公差过程能力指数（C_{pml}和C_{pmu}）

其二，双侧公差的情况（C_{pmk}）。生产实践中，大部分质量特性值都会给出双侧公差。如图3-43所示，考虑过程均值μ与产品目标值T_v相对偏离的情况下（$\mu \neq T_v$），当过程均值偏离公差中心（$\mu \neq M$）时，左侧公差（$\mu - T_L$）≠右侧公差（$T_U - \mu$），$C_{pml} \neq C_{pmu}$，为真实反映偏离的实际情况，修正后的过程能力指数C_{pmk}应通过C_{pml}和C_{pmu}中的最小值来计算和表征，具体如下：

$$C_{pmk} = \min\{C_{pml}, C_{pmu}\} = \min\left\{\frac{\mu - T_L}{3\sqrt{\sigma^2 + (\mu - T_v)^2}}, \frac{T_U - \mu}{3\sqrt{\sigma^2 + (\mu - T_v)^2}}\right\}$$

(3-19)

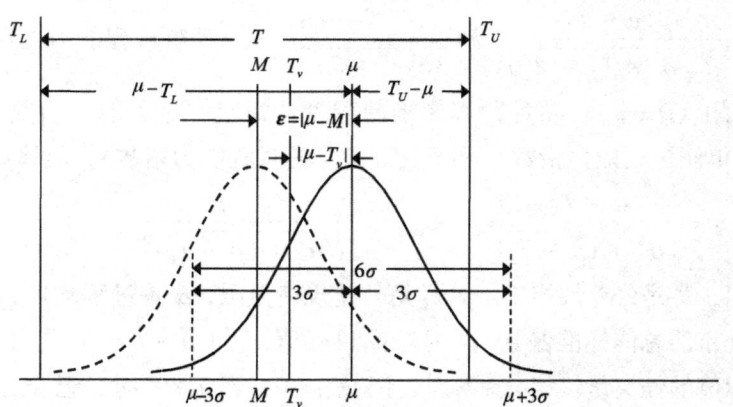

图3-43 考虑产品目标值偏离的有偏过程能力指数（C_{pmk}）

当过程均值与公差中心重合（$\mu = M$）时，左侧公差（$\mu - T_L$）=右侧公差（$T_U - \mu$）=$\dfrac{T}{2}$=$\dfrac{T_U - T_L}{2}$，$C_{pml} = C_{pmu} = C_{pm} = C_{pmk}$，此时，$C_{pmk}$等同于$C_{pm}$。

过程能力指数C_{pmk}的定义：基于质量特性服从正态分布（并且处于统计

稳态)，如果记过程均值 μ 相对公差中心 M 偏离量为 ε（$\varepsilon = |\mu - M|$），定义偏离度为 $K\left(K = \dfrac{2\varepsilon}{T}\right)$，同时考虑过程均值 μ 与产品目标值 T_v 的相对偏离（$|\mu - T_v|$），则过程能力指数修正为：

$$C_{pmk} = (1 - K)\, C_{pm} = \frac{T - 2\varepsilon}{6\sqrt{\sigma^2 + (\mu - T_v)^2}} = \frac{(T_U - T_L) - 2\varepsilon}{6\sqrt{\sigma^2 + (\mu - T_v)^2}},\ K = \frac{\varepsilon}{\dfrac{T}{2}} = \frac{2\varepsilon}{T}$$

$$(3 - 20)$$

式中：T 是技术公差范围，T_U 是公差规格上限，T_L 是公差规格下限，ε 是过程均值与公差中心的偏离量，K 是过程均值与公差中心的偏离度（$0 \leqslant K < 1$），μ 是过程均值，T_v 是产品目标值，（$|\mu - T_v|$）是过程均值与产品目标值的偏离量，σ 是质量特性值分布的总体标准偏差，M 是公差中心。可以证明，公式（3-19）和公式（3-20）等价。

第三，过程能力指数 C_{pmk} 是 C_{pm} 与 C_{pk} 的综合。过程能力指数 C_{pmk} 是在 C_{pk} 和 C_{pm} 基础上，为了更加灵敏地反映过程均值 μ 与产品目标值 T_v 之间的偏差而提出的，它强调了向产品目标值靠近的重要性，某种程度上淡化了公差范围（规范界限）。基于 C_{pmk} 同时考虑了过程均值相对公差中心和产品目标值的偏离影响，因此，又称为综合过程能力指数：

C_{pmk} 在 C_{pm} 的基础上考虑了过程均值与公差中心的偏离，因此 $C_{pmk} \leqslant C_{pm}$，偏离度 K 越小（偏离量 ε 越小），C_{pmk} 越接近 C_{pm}。当过程均值与公差中心重合（$\mu = M$）时，偏离度 $K = 0$，$C_{pmk} = C_{pm}$，可知 C_{pm} 是 C_{pmk} 在（$\mu = M$）时的特例；当过程均值等于公差界限（$\mu = T_U$ 或 T_L）时，偏离度 $K = 1$，$C_{pmk} = 0$，表示过程能力由于偏离而严重不足，需要采取措施加以纠正。

C_{pmk} 在 C_{pk} 的基础上考虑了过程均值与产品目标值的偏离，因此 $C_{pmk} \leqslant C_{pk}$，偏离量（$|\mu - T_v|$）越小，C_{pmk} 越接近 C_{pk}。当过程均值与产品目标值重合（$\mu = T_v$）时，$C_{pmk} = C_{pk}$，可知 C_{pk} 是 C_{pmk} 在（$\mu = T_v$）时的特例❶。

③过程能力指数的应用场景。过程能力是对过程固有能力的绝对评价，过程能力指数是对过程固有能力的相对评价（根据总体均值 μ 和总体标准偏差 σ 计算过程固有能力满足产品技术要求的程度），过程能力指数越大，则说明过程能力的储备越充足，质量保证能力越强。过程能力指数的计算在受控

---

❶ 当总体均值 μ 和总体标准偏差 σ 未知时，可用样本估计，即样本均值 $\bar{x}$ 估计总体均值 μ，样本标准偏差 S（$\hat{\sigma}_R$ 或 $\hat{\sigma}_S$）估计总体标准偏差 σ。

状态的前提下（仅考虑偶然性因素的影响），表征过程短期能力❶，适用于周期性过程评价❷，如表3-16所示。

表3-16 过程能力指数

符号	名称	计算公式	应用前提	适用情况	偏离影响
C_p	无偏过程能力指数	$C_p = \dfrac{T}{6\sigma}$	①相互独立；②正态分布；③过程受控	对称公差	公差无偏
C_{pk}	偏离过程能力指数	①$C_{pk} = (1-K)C_p$ ②$C_{pk} = \min\{C_{pl}, C_{pu}\}$ $= \min\left\{\dfrac{\mu-T_L}{3\sigma}, \dfrac{T_U-\mu}{3\sigma}\right\}$ ③$C_{pk} = \dfrac{T-2\varepsilon}{6\sigma}$	①相互独立；②正态分布；③过程受控	对称公差	公差偏离
C_{pm}	公差无偏过程能力指数（目标值偏离）	$C_{pm} = \dfrac{T}{6\sqrt{\sigma^2+(\mu-T_v)^2}}$	①相互独立；②正态分布；③过程受控	非对称公差	公差无偏，目标值偏离
C_{pmk}	公差偏离过程能力指数（目标值偏离）	①$C_{pmk} = (1-K)C_{pm}$ ②$C_{pmk} = \min\{C_{pml}, C_{pmu}\}$ $= \min\left\{\dfrac{\mu-T_L}{3\sqrt{\sigma^2+(\mu-T_v)^2}}, \dfrac{T_U-\mu}{3\sqrt{\sigma^2+(\mu-T_v)^2}}\right\}$ ③$C_{pmk} = \dfrac{T-2\varepsilon}{6\sqrt{\sigma^2+(\mu-T_v)^2}}$	①相互独立；②正态分布；③过程受控	非对称公差	公差偏离，目标值偏离

第一，过程能力指数C_p和C_{pk}。当生产过程处于受控状态，强调过程分布超出公差范围的影响时，通常采用C_p和C_{pk}衡量过程能力。过程能力指数（C_p和C_{pk}）从数据离散（标准偏差σ）和中心偏离（分布中心偏离公差中心）两方面评价过程能力，强调过程分布对公差范围的集中。

---

❶ 过程短期能力是指过程仅受偶然性因素影响时的过程输出波动，是过程的固有能力。短期能力的评估采用$C_p/C_{pk}/C_{pm}/C_{pmk}$，过程短期能力仅考虑正常波动的影响，总体标准偏差$\sigma$较小。

❷ 过程能力的量化描述为6倍总体标准偏差（6σ），当总体标准偏差σ未知时，用$\hat{\sigma}_R = \dfrac{\overline{R}}{d_2}$或$\hat{\sigma}_S = \dfrac{\overline{S}}{C_4}$估计。

过程能力指数（C_p和C_{pk}）较为关注过程分布超出公差范围而导致的产品不合格倾向，并不过分强调过程均值相对于产品目标值的偏离。两者侧重点不同，全面了解过程能力，需要根据指数关系综合考虑。

当C_p和C_{pk}都较小，且差别不大时，则说明过程的主要问题是标准偏差σ太大，改进过程主要着眼于提高过程固有能力（加工精度）。

当C_p较大，C_{pk}较小，且差别较大时，则说明过程的主要问题是过程均值μ偏离公差中心M太大，改进过程主要着眼于调整过程均值μ的位置，缩小偏离量。

当C_p较小，C_{pk}更小，则说明过程均值μ和标准偏差σ都存在问题，改进过程主要着眼于调整过程均值μ的位置和提高过程固有能力（先调整过程均值，后提高过程能力）。

第二，过程能力指数C_{pm}和C_{pmk}。当生产过程处于受控状态，强调质量特性偏离产品目标值造成的质量损失时，通常采用C_{pm}和C_{pmk}衡量过程能力。过程能力指数（C_{pm}和C_{pmk}）强调质量特性偏离产品目标值造成的质量损失，把产品目标值T_v引入过程能力指数，同时考虑过程均值相对公差中心和产品目标值的偏离影响。

过程能力指数（C_{pm}和C_{pmk}）较为关注过程均值相对于产品目标值的偏离，相对而言，并不过分强调过程分布超出公差范围而导致的产品不合格，两者侧重点不同，全面了解过程能力，需要根据指数关系综合考虑。

当C_{pm}较大，C_{pmk}较小，且差别较大时，则说明过程均值μ与公差中心M偏离较大，改进过程主要着眼于调整过程均值μ的位置，缩小偏离量。

当C_{pk}较大，C_{pmk}较小，且差别较大时，则说明过程均值μ与产品目标值T_v偏离较大，改进过程主要着眼于调整过程均值μ的位置，缩小偏离量。

当C_{pk}较小，C_{pmk}更小，且差别不大时，则说明标准偏差σ太大，改进过程主要着眼提供过程固有能力。

（2）长期过程能力指数（过程性能指数）

质量管理实践中，长期保持过程的受控状态往往是困难的，某些异常因素（系统性因素）可能在短期观察中暂时没有出现，导致部分处于受控状态的过程在长期观察中有可能表现为失控状态，比如设备的性能漂移。因此，为了弥补短期过程能力指数的缺陷，引入长期过程能力指数（过程性能指数）来进行过程长期能力的评价。

长期过程能力指数，基于过程长期的总波动来考虑过程能力满足技术要求的程度，所以又被称为过程性能指数或过程绩效指数。长期过程能力指数添加了对系统性因素的关注（考虑偶然性因素和系统性因素的综合影响），反映当前过程性能满足技术要求的程度,并不要求过程稳定(当前过程可能受控,也可能不受控)。长期过程能力指数和短期过程能力指数的计算方法类似(标准偏差的估计方式不同),根据样本均值与公差中心和产品目标值的相对偏离关系,长期过程能力指数也分为两大类(以下为了叙述方便,笔者直接将长期过程能力指数表述为过程性能指数)。

①考虑样本均值与公差中心的相对偏离。过程性能指数根据过程长期运行的取样数据评价当前过程性能对于公差的满足程度,考虑过程分布与公差范围的相对偏离关系,使用P_p和P_{pk}表征过程性能指数。

第一,样本均值与公差中心重合,过程性能指数记为P_p。样本均值与公差中心重合,是一种理想情况($\bar{x}=M$)。如图3-44所示,基于过程长期总波动,样本均值$\bar{x}$与公差中心M重合的情况下,过程性能指数记为P_p,通常用客户满意的公差范围T除以6倍样本标准偏差($6S$)的结果来表示,计算公式为:

$$P_p = \frac{T}{6S} = \frac{T_U - T_L}{6S} \tag{3-21}$$

式中:T是技术公差范围,T_U是质量特性的规格上限,T_L是质量特性的规格下限,S是质量特性值分布的样本标准偏差。根据公式定义,P_p与S成反比,S越小,P_p值越大,表示当前实时过程性能越好。

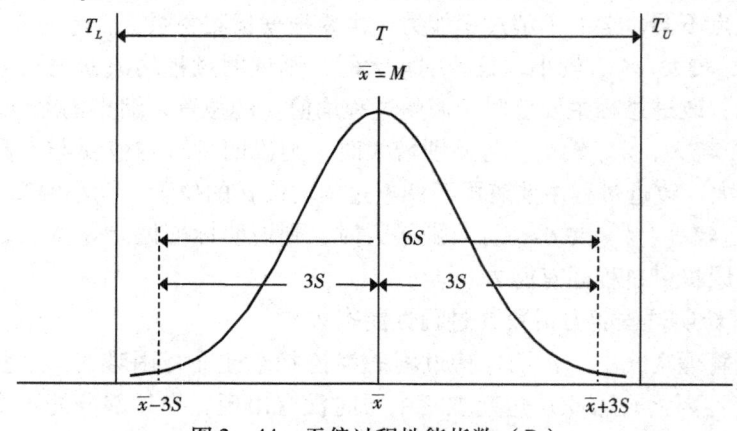

图3-44 无偏过程性能指数(P_p)

第二,样本均值与公差中心偏离,过程性能指数记为P_{pk}。现代化生产中,样本均值与公差中心经常发生偏离($\bar{x} \neq M$)。过程性能指数P_p不能反映偏离的影响,如果仍然用P_p计算和表征过程性能指数,将产生不必要的误导,需要加以修正。为真实评价样本均值偏离公差中心情况下的过程性能,引入过程性能指数P_{pk}。

其一，单侧公差的情况（P_{pl}和P_{pu}）。生产实践中，某些质量特性值只规定了单侧公差（只规定上限值，或者只规定下限值）。如图3-45所示，当样本均值处于公差范围内时，样本均值$\bar{x}$把公差范围划分为$(T_L, \bar{x})$和$(\bar{x}, T_U)$左右两个区间，它们与$3S$的比值$\left(\dfrac{\bar{x}-T_L}{3S}和\dfrac{T_U-\bar{x}}{3S}\right)$反映实时过程性能在左侧$(T_L, \bar{x})$或右侧$(\bar{x}, T_U)$满足顾客要求的程度，相应的过程性能指数分别记为$P_{pl}$（下单侧过程性能指数）和$P_{pu}$（上单侧过程性能指数），具体如下：

$$P_{pl} = \frac{\bar{x} - T_L}{3S}, \quad P_{pu} = \frac{T_U - \bar{x}}{3S} \qquad (3-22)$$

式中：T_L是质量特性的规格下限，T_U是质量特性的规格上限，$\bar{x}$是根据过程统计量的观测值估计出的样本均值，S是样本标准偏差。当$\bar{x} \leq T_L$时，记$P_{pl}=0$；当$\bar{x} \geq T_U$时，记$P_{pu}=0$。

其二，双侧公差的情况（P_{pk}）。对于给出双侧公差的情形，若样本均值$\bar{x}$与公差中心M存在偏移（ε），需要用考虑了偏离量ε的过程性能指数P_{pk}来评价过程能力。

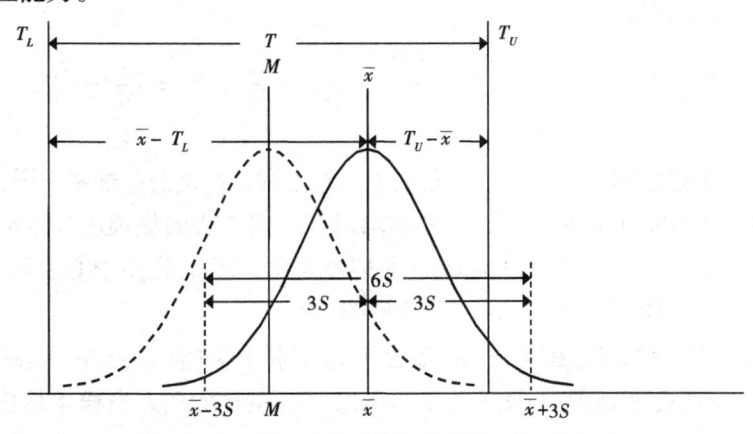

图3-45 单侧公差过程性能指数（P_{pl}和P_{pu}）

生产实践中，大部分质量特性值都会给出双侧公差范围。如图3-46所示，当样本均值偏离公差中心（$\bar{x} \neq M$）时，左侧公差（$\bar{x} - T_L$）≠右侧公差（$T_U - \bar{x}$），$P_{pl} \neq P_{pu}$，为真实反映偏离的实际情况，修正后的过程性能指数P_{pk}应通过P_{pl}和P_{pu}中的最小值来计算和表征，具体如下：

$$P_{pk} = \min\{P_{pl}, P_{pu}\} = \min\left\{\frac{\bar{x}-T_L}{3S}, \frac{T_U-\bar{x}}{3S}\right\} \qquad (3-23)$$

图3-46 有偏过程性能指数（P_{pk}）

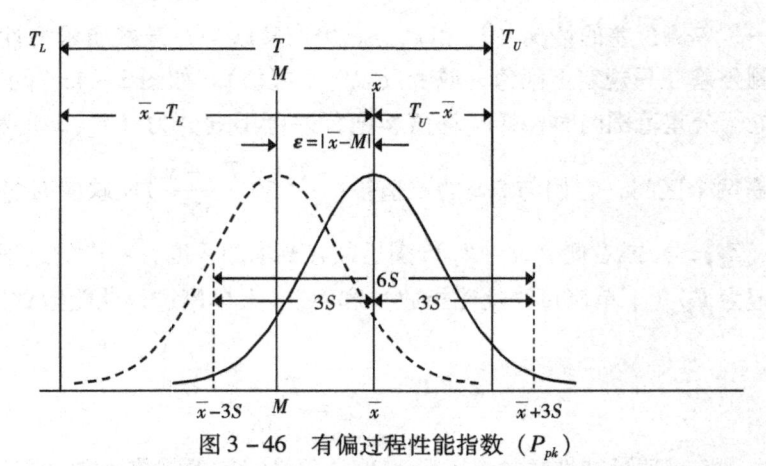

如果样本均值与公差中心重合（$\bar{x}=M$），则左侧公差（$\bar{x}-T_L$）=右侧公差（$T_U-\bar{x}$）=$\dfrac{T}{2}=\dfrac{T_U-T_L}{2}$，$P_{pl}=P_{pu}=P_{pk}=P_p$，此时，$P_{pk}$等同于$P_p$。

过程性能指数P_{pk}的定义：基于过程长期总波动，如果记样本均值$\bar{x}$相对公差中心M偏离量为ε（$\varepsilon=|\bar{x}-M|$），定义偏离度为$K\left(K=\dfrac{2\varepsilon}{T}\right)$，则过程性能指数修正为：

$$P_{pk}=(1-K)P_p=\dfrac{T-2\varepsilon}{6S}=\dfrac{(T_U-T_L)-2\varepsilon}{6S},\ K=\dfrac{\varepsilon}{\dfrac{T}{2}}=\dfrac{2\varepsilon}{T} \quad (3-24)$$

式中：T是技术公差范围，T_U是公差规格上限，T_L是公差规格下限，ε是样本均值与公差中心的偏离量，K是样本均值与公差中心的偏离度（$0\leqslant K<1$），S是质量特性值分布的样本标准偏差，$\bar{x}$是样本均值，M是公差中心。可以证明，公式（3-23）和公式（3-24）是等价的。

过程性能指数P_{pk}在P_p的基础上考虑了样本均值与公差中心的偏离，$P_{pk}\leqslant P_p$，偏离度K越小（偏离量ε越小），P_{pk}越接近P_p。当样本均值与公差中心重合（$\bar{x}=M$）时，偏离度$K=0$，$P_{pk}=P_p$，可知P_p是P_{pk}在（$\bar{x}=M$）时的特例；当样本均值等于公差界限（$\bar{x}=T_U$或T_L）时，偏离度$K=1$，$P_{pk}=0$，表示当前过程性能由于偏离而严重不足，需要采取措施加以纠正。

②考虑样本均值与产品目标值的相对偏离。为了强调过程分布偏离产品目标值造成的质量损失，也为了更准确地评价过程性能，考虑过程分布与公差范围相对偏离的同时，需要考虑过程分布偏离产品目标值的影响，引入过程性能指数P_{pm}和P_{pmk}。

第一,样本均值与公差中心重合,过程性能指数记为 P_{pm}。样本均值与公差中心重合,是一种理想情况($\bar{x}=M$)。如图 3-47 所示,基于过程长期总波动,样本均值 $\bar{x}$ 与公差中心 M 重合的情况下,考虑样本均值 $\bar{x}$ 与产品目标值 T_v 的相对偏离关系,过程性能指数记为 P_{pm},计算公式为:

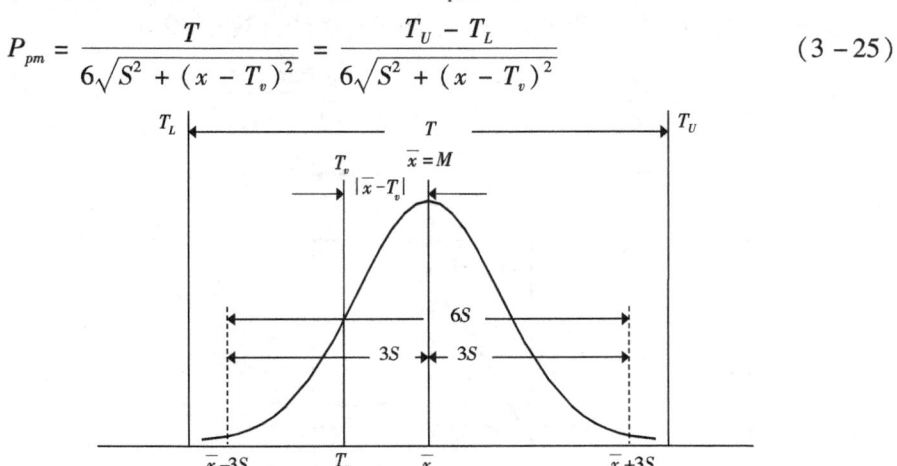

$$P_{pm} = \frac{T}{6\sqrt{S^2 + (x - T_v)^2}} = \frac{T_U - T_L}{6\sqrt{S^2 + (x - T_v)^2}} \qquad (3-25)$$

图 3-47 考虑产品目标值偏离的无偏过程性能指数(P_{pm})

式中:T 是技术公差范围,T_U 是公差规格上限,T_L 是公差规格下限,S 是质量特性值分布的样本标准偏差,$\bar{x}$ 是样本均值,T_v 是产品目标值,($|\bar{x}-T_v|$)是样本均值与产品目标值的偏离量。

过程性能指数 P_{pm} 在 P_p 的基础上考虑了样本均值与产品目标值的偏离,因此 $P_{pm} \leq P_p$,偏离量($|\bar{x}-T_v|$)越小,P_{pm} 越接近 P_p。当样本均值与产品目标值重合($\bar{x}=T_v$),根据($\bar{x}=M$,$\bar{x}=T_v$)的条件,将得到推论 $M=T_v$(公差中心与产品目标值重合),$P_{pm}=P_p$,可知 P_p 是 P_{pm} 在($\bar{x}=T_v$)时的特例。

第二,样本均值与公差中心偏离,过程性能指数记为 P_{pmk}。现代化生产中,样本均值与公差中心经常发生偏离($\bar{x} \neq M$)。过程性能指数 P_{pm} 不能反映偏离的影响,如果仍然用 P_{pm} 计算和表征样本均值 $\bar{x}$ 偏离产品目标值 T_v 的过程性能指数,将产生不必要的误导,需要加以修正。为真实评价样本均值同时偏离公差中心和产品目标值情况下的过程性能,引入过程性能指数 P_{pmk}。

其一,单侧公差的情况(P_{pml} 或 P_{pmu})。生产实践中,某些质量特性值只规定了单侧公差(只规定上限值,或者只规定下限值)。如图 3-48 所示,当样本均值 $\bar{x}$ 处于公差范围内时,样本均值 $\bar{x}$ 把公差范围划分为(T_L, $\bar{x}$)和($\bar{x}$, T_U)

左右两个区间，同时考虑样本均值 $\bar{x}$ 与产品目标值 T_v 的相对偏离（$\bar{x} \neq T_v$），$\dfrac{\bar{x} - T_L}{3\sqrt{S^2 + (\bar{x} - T_v)^2}}$ 和 $\dfrac{T_U - \bar{x}}{3\sqrt{S^2 + (\bar{x} - T_v)^2}}$ 反映实时过程性能在左侧（$T_L, \bar{x}$）或右侧（$\bar{x}, T_U$）满足顾客要求的程度，相应的过程性能指数分别记为 P_{pml}（下单侧过程性能指数）和 P_{pmu}（上单侧过程性能指数），具体如下：

$$P_{pml} = \frac{\bar{x} - T_L}{3\sqrt{S^2 + (\bar{x} - T_v)^2}}, \quad P_{pmu} = \frac{T_U - \bar{x}}{3\sqrt{S^2 + (\bar{x} - T_v)^2}} \quad (3-26)$$

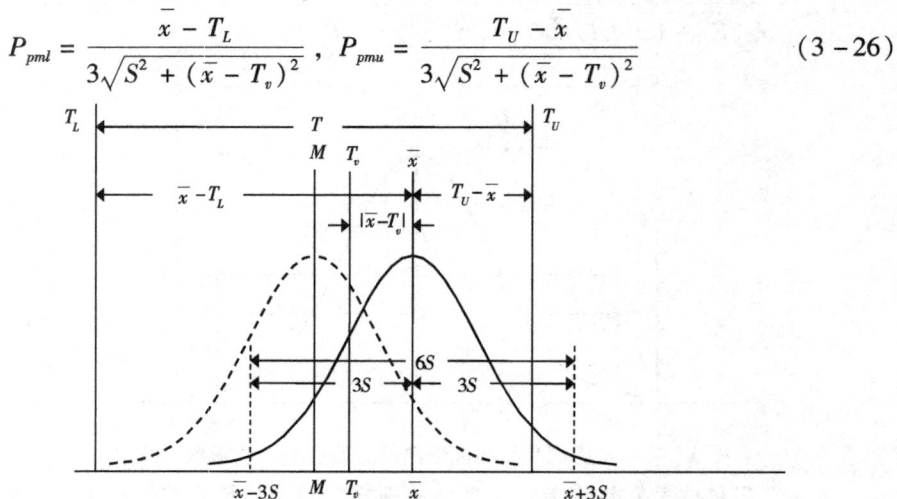

图 3-48 考虑产品目标值偏离的单侧公差过程性能指数（P_{pml} 和 P_{pmu}）

式中：T_L 是公差规格下限，T_U 是公差规格上限，$\bar{x}$ 是样本均值，S 是质量特性值分布的样本标准偏差，T_v 是产品目标值，（$|\bar{x} - T_v|$）是样本均值与产品目标值的偏离量。当 $\bar{x} \leq T_L$ 时，记 $P_{pml} = 0$；当 $\bar{x} \geq T_U$ 时，记 $P_{pmu} = 0$。

其二，双侧公差的情况（P_{pmk}）。生产实践中，大部分质量特性值都会给出双侧公差，如图 3-49 所示。考虑样本均值 $\bar{x}$ 与产品目标值 T_v 相对偏离的情况下（$\bar{x} \neq T_v$），当样本均值偏离公差中心（$\bar{x} \neq M$）时，左侧公差（$\bar{x} - T_L$）$\neq$ 右侧公差（$T_U - \bar{x}$），$P_{pml} \neq P_{pmu}$，为真实反映偏离的实际情况，修正后的过程性能指数 P_{pmk} 应通过 P_{pml} 和 P_{pmu} 中的最小值来计算和表征，具体如下：

$$P_{pmk} = \min\{P_{pml}, P_{pmu}\} = \min\left\{\frac{\bar{x} - T_L}{3\sqrt{S^2 + (x - T_v)^2}}, \frac{T_U - \bar{x}}{3\sqrt{S^2 + (x - T_v)^2}}\right\}$$

$$(3-27)$$

当样本均值与公差中心重合（$\bar{x} = M$）时，左侧公差（$\bar{x} - T_L$）= 右侧公差（$T_U - \bar{x}$）= $\dfrac{T}{2}$ = $\dfrac{T_U - T_L}{2}$，$P_{pml} = P_{pmu} = P_{pm} = P_{pmk}$，此时，$P_{pmk}$ 等同

于 P_{pm}。

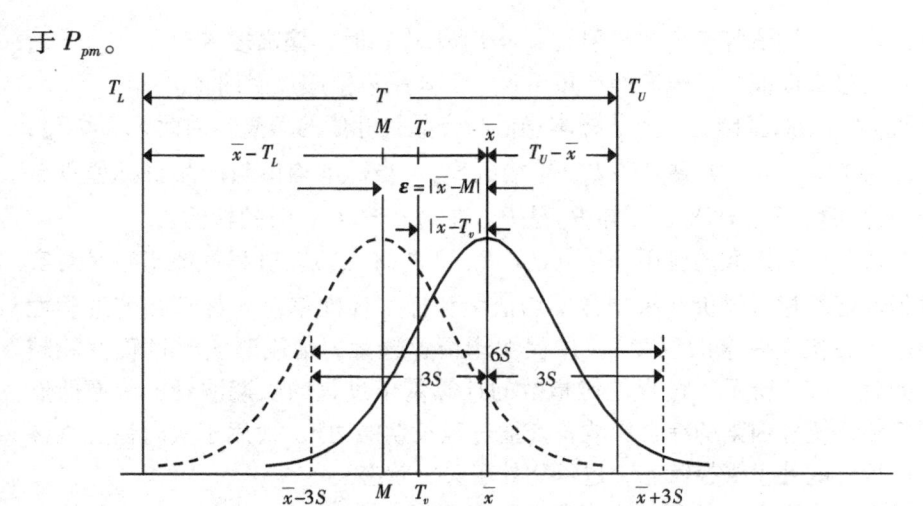

图 3-49 考虑产品目标值偏离的有偏过程性能指数（P_{pmk}）

过程性能指数 P_{pmk} 的定义：基于过程长期总波动，如果记样本均值 $\bar{x}$ 相对公差中心 M 偏离量为 ε（$\varepsilon = |\bar{x} - M|$），定义偏离度为 $K\left(K = \dfrac{2\varepsilon}{T}\right)$，同时考虑样本均值 $\bar{x}$ 与产品目标值 T_v 的相对偏离（$|\bar{x} - T_v|$），则过程能力指数修正为：

$$P_{pmk} = (1-K)P_{pm} = \dfrac{T - 2\varepsilon}{6\sqrt{S^2 + (\bar{x} - T_v)^2}} = \dfrac{(T_U - T_L) - 2\varepsilon}{6\sqrt{S^2 + (\bar{x} - T_v)^2}}, \quad K = \dfrac{\varepsilon}{\dfrac{T}{2}} = \dfrac{2\varepsilon}{T}$$

(3-28)

式中：T 是技术公差范围，T_U 是公差规格上限，T_L 是公差规格下限，ε 是样本均值与公差中心的偏离量，K 是样本均值与公差中心的偏离度（$0 \leqslant K < 1$），$\bar{x}$ 是样本均值，T_v 是产品目标值，（$|\bar{x} - T_v|$）是样本均值与产品目标值的偏离量，S 是质量特性值分布的总体标准偏差，M 是公差中心。可以证明，公式（3-27）和公式（3-28）是等价的。

第三，过程性能指数 P_{pmk} 是 P_{pm} 与 P_{pk} 的综合。过程性能指数 P_{pmk} 是在 P_{pm} 和 P_{pk} 基础上，为了更加灵敏地反映样本均值 $\bar{x}$ 与产品目标值 T_v 之间的偏差而提出的，它强调了向产品目标值靠近的重要性，某种程度上淡化了公差范围（规范界限）。基于 P_{pmk} 同时考虑样本均值相对公差中心和产品目标值的偏离影响，因此，又称为综合过程性能指数：

P_{pmk} 在 P_{pm} 的基础上考虑了样本均值与公差中心的偏离，因此 $P_{pmk} \leqslant P_{pm}$，偏离度 K 越小（偏离量 ε 越小），P_{pmk} 越接近 P_{pm}。当样本均值与公差中心重合（$\bar{x} = M$）时，偏离度 $K = 0$，$P_{pmk} = P_{pm}$，可知 P_{pm} 是 P_{pmk} 在（$\bar{x} = M$）时的

特例；当样本均值等于公差界限（$\bar{x} = T_U$ 或 T_L）时，偏离度 $K = 1$，$P_{pmk} = 0$，表示当前过程性能由于偏离而严重不足，需要采取措施加以纠正。

P_{pmk} 在 P_{pk} 的基础上考虑了样本均值与产品目标值的偏离，因此 $P_{pmk} \leq P_{pk}$，偏离量（$|\bar{x} - T_v|$）越小，P_{pmk} 越接近 P_{pk}。当样本均值与产品目标值重合（$\bar{x} = T_v$）时，$P_{pmk} = P_{pk}$，可知 P_{pk} 是 P_{pmk} 在（$\bar{x} = T_v$）时的特例。

③过程性能指数的应用场景（P_p/P_{pk} 和 P_{pm}/P_{pmk}）。过程性能指数是对实时过程性能的相对评价（根据样本均值 $\bar{x}$ 和样本标准偏差 S 计算当前过程性能满足产品技术要求的程度），过程性能指数越大，则说明实时过程性能越好，如表 3-17 所示。过程性能指数的计算基于过程的长期波动，考虑偶然性因素和系统性因素的综合影响，表征过程长期能力❶，适用于实时性过程评价，过程可能处于受控状态，也可能处于失控状态。

过程性能指数与过程能力指数的计算公式类似，差异性在于偏差估算方式不同，过程能力指数使用总体标准偏差 σ，过程性能指数使用样本标准偏差 S❷。

表 3-17 过程性能指数

符号	名称	计算公式	应用前提	适用情况	偏离影响
P_p	无偏过程性能指数	$P_p = \dfrac{T}{6S}$	相互独立	对称公差	公差无偏
P_{pk}	偏离过程性能指数	①$P_{pk} = (1-K)P_p$ ②$P_{pk} = \min\{P_{pl}, P_{pu}\}$ $= \min\left\{\dfrac{\bar{x} - T_L}{3S}, \dfrac{T_U - \bar{x}}{3S}\right\}$ ③$P_{pk} = \dfrac{T - 2\varepsilon}{6S}$	相互独立	对称公差	公差偏离
P_{pm}	公差无偏过程性能指数（目标值偏离）	$P_{pm} = \dfrac{T}{6\sqrt{S^2 + (\bar{x} - T_v)^2}}$	相互独立	非对称公差	公差无偏，目标值偏离

---

❶ 过程长期能力是指过程在较长时间里表现出的过程输出总波动，此时过程不仅受偶然性因素影响，还受其他系统性因素的影响。长期能力需要考虑正常波动和异常波动的影响，样本标准偏差 S 较大，长期能力的评估采用 $P_p/P_{pk}/P_{pm}/P_{pmk}$。

❷ 过程性能的量化描述为 6 倍样本标准偏差（$6S$），样本标准偏差 S 用 $S = \sqrt{\dfrac{\sum(x - \bar{x})^2}{n - 1}}$ 进行估计。

续表

符号	名称	计算公式	应用前提	适用情况	偏离影响
P_{pmk}	公差偏离过程性能指数（目标值偏离）	① $P_{pmk} = (1 - K) P_{pm}$ ② $P_{pmk} = \min \{P_{pml}, P_{pmu}\}$ $= \min \left\{ \dfrac{\bar{x} - T_L}{3\sqrt{S^2 + (\bar{x} - T_v)^2}}, \dfrac{T_U - \bar{x}}{3\sqrt{S^2 + (\bar{x} - T_v)^2}} \right\}$ ③ $P_{pmk} = \dfrac{T - 2\varepsilon}{6\sqrt{S^2 + (\bar{x} - T_v)^2}}$	相互独立	非对称公差	公差偏离，目标值偏离

第一，过程性能指数 P_p 和 P_{pk}。生产过程处于受控状态是相对的，长期过程很难随时保持在统计稳态下，产品生产初期过程容易出现异常波动，强调过程分布超出公差范围的影响时，通常采用 P_p 和 P_{pk} 衡量当前过程性能。两者侧重点不同，全面了解当前过程性能，需要根据指数关系综合判断：

当 C_p 很小时，则表明生产过程受偶然性因素影响较大，应考虑提升过程固有能力；

当 C_p 和 P_p 相差很大，P_p 很小时，则表明受系统性因素影响很大，需要查找原因，消除异常；

当 P_p 和 P_{pk} 相差很大时，则表明过程均值与公差中心偏离较大，需要居中处理；

当 C_{pk} 和 P_{pk} 相差很大，P_{pk} 很小时，则表明受系统性因素影响很大，需要查找原因，消除异常。

第二，过程性能指数 P_{pm} 和 P_{pmk}。生产过程处于受控状态是相对的，长期过程很难随时保持在统计稳态下，产品生产初期过程容易出现异常波动，强调质量特性偏离产品目标值造成的质量损失时，通常采用 P_{pm} 和 P_{pmk} 衡量当前过程性能。两者侧重点不同，全面了解当前过程性能，需要根据指数关系综合判断：

当 C_{pm} 很小时，则表明生产过程受偶然性因素影响较大，应考虑提升过程固有能力；

当 C_{pm} 和 P_{pm} 相差很大，P_{pm} 很小时，则表明受系统性因素影响很大，需要查找原因，消除异常；

当 P_p 和 P_{pm} 相差很大，P_{pm} 很小时，则表明过程均值与产品目标值偏离较大，需要居中处理；

当 P_{pm} 和 P_{pmk} 相差很大时，则表明过程均值与公差中心偏离较大，需要居中处理；

当 P_{pk} 和 P_{pmk} 相差很大时，则表明过程均值与产品目标值偏离较大，需要居中处理。

（3）过程能力等级

基于过程持续改善的需要，应该对计算的过程能力（性能）指数作出相应的评价，确认过程能力是否充足，判断过程是否需要改进，以便有重点、有主次地对过程采取不同措施加以管理和控制。每类指数都存在评价缺陷，评价标准也可能存在差异，真实评价过程能力，仅仅通过计算某一个指数来衡量过程能力是否足够是不全面的，应该根据各类指数（$C_p/C_{pk}/C_{pm}/C_{pmk}/P_p/P_{pk}/P_{pm}/P_{pmk}$）的对比和关联客观评价过程能力，如表 3-18 和表 3-19 所示。

表 3-18 过程能力等级评定（C_p）

评价等级	过程能力指数	能力判断	采取措施	具体措施
特级	$C_p \geq 1.67$	能力过剩	保持	考虑降低成本
Ⅰ级	$1.33 \leq C_p < 1.67$	能力充分	保持	保持既有能力
Ⅱ级	$1 \leq C_p < 1.33$	能力尚可	观察	加强过程控制
Ⅲ级	$0.67 \leq C_p < 1$	能力不足	要求	采取改进措施
Ⅳ级	$C_p < 0.67$	严重不足	紧急	进行停工整顿

表 3-19 过程能力等级评定（C_{pk}）

评价等级	过程能力指数	能力判断	采取措施	具体措施
特优	$C_{pk} \geq 2$	能力过剩	保持	考虑降低成本
优	$1.67 \leq C_{pk} < 2$	能力充足	保持	保持既有能力
良	$1.33 \leq C_{pk} < 1.67$	能力良好	提升	尽力提升能力
中	$1 \leq C_{pk} < 1.33$	能力尚可	观察	加强过程控制
差	$0.67 \leq C_{pk} < 1$	能力不足	要求	采取改进措施
极差	$C_{pk} < 0.67$	严重不足	紧急	进行过程整改

3.5.3 计算过程能力指数的前提条件

计算过程能力指数需要在统计稳态下进行，具体理由基于如下三点：

①通常情况下，真正的总体标准偏差 σ 是未知的，统计分析实践中，代

表过程能力（波动幅度）的6σ一般通过公式$\hat{\sigma}_R = \dfrac{\overline{R}}{d_2}$或$\hat{\sigma}_R = \dfrac{\overline{S}}{C_4}$进行理论估算，该估算方式需要处于统计稳态下采用（休哈特模型必须稳定），否则估算会有误差。

②当样本量足够大时，为了简化计算过程，也可以用样本标准偏差$S = \sqrt{\dfrac{\sum(x-\overline{x})^2}{n-1}}$估算总体标准偏差$\sigma$，当生产过程没有处于统计稳态时，样本中个别异常数据（失控点）会对总体标准偏差σ的估算值造成很大影响。

③当分布中心μ与公差中心M（产品目标值 $= T_v$）相对偏离时，计算过程能力指数除了需要考虑总体标准偏差σ的估算，还要考虑分布中心μ的确定，如果生产过程没有处于统计稳态，用少量样本的样本均值$\overline{x}$代表总体分布中心μ，样本均值$\overline{x}$不能真实反映过程分布中心μ，此时对C_{pk}（P_{pk}）的估算会存在误差。

3.5.4 过程能力指数与过程性能指数

过程能力指数和过程性能指数的特点如表3-20所示。

①偏差估算不同。过程能力指数总体标准偏差σ用$\hat{\sigma}_R = \dfrac{\overline{R}}{d_2}$或$\hat{\sigma}_R = \dfrac{\overline{S}}{C_4}$进行估计，过程性能指数样本标准偏差$S$用$S = \sqrt{\dfrac{\sum(x-\overline{x})^2}{n-1}}$进行估计。对于同一个过程，过程性能指数使用的样本标准偏差往往大于在统计稳态下总体标准偏差的估计值，因此，过程性能指数一般小于过程能力指数。

②适用前提不同。技术过程能力指数不需要考虑过程是否受控；计算过程能力指数必须考虑过程是否受控，如果过程不受控，须先查找原因，消除异常，使过程处于统计稳态后再计算。

③取样周期不同。过程能力指数基于短期数据反映过程固有能力满足技术要求的程度，过程性能指数基于长期数据反映当前过程性能满足技术要求的程度，要求样本容量足够大。

④考虑因素不同。过程能力指数反映过程仅受偶然性因素影响；过程性能指数不仅受偶然性因素影响，也受系统性因素影响。生产过程中仅受偶然性因素影响是理想状态，从长期来说，生产过程总会受系统性因素影响，因此，过程能力指数表征短期能力，过程性能指数表征长期能力。

⑤量化角度不同。过程能力指数表示过程的最大潜能，最高能达到什么水平，我们能做到多好；过程性能指数表示过程的实际能力，实际能做到什

么水平,我们实际做到多好。

⑥应用场合不同。从数学角度看,统计稳态下的 P_p 就是 C_p,C_p 是 P_p 的子集。生产实践中,除了产品生产初期对过程状态缺乏全面了解,采用过程性能指数评估过程能力外,通常采用过程能力指数评估过程能力。

表3-20 过程能力指数和过程性能指数

过程能力指数(短期过程能力)			过程性能指数(长期过程能力)		
符号	名称	计算公式	符号	名称	计算公式
C_p	无偏过程能力指数	$C_p = \dfrac{T_U - T_L}{6\sigma}$	P_p	无偏过程性能指数	$P_p = \dfrac{T_U - T_L}{6S}$
C_{pl}	无偏下单侧过程能力指数	$C_{pl} = \dfrac{\mu - T_L}{3\sigma}$	P_{pl}	无偏下单侧过程性能指数	$P_{pl} = \dfrac{T_U - \bar{x}}{3S}$
C_{pu}	无偏上单侧过程能力指数	$C_{pu} = \dfrac{T_U - \mu}{3\sigma}$	P_{pu}	无偏上单侧过程性能指数	$P_{pu} = \dfrac{\bar{x} - T_L}{3S}$
C_{pk}	偏离过程能力指数	$C_{pk} = \dfrac{T - 2\varepsilon}{6\sigma}$ $C_{pk} = (1-K)C_P$ $C_{pk} = \min\{C_{pl}, C_{pu}\}$	P_{pk}	偏离过程性能指数	$P_{pk} = \dfrac{T - 2\varepsilon}{6S}$ $P_{pk} = (1-K)P_p$ $P_{pk} = \min\{P_{pl}, P_{pu}\}$
C_{pm}	公差无偏过程能力指数(目标值偏离)	$C_{pm} = \dfrac{T}{6\sqrt{\sigma^2 + (\mu - T_v)^2}}$	P_{pm}	公差无偏过程性能指数(目标值偏离)	$P_{pm} = \dfrac{T}{6\sqrt{S^2 + (\bar{x} - T_v)^2}}$
C_{pmk}	公差偏离过程能力指数(目标值偏离)	$C_{pmk} = (1-K)C_{pm}$ $C_{pmk} = \min\{C_{pml}, C_{pmu}\}$ $= \min\left\{\dfrac{\mu - T_L}{3\sqrt{\sigma^2+(\mu-T_v)^2}}, \dfrac{T_U - \mu}{3\sqrt{\sigma^2+(\mu-T_v)^2}}\right\}$ $C_{pmk} = \dfrac{T - 2\varepsilon}{6\sqrt{\sigma^2+(\mu-T_v)^2}}$	P_{pmk}	公差偏离过程性能指数(目标值偏离)	$P_{pmk} = (1-K)P_{pm}$ $P_{pmk} = \min\{P_{pml}, P_{pmu}\}$ $= \min\left\{\dfrac{\bar{x} - T_L}{3\sqrt{S^2+(\bar{x}-T_v)^2}}, \dfrac{T_U - \bar{x}}{3\sqrt{S^2+(\bar{x}-T_v)^2}}\right\}$ $P_{pmk} = \dfrac{T - 2\varepsilon}{6\sqrt{S^2+(\bar{x}-T_v)^2}}$
应用场景:适用于周期性过程评价			应用场景:适用于实时性过程评价		

3.5.5 过程能力分析的现实意义

3.5.5.1 保证产品质量

过程能力是指加工过程的实际质量状态，它是产品质量保证的客观依据，了解和掌握过程能力，才能控制生产过程的符合性质量。如果过程能力不能满足产品设计的要求，那么质量控制就无从谈起。

3.5.5.2 持续质量改进

过程能力分析为生产阶段持续改善过程能力提供依据，保证产品质量的不断提高，实现产品的持续质量改进。通过过程能力分析，可以找到影响过程能力的系统性因素，从而通过提高操作水平，改进生产设备，严格材料供应，规范工艺流程，改善环境条件等方面来提高产品质量。

3.5.5.3 指导产品设计

过程能力分析为设计阶段合理确定质量标准提供参考，有助于减少设计工作的盲目性和片面性。通过过程能力指数测算，客观评估过程能力，设计人员可以有针对性地进行产品设计，使产品更经济合理地符合质量标准要求。

3.5.6 过程能力分析的手段

过程能力指数是对过程能力满足技术要求程度的定量描述，过程能力分析通过指数计算，判断过程能力是否充分，实施过程能力的评价和改进，常用手段包括直方图法和控制图法。

3.5.6.1 直方图法

过程能力分析的基本方法是直方图。观察直方图分布形态，可以大致确认生产过程是否受控（统计稳态）；通过直方图离散范围与公差范围的比较，可以直观判断过程能力是否满足技术要求（技术稳态）。同时，根据直方图计算的均值和标准偏差，可以简便地计算过程能力指数，为改进过程能力提供参考。但是，直方图是静态的，无法反映质量特性值随时间变化的情况，无法实时反映生产过程的稳定性（无法实时监控过程状态）。

3.5.6.2 控制图法

控制图是过程能力分析中较为精确的一种方法。控制图利用控制界限判断过程是否处于统计稳态（判稳准则），利用规格界限判断过程是否处于技术稳态（计算过程能力指数）。控制用控制图是动态的（分析用控制图是静态的），可以反映较长时间内质量特性值随时间的波动状况（根据判异准则实时监控过程是否保持受控状态），计算的过程能力较符合客观实际，所以控制图相对直方图更准确可靠。

直方图相比控制图更简洁直观,并且控制图相比直方图需要更长的抽样数据采集时间,所以实践中多用直方图进行过程能力分析,必要时用控制图进行补充。

3.5.7 提高过程能力(性能)指数的途径

完成过程能力(性能)指数[1]的计算和评价后,接下来就是着手过程质量改进了。过程质量改进基于过程能力(性能)指数的评价结果,过程能力(性能)指数的数值大小直接体现过程质量能力的高低,因此,提高过程能力(性能)指数就是提高过程的质量能力。过程能力指数和过程性能指数计算公式只是标准偏差的估计方式不同,为简化讨论过程,本书仅对如何提高过程能力指数作出说明。

根据过程能力指数计算公式 $C_p = \dfrac{T}{6\sigma}$ 和 $C_{pk} = \dfrac{T-2\varepsilon}{6\sigma}$,在产品公差范围不变的情况下,通过调整过程均值向公差中心靠拢和/或降低标准偏差(提高加工精度),都可以提高过程能力指数,如图 3-50 所示。

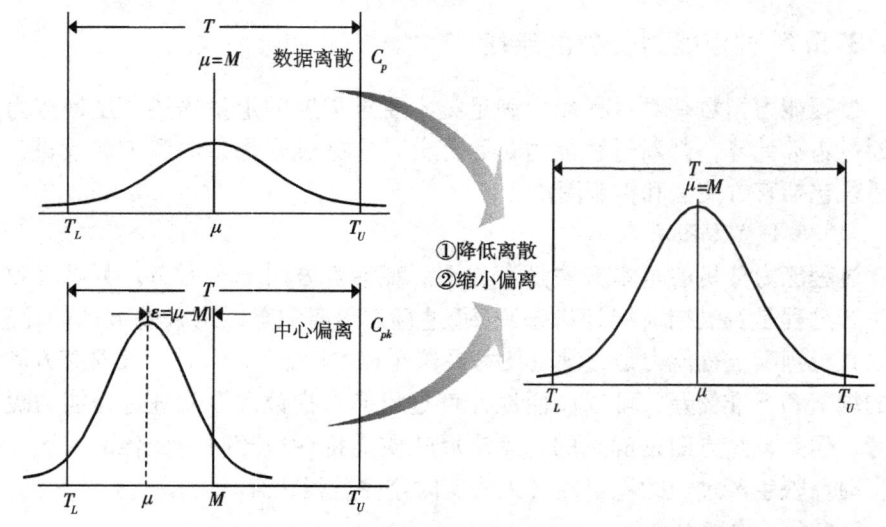

图 3-50 提高过程能力指数(C_p 和 C_{pk})

根据过程能力指数计算公式 $C_{pm} = \dfrac{T}{6\sqrt{\sigma^2 + (\mu - T_v)^2}}$ 和 $C_{pmk} = \dfrac{T-2\varepsilon}{6\sqrt{\sigma^2 + (\mu - T_v)^2}}$,

---

[1] 由于过程能力(性能)指数的计算并不是基于总体,而是基于样本,由样本推断总体,理论上会产生一定概率的错判,即第Ⅰ类错误和第Ⅱ类错误,因此,在具体应用中,过程能力(性能)指数只是其中一个过程能力评估的参考,并不是绝对的过程能力调整依据。

在产品公差范围不变的情况下，提高过程能力指数（C_{pm}和C_{pmk}）需要考虑三个方面：过程均值与产品目标值的偏离；过程均值与公差中心的偏离；标准偏差（加工精度），如图3-51所示。

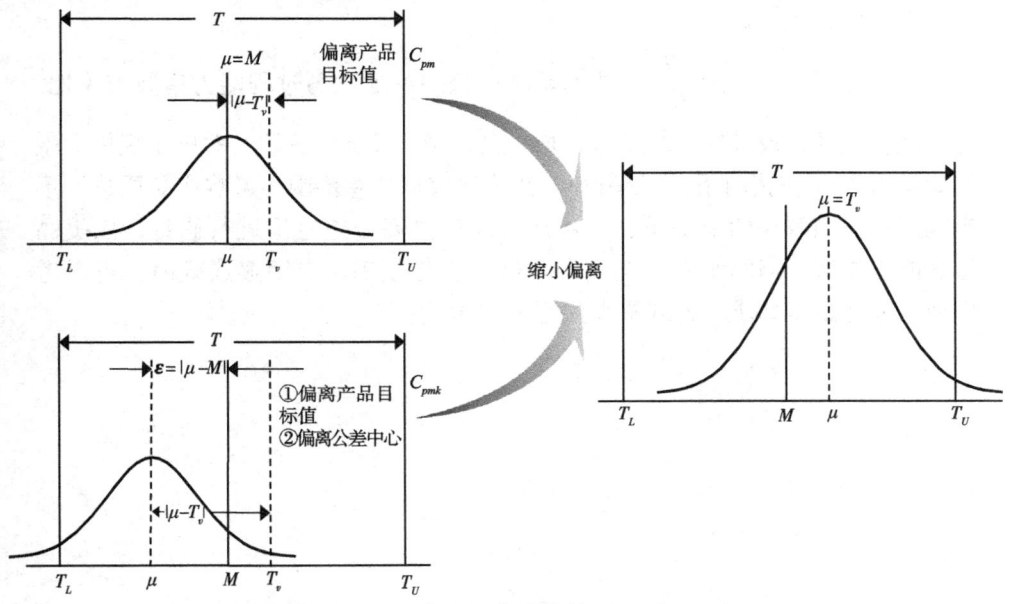

图3-51 提高过程能力指数（C_{pm}和C_{pmk}）

综上所述，影响过程能力指数的变量总共有四个：过程均值与公差中心的偏离量（偏离量 $\varepsilon = |\mu - M|$）；过程均值与产品目标值的偏离量（偏离量 $|\mu - T_v|$）；过程分布的离散程度（标准偏差 σ）；产品技术要求（公差范围 T）。相应地，提高过程能力指数可以从三个途径入手：缩小中心偏离（公差偏离和目标值偏离）；降低离散程度；扩大公差范围。

3.5.7.1 缩小中心偏离

通过改变操作习惯和调整工艺条件等措施，及时进行中心偏离的调整，努力缩小过程均值 μ 与公差中心 M 之间的偏离（C_{pk}），缩小过程均值 μ 与产品目标值 T_v 之间的偏离（C_{pm}/C_{pmk}），达到提高过程能力指数的目的。实践证明，缩小中心偏离的措施，不仅花费成本比较少，在技术上通常容易实现，是提高过程能力指数的有效途径，也是提高过程能力指数的首选。

3.5.7.2 降低离散程度

根据计算公式 $C_p = \dfrac{T}{6\sigma}$，标准偏差与过程能力指数成反比。通过改进工艺方法、优化工艺参数、更新生产设备等措施，工艺参数的离散性尽量小（降低离散程度），即降低过程分布的标准偏差 σ（提高加工精度），从而提高过程能力指数。降低标准偏差，往往需要对现场进行工艺改造，技术难度较大，成本费用较高，时间跨度较长，出于经济和质量的综合权衡，一般只有当 $C_p<1$ 时，才考虑通过降低离散程度的方式提高过程能力指数。

3.5.7.3 扩大公差范围

根据计算公式 $C_p=\dfrac{T}{6\sigma}$，技术要求（公差范围）与过程能力指数成正比。通过优化设计，设计容量尽量大，增大公差范围 $T=T_U-T_L$，对应于规格上限 T_U 尽量大和/或规格下限 T_L 尽量小，在确保放宽公差范围不影响产品质量，不影响用户使用效果的前提下，对不切实际的过高公差范围进行修订，以提高过程能力指数。当缩小中心偏离和降低离散程度都没有明显成效时，可以考虑通过放宽技术要求的方式提高过程能力指数。

4 老 QC 七种工具

QC 小组活动"老 QC 七种工具"于 1968 年由日本 QCC 之父石川馨（Kaoru Ishikawa）在他的著作《质量控制指南》（Guide to Quality Control）中首次进行了系统阐述，主要以数据分析为主，强调运用统计方法解决科学决策的问题，具体包括调查表、数据分层法、排列图、因果图、散布图、直方图和控制图七种工具，如表 4-1 所示。其中，排列图和因果图属于通常所说的 QC 小组活动"两图一表"（QC 小组活动"两图一表"，即排列图、因果图、对策表。）中的"两图"。

表 4-1 老 QC 七种工具

工具名称	调查表	数据分层法	排列图	因果图	散布图	直方图	控制图
基本作用	收集整理数据	从不同角度发现问题	确定主要因素	寻找根本原因	确认因素相关性	显示质量分布特征	判断过程异常

4.1 调查表（检查表/核对表）

4.1.1 工具介绍

4.1.1.1 概念

调查表，又称检查表或核对表，是一种用于系统地收集资料、积累数据、确认事实并可对数据进行粗略整理和分析的，预先设计的格式化图表。

质量管理实践中，基于客观事实作出正确决策经常需要收集各种数据，如何用简便的方法迅速收集到能反映客观实际的数据，并保证收集数据的准确、全面、客观，需要一种简便易用的数据收集辅助工具（方法）。调查表通过预先设计的格式图表简便收集数据、迅速整理数据，应用时，只需按表格要求简单记录，即可用于量化分析或检查确认，方便直观，是QC工具中最简单且使用最多的工具。

4.1.1.2 调查表的作用

调查表通过对数据收集方法的规范化和系统化，以简单的数据，直观的方式，建立对问题本质的清晰认知，具体作用体现在如下五个方面：

①整理原始数据。调查表通过对原始数据的收集和整理，总结客观事实的内在规律，评估质量问题的改善成效。

②提供基础数据。通过调查表采集的数据经过相应归纳分析后，可以为后续运用排列图、直方图或其他统计方法提供依据。

③防止工作遗漏。通过调查表的点检确认，以"记录"代替"记忆"，防止该做的工作没做，或者已经完成的工作重复做。

④提供备忘记录。调查表作为记录保存下来还有利于以后的跟踪研究。

⑤忠实记录事实。通过调查表固定格式的简便记录，减少边观察边分析导致的记录数据差错，同时避免收集资料时渗入情绪文字叙述等不具体不明确因素。

4.1.1.3 调查表的分类

调查表在具体应用时没有特定格式，调查者可以结合调查需要和具体调查对象的差异自行设计不同类型的调查表，根据具体用途不同，分为点检用调查表和记录用调查表。

（1）点检用调查表

点检用调查表，又称备忘调查表。此类调查表是将预先确定好的项目罗列在表格上（必须进行的工作或项目），然后逐项进行点检与确认（只做是非或选择的标记），如表4-2、表4-3所示。其主要作用在于确认常规工作执行状况（确认有与没有或者该做的是否完成），防止工作疏忽或遗漏。通过使用点检用调查表可以确认相关工作是否按照要求进行，实现调查工作规范化、持续化、标准化。

表4-2 点检用调查表（汽车常规保养项目表）

序号	检测项目		检测状况（"√"或"×"）	备注
1	灯光	① 转向灯		
		② 刹车灯		
		③ 照明灯		
		④ 内饰灯		
		⑤ 仪表灯		
2	电池	① 测量电压		
		② 极柱连接		
3	制动	① 制动液		
		② 刹车片		
4	动力	① 机油		
		② 防冻液		
		③ 机油滤芯		
		④ 空气滤芯		
5	底盘	① 悬挂系统		
		② 防护系统		
6	轮胎	① 磨损程度		
		② 轮胎气压		
7	其他	① 空调滤芯		
		② 雨刮器		
		③ 玻璃水		
行驶里程			下次检测	
检测日期			检测人员	
结果说明		√表示良好；×表示不良。		

表4-3 点检用调查表（台式电脑配件清单确认表）

序号	配件名称	规格	数量	清单确认（"√"或"×"）	备注
1	CPU	Intel 酷睿 i9-9900K	1		
2	内存	金士顿 DDR4-2400 16G	1		
3	硬盘	西部数据2TB 蓝盘 WD20EZRZ	1		
4	光驱	华硕 BW-16D1HT	1		
5	主板	华硕 ROG STRIX X470-F GAMING	1		
6	显卡	蓝宝石 RX580 8G D5 超白金 OC	1		
7	显示器	华硕 PG279Q	1		
8	机箱	海盗船 Carbide 400C	1		
9	电源	长城 G6 650W	1		
10	键盘/鼠标	罗技 MK120 键鼠套装	1		

（2）记录用调查表

记录用调查表，又称改善用调查表。此类调查表是通过分类收集数据，将收集的数据以符号、标记或数字记录的形式作简单的统计整理和归纳分析，为进一步分析研究提供依据，常用于不良原因和不良项目的记录，如表4-4～表4-7所示。

表4-4 记录用调查表（顾客满意度调查表）

序号	调查项目	满意程度（请在相应方框内标记☑）			
1	产品质量	很满意□	满意□	一般□	不满意□
2	产品包装	很满意□	满意□	一般□	不满意□
3	供货及时	很满意□	满意□	一般□	不满意□
4	售后服务	很满意□	满意□	一般□	不满意□
5	价格定位	很满意□	满意□	一般□	不满意□
6	安装服务	很满意□	满意□	一般□	不满意□
意见与建议					

表4-5 记录用调查表（班干部竞选投票情况调查表）

事故类别	赵一	钱二	孙三	李四	张五	王六
投票记录	／／／／／／／／／	／／／／／	／／／／／／	／／／／／／／／／／／／／／／／／	／／／／／／／／／／／	／／
票数合计	9	5	6	17	11	2
票数排名	③	⑤	④	①	②	⑥
备注	投票日期：2023-02-03		记票人：刘七		监票人：陈八	

表4-6 记录用调查表（某公司光缆铺设方式调查表）

铺设方式	铺设长度（公里）	占比（%）	备注
管道	422	68.51	—
杆路	89	14.45	—
直埋	105	17.05	—
合计	616	100.00	—

表4-7 记录用调查表（2022年浙江省各地市GDP总量调查表）

地市名称	杭州市	宁波市	温州市	绍兴市	嘉兴市	台州市	金华市	湖州市	衢州市	舟山市	丽水市
GDP总量（亿元）	18753	15704	8030	7351	6739	6041	5562	3850	2003	1951	1831

4.1.2 基本程序

调查表通过对数据进行整理统计，以格式化图表的形式提供量化分析或比对检查，得出对数据分析的初步结论，或作为其他统计方法进一步分析的参考。正确使用质量工具是达成质量管理目标的基本保证，每种质量工具都要按照一定的程序或步骤来进行，应用调查表的基本程序分为五个步骤，如图4-1所示。

4.1.2.1 明确调查目的

应用调查表前，首先应根据调查需求明确调查目的（希望通过调查表了解什么问题），以便根据不同的调查目的，确定相应的调查对象，选择合适的调查表类型，使调查表更好地满足数据收集和记录的需要。

4.1.2.2 确定调查对象

明确调查目的之后，随之需要确定相应的调查对象（调查项目），即针对确定的调查目的，通过集体讨论，确定相应的调查对象（调查项目）作为数据收集的重点。

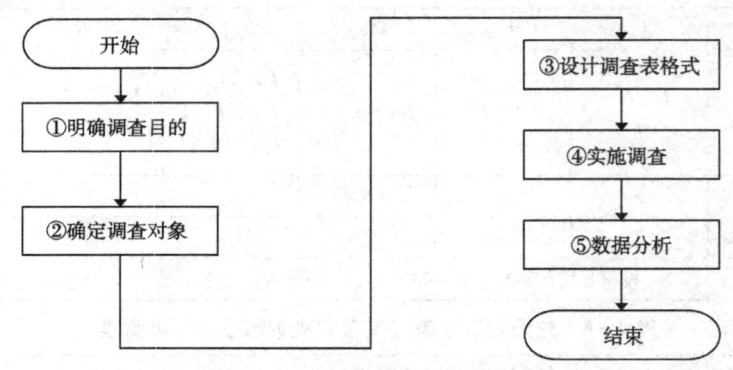

图 4－1　应用调查表的基本程序

4.1.2.3 设计调查表格式

根据不同的调查目的和具体的调查对象，编制（设计）合适的调查表格式，具体内容应该包括：调查项目、调查时间、调查人员、调查地点、调查数量、调查方式、记录形式（符号）等信息。调查表格式的设计，一方面要考虑便于现场记录与整理；另一方面要考虑能通过调查结果迅速找到问题重点。

4.1.2.4 实施调查

设计好调查表后，下一步开始实施具体调查工作。按照调查表格式要求，对被调查对象进行如实记录并填写必要事项。记录信息应明确具体（避免内容含混不清或包含情绪表达的内容），现场记录应专注及时（避免边记录边分析，避免凭事后回忆记录），记录方式应简洁明了（优先采用简单的图形记号或数字）。

4.1.2.5 数据分析

通过调查表收集和记录的数据，需要根据具体情况进行相应的归纳分析，对于直观明了的数据，可以直接在调查表中得出结论，或者通过简易图表辅助说明，而对于相对复杂的数据，需要结合排列图、直方图等其他 QC 工具的运用凸显问题本质。

4.1.3 应用案例

【例 4－1】光缆线路阻断导致承载通信业务受到影响称为光缆线路故障。某基础网络运营商最近一段时间光缆线路故障频发，对公司相关业务的正常开展造成重大影响，并产生不良社会影响。

为了解问题现状，以便采取针对性的改进措施，本书对 2019 年 8 月引起光缆线路故障的原因进行调查,使用"记录用调查表"收集调查表数据如表4-8、图4-2所示。

表4-8 光缆线路故障原因统计

故障原因	外力因素	人为因素	自然灾害	光缆缺陷	合计
故障次数(次)	12	4	3	1	20
占比(%)	60	20	15	5	100

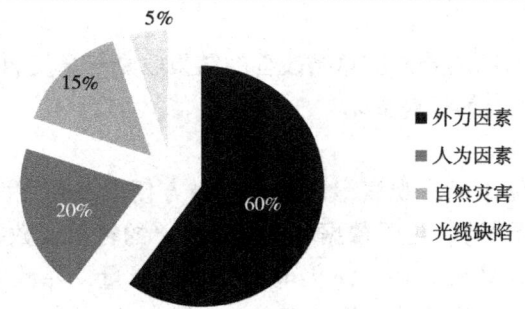

图4-2 光缆线路故障原因统计

借助简易图表的可视化呈现,可以直观得出结论,光缆线路故障主要由"外力因素"引起(施工挖掘、车辆挂断等)。

4.1.4 注意事项

4.1.4.1 明确记录规则

设计调查表时,应以明确的方式定义数据记录规则,比如,指定的记录符号、记录时间间隔等。

4.1.4.2 调查对象应有相同属性

设计调查表时,应保证同一张调查表中的调查对象具有相同属性,以便后续的数据归纳整理。

4.1.4.3 数据资料的解析

调查表采集的数据需要进行必要的归纳和分析,以便初步明确问题的重点,并为进一步的分析提供依据。

4.1.4.4 调查表数据的时效性

为了确保数据信息的时效性,反映问题的真实情况,使用调查表过程中应注意两方面问题:数据记录,同一张调查表的数据应该在同一时间,相同条件下采集并记录;归纳整理,调查表数据采集完成后,应该及时进行归纳整理。

4.1.4.5 调查表的应用价值

调查表可以单独使用,但更多的是结合其他统计方法使用,它的应用价值更多地体现在以下四个方面：

　　系统地收集资料、积累信息、确认事实并可对数据进行粗略的整理和分析，即确认有与没有或者该做的是否完成（检查是否有遗漏）。

　　通过数据采集和归纳整理，提高整理数据的效率，从而为进一步数据分析（应用排列图、直方图、控制图、散布图等工具）提供基础数据。

　　通过记录（代替记忆）的方式为寻找解决问题的原因、对策、思路等广泛征求意见。

　　为检查质量活动的效果或总结改善的结果收集信息资料。

4.1.4.6 调查表的设计要求

（1）方式简单

调查表应该便于记录观察，以使用者最方便最易使用为原则（迅速、正确、简易地记录数据），记录数据尽量采用简单的符号或数字，涉及计算的调查数据尽量通过计算机处理，简化现场记录工作量，降低使用者记录错误的可能性，以免影响日后统计分析的真实性。

（2）内容明了

内容简单，一目了然，是调查表优于普通数据表的最大特点。调查表的表格设计越简单越好，以简单的数据，容易理解的方式，直观呈现存在的问题。

（3）目标明确

调查表的设计应便于后续排列图、直方图、控制图、散布图等质量工具的针对性应用，尽量取得数据分层的信息，以满足分析问题、掌握事实、点检确认等需求为目标导向。

4.1.4.7 使用调查表的基本原则

真实性（必须确保记录数据被真实记录）。

及时性（必须确保记录数据被及时记录）。

可操作性（检查表在实际运用中的记录耗时不应过长，记录内容不应过多，记录方式尽量简单，如记录时间太长、记录内容过多、记录方式过于复杂，容易出现数据虚假、记录错误、不准确等诸多问题）。

可追溯性（检查表必须明确保存时限，便于后续原始数据的查询和追溯）。

4.2 数据分层法（层别法/分类法/分组法）

4.2.1 工具介绍

4.2.1.1 概念

数据分层法，又称层别法或分类法（分组法），是按某种层别分类规则，将收集的大量原始质量数据分类归纳后进行对比分析，发现问题所在的一种数据分析方法，通常和调查表、排列图、直方图等其他 QC 工具结合使用，也可单独使用。

4.2.1.2 基本原理

质量管理活动中，大量杂乱无章的质量数据混杂在一起，数据条理性差，不利于快速理解数据所反映的客观事实，无益于准确把握问题本质。为了提高质量数据的应用价值，直观呈现质量数据的特征差异，打通从数据到决策的最短路径，可以运用数据分层法对收集的原始质量数据按照一定的规则（目的、性质、来源等）进行分类整理，增加可比性，显示规律性，使质量数据反映的事实更有重点，从而找出问题关键，对症下药，如表 4-9 所示。

数据分层可根据实际情况按多种方式进行，没有特定要求，基本原则是使同层内数据差异尽可能小（具有可比性），而层间数据差异尽可能大（明确分层），通常的做法是按 5M1E［人员（Man）、机器（Machine）、材料（Material）、方法（Method）、环境（Environment）、测量（Measurement）］几大方向进行数据分层。

表 4-9 数据分层法（8 月基站故障调查）

序号	故障原因	故障次数（次）	占比（%）
1	传输中断	42	80.77
2	设备故障	6	11.54
3	市电中断	2	3.85
4	站点被盗	1	1.92
5	空调故障	1	1.92
6	合计	52	100.00

4.2.2 基本程序

数据分层法是一种数据分析和整理的基本方法，通过分层收集数据揭示问题本质，为质量改进提供依据。正确使用质量工具是达成质量管理目标的基本保证，每种质量工具都要按照一定的程序或步骤来进行，应用数据分层法的基本程序包括四个步骤，如图4-3所示。

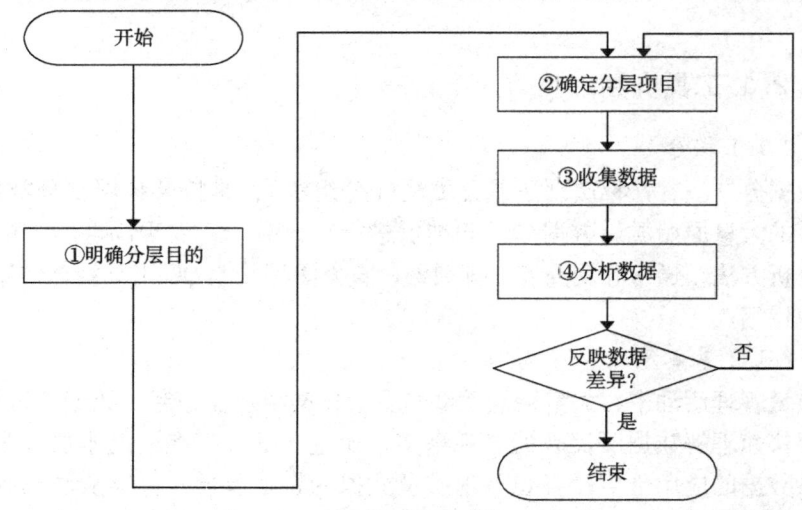

图4-3 应用数据分层法的基本程序

4.2.2.1 明确分层目的

我们对数据进行分层的一个主要原因就是希望在管理数据的时候，能对数据有一个更加清晰的掌控。所以，开始运用数据分层法之前，首先需要明确分层目的，即分层是为了解决什么样的问题，解决该类问题需要什么样的数据资料，等等。

4.2.2.2 确定分层项目

根据分层目的，结合研究对象的属性特征，充分讨论，尝试从多个角度对研究对象进行合理的数据分层，并确定具体的分层项目。

4.2.2.3 收集数据

根据确定的分层项目，现场收集数据（通过调查表的方式进行）。

4.2.2.4 分析数据

完成数据收集后，应该对数据进行必要的解析（数据解析过程通常会使用排列图等其他统计工具），找出内在规律，确定改善项目。如果数据解析能清晰反映研究对象的特性差异，则可以明确问题症结；如果数据解析不能反映研究对象的特性差异，则应选择其他的分层方向，重新进行数据分层。

4.2.3 应用案例

【例4-2】某塑料制品厂生产的环保垃圾桶次品率较高，希望找出影响次品率的问题症结。

为了找出影响废品率的问题症结,随机抽取 100 个环保垃圾桶,分别按生产人员和生产模具对产品进行数据分层分析,具体情况如表 4 – 10 和表 4 – 11 所示。

表 4 – 10　按"生产人员"数据分层

生产人员	生产数量（个）	合格（个）	不合格（个）	次品率（%）
工人甲	25	21	4	19.05
工人乙	25	22	3	13.64
工人丙	25	22	3	13.64
工人丁	25	22	3	13.64
合计	100	87	13	—

表 4 – 11　按"生产模具"数据分层

生产模具	生产数量（个）	合格（个）	不合格（个）	次品率（%）
模具 A	50	50	0	0.00
模具 B	50	37	13	35.14
合计	100	87	13	—

从"生产人员"数据分层的结果看,四个工人的次品率差别不是很明显;再从"生产模具"数据分层的结果看,使用模具 A 生产的环保垃圾桶没有产生次品（次品率 0）,而使用模具 B 生产的环保垃圾桶次品率较高（次品率 35.14%）,于是,我们从中得出结论,影响次品率的问题症结是模具 B 的问题。

4.2.4 注意事项

4.2.4.1 收集数据之前运用数据分层法

收集数据之前就应该考虑数据的属性特征,运用数据分层法预先确定分层项目,再开始收集数据,可以避免收集的数据与问题分析需求不相关的时候,重新收集数据做"无用功"。

4.2.4.2 分层的结果未必一定有效

数据分层法本质上是一种分析问题的思路,其基本思想是从各个角度呈现分层对象之间的差异性,并努力寻求分层对象之间相对显著的特征差异作为问题的切入点,从而有针对性地解决问题。不同的分层角度对应不同的分层结果,每一个分层角度只代表一个分析问题的方向,并不是每一个分层角度都是"直击要害"的,有一些分层结果呈现的对象差异比较明显,还有一些分层结果呈现的对象差异并不明显,最终选择对象差异明显的分层角度进行数据分析即可。

4.2.4.3 尝试更多分层角度

数据分层法借助简单直观的分类，比较不同数据的差异。为了更全面地反映问题症结所在，数据分层应尝试对收集的数据从更多角度进行分层分析，防止片面看待问题，避免经验管理的主观影响。

4.2.4.4 尝试多层数据分析

现场管理工作中，情况往往比较复杂，通常需要经过多层次的分析，层层深挖，直到挖掘出本质为止。

4.2.4.5 数据分层法的应用特征

数据分层法本质上是一种分析问题的思路，即根据数据分层的思想，将大量杂乱无章的质量数据有系统、有目的地加以分门别类的归纳整理，通过比较分析来找到问题真相。具体应用中，数据分层法通常会和其他 QC 工具配合使用，比如，收集数据阶段会使用调查表，分析数据阶段会使用排列图。

4.3 排列图（帕累托图）

4.3.1 工具介绍

4.3.1.1 概念

排列图，又称帕累托图（柏拉图），是将出现的质量问题（项目）按照影响程度大小顺序排列，寻找主要质量问题（项目），以判断问题症结所在，并针对问题点采取改善措施的一种简单图示技术。排列图由一个横坐标、两个纵坐标、几个按高低顺序排列的矩形和一条累计百分比折线（帕累托曲线）组成。

4.3.1.2 基本原理

19 世纪末 20 世纪初，意大利经济学家帕累托从大量的具体事实中发现，社会上 20% 的人占有 80% 的社会财富。他根据这一现象总结出"二八定律"：在任何一组东西中，最重要的只占其中一小部分（约 20%），它们造成主要的、重大的影响；其余 80% 尽管是多数，却是次要的，它们只能造成少许的影响，即"关键的少数"和"次要的多数"。

排列图是"二八定律"在质量管理实践中的具体应用，在项目管理中主要用来找出产生大多数问题的关键原因，其基本形态是一个双直角坐标系，左侧纵坐标记录统计量，右侧纵坐标记录百分率占比，横坐标记录类别划分

（影响因素），矩形框代表不同类别的相应统计量（对质量结果的相应影响），折线代表不同类别的累计占比情况（对质量结果的累计影响），如图4-4所示。质量改进项目中，少数项目起着决定性作用，排列图通过对质量数据按影响程度大小进行分类排列，区分重要项目（至关重要的极少数）和次要项目（微不足道的大多数），方便人们重点关注影响质量的主要项目，用最少的努力获取最佳的质量改进效果。简言之，排列图的本质是找到影响质量问题的主要因素。

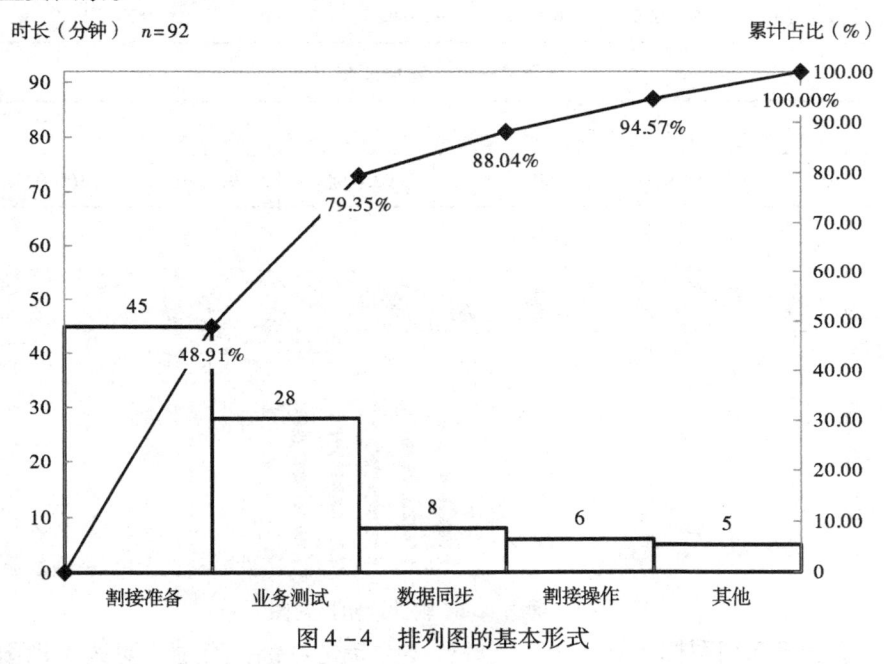

图4-4 排列图的基本形式

4.3.1.3 排列图的作用

①查找重点问题。通过排列图分析，查找对质量改进起决定性作用的"关键少数"，以便有针对性地采取改进措施，以最经济的资源投入，获得最大的质量改进效果。

②确认改进效果。进行关键质量因素的改进后，通过比较采取措施前后一定期间内的排列图，说明改进措施是否有效以及有效程度如何。

4.3.1.4 通过Excel软件绘制排列图

排列图是QC小组活动中很常用的一种统计型质量工具，但很多初学者感觉绘制过程很棘手，本书介绍一种通过Microsoft Excel软件绘制排列图的方法，供大家参考借鉴。

①根据表4-12绘制默认形式的柱状图后，选择系列图标＜累计占比

（%）>，单击右键，通过"设置数据系列格式—系列选项—系列绘制在<次坐标轴>"建立次要纵坐标轴。同时，建立辅助表格表4-13供后续使用，如表4-12、表4-13和图4-5所示。

表4-12 案例表格

统计内容	项目1	项目2	项目3	项目4	项目5	合计
频数（次）	67	38	8	6	3	122
累计占比（%）	54.92%	86.07%	92.62%	97.54%	100.00%	—

表4-13 辅助表格

0	1	2	3	4	5
0	54.92%	86.07%	92.62%	97.54%	100.00%

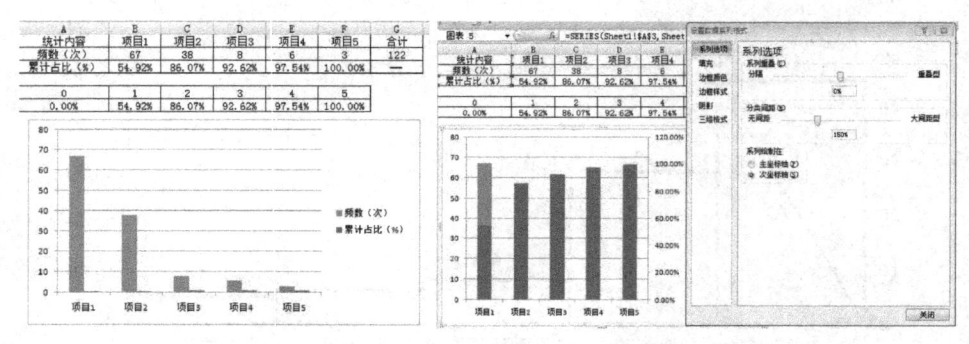

图4-5 通过Excel软件绘制排列图-A

②选择系列图标<累计占比（%）>，单击右键，通过"更改系列图表类型-XY（散点图）"将系列图标<累计占比（%）>的图表类型更改为折线形式，如图4-6所示。

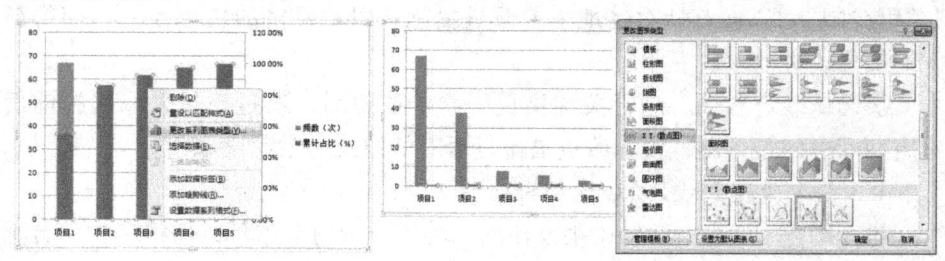

图4-6 通过Excel软件绘制排列图-B

③选择图表区整个图形，选择菜单栏【布局】选项卡，通过"坐标轴—次要横坐标轴—显示默认坐标轴"建立次要横坐标轴。选择次要横坐标轴，

单击右键，通过"设置坐标轴格式—坐标轴选项"设置次要横坐标轴最小值为0，最大值为5（项目总数量），如图4-7所示。

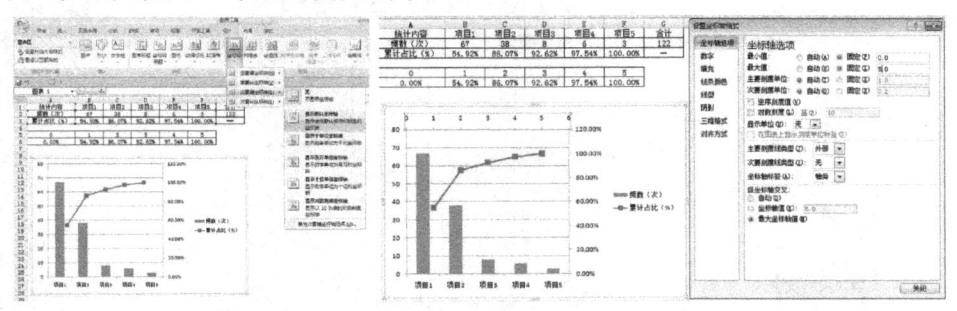

图4-7　通过Excel软件绘制排列图-C

④选择<累计占比（%）>折线系列图标，单击右键，进入<选择数据>对话框，选择"累计占比"，点击"编辑"进入"编辑数据系列"窗口，按照表4-13设置"X轴系列值"（输入第一行数据0~5）和"Y轴系列值"（输入第二行数据0~100.00%），如图4-8所示。

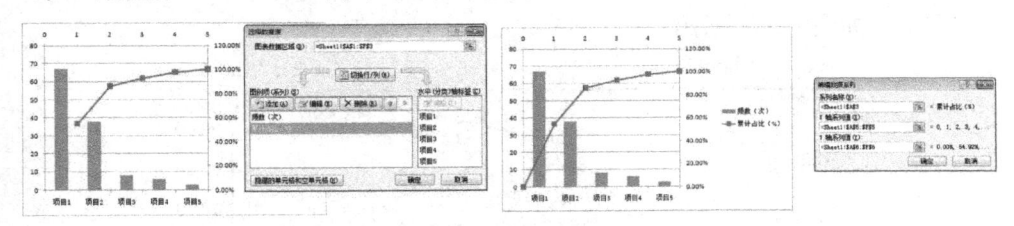

图4-8　通过Excel软件绘制排列图-D

⑤选择左侧主要纵坐标轴，单击右键，通过"设置坐标轴格式—坐标轴选项"设置最大值为122（项目频数总和），选择右侧次要纵坐标轴，单击右键，通过"设置坐标轴格式—坐标轴选项"设置最大值为100%（累计占比总和），如图4-9所示。

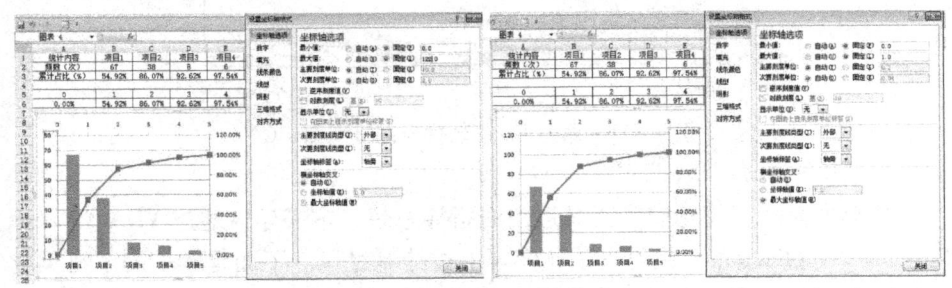

图4-9　通过Excel软件绘制排列图-E

⑥选择<频数（次）>柱状系列图标，单击右键，通过"设置数据系列格式—系列选项"设置分类间距为0（无间距），如图4-10所示。

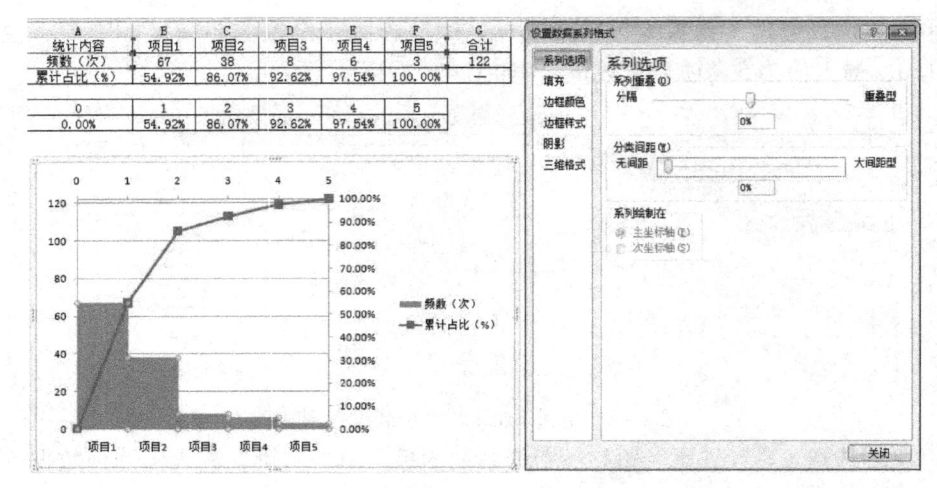

图 4-10　通过 Excel 软件绘制排列图-F

⑦删除＜次要横坐标轴＞，删除＜横网格线＞，删除＜图例＞，添加数据标签，添加坐标轴类别说明等必要的格式调整后，就可以得到标准格式的排列图，如图 4-11 所示。

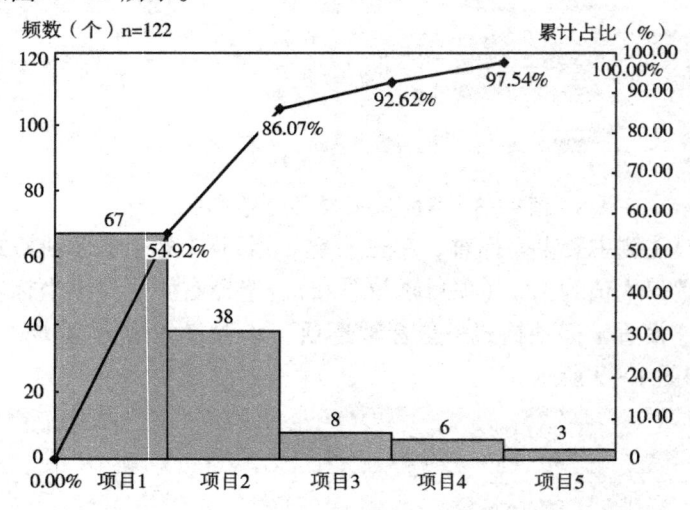

图 4-11　通过 Excel 软件绘制排列图-G

4.3.1.5　通过 VBA 代码绘制排列图

基于最大限度简化质量工具运用的指导思想，本书建议通过 VBA（Visual Basic For Application）代码自动化实现上述绘制过程。下面是本书用于自动化实现排列图绘制的一段 VBA 代码（部分内容通过宏录制自动生成），以及 VBA 代码的执行情况，可以得到一样的排列图，如图 4-12 所示。

```vb
Sub 排列图()
'最后修订于 2023-02-10
Dim Checkup As Integer, i As Integer, n As Integer, j As Integer, Response As Integer
Dim Formwidth As String, Formheight As String, Formsize As String, Chartname As String, Dx As String, Dy As String, Axis_primary As String, Axis_secondary As String
Dim mychart As ChartObject
'清理当前工作表中已经存在的图表
    Sheets("排列图").Select
    Checkup = ActiveSheet.ChartObjects.Count
    If Checkup <> 0 Then
        ActiveSheet.ChartObjects.Delete
    Else
    End If
'确定数据表格规模
    Range("A1").Select
    i = 0
    Do
        ActiveCell.Offset(0, 1).Select
        Formwidth = ActiveCell.Value
        i = i + 1
    Loop Until Formwidth = "合计"
    ActiveCell.Offset(1, 0).Select
    n = ActiveCell.Value
    Range("A3").Select
    Do
        ActiveCell.Offset(0, 1).Select
        Formheight = ActiveCell.Value
    Loop Until Formheight = "1"
    Formsize = ActiveCell.Address
'建立辅助表格
    Range("A4").Select
    ActiveCell.FormulaR1C1 = "0"
    Range("A5").Select
    ActiveCell.FormulaR1C1 = "0%"
    For j = 1 To i - 1
        Range("A4").Offset(0, j).Select
        ActiveCell.FormulaR1C1 = "=RC[-1]+1"
        ActiveCell.Offset(-1, 0).Select
        Selection.Copy
        ActiveCell.Offset(2, 0).Select
        Selection.PasteSpecial Paste:=xlPasteValues, Operation:=xlNone, SkipBlanks _
            :=False, Transpose:=False
        Selection.NumberFormatLocal = "0.00%"
```

```
            Next j
'创建图表并调整格式
            Range ("a1:" & Formsize).Select
            Set mychart = Sheets ("排列图").ChartObjects.Add (10, 80, 460, 350)
            mychart.Chart.ChartType = xlColumnClustered
            mychart.Chart.SetSourceData Source:=Range ("排列图!$A$1:" & Formsize)
            mychart.Chart.ApplyDataLabels ShowValue:=True
            mychart.Chart.PlotArea.Border.LineStyle = xlContinuous
            mychart.Chart.SeriesCollection (1).Border.LineStyle = xlContinuous
            Range (Formsize).Select
            ActiveCell.Offset (1, 0).Select
            Dx = ActiveCell.Address
            ActiveCell.Offset (1, 0).Select
            Dy = ActiveCell.Address
            Chartname = ActiveSheet.ChartObjects (1).Name
            ActiveSheet.ChartObjects (Chartname).Activate
            ActiveChart.SeriesCollection (2).AxisGroup = 2
            ActiveChart.SeriesCollection (2).ChartType = xlXYScatterLines
            ActiveChart.SetElement (msoElementSecondaryCategoryAxisShow)
            ActiveChart.Axes (xlCategory, xlSecondary).Select
            ActiveChart.Axes (xlCategory, xlSecondary).MinimumScale = 0
            ActiveChart.Axes (xlCategory, xlSecondary).MaximumScale = i - 1
            ActiveChart.SeriesCollection (2).XValues = "=排列图!$A$4:" & Dx
            ActiveChart.SeriesCollection (2).Values = "=排列图!$A$5:" & Dy
            ActiveChart.Axes (xlValue).MinimumScale = 0
            ActiveChart.Axes (xlValue).MaximumScale = n
            ActiveChart.Axes (xlValue, xlSecondary).MinimumScale = 0
            ActiveChart.Axes (xlValue, xlSecondary).MaximumScale = 1
            Selection.TickLabels.NumberFormatLocal = "0.00%"
            ActiveChart.Axes (xlValue).Select
            Selection.MajorTickMark = xlInside
            ActiveChart.Axes (xlValue, xlSecondary).Select
            Selection.MajorTickMark = xlInside
            ActiveChart.Axes (xlCategory).Select
            Selection.MajorTickMark = xlInside
            ActiveChart.Axes (xlCategory, xlSecondary).Select
            Selection.Delete
            ActiveChart.Legend.Select
            Selection.Delete
            ActiveChart.Axes (xlValue).MajorGridlines.Select
            Selection.Delete
            ActiveChart.SeriesCollection (1).Select
            ActiveChart.ChartGroups (1).GapWidth = 0
```

```
With Selection. Format. Fill
. Visible = msoTrue
. ForeColor. RGB = RGB (180, 180, 180)
. Solid
End With
ActiveChart. SeriesCollection (2) . DataLabels. Select
Selection. Position = xlLabelPositionBelow
With Selection. Format. Fill
. Visible = msoTrue
. ForeColor. RGB = RGB (255, 255, 255)
. Solid
End With
ActiveChart. SetElement (msoElementChartTitleAboveChart)
ActiveChart. ChartTitle. Text = " 排列图    n = " & n
ActiveChart. SetElement (msoElementPrimaryValueAxisTitleVertical)
Axis_ primary = Range (" A2") . Value
ActiveChart. Axes (xlValue, xlPrimary) . AxisTitle. Text = Axis_ primary
ActiveChart. SetElement (msoElementSecondaryValueAxisTitleVertical)
Axis_ secondary = Range (" A3") . Value
ActiveChart. Axes (xlValue, xlSecondary) . AxisTitle. Text = Axis_ secondary
Response = MsgBox (" 排列图绘制完成！当前工作表上的图表是否需要保留?", vbYesNo)
If Response = vbNo Then
    ActiveSheet. ChartObjects. Delete
    Range (" 排列图! $ A $ 4:" & Dy) . Select
    Selection. ClearContents
Else
End If
End Sub
```

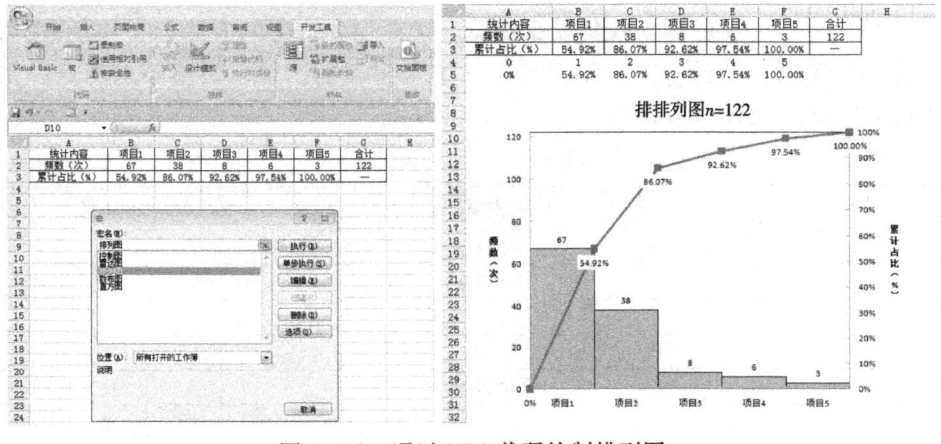

图 4 - 12   通过 VBA 代码绘制排列图

4.3.2 基本程序

排列图是质量改进活动中确定重点问题的有效工具,将重点类别的问题解决一半要比完全解决所有问题更为容易,通过排列图识别重点问题并采取针对性措施往往事半功倍。正确使用质量工具是达成质量管理目标的基本保证,每种质量工具都要按照一定的程序或步骤来进行,应用排列图的基本程序序包括六个步骤,如图4-13所示。

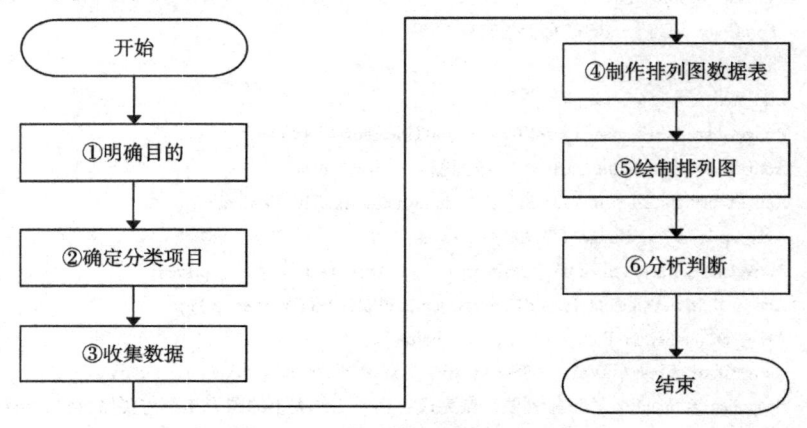

图4-13 应用排列图的基本程序

4.3.2.1 明确目的
应用排列图的第一步,首先是明确目的。

4.3.2.2 确定分类项目
根据当前的质量现状,确定需要调查的问题类别,明确排列图分类项目。

4.3.2.3 收集数据
确定一个合适的周期收集质量数据,选择一个合适的方法分类质量数据,记录每一类项目统计量,制作调查表(不常出现的,统计量很小的项目归入"其他"项),如表4-14所示。

表4-14 项目调查表

序号	调查项目	统计量
1	项目1	x_1
2	项目2	x_2
3	项目3	x_3
…	…	…
n	项目n	x_n
合计		$y = \sum_{i=1}^{n} x_i$

4.3.2.4 制作排列图数据表

整理调查表数据,将分类项目按统计量的大小次序由大到小依次进行排列,作为计算和作图时的基本依据。相应地计算分类项目在整体项目中的占比和累计占比情况,制成排列图数据表("其他"项合并统计量小的一些项目,排在最后),如表 4-15 所示。

表 4-15 排列图数据表($z_1 < z_2 < z_3 < \cdots < z_n$)

序号	调查项目	统计量	占比(%)	累计占比(%)
1	项目 1	x_1	$z_1 = \dfrac{x_1}{y}$	z_1
2	项目 2	x_2	$z_2 = \dfrac{x_2}{y}$	$z_1 + z_2$
3	项目 3	x_3	$z_3 = \dfrac{x_3}{y}$	$z_1 + z_2 + z_3$
…	…	…	…	…
n	项目 n	x_n	$z_n = \dfrac{x_n}{y}$	$z_1 + z_2 + z_3 + \cdots + z_n = 100$
合计	—	$y = \sum\limits_{i=1}^{n} x_i$	100.00	—

4.3.2.5 绘制排列图

排列图绘制步骤如图 4-14 所示。

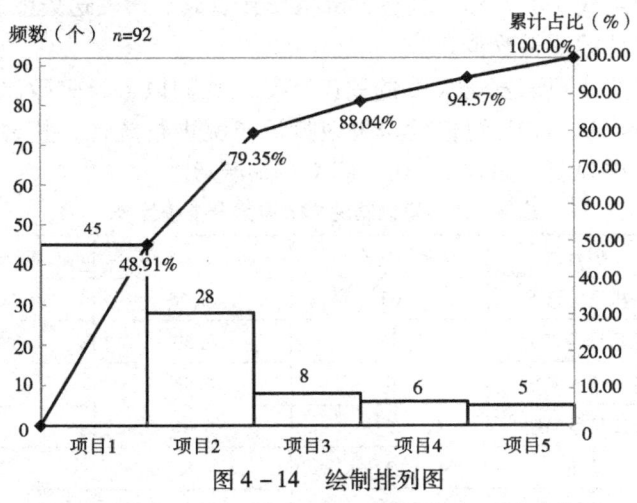

图 4-14 绘制排列图

①建立双直角坐标系,左侧纵坐标记录统计量(最小刻度 0,最大刻度等于所有项目的统计量总和,0 到最大刻度值刻度等分),右侧纵坐标记录占比

情况（最小刻度 0，最大刻度 100%，0 到 100% 刻度等分），左右侧纵坐标最大刻度值高度相等，横坐标代表项目类别划分。

②按照排列图数据表的顺序绘制矩形框（呈现每类项目的影响大小），按项目统计量多少，从大到小，从左到右依次排列，各项目矩形框宽度相等，矩形框上方标注统计量，矩形框下方（横轴下）标注相应的项目名称，"其他"项放置在最右端作为最后一个项目，各项目之间无间隔。

③按照排列图数据表的顺序绘制累计百分比曲线（呈现每类项目的累计影响），累计值在各个矩形框的右上角打点并标注具体累计值，然后用直线连接各点，作出累计百分比折线（帕累托曲线），折线的起始点为 0，折线的终结点为 100%。

④记录必要事项（排列图标题、坐标轴标题、数据总量 n 等）。

4.3.2.6 分析判断

根据排列图分析判断"关键的少数"，通常选择累计占比 80% 左右的一个或几个项目作为质量改进项目。按照 ABC 分析法的分类建议，累计百分比数值 0~80% 的 A 类因素属于主要因素；累计百分比数值 80%~90% 的 B 类因素属于次要因素；累计百分比数值 90%~100% 的 C 类因素属于一般因素。

4.3.3 应用案例

【例 4-3】短信发送成功率是用户发送短信从交换机提交到短信中心的成功率（短信发送成功率 = 用户短信发送成功次数/用户短信发送尝试次数），某公司短信发送成功率指标不理想，希望找到造成短信发送失败的关键症结，以便实施针对性的质量改善。

为了找出造成短信发送失败的关键症结，我们以各类失败原因为分类项目，对 2010 年 10~12 月短信发送失败投诉情况进行统计，整理成排列图数据表，并绘制排列图，如表 4-16、图 4-15 所示。

表 4-16 短信发送失败原因分类统计表

序号	项目	频数（次）	占比（%）	累计占比（%）
1	手机设置错误	65	75.58	75.58
2	目标号码错误	8	9.30	84.88
3	签约业务限制	6	6.98	91.86
4	无线信号问题	5	5.81	97.67
5	其他	2	2.33	100.00
合计	—	86	100.00	—

图 4-15　短信发送失败原因分类统计排列图

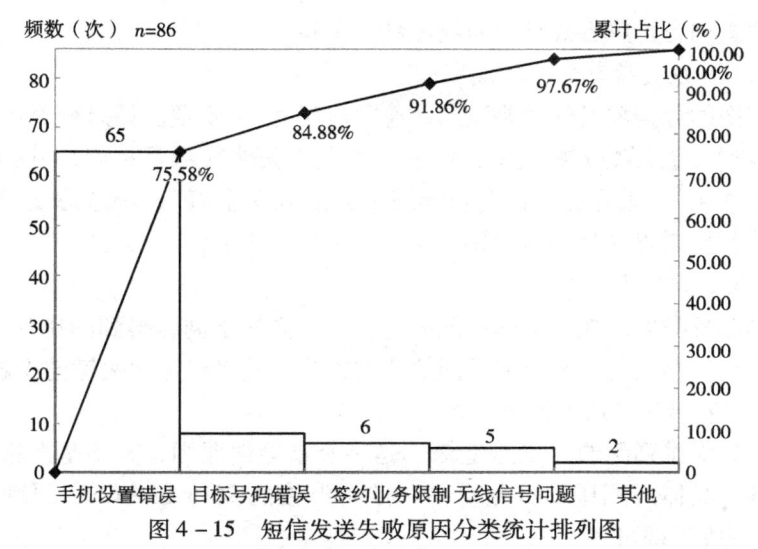

由排列图可以看出,"手机设置错误"是造成短信发送成功率指标不理想的主要原因,应予以重点解决。

4.3.4 注意事项

4.3.4.1 关键项目的分类

关键的少数项目应是本 QC 小组有能力解决的最突出一个,应考虑易于采取对策,如果第一位的项目依靠现有条件很难解决,或者解决的代价太高,可以避开第一位项目,而从第二位项目着手;另外,项目分类要体现"关键的少数"的"少数"原则(关键项目数量控制在 2~3 项),如果关键项目过多,应当考虑重新进行项目的分类,进一步分解和细分化。

4.3.4.2 次要项目的分类

次要项目很多时,横轴会变得很长,通常都把排在最末尾的统计量很小的一些项目合并起来作为"其他"项进行统计,因此,"其他"项总是排在最后,占比也是最小的。如果"其他"项所占百分比很大(大于前面几项),则可能是项目分类不当,应考虑采用另外的分类方法。

4.3.4.3 排列图的效果确认

排列图用于确认质量改进效果时,应该将改善前和改善后两个排列图并排呈现,并且要求数据收集时间跨度和项目类别划分保持一致,以便进行验证。同时,应当考虑季节性因素和其他质量改进项目的影响。

4.3.4.4 排列图的项目排序

排列图的使用要以数据分层法为前提,将数据分层法已确定的项目从左到右依次排列，排序方式是按照统计量从大到小。

4.3.4.5 分类项目数量的建议

排列图的分类项目数量要适当，通常建议为4~6项。如果分类项目太多（多于6项），会影响分析效率，可考虑并入"其他"项目；如果分类项目太少（少于4项），使用排列图分析等同于"杀鸡用牛刀"，应考虑使用更为直接有效的简易图表（比如饼分图）。

4.3.4.6 排列图分类方法

排列图分类方法根据具体情况决定，分类方法不同，得到的排列图不同，不同的角度观察问题，需要用不同的分类方法，最终确定"关键的少数"。

4.3.4.7 如何确定关键的少数

分析判断排列图的"二八定律"是一个指导性原则，并不是严格的数值界定标准，具体应用中，百分比不一定是严格的20%和80%，原则上把握"关键的少数"即可。

4.4 因果图（石川图/鱼骨图）

4.4.1 工具介绍

4.4.1.1 概念

因果图，又称石川图或鱼骨图，是一种用于分析质量问题（结果）与可能影响因素（原因）之间因果关系的一种图形工具。运用因果图可以对各种问题产生原因进行有效分析，是质量管理实践中进行质量分析最常用的方法。

4.4.1.2 基本原理

因果图是一种发现问题"根本原因"的非定量工具，由日本质量管理大师石川馨先生首先提出并发展完善（他认为"某项结果的形成，必定有其原因，应设法使用图解法找出这些原因来"），故又名石川图。

质量管理实践中，质量问题受各种原因的影响。当一个质量问题的特性（结果）受到一系列要因（原因）影响时，我们将造成某项结果（特性）的各种原因（要因）进行整理，以图表的方式系统表达结果与原因之间的关系，这种图表称为因果图，如图4-16所示。因果图通过逐层展开分析，将影响质量问题的原因整理成层次分明、条理清楚的鱼骨状图形，按照从大到小、从粗到细的顺序，厘清思路，找出问题根源，并说明各个原因之间是如何相互影响的，因其形状和鱼骨相似，所以也称鱼骨图。

4 老QC七种工具

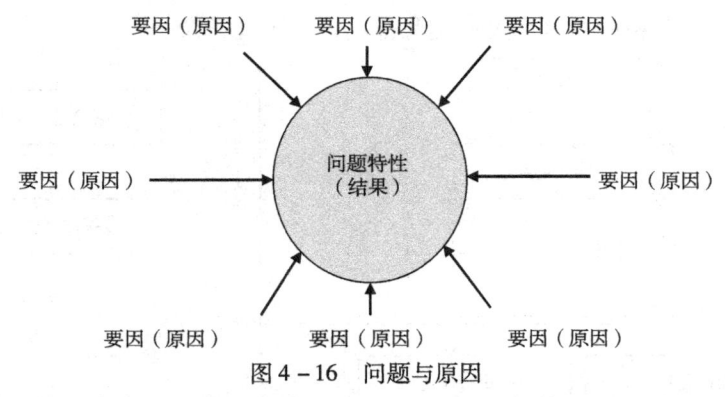

图4-16 问题与原因

因果图简洁直观，主要由质量问题（鱼头）、末端原因（小骨）、原因类别（中骨）、原因大类（大骨）等几部分组成，通过对问题原因的系统整理和分层表达，帮助我们找出问题的根本原因，如图4-17所示。

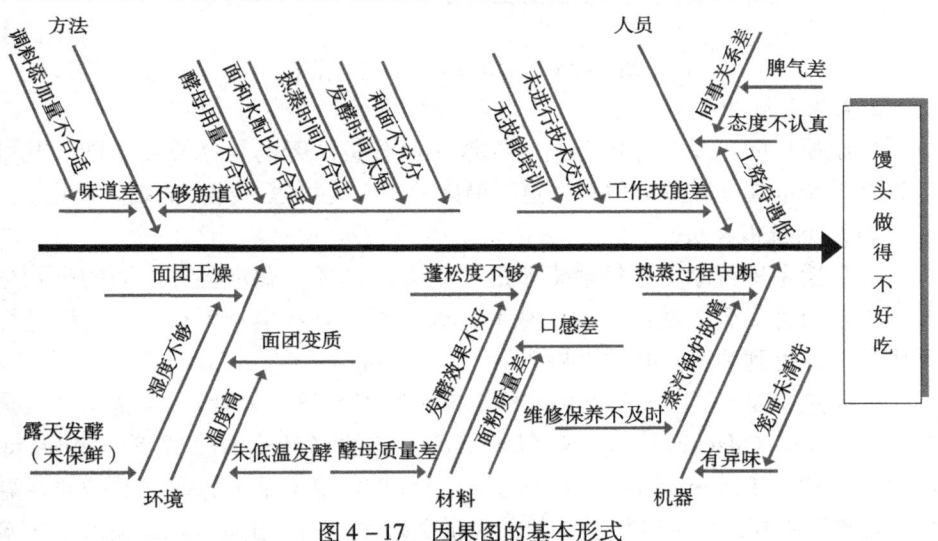

图4-17 因果图的基本形式

4.4.2 基本程序

因果图的主要目的在于阐明因果关系，它是寻找质量问题产生原因的一种有效工具。通过因果关系分析，找到影响问题的各种可能原因，有助于着手解决问题。正确使用质量工具是达成质量管理目标的基本保证，每种质量工具都要按照一定的程序或步骤来进行，应用因果图的基本程序包括四个步骤，如图4-18所示。

4.4.2.1 明确质量问题

应用因果图，首先是明确需要解决的质量问题（团队所有成员必须达成一致意见），分析的质量问题应当具体明确，不能笼统。

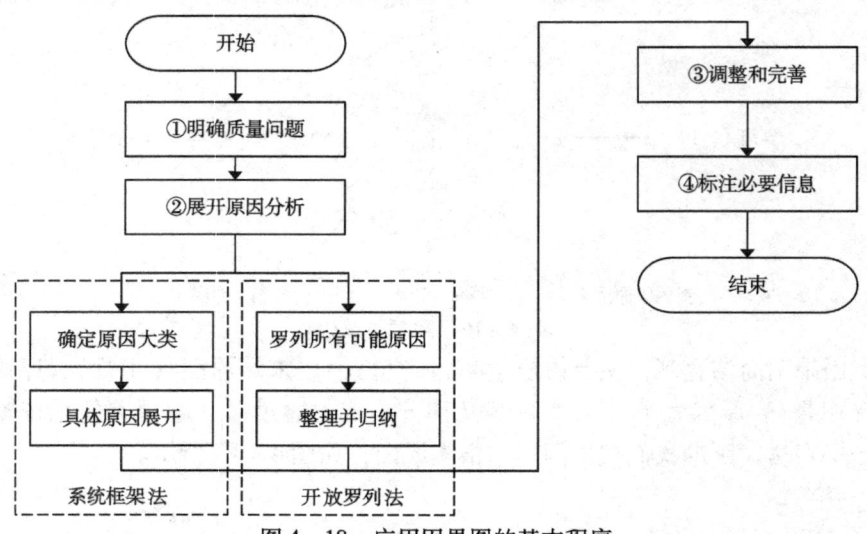

图 4-18　应用因果图的基本程序

4.4.2.2 展开原因分析

围绕质量问题展开原因分析。根据原因分析展开的具体思路不同，既可以选择系统框架法或开放罗列法进行原因分析，也可以两种方法结合使用。

（1）系统框架法

因果图是进行原因分析最常规的分析方法。预先确定各种原因的类别框架，按照由骨干到末端的方向，从大骨到中骨，再从中骨到小骨，逐层进行原因展开，得到系统完整的因果图。

①确定原因大类。根据质量问题，确定原因大类（大骨）。通常从"人员（Man）、机器（Machine）、材料（Material）、方法（Method）、测量（Measurement）、环境（Environment）"六个方面（5M1E）定义基本方向（视质量问题的具体情况不同，也可以根据其他方式定义基本方向，比如4M1E或者工艺流程等），建立原因分析的系统框架，避免遗漏重要原因，如图4-19所示。

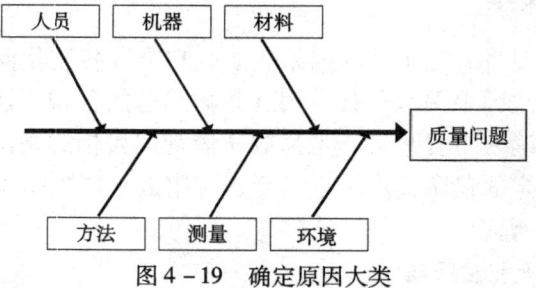

图 4-19　确定原因大类

②具体原因展开。针对每一个主要原因（大骨）展开因果分析（溯源），列

出影响主要原因的第二层次原因（中骨），并基于第二层次原因的因果分析找到第三层次原因（小骨），每一层次原因都要解释上一层次原因，层层展开分析，将原因分析到可以直接采取对策的具体原因（末端原因），如图4-20所示。

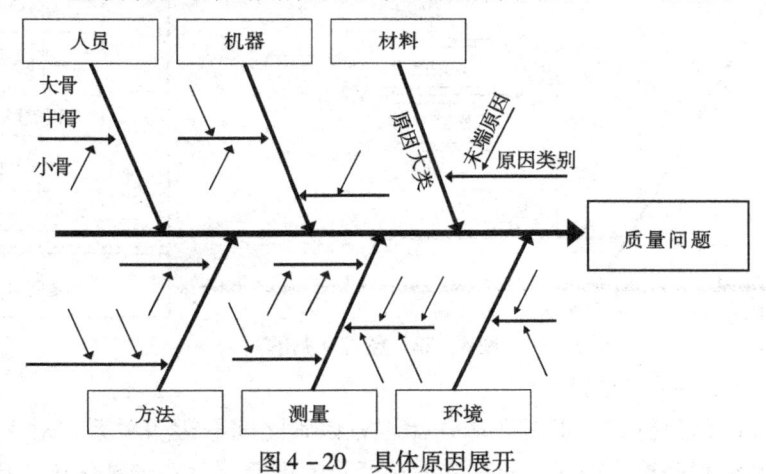

图4-20 具体原因展开

（2）开放罗列法

开放罗列法是指开放性思维主导的分析方法。先通过开放性的小组讨论罗列出影响结果的所有原因，再按照由末端到骨干的方向，从小骨到中骨，再从中骨到大骨，逐层整理归纳，得到最终的因果图。

①罗列所有可能原因。小组成员运用"头脑风暴法"充分讨论，尽可能多而全地找出影响质量问题的原因，如图4-21所示。所有小组成员都应参加讨论，集思广益，必要时还应征询相关专家和主管领导的意见；所有对质量问题可能存在影响的原因都要客观罗列出来，避免遗漏或主观取舍。

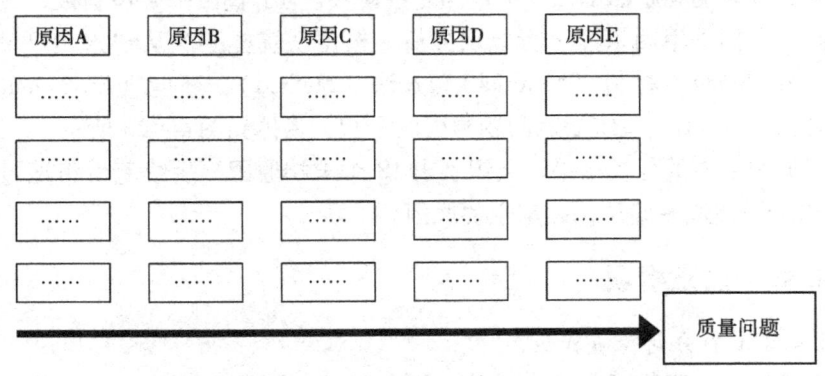

图4-21 罗列所有可能原因

②整理并归纳。明确各种原因之间的从属关系，按概念层次整理归纳成完整的因果图。将可以直接采取对策的原因确定为末端原因（小骨），末端原因根

据因果关系归纳出原因类别（中骨），原因类别根据因果关系继续归纳出原因大类（大骨），层层归纳整理，最终与质量问题建立因果联系，如图 4-22 所示。

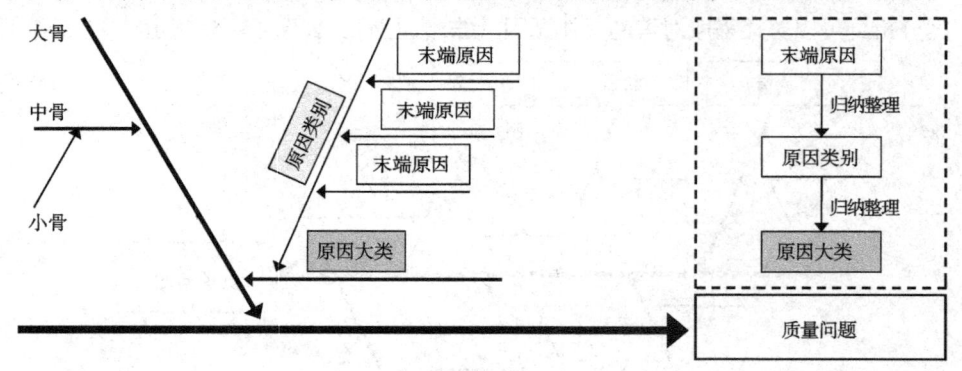

图 4-22 整理并归纳

4.4.2.3 调整和完善

完成原因分析后，重新考虑并梳理各因素之间的因果关系，对图形进行必要的调整和完善，同时，对因果图中所有末端原因进一步具体化、精练化。

4.4.2.4 标注必要信息

应用因果图的最后一步，需要标注必要事项，如标题名称、制图人员等。

4.4.3 应用案例

【例 4-4】桥梁预制板的质量对桥梁安全有重大影响，出现裂纹的桥梁预制板禁止应用于桥梁工程现场，并应及时查找原因予以改进，避免此现象的再次发生。某公司负责制作的桥梁预制板裂纹现象严重，希望通过因果关系分析找到影响问题的原因，促成问题的解决。为了找出桥梁预制板产生裂纹的原因，我们采用因果图进行原因分析，根据系统框架法从"人员（Man）、机器（Machine）、材料（Material）、方法（Method）、环境（Environment）"五个方面（4M1E）系统展示问题原因的全貌，具体如图 4-23 所示。

根据因果图的分析结果，共识别出 18 个末端原因，后续笔者将通过对这 18 个末端原因逐一确认，确定主要原因。

4.4.4 注意事项

4.4.4.1 充分讨论查找原因

查找原因过程需要集合全员的知识与经验，围绕明确的质量问题并朝着解决问题的方向去问每一个为什么，找出所有可能原因（包括可控因素和不可控因素），避免单纯只从自身之外的方面找原因，也要避免局限于自己能完全掌控或正在执行的内容,特别是对人的原因分析,应从造成人的思想态度偏差的具体行为上挖掘原因。讨论过程要充分发挥技术民主,集思广益,所有成员表达心声,各抒己见,不评论观点,不开展争论,不打断发言,各种意见都要记录下来,最后将所有原因整理罗列,通过共同讨论合并重复观点。同时,鼓励大家参考他人的想法做微调或创新,以便找到更多原因。

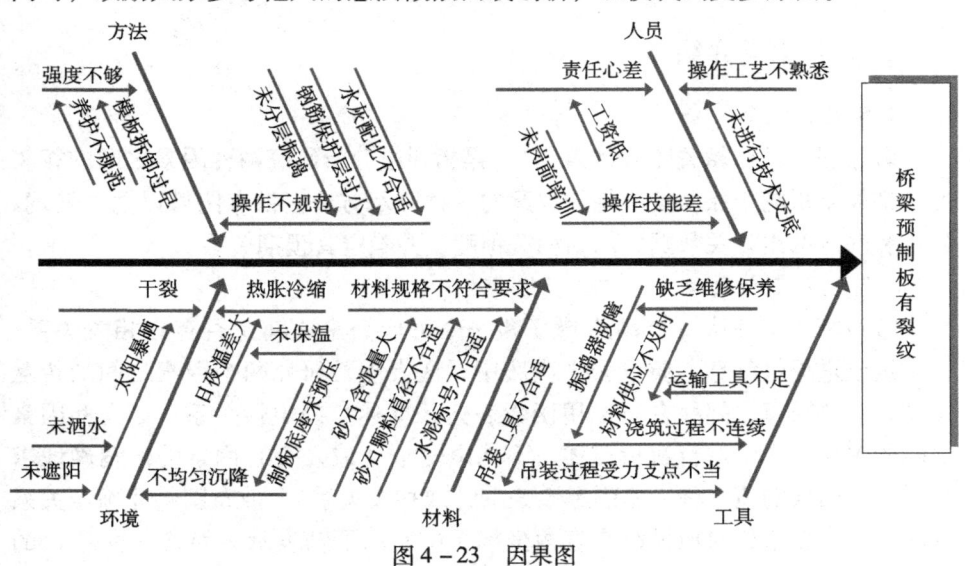

图 4-23 因果图

4.4.4.2 原因分析的细分程度

原因分析必须细分到能采取措施为止(尽可能具体地确定原因),如果分析出来的原因不能采取措施,则说明问题原因还没有分析到最末端,对质量改进没有指导意义。

4.4.4.3 因果图的规模

因果图的规模可大可小,遵循"重要的因素不要遗漏"和"不重要的因素不要绘制"的原则,分析原因时,因果图原因要全;制订对策时,因果图要精炼。

4.4.4.4 因果图的分析层次

一张完整的因果图,展开的层次至少应有两层,通常在三层。不同层次的原因之间应有直接的原因—问题关系,末端原因应分析至可以直接采取对策。

4.4.4.5 原因的从属关系

因果图中原因的从属关系是唯一的,如果某种原因同时归属于两种或两种以上原因类别,应以关联性最强者为准。

4.4.4.6 因果图只适用单个问题分析

因果图只能用于单一质量问题的分析,一张因果图只能用来解决一个质量问题，解决多个质量问题要画多张因果图。

4.5 散布图

4.5.1 工具介绍

4.5.1.1 概念

散布图，又称相关图（散点图），是指通过分析研究两种因素之间的相关性，来控制影响产品质量的相关因素的一种图示方法。散布图可以用来发现、显示和确认两组相关数据之间的相关程度，并确定其预期关系。

4.5.1.2 基本原理

散布图用于确认一个品质特征和一个可能因素之间是否存在相关关系，为质量改进提供信息。质量管理实践中，通常需要研究两个因素之间的相互关系，有些因素之间存在可以用函数表达式描述的确定性关系；而有些因素之间的关系却无法进行解析描述，不能由一个（或几个）因素的值精确地求解另一个因素的值，称为非确定性关系（或相关关系）。散布图将非确定关系的两种因素变量成对地描绘在直角坐标系中，水平轴表示 x 因素（变量）的测定值，垂直轴表示 y 因素（变量）的测定值，一系列 x 测定值与 y 测定值的交点形成点子云，通过研究点子云的分布特征，便可直观判断两个因素（变量）之间是否相关及相关程度如何，如图4-24所示。

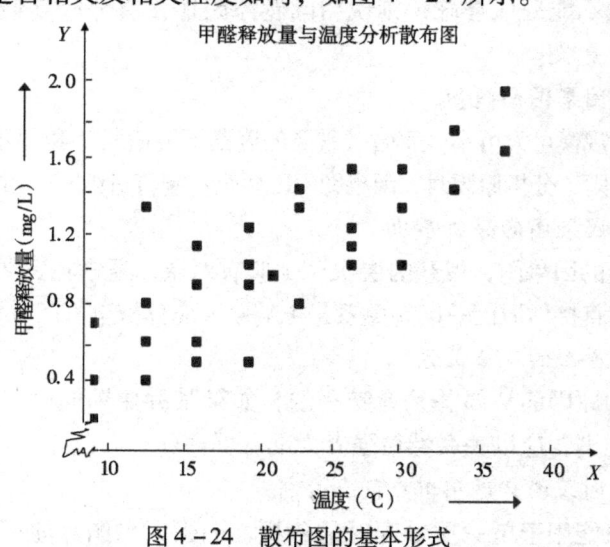

图4-24 散布图的基本形式

4.5.1.3 散布图的作用

①散布图通过对影响产品质量的相关因素进行直观观察，能够了解当一个变量发生变化，另一个变量相应出现的变化情况，得出两个变量之间相关关系的定性判断，实现对生产过程的有效控制。

②散布图通常与回归分析一同使用，用来寻找影响产品质量的相关因素，并对其进行定量判断，特别是当两个因素之间可能有相关关系，但又不能肯定的时候，使用散布图很容易作出明确判断。

4.5.1.4 散布图的分析与判断

研究两个变量之间的相关关系包括相关性质（是否存在相关关系，正相关和负相关）和相关程度（强相关和弱相关）两个方面，散布图分析侧重于对相关性质的判定，具体包括典型图例比较法和简单象限判断法；对相关程度的定量评估主要借助回归分析（计算相关系数，无须绘制散布图）来实现，即通过相关系数判断法。质量管理实践中，兼顾效率和结论可靠程度，通常需要几种方法配合使用，如表4-17所示。

表4-17 三种相关性判断方法的比较

应用特征	典型图例比较法	简单象限判断法	相关系数判断法
使用便捷	简便直观	简便直观	计算烦琐
结论精确	结论粗糙	结论精确	结论精确
判断方式	观察图形	观察图形	回归分析
判断性质	定性判断	定性判断	定量判断

（1）典型图例比较法

典型图例比较法是一种基于散布图判读的定性判断方法，通过对照典型图例来判断散布图的相关性质，简便直观，但可靠性不高，是散布图相关性分析最粗略的一种方法，适用于较明显的相关关系的判断，如表4-18所示。

表4-18 散布图典型图例

相关性	图例	x 与 y 的关系	图形特征
强正相关		x 增大，y 增大；x 减小，y 减小	数据点分布呈现较强的线性规律
强负相关		x 增大，y 减小；x 减小，y 增大	数据点分布呈现较强的线性规律

续表

相关性	图例	x 与 y 的关系	图形特征
弱正相关	弱正相关	x 增大，y 大致增大；x 减小，y 大致减小	数据点分布呈现较松散的线性规律
弱负相关	弱负相关	x 增大，y 大致减小；x 减小，y 大致增大	数据点分布呈现较松散的线性规律
非线性相关	非线性相关	x 与 y 曲线相关	数据点分布呈现某种曲线规律
完全不相关	不相关	x 与 y 不相关	数据点分布杂乱无章

（2）简单象限判断法

简单象限判断法，又称中值判断法或符号检定法，也是一种基于散布图判读的简便直观的定性判断方法，通过划分象限的方式来判断散布图的相关性质，相比典型图例比较法具有更好的判断精确度（点子较少时，判断误差较大），实践中应用最为广泛，具体步骤如图 4-25 所示。

①分区：画一条与 Y 轴平行的竖向中值线 F，使 F 线左右两侧的点数相等或近似相等；画一条与 X 轴平行的横向中值线 G，使 G 线上下两侧的点数相等或近似相等。

②计算：F/G 两线把散布图分成四个象限区域（$N-Ⅰ$、$N-Ⅱ$、$N-Ⅲ$、$N-Ⅳ$），分别统计落入各象限区域内的点子数（线上的点不计）。

③判断：计算对角象限区域内的点子数，即 $Q_{1-3} = N-Ⅰ + N-Ⅲ$ 和 $Q_{2-4} = N-Ⅱ + N-Ⅳ$，如表 4-19 所示，根据散布图数据点总数 n 查询"符号检验临界值表"，得到 $α = 0.01$ 和 $α = 0.05$ 两个显著性水平下的临界点子数，将 Q_{1-3} 和 Q_{2-4} 中点子数量较小者 $P = \{Q_{1-3}, Q_{2-4}\}_{min}$ 与显著性水平下的临

界点子数进行比较：当 $\alpha_{0.01} < P \leqslant \alpha_{0.05}$ 时，表示变量存在相关，当 $P < \alpha_{0.01}$ 时，表示变量显著相关；若 $N-Ⅰ+N-Ⅲ > N-Ⅱ+N-Ⅳ$，判定正相关；若 $N-Ⅰ+N-Ⅲ < N-Ⅱ+N-Ⅳ$，判定负相关；若 $N-Ⅰ+N-Ⅲ = N-Ⅱ+N-Ⅳ$，判定不相关。

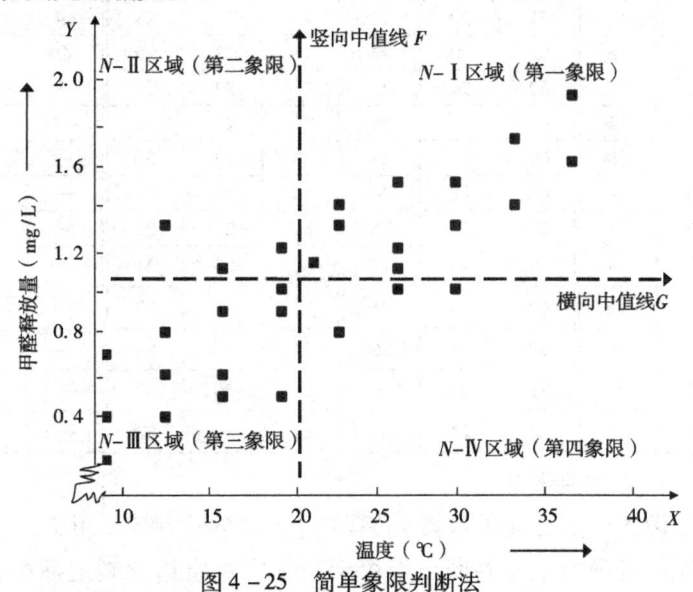

图 4-25 简单象限判断法

表 4-19 符号检验临界值表

n❶	$\alpha_{0.01}$	$\alpha_{0.05}$	n	$\alpha_{0.01}$	$\alpha_{0.05}$	n	$\alpha_{0.01}$	$\alpha_{0.05}$	n	$\alpha_{0.01}$	$\alpha_{0.05}$
1	—	—	12	1	2	23	4	6	34	9	10
2	—	—	13	1	2	24	5	7	35	9	11
3	—	—	14	1	2	25	5	7	36	9	11
4	—	—	15	2	3	26	6	7	37	10	12
5	—	—	16	2	3	27	6	7	38	10	12
6	—	0	17	2	4	28	6	8	39	11	12
7	—	0	18	3	4	29	7	8	40	11	13
8	0	0	19	3	4	30	7	9	41	11	13
9	0	1	20	3	4	31	7	9	42	12	14
10	0	1	21	4	5	32	8	9	43	12	14
11	0	1	22	4	5	33	8	10	44	13	15

❶ n 是待检验符号总数，α 为显著性水平，表中数值是较少数量的待检符号数量，当 $\alpha_{0.01} < P \leqslant \alpha_{0.05}$ 时，表示存在相关；当 $P < \alpha_{0.01}$ 时，表示显著相关。

续表

n	$\alpha_{0.01}$	$\alpha_{0.05}$	n	$\alpha_{0.01}$	$\alpha_{0.05}$	n	$\alpha_{0.01}$	$\alpha_{0.05}$	n	$\alpha_{0.01}$	$\alpha_{0.05}$
45	13	15	59	19	21	73	25	27	87	31	33
46	13	15	60	20	22	74	25	28	88	31	34
47	14	16	61	20	22	75	26	28	89	31	34
48	14	16	62	20	22	76	27	29	90	32	35
49	15	17	63	20	23	77	27	29	—	—	—
50	15	17	64	21	23	78	27	29	—	—	—
51	15	18	65	21	24	79	27	30	—	—	—
52	16	18	66	22	24	80	28	30	—	—	—
53	16	18	67	22	25	81	28	31	—	—	—
54	17	19	68	22	25	82	28	31	—	—	—
55	17	19	69	23	25	83	29	32	—	—	—
56	17	20	70	23	26	84	29	32	—	—	—
57	18	20	71	24	26	85	30	32	—	—	—
58	18	21	72	24	27	86	30	33	—	—	—

（3）相关系数判断法

典型图例比较法和简单象限判断法基于散布图判读，可以对变量间相关关系作出简便直观的定性判断，但由于缺乏客观定量的判定标准，可靠性较低，尤其对相关程度的判定能力不足。为了提高判断精度，实际工作中通常采用相关系数判断法。

相关系数判断法是一种基于相关系数计算的定量判断方法，从回归分析的角度精确度量两个变量之间的线性相关程度，是散布图相关性分析最精确的一种方法。相关系数判断法无须进行散布图判读，但计算过程比较复杂，适用于需要对相关性作出精确判断的场合，或者作为典型图例比较法和简单象限判断法的验证补充，具体步骤如下：

①计算：计算相关系数 r。相关系数，又称线性相关系数，是衡量两个随机变量之间线性相关程度的指标，相关系数判断法根据相关系数 r 的绝对值大小（$|r|$）判断两个变量线性相关的程度，$|r|$ 值越大，线性相关越强，如表 4-20 所示。相关系数计算公式如下：

$$r = \frac{\mathrm{Cov}(x,y)}{S_x S_y} = \frac{\frac{1}{n-1}\sum_{i=1}^{n}(x_i - \bar{x})(y_i - \bar{y})}{\sqrt{\frac{1}{n-1}\sum_{i=1}^{n}(x_i - \bar{x})^2}\sqrt{\frac{1}{n-1}\sum_{i=1}^{n}(y_i - \bar{y})^2}} = \frac{L_{xy}}{\sqrt{L_{xx}}\sqrt{L_{yy}}}$$

(4-1)

$$S_x = \sqrt{\frac{1}{n-1}\sum_{i=1}^{n}(x_i - \bar{x})^2} \qquad (4-2)$$

$$S_y = \sqrt{\frac{1}{n-1}\sum_{i=1}^{n}(y_i - \bar{y})^2} \qquad (4-3)$$

$$L_{xy} = \sum_{i=1}^{n}(x_i - \bar{x})(y_i - \bar{y}) = \sum_{i=1}^{n}x_i y_i - \frac{1}{n}\sum_{i=1}^{n}x_i \sum_{i=1}^{n}y_i \qquad (4-4)$$

$$L_{xx} = \sum_{i=1}^{n}(x_i - \bar{x})^2 = \sum_{i=1}^{n}x_i^2 - \frac{1}{n}\left(\sum_{i=1}^{n}x_i\right)^2 \qquad (4-5)$$

$$L_{yy} = \sum_{i=1}^{n}(y_i - \bar{y})^2 = \sum_{i=1}^{n}y_i^2 - \frac{1}{n}\left(\sum_{i=1}^{n}y_i\right)^2 \qquad (4-6)$$

表4-20 相关系数 r 对应的散布图形态

相关系数 r	变量关系	相关性	图形特征	图例
$r=0$	x 与 y 不存在线性相关	曲线关系	数据点全部分布在一条曲线上	$r=0$
		曲线相关	数据点随机分布在一条曲线附近	$r=0$
		完全不相关	数据点分布杂乱无章	$r=0$
$r=1$	x 与 y 存在线性关系	完全正相关（线性关系）	数据点全部分布在一条直线上	$r=1$

续表

相关系数 r	变量关系	相关性	图形特征	图例
$r=-1$	x 与 y 存在线性关系	完全负相关（线性关系）	数据点全部分布在一条直线上	$r=-1$
$0<r<1$	x 与 y 存在线性相关	正相关	数据点随机分布在一条直线附近	$0<r<1$
$-1<r<0$	x 与 y 存在线性相关	负相关	数据点随机分布在一条直线附近	$-1<r<0$

②查表：根据显著性水平 α 和自由度 $df=(n-2)$ 查询附录"相关系数临界值表"，得到相关系数临界值 r_α。

③判断：将计算求得的相关系数 r 和查表得到的相关系数临界值 r_α 进行比较，判断两个变量之间的相关性：若 $|r|>r_\alpha$，则 x 与 y 线性相关；若 $|r|<r_\alpha$，则 x 与 y 无线性相关。

4.5.1.5 通过 Excel 绘制散布图

①菜单栏【插入】选项卡上单击【散点图】按钮，选择<仅带数据标记的散点图>，创建空白散点图，如图 4-26 所示。

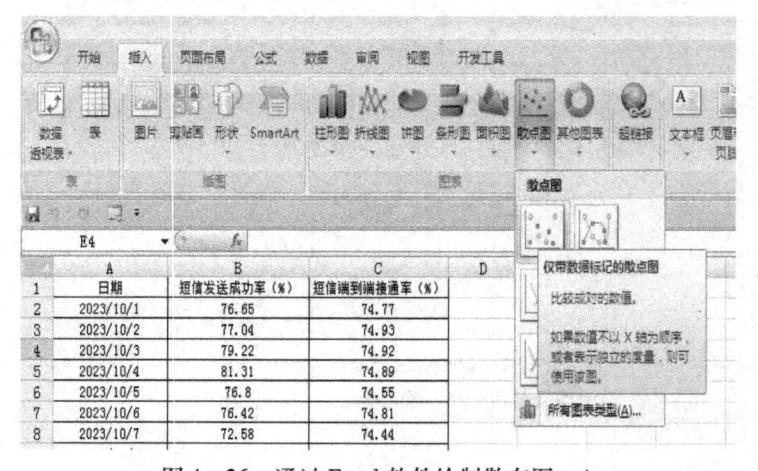

图 4-26 通过 Excel 软件绘制散布图-A

②右键单击空白散点图,点击＜选择数据源＞,在对话框＜图表数据区域＞栏输入待分析数据区域的单元格范围,如图4-27所示。

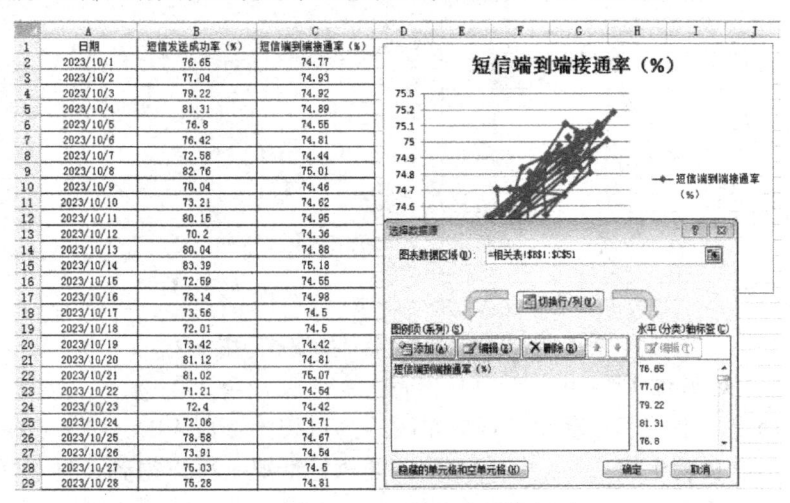

图4-27　通过Excel软件绘制散布图-B

③右键单击散点图,点击＜更改图表类型＞,在对话框选项＜XY（散点图）＞中选择"仅带数据标记的散点图",如图4-28所示。

图4-28　通过Excel软件绘制散布图-C

④删除＜横网格线＞,删除＜图例＞,删除＜图表标题＞,增加＜坐标轴标题＞等必要的格式调整后,就可以得到标准格式的散布图,如图4-29所示。

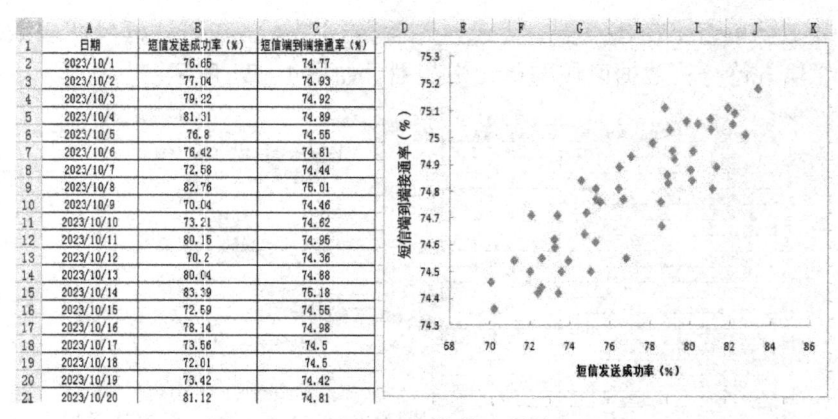

日期	短信发送成功率（%）	短信端到端接通率（%）
2023/10/1	76.65	74.77
2023/10/2	77.04	74.93
2023/10/3	79.22	74.92
2023/10/4	81.31	74.89
2023/10/5	76.8	74.55
2023/10/6	76.42	74.81
2023/10/7	72.58	74.44
2023/10/8	82.76	75.01
2023/10/9	70.04	74.46
2023/10/10	73.21	74.62
2023/10/11	80.15	74.95
2023/10/12	70.2	74.36
2023/10/13	80.04	74.88
2023/10/14	83.39	75.18
2023/10/15	72.59	74.55
2023/10/16	78.14	74.98
2023/10/17	73.56	74.5
2023/10/18	72.01	74.5
2023/10/19	73.42	74.42
2023/10/20	81.12	74.81

图4-29 通过Excel软件绘制散布图-D

4.5.1.6 通过VBA代码绘制散布图

下面是本书用于自动化实现散布图绘制过程的一段VBA代码（部分内容通过宏录制自动生成），以及VBA代码的执行情况，可以得到一样的散布图，如图4-30所示。

```
Sub 散布图（）
'最后修订于2023-02-09
Dim Checkup As Integer, Response As Integer
Dim Formlength As String, Formsize As String, Chartname As String, Axis_ lateral As String, Axis_ vertical As String
Dim mychart As ChartObject
'清理当前工作表中已经存在的图表
    Sheets（" 散布图"）.Select
    Checkup = ActiveSheet.ChartObjects.Count
    If Checkup <> 0 Then
        ActiveSheet.ChartObjects.Delete
    Else
    End If
'确定数据表格规模并绘制图表
    Range（" C1"）.Select
    Do
        ActiveCell.Offset（1, 0）.Select
        Formlength = ActiveCell.Value
    Loop Until Formlength = ""
    ActiveCell.Offset（-1, 0）.Select
    Formsize = ActiveCell.Address
    Range（" B1:" & Formsize）.Select
    Set mychart = Sheets（" 散布图"）.ChartObjects.Add（10, 80, 460, 350）
    mychart.Chart.ChartType = xlXYScatter
    mychart.Chart.SetSourceData Source：= Range（" 散布图! $B$1:" & Formsize）
```

```
Chartname = ActiveSheet.ChartObjects(1).Name
ActiveSheet.ChartObjects(Chartname).Activate
ActiveChart.Legend.Select
Selection.Delete
ActiveChart.ChartTitle.Select
Selection.Delete
ActiveChart.Axes(xlValue).MajorGridlines.Select
Selection.Delete
ActiveChart.Axes(xlValue).Select
Selection.MajorTickMark = xlInside
ActiveChart.Axes(xlCategory).Select
Selection.MajorTickMark = xlInside
ActiveChart.SetElement(msoElementPrimaryCategoryAxisTitleAdjacentToAxis)
ActiveChart.SetElement(msoElementPrimaryValueAxisTitleVertical)
Axis_vertical = Range("C1").Value
Axis_lateral = Range("B1").Value
ActiveChart.Axes(xlValue, xlPrimary).AxisTitle.Text = Axis_vertical
ActiveChart.Axes(xlCategory, xlPrimary).AxisTitle.Text = Axis_lateral
ActiveSheet.ChartObjects(Chartname).Activate
ActiveChart.PlotArea.Select
ActiveChart.ChartType = xlXYScatter
Response = MsgBox(" 散布图绘制完成！当前工作表上的图表是否需要保留?", vbYesNo)
If Response = vbNo Then
    ActiveSheet.ChartObjects.Delete
Else
End If
End Sub
```

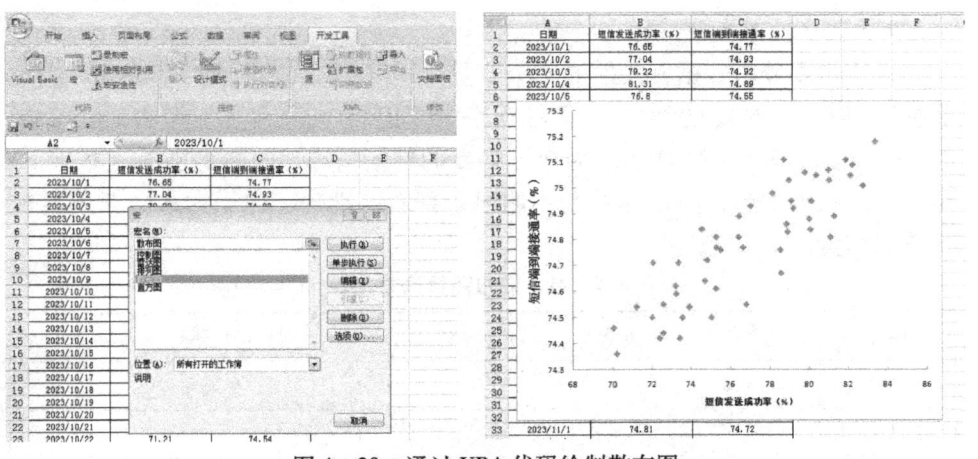

图 4-30 通过 VBA 代码绘制散布图

4.5.2 基本程序

散布图是以非数学方式辨认两种变量之间相关关系的一种统计方法，属于质量管理常用的"QC 七种工具"之一。当不知道两个因素之间的关系或两个因素之间关系在认识上比较模糊而需要对这两个因素之间的关系进行调查和确认时，可以通过散布图来确认二者之间的关系。正确使用质量工具是达成质量管理目标的基本保证，每种质量工具都要按照一定的程序或步骤来进行，应用散布图的基本程序包括五个步骤，如图 4-31 所示。

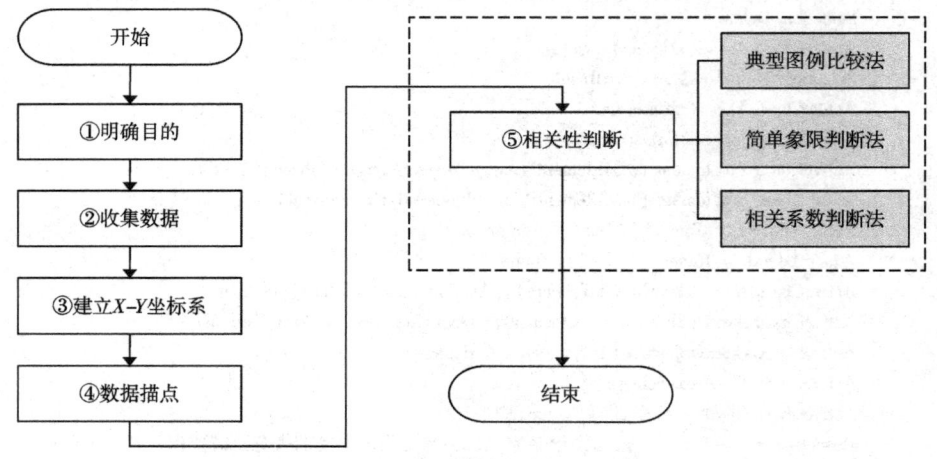

图 4-31 应用散布图的基本程序

4.5.2.1 明确目的

应用散布图的第一步，应明确目的，散布图用于确认两组变量在变化过程中是否影响对方。

4.5.2.2 收集数据

确定需要分析数据相关性的两个变量（x 与 y），收集 50~100 组"成对数据"，以一一对应的形式记录在表格中，记为（x_i，y_i），其中 i = 1，2，3，…，n，如表 4-21 所示。为保证必要的判断精度，收集的数据要求在 30 组以上，数据太少，图形相关性不明显，判断不准确；数据太多，无谓增加计算工作量。

表 4-21 散布图数据收集表

序号	变量 x	变量 y
1	x_1	y_1
2	x_2	y_2
3	x_3	y_3
…	…	…
i	x_i	y_i

4.5.2.3 建立 $X-Y$ 坐标系

根据变量 x 和 y 的最小值与最大值建立 $X-Y$ 坐标系，确定数据描点区域 (x_i, y_i)，如图 4-32 所示。横轴和纵轴的长度应基本相等，以便相关关系的图形分析。通常横坐标用来表示原因或自变量，纵坐标表示效果或因变量。坐标轴上划分适当刻度，辅助后续数据描点操作（刻度在轴的内侧，数字标示在轴的外侧），横坐标 X 轴标注 x 值的刻度，纵坐标 Y 轴标注 y 值的刻度。

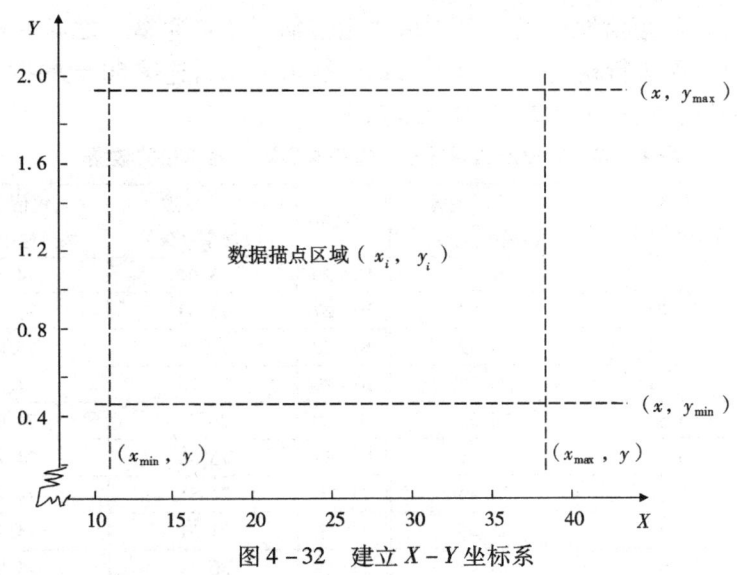

图 4-32 建立 $X-Y$ 坐标系

4.5.2.4 数据描点

根据表格中的样本数据，将每组变量 (x_i, y_i) 以一系列数据点的形式一一对应地描在坐标系中，若有两组数据完全相同，双重圈标识；若有三组数据完全相同，则用三重圈标识。同时，需要将变量名称和单位，以及图表标题等信息标注在散布图上。

4.5.2.5 相关性判断

画出散布图只是分析变量相关关系的第一步，应通过典型图例比较法、简单象限判断法或相关系数判断法等统计方法开展进一步分析。通常根据观察散布图上点子云的分布状况（典型图例比较法或简单象限判断法）概略判断两个变量之间的相关性与相关程度（定性分析）；如果需要进一步对变量关系作出精确判断，应该通过相关系数判断法（计算相关系数 r）对相关关系进行定量分析。

4.5.3 应用案例

【例 4-5】短信发送成功率是用户发送短信从交换机提交到短信中心的

成功率（短信发送成功率＝用户短信发送成功次数/用户短信发送尝试次数），短信端到端接通率是发送用户短信成功到达接收用户的概率（短信端到端接通率＝短信发送成功率×短信接收成功率）。某公司短信端到端接通率指标不理想，根据用户投诉分析，造成"短信端到端接通率低"的关键症结是"短信发送成功率低"，希望能确认"短信端到端接通率"与"短信发送成功率"之间是否存在相关性。

为了确认"短信发送成功率"和"短信端到端接通率"之间的相关性，我们运用散布图进行相关分析。收集2010年10～11月连续50天的指标数据，并绘制散布图，如表4-22、图4-33所示。

表4-22 短信发送成功率与短信端到端接通率相关数据

日期	短信发送成功率（%）	短信端到端接通率（%）	日期	短信发送成功率（%）	短信端到端接通率（%）
10-1	76.65	74.77	10-26	73.91	74.54
10-2	77.04	74.93	10-27	75.03	74.50
10-3	79.22	74.92	10-28	75.28	74.81
10-4	81.31	74.89	10-29	75.26	74.61
10-5	76.80	74.55	10-30	74.71	74.64
10-6	76.42	74.81	10-31	73.36	74.71
10-7	72.58	74.44	11-1	74.81	74.72
10-8	82.76	75.01	11-2	75.51	74.76
10-9	70.04	74.46	11-3	80.39	75.05
10-10	73.21	74.62	11-4	78.86	74.86
10-11	80.15	74.95	11-5	76.45	74.89
10-12	70.20	74.36	11-6	79.11	74.95
10-13	80.04	74.88	11-7	78.54	74.76
10-14	83.39	75.18	11-8	79.82	75.06
10-15	72.59	74.55	11-9	82.13	75.05
10-16	78.14	74.98	11-10	74.55	74.84
10-17	73.56	74.50	11-11	73.24	74.59
10-18	72.01	74.50	11-12	81.05	75.03
10-19	73.42	74.42	11-13	78.74	75.11
10-20	81.12	74.81	11-14	75.29	74.77
10-21	81.02	75.07	11-15	82.23	75.09
10-22	71.21	74.54	11-16	81.89	75.11
10-23	72.40	74.42	11-17	78.91	74.83
10-24	72.06	74.71	11-18	80.10	74.84
10-25	78.58	74.67	11-19	78.99	75.03

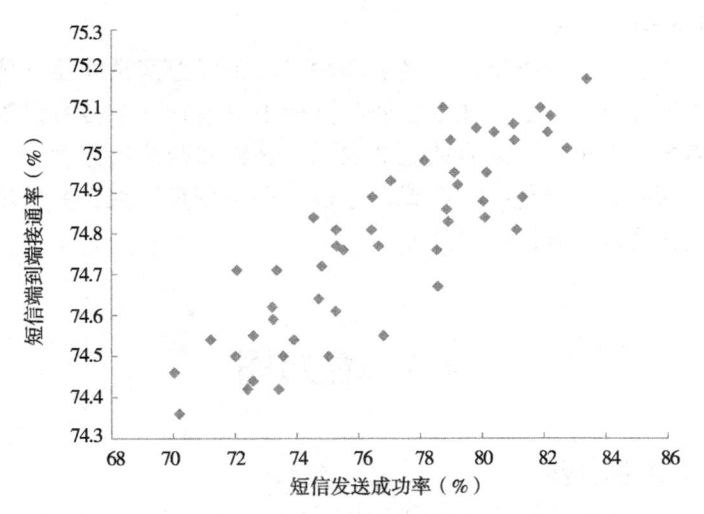

图4-33 短信发送成功率与短信端到端接通率的散布图

通过当前散布图与典型图例的对照比较，确认短信发送成功率与短信端到端接通率之间存在强正相关关系。

4.5.4 注意事项

4.5.4.1 散布图的应用前提

使用散布图调查两个因素之间的关系时，应尽可能固定对这两个因素有影响的其他因素，才能使通过散布图得到的结果比较准确。

4.5.4.2 散布图的数据收集

①收集的数据变量至少在30组，最好50~100组，数据太少时，容易造成误判。

②收集的数据必须来源于试验，且散布图的应用范围不能超出数据的取样范围，如需扩大应用范围，必须重新试验和收集数据，再绘制散布图；散布图中出现的个别偏离分布趋势的异常点，应当查明原因予以剔除。

4.5.4.3 函数关系与相关关系

对于两个变量，当一个变量的取值一定时，另一个变量的取值被唯一确定，则这两个变量之间的关系就是一个函数关系，是一种确定关系，比如圆的半径 r 和周长 C 之间属于函数关系（$C = 2\pi r$）；对于两个变量，当一个变量取值一定时，另一个变量的取值带有一定的随机性，则两个变量之间的关系叫作相关关系，是一种非确定关系，比如儿童的年龄和身高之间属于相关关系（随着年龄的增长，身高有增长的趋势）。

4.5.4.4 回归分析

统计学中，回归分析指的是确定两种或两种以上变量间相互依赖的定量关系的一种统计分析方法。如果在回归分析中只包括一个自变量和一个因变量，且二者的关系可用一条直线近似表示，这种回归分析称为一元线性回归分析；如果回归分析中包括两个或两个以上的自变量，且自变量之间存在线性相关，则称为多重线性回归分析。

4.6 直方图

4.6.1 工具介绍

4.6.1.1 概念

直方图，又称质量分布图，是一种统计报告图，由一系列矩形框（直方柱）组成，矩形宽度表示数据范围的间隔，矩形高度表示给定间隔内的数据出现频数，矩形框的高低起伏变化反映质量数据的总体分布情况。通过对数据分布形态和数据分布偏离情况（公差偏离分析）的研究，可以掌握生产过程的质量波动情况。

4.6.1.2 基本原理

直方图是一种过程能力分析，理论分析基于正态分布的假设前提。根据中心极限定理，大量独立随机变量的均值是以正态分布为极限的（大样本条件下，无论总体分布如何，样本均值总是近似地服从正态分布），如果偏离正态分布，可以认为过程存在异常，这正是直方图的理论基础，如图4-34所示。针对某产品或过程的特性值，直方图根据从生产过程中收集的质量数据，画成以组距为底、以频数为高的一系列直方柱组成的分布图形，当质量数据样本足够大时，直方图分布形态应该逐步趋近正态分布曲线的轮廓。

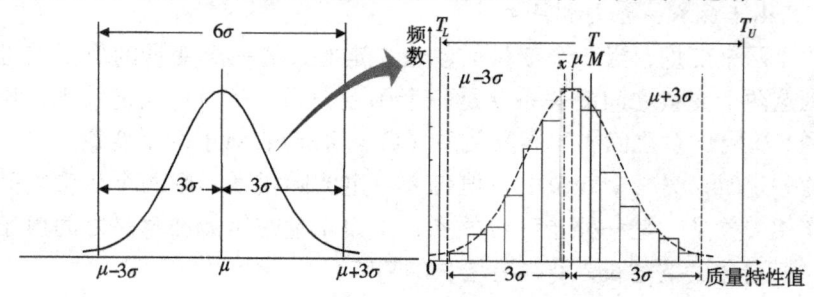

图4-34 直方图的基本原理

如图4-35所示，直方图平面直角坐标系中，横轴表示数据类型，纵轴表示数据频数。将生产过程中收集的质量数据按取值范围合理分组，各组数据用不同高度的直方柱形式按取值大小顺序绘制在坐标系上，不同的直方柱高度代表不同的数据频数，便得到一系列直方柱组成的锯齿状直方图，通过观察直方图分布形态，可以直观判断质量数据的总体分布情况。

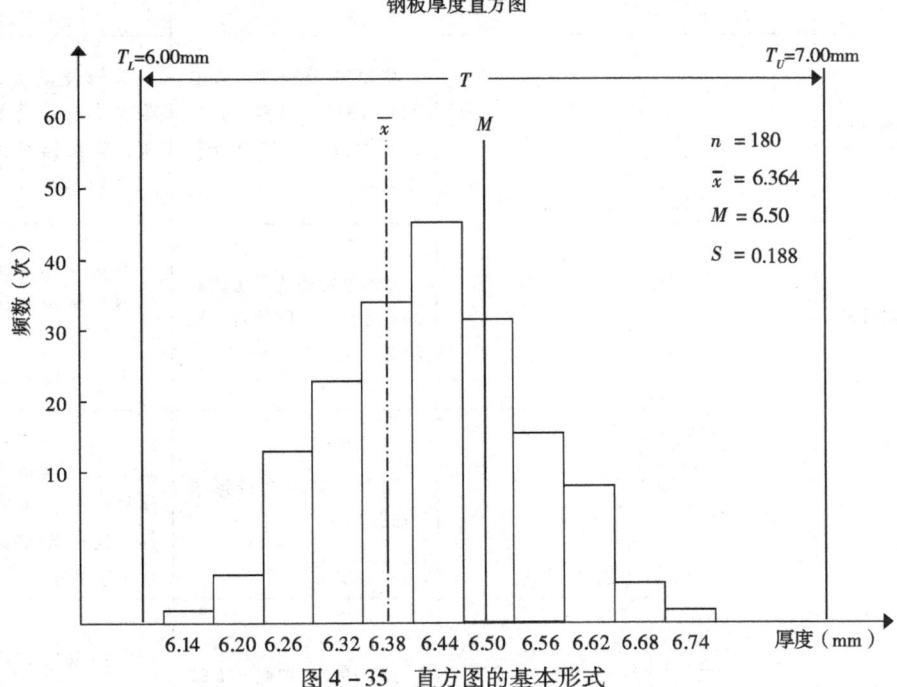

钢板厚度直方图

图4-35　直方图的基本形式

4.6.1.3 直方图的观察与分析

直方图作为一种质量工具，其目的是通过直方图的观察和分析研究产品质量的波动规律，据此判断生产过程的总体质量状况。通过直方图分布形态分析（分布形态与正态分布的比较），判断生产过程是否存在异常；通过直方图公差偏离分析（样本分布中心与公差中心的比较），判断生产过程的质量状况是否符合技术要求。

（1）分布形态分析（统计稳态）

直方图的分布形态分析，着眼于观察直方图整体分布形态是否服从正态分布的钟型轮廓，从而判断生产过程是否处于统计稳态，并估计产生异常的可能原因。通常情况下，直方图多少有点参差不齐，主要从整体形态上进行观察分析，如表4-23所示。

表4-23 直方图分布形态分析

分布形态	图例	图形特征	可能原因
正常型		中间高，两头低，左右近似对称	处于统计稳态
偏态型		均值位于左侧（或右侧），图形不对称（最高点两侧直方柱数量分布不均）	单侧公差（上限或下限）受约束，或操作者加工习惯影响
双峰型		图形左右两边各有较高的直方柱，中间的直方柱较低	来自不同总体的两种样本数据（均值不同）混在一起
孤岛型		图形左侧或右侧形成"孤岛"	样本数据中夹杂了来自其他总体的少量样本数据，或有异常因素在起作用
平顶型		直方柱高低近似（差距很小），顶端类似平顶	生产要素有缓慢劣化（比如工具磨损）
锯齿型		直方柱无规则地长短不一，顶端凹凸不平，类似锯齿状	直方图制作方法不正确（比如数据分组过多），数据收集方法不正确
峭壁型		直方柱由高到低递减（或由低到高递增），图形不对称，表现为正常型的左半部或者右半部	经全数检查后，剔除不合格品后的数据作图

(2) 公差偏离分析（技术稳态）

当直方图分布形态服从正态分布，即生产过程处于统计稳态时，还需要进一步通过直方图分布范围与规格界限（即公差范围）的比较，判断过程能力满足技术要求的程度（技术稳态）。公差偏离分析具体体现两方面内容：对分布中心的考察；对波动范围的考察，如表4-24所示。

表4-24 直方图公差偏离分析

偏离情况	图例	偏离分析	控制要点
理想形态		①样本均值与公差中心❶近似重合； ②产品分布在规格界限（公差范围）内且两侧均有一定余量 结论：理想形态	保持状态
能力富余		①样本均值与公差中心近似重合； ②产品分布在规格界限（公差范围）内，但两侧余量过大 结论：过程能力富余过多	放宽要求，降低成本
能力勉强		①样本均值与公差中心近似重合； ②产品分布在规格界限（公差范围）内，但两侧没有余量 结论：过程能力勉强满足要求	提高加工精度

❶ 公差中心 $M = \dfrac{T_L + T_U}{2}$，T_L 为公差规格下限，T_U 为公差规格上限。

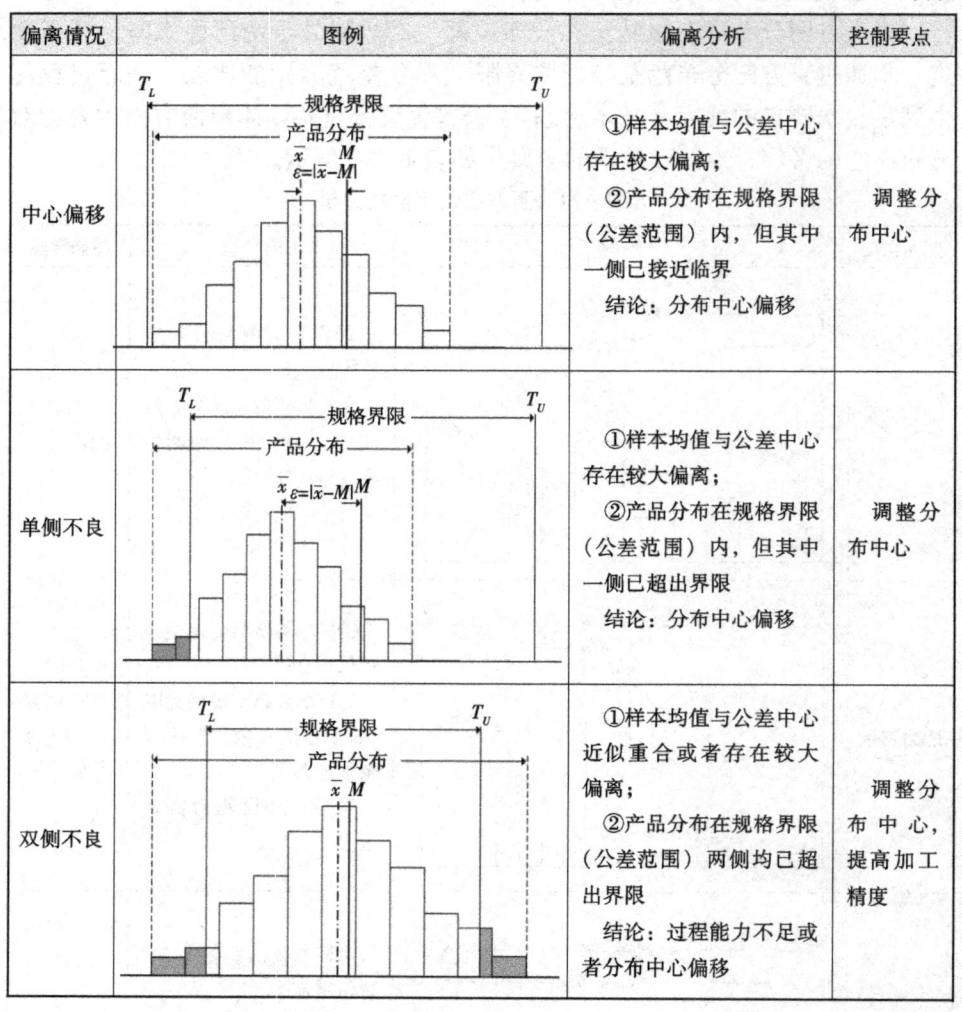

偏离情况	图例	偏离分析	控制要点
中心偏移		①样本均值与公差中心存在较大偏离；②产品分布在规格界限（公差范围）内，但其中一侧已接近临界 结论：分布中心偏移	调整分布中心
单侧不良		①样本均值与公差中心存在较大偏离；②产品分布在规格界限（公差范围）内，但其中一侧已超出界限 结论：分布中心偏移	调整分布中心
双侧不良		①样本均值与公差中心近似重合或者存在较大偏离；②产品分布在规格界限（公差范围）两侧均已超出界限 结论：过程能力不足或者分布中心偏移	调整分布中心，提高加工精度

4.6.1.4 直方图的作用

①直方图是从样本测量值推测总体分布的简单有效的方法。通过对质量数据的收集整理，显示质量波动的状态，直观描述过程质量状况的总体分布情况，判断生产过程保证产品质量的能力，估算过程合格率及产生的可能原因，为质量改进提供信息。

②直方图是判断过程稳态的直观便捷的手段。通过对直方图分布形态的观察和分析，判断过程是否处于统计稳态；通过直方图分布范围与公差范围的比较，判断过程是否处于技术稳态。

4.6.1.5 通过 Excel 绘制直方图

①菜单栏【数据】选项卡上单击【数据分析】按钮，在对话框中选择分析工具"描述统计"，<输入区域>栏输入待分析数据区域的单元格范围（如果待分析数据区域包含标题，则勾选"标志位于第一行"），<输出区域>栏任意输入一个空单元格位置，勾选"汇总统计""第 K 大值（显示从大到小排序的序号 K 的数据值，默认1）""第 K 小值（显示从小到大排序的序号 K 的数据值，默认1）"，如图 4-36 所示。

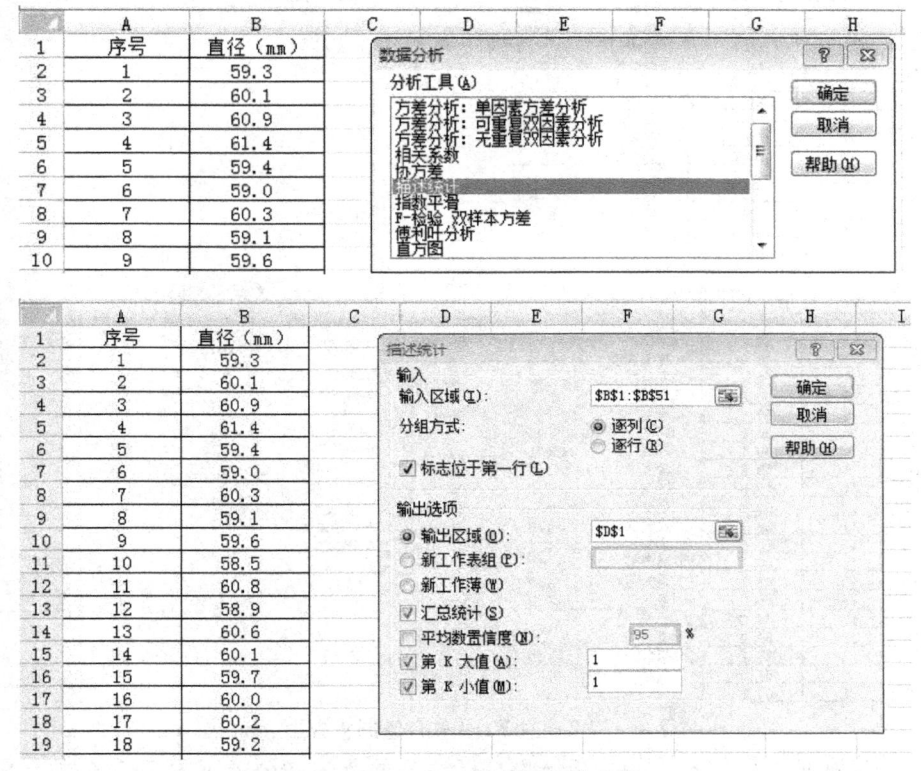

图 4-36 通过 Excel 软件绘制直方图 - A

②根据"描述统计"的分析结果，分别计算"极差""组距"（本例中选择组数为10）、"组界"●，并将其罗列在空白单元格中。再次在菜单栏【数据】选项卡上单击【数据分析】按钮，在对话框中选择分析工具"直方图"，

● 为避免样本数据刚好落在分组界限的区间端点上，应通过下移分组区间的方式，将样本数据的最小值和最大值包括在分组界限内，第一组的下界限值设定为样本数据最小值减去最小测量单位的 $\frac{1}{2}$。

<输入区域>栏输入待分析数据区域的单元格范围，<接收区域>栏输入组界的单元范围（如果组界单元包含标题，则勾选"标志"），<输出区域>栏任意输入一个空单元格位置，勾选"图表输出"，如图4-37所示。

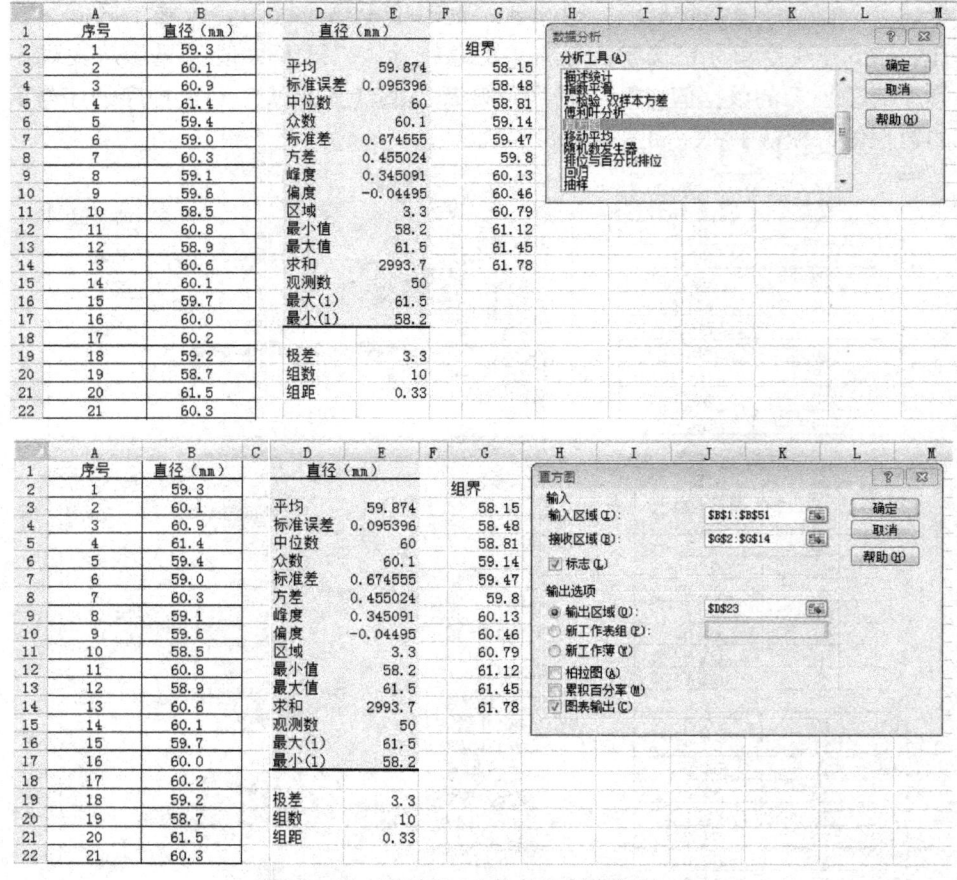

图4-37 通过Excel软件绘制直方图-B

③根据"直方图"的分析结果，标注公差范围（公差下限T_L和公差上限T_U），样本数量n，样本均值$\bar{x}$，样本标准偏差S，公差中心M，删除<图表标题>，删除<图例>，柱状系列图标设置分类间距为0（无间距）等必要的格式调整后，得到标准格式的直方图❶，如图4-38所示。

---

❶ 通过Excel绘制的直方图横坐标刻度值默认是分组界限值（组界），QC小组活动的具体实践中为了便于理解和读图，通常会将分组的区间中值（下界限值和上界限值的中点）作为横坐标刻度值，具体可以对照本章<应用案例>中的直方图横坐标刻度值。

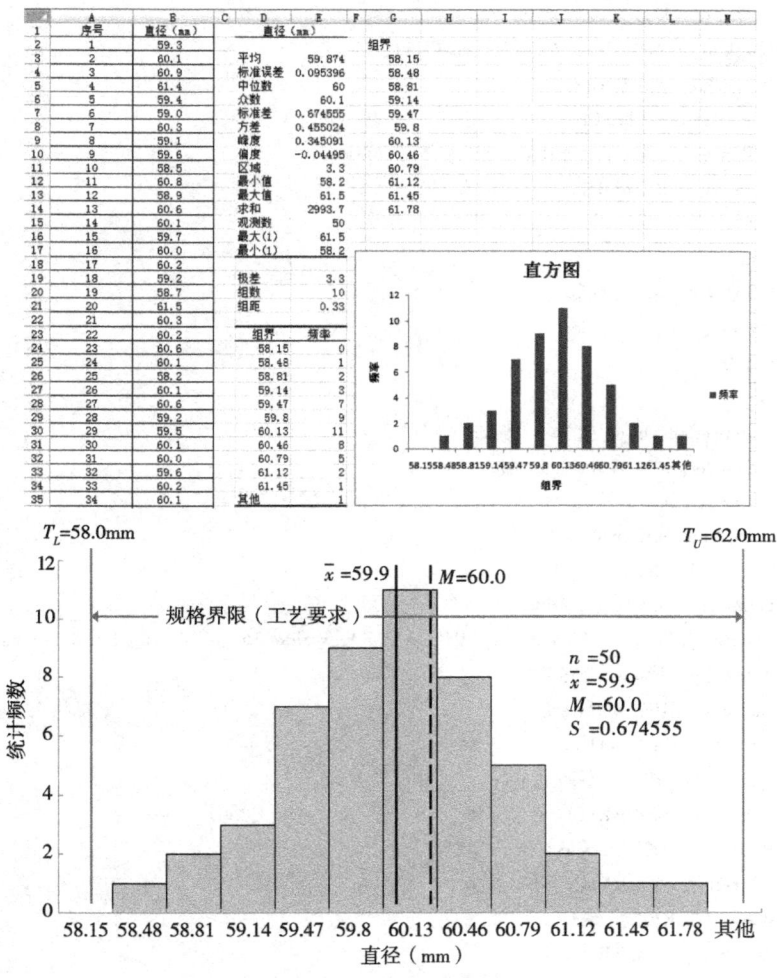

图 4-38 通过 Excel 软件绘制直方图-C

4.6.1.6 通过 VBA 代码绘制直方图

下面是本书用于自动化实现直方图绘制过程的一段 VBA 代码（部分内容通过宏录制自动生成），以及 VBA 代码的执行情况，根据具体需求手工标注公差范围（T_L 和 T_U）、公差中心（M）和均值（$\bar{x}$）后，可以得到一样的直方图，如图 4-39 所示。

```
Sub 直方图（）
'最后修订于 2023-02-09
Dim Checkup As Integer, Response As Integer, i As Integer
Dim Formlength As String, Formsize As String, Chartname As String, Length As Single, Minimal As Single, Maximal As Single, Mark As Single, Lastcell As String, s As Single, x_ mean As Single
'清理当前工作表中已经存在的图表
```

```
Sheets("直方图").Select
Checkup = ActiveSheet.ChartObjects.Count
If Checkup <> 0 Then
    ActiveSheet.ChartObjects.Delete
        Range("直方图!$D$1:$G$51").Select
    Selection.Delete Shift:=xlToLeft
    Else
End If
'确定数据表格规模并绘制图表
    Range("B1").Select
i = 0
Do
    ActiveCell.Offset(1, 0).Select
    Formlength = ActiveCell.Value
    i = i + 1
Loop Until Formlength = ""
ActiveCell.Offset(-1, 0).Select
Formsize = ActiveCell.Address
Application.Run "ATPVBAEN.XLAM!Descr", ActiveSheet.Range("$B$1:" & Formsize), _
ActiveSheet.Range("$D$1"), "C", True, True, 1, 1
    Range("D19").Select
ActiveCell.FormulaR1C1 = "极差"
    Range("E19").Select
ActiveCell.FormulaR1C1 = "=R[-6]C-R[-7]C"
    Range("D20").Select
ActiveCell.FormulaR1C1 = "组数"
    Range("E20").Select
ActiveCell.FormulaR1C1 = "10"
    Range("D21").Select
ActiveCell.FormulaR1C1 = "组距"
    Range("E21").Select
ActiveCell.FormulaR1C1 = "=R[-2]C/R[-1]C"
    Range("G2").Select
ActiveCell.FormulaR1C1 = "组界"
    Range("E21").Select
Length = ActiveCell.Value
    Range("E13").Select
Maximal = ActiveCell.Value
    Range("E12").Select
Minimal = ActiveCell.Value
    Range("E7").Select
```

```
        s = ActiveCell.Value
        Range("E3").Select
        x_mean = ActiveCell.Value
        Range("G3").Select
        ActiveCell.FormulaR1C1 = " =" & Minimal & " -0.05"
        Do
            ActiveCell.Offset(1, 0).Select
            ActiveCell.FormulaR1C1 = " =R[-1]C+" & Length
            Mark = ActiveCell.Value
        Loop Until Mark > Maximal
        Lastcell = ActiveCell.Address
        Application.Run " ATPVBAEN.XLAM! Histogram", ActiveSheet.Range("$B$1:" & Formsize) _
        , ActiveSheet.Range("$D$23"), ActiveSheet.Range("$G$2:" & Lastcell), False, False _
        , True, True
        Chartname = ActiveSheet.ChartObjects(1).Name
        ActiveSheet.ChartObjects(Chartname).Activate
        ActiveChart.Legend.Select
        Selection.Delete
        ActiveChart.SeriesCollection(1).Select
        ActiveChart.ChartGroups(1).GapWidth = 0
        ActiveChart.Axes(xlValue).Select
        Selection.MajorTickMark = xlInside
        ActiveChart.Axes(xlCategory).Select
        Selection.MajorTickMark = xlInside
        ActiveChart.ChartTitle.Select
        ActiveSheet.ChartObjects(Chartname).Activate
        ActiveChart.ChartTitle.Text = " 直方图 n=" & i-1 & " S=" & s & " 均值=" & x_mean
        With ActiveSheet.ChartObjects(Chartname)
            .Width = 500
            .Height = 280
        End With
        Response = MsgBox(" 直方图绘制完成，请手工标注公差范围（TL 和 TU）、公差中心（M）和均值位置！当前工作表上的图表是否需要保留?", vbYesNo)
        If Response = vbNo Then
            ActiveSheet.ChartObjects.Delete
            Range(" 直方图! $D$1: $G$51").Select
            Selection.Delete Shift:=xlToLeft
        Else
        End If
    End Sub
```

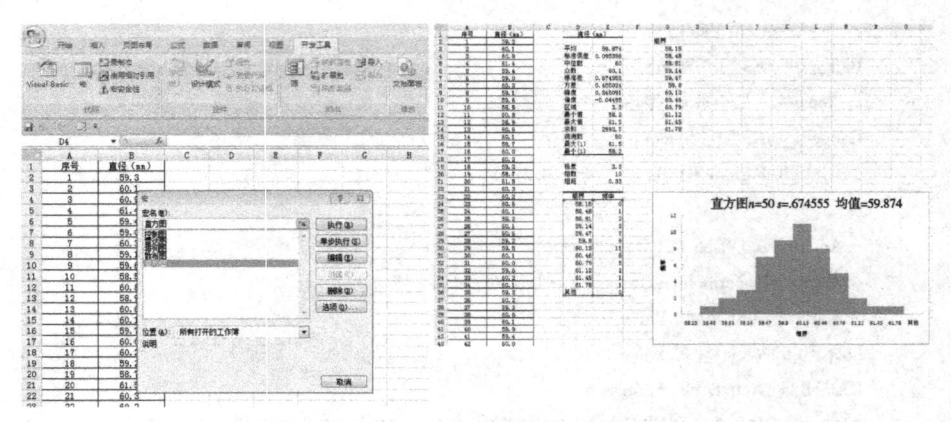

图 4-39 通过 VBA 代码绘制直方图

4.6.2 基本程序

直方图是质量管理实践中被广泛使用的一种质量工具。它通过质量数据的加工整理，直观反映质量数据的取值范围、集中趋势、离散程度和分布形态，从而对总体质量波动情况作出判断。正确使用质量工具是达成质量管理目标的基本保证，每种质量工具都要按照一定的程序或步骤来进行，应用直方图的基本程序包括九个步骤（直方图分析可以通过 Microsoft Excel 中的"数据分析－直方图"完成），如图 4-40 所示。

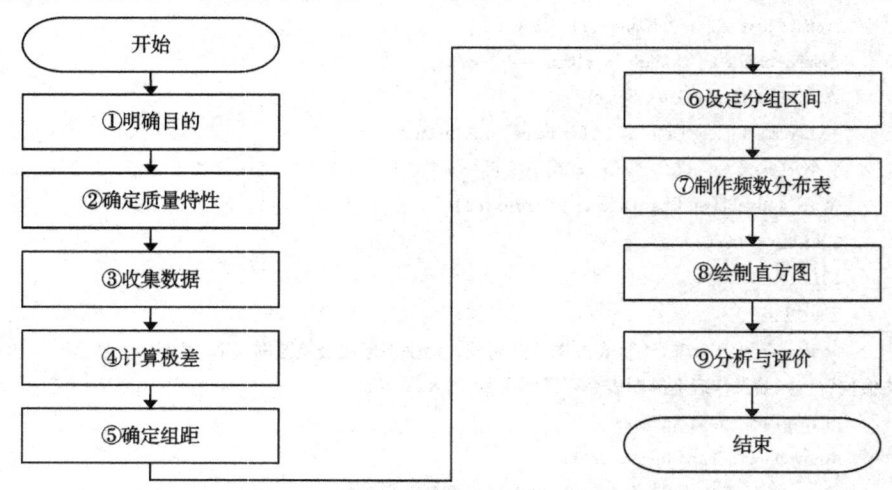

图 4-40 应用直方图的基本程序

4.6.2.1 明确目的

应用直方图的第一步，首先是明确目的。当需要根据一组数据的分布特征直观判断生产过程是否处于统计稳态或者技术稳态时，适用直方图。

4.6.2.2 确定质量特性

通过直方图了解产品的质量情况,首先需要确定一个质量特性,直方图是数值数据分布的图形表示,因此,一般应选择能用数值来表示的质量特性值作为直方图的研究对象,包括计量值数据和计数值数据。

4.6.2.3 收集数据

直方图是为研究数据变化规律而对数据进行加工整理的一种基本方法,收集数据是基础工作。直方图样本数据量通常取 100 个,收集样本数据困难的情况下,至少在 50 个,若抽取样本数量过少,会产生较大计算误差,可信度降低。

4.6.2.4 计算极差

用样本数据的最大值 x_{max} 减去最小值 x_{min},计算数据极差 $R = x_{max} - x_{min}$。

4.6.2.5 确定组距

先根据样本量 n 确定直方图的组数 k,具体分组数量通常根据样本数据量的多少而定,分组组数太少,会导致数据大量集中在少数分组内,掩盖数据的差异,影响形态分析的准确性;分组组数太多,会导致每组内数据太少,绘制的直方图过于离散或呈锯齿状,影响数据分组规律的显著性,如表 4-25 所示。确定组数 k 后,随之可以确定直方图组距 $h\left(h = \dfrac{R}{k}\right)$,对于等距分组(组距可以相等,也可以不相等),组距通常近似到最小测量单位的整数倍。

表 4-25 分组组数选用表

序号	样本量 n	推荐组数 k	常用组数 k
1	50 ~ 100	6 ~ 10	10
2	100 ~ 250	7 ~ 12	10
3	250 以上	10 ~ 20	10

4.6.2.6 设定分组区间

设定分组区间,也称为确定分组界限(组界),通常从最低下界限值开始,以确定的组距 h 为间隔,依次确定各个分组界限的区间端点(区间 $[a_0, a_1]$ 表示 $a_0 \leq x_i \leq a_1$)和区间中值。为避免样本数据刚好落在分组界限的区间端点上,应通过下移分组区间的方式,将样本数据的最小值和最大值包括在分组界限内,具体方法为:第一组的下界限值(a_0)设定为样本数据最小值减去最小测量单位的 $\dfrac{1}{2}$,即 $\left(x_{min} - \dfrac{1}{2} \text{最小测量单位}\right)$,第一组的下界限值($a_0$)与组距 h 相加得到第一组的上界限值(a_1),即($a_0 + h$),由于第一组界限值向下移动了一部分$\left(\frac{1}{2}\text{最小测量单位}\right)$，最终确定的组数会比最初选定的组数多一组（$k+1$）。第一组的上界限值 a_1 同时作为第二组的下界限值，与组距 h 相加（a_1+h）得出第二组的上界限值 a_2，以此类推，如表 4-26 所示。

表 4-26 设定分组区间

分组区间	$[a_0,a_1]$		$[a_1,a_2]$		...	$[a_{k-1},a_k]$		$[a_k,a_{k+1}]$	
区间端点	a_0	a_1	a_1	a_2	...	a_{k-1}	a_k	a_k	a_{k+1}
端点取值	$x_{\min}-\frac{1}{2}$最小测量单位	a_0+h	a_0+h	a_1+h	...	$a_{k-2}+h$	$a_{k-1}+h$	$a_{k-1}+h$	a_k+h
区间中值	x_1'		x_2'		...	x_k'		x'_{k+1}	
中值取值	$\frac{1}{2}(a_0+a_1)$		$\frac{1}{2}(a_1+a_2)$		...	$\frac{1}{2}(a_{k-1}+a_k)$		$\frac{1}{2}(a_k+a_{k+1})$	

4.6.2.7 制作频数分布表

根据分组区间的上下界限划分，统计各个分组区间内包含的样本数据频数（相应取值区间的数据个数），制作频数分布表，如表 4-27 所示。

表 4-27 频数分布表

组号	分组区间	区间中值 x_i'	频数统计 f_i
1	$[a_0,a_1]$	$\frac{1}{2}(a_0+a_1)$	f_1
2	$[a_1,a_2]$	$\frac{1}{2}(a_1+a_2)$	f_2
3	$[a_2,a_3]$	$\frac{1}{2}(a_2+a_3)$	f_3
...	...	...	...
k	$[a_{k-1},a_k]$	$\frac{1}{2}(a_{k-1}+a_k)$	f_k
$k+1$	$[a_k,a_{k+1}]$	$\frac{1}{2}(a_k+a_{k+1})$	f_{k+1}
合计	—	—	$f=\sum_{i=1}^{k+1}f_i$

4.6.2.8 绘制直方图

建立直方图直角坐标系，横坐标表示样本数据刻度，纵坐标表示数据统计频数，在横坐标上标注各个分组界限的区间端点。根据频数分布表的统计结果，以分组区间为底，以数据频数为高，绘制每个分组区间对应的一系列直方柱，得到频数直方图。同时计算样本均值$\left(\bar{x}=\frac{1}{n}\sum_{i=1}^{n}x_i\right)$和样本标准偏差

$\left(S=\sqrt{\dfrac{\sum_{i=1}^{n}(x_i-\bar{x})^2}{n-1}}\right)$,并在直方图上标注分组界限值(组界)刻度(或区间中值刻度)、公差范围(规格下限 T_L 和规格上限 T_u)、公差中心(M)、样本数量(n)、样本均值($\bar{x}$)、样本标准偏差(S),以及样本均值与公差中心的相对偏离关系。

4.6.2.9 分析与评价

通过对直方图的观察和分析,评价生产过程的总体质量状况,为后续质量改进提供方向。直方图的分析与评价主要包括两方面内容:分布形态分析;公差偏离分析。

4.6.3 应用案例

【例4-6】机械加工中,误差是不可避免的,只要误差在规定范围内,即为合格品,否则为不合格品。某车间生产的螺母直径工艺要求为60.0mm±2.0mm,希望通过了解螺母加工的质量现状,寻求改进方向。

为了解加工质量现状,我们运用直方图分析,随机抽取50个样品测量直径尺寸,具体如表4-28所示。

表4-28 螺母直径加工尺寸数据表

序号	直径(mm)	序号	直径(mm)	序号	直径(mm)	序号	直径(mm)	序号	直径(mm)
1	59.3	11	60.8	21	60.3	31	60.0	41	59.4
2	60.1	12	58.9	22	60.2	32	59.6	42	60.0
3	60.9	13	60.6	23	60.6	33	60.2	43	59.6
4	61.4	14	60.1	24	60.1	34	60.1	44	60.5
5	59.4	15	59.7	25	58.2	35	59.3	45	59.6
6	59.0	16	60.0	26	60.1	36	60.2	46	59.7
7	60.3	17	60.2	27	60.6	37	59.3	47	59.5
8	59.1	18	59.2	28	59.2	38	60.6	48	60.2
9	59.6	19	58.7	29	59.5	39	60.1	49	60.2
10	58.5	20	61.5	30	60.1	40	59.9	50	59.5

根据样本数据计算直方图特征值如表4-29所示,制作频数分布表如表4-30所示,并绘制直方图如图4-41所示。

表4-29 直方图特征值

最小值 min	最大值 max	极差 R	组数 K	组距 H	均值 $\bar{x}$	标准偏差 S	公差中心 M
58.2	61.5	3.3	10	0.33	59.9	0.674555	60.0

表4-30 频数分布表

组号	分组区间	区间中值	频数统计
1	58.15 ~ 58.48	58.32	1
2	58.48 ~ 58.81	58.65	2
3	58.81 ~ 59.14	58.98	3
4	59.14 ~ 59.47	59.31	7
5	59.47 ~ 59.80	59.64	9
6	59.80 ~ 60.13	59.97	11
7	60.13 ~ 60.46	60.30	8
8	60.46 ~ 60.79	60.63	5
9	60.79 ~ 61.12	60.96	2
10	61.12 ~ 61.45	61.29	1
11	61.45 ~ 61.78	61.62	1

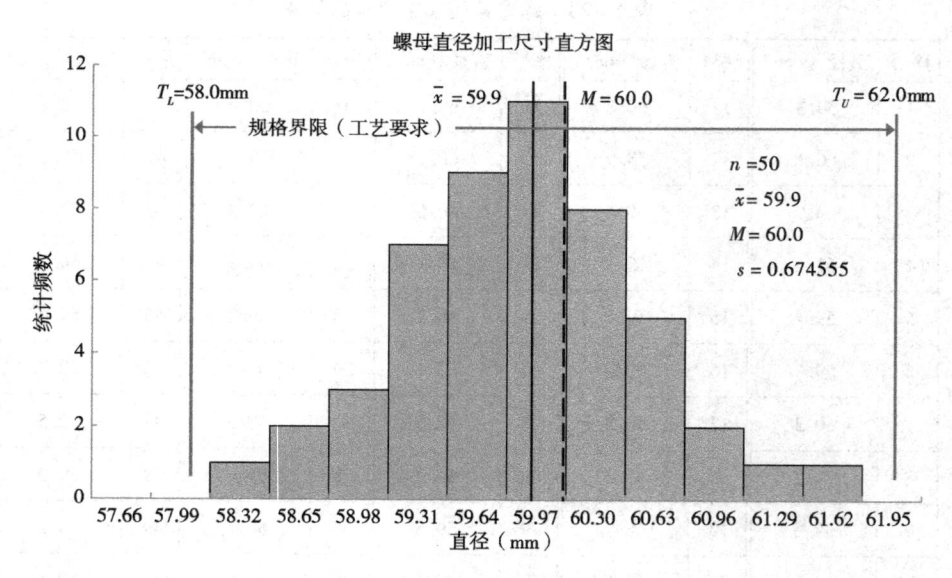

图4-41 螺母直径加工尺寸直方图

①分布形态分析（统计稳态）。观察直方图整体分布形态，呈现中间高、两头低，两侧近似对称，分布形态属于"正常型"，生产过程处于统计控制状

态（统计稳态）。

②公差偏离分析（技术稳态）。观察直方图公差偏离情况，产品分布都在规格界限（公差范围）内且两侧都留有一定余量，但左侧已接近规格界限，同时，产品均值与公差中心存在一定偏移（整体左偏），此时，生产过程虽然勉强满足要求，但稍有不慎就会出现不合格，表明过程能力并不充分，应采取有效措施调整分布中心，并适当提高产品加工精度。

4.6.4 注意事项

4.6.4.1 直方图绘制要点

①为避免样本数据刚好落在分组界限的区间端点上，通常会进行下移分组区间的操作（第一组下界限值向下移动 $\frac{1}{2}$ 最小测量单位），所以最终确定的组数会比最初选定的组数（k）多一组（$k+1$），保证最小值和最大值落在分组区间内。

②直方图横坐标上标注的分组区间限值刻度，既可以是上下界限值，也可以是区间中值。

③应在图上标注样本数量（n）、样本均值（$\bar{x}$）、样本标准偏差（S），必要时还应标注公差范围（规格下限 T_l 和规格上限 T_u），公差中心（M）以及样本均值和公差中心的相对位置。

4.6.4.2 直方图是进行过程能力分析的基本手段

直方图是快速进行过程能力分析的基本手段，通过观察图形特征就可以大致确认当前生产过程是否稳定，是否符合生产技术要求，以及过程能力是否充分。

4.6.4.3 直方图是静态的

直方图的分析结论是静态的，它只反映当前收集的历史数据的分布特征，不能实时反映时间推移的变化，没有预判性，用当前直方图的分析结论预测未来情况是不可靠的。

4.6.4.4 直方图与柱状图的区别

①直方图用矩形面积表示各组频数的多少，矩形高度表示各组的频数，宽度表示各组的组距，组距通常是相等宽度（不是必须的，也可以不相等），其高度与宽度均有意义；柱状图用条形长度表示各类别频数的多少，其宽度表示类别（宽度必须是相等的）。

②直方图分组数据间具有连续性，各矩形通常是按数值大小连续排列的（相邻并且不重叠）；而柱状图各类别之间没有连续性，各个条形通常是分开

排列的。

③直方图的横轴（X轴）是刻度轴，表示数据刻度，整体属于同一个类别；柱状图的横轴（X轴）是分类轴，用于区分不同类别，和数据刻度无关。

④直方图主要用于展示定量数据；柱状图主要用于展示分类数据。

4.7　控制图（管理图）

4.7.1　工具介绍

4.7.1.1　概念

控制图，又叫管理图，是通过图形化方式显示生产过程质量波动，根据过程质量特性值的测量、记录和分析，判断生产过程是否处于受控状态所使用的、带有控制界限的一种质量管理图表。通过设置合理的控制界限，控制图可以确认过程质量是否受系统性因素影响，并提示操作者保持过程的受控状态而进行动态控制。

4.7.1.2　基本原理

控制图是一种过程能力分析，理论分析基于正态分布的假设前提。根据正态分布的"3σ"原则（三倍标准偏差），质量特性数据落在（$\mu-3\sigma$，$\mu+3\sigma$）范围内的概率为99.73%，落在界外的概率0.27%（千分之三）是个小概率事件，而"在一次观测中，小概率事件是不可能发生的，一旦发生就认为过程出现问题"，所以，"假定工序（过程）处于控制状态，一旦显示出偏离这一状态，极大可能性就是工序（过程）失控，需要及时调整"。控制图正是基于这个结论而产生的。将正态分布曲线及其3σ界限（$\mu\pm3\sigma$）顺时针旋转90°后翻转180°，再去掉概率密度曲线，就得到控制图的轮廓线，如图4-42所示。

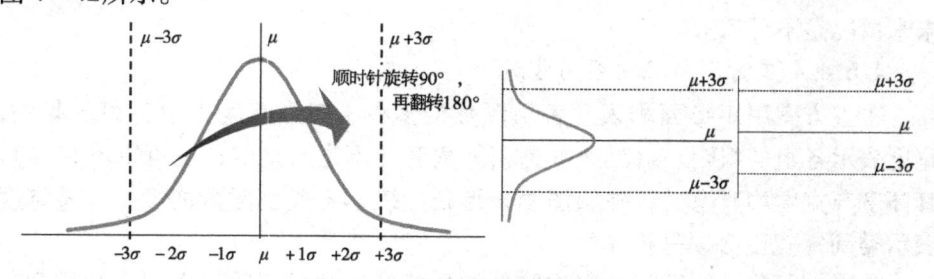

图4-42　控制图轮廓线的产生

控制图横坐标为样本序号或抽样时间，纵坐标为质量特性值。图上有三条平行于横坐标的控制线,通常我们把上临界线($\mu+3\sigma$ 线)称为控制上限,记为 UCL(Upper Control Limit),下临界线($\mu-3\sigma$ 线)称为控制下限,记为 LCL(Lower Control Limit),控制上限与控制下限统称为控制界限,均线(μ 线)称为中心线,记为 CL(Central Line),中心线标志着质量特性值分布的中心位置($CL=\mu$),上下控制界限标志着质量特性值允许波动范围($LCL=\mu-3\sigma, UCL=\mu+3\sigma$),如图 4-43 所示。生产过程中通过抽样取得的质量特性值用点子按时间或序号顺序标在控制图上,点子之间用实线段连接起来,得到一条反映质量特性值随时间波动的折线,分析折线的形状和变化趋势以及折线与三条控制线之间的关系,便可判断生产过程状态。如果点子完全随机地落在上下控制界限内,即可判断生产过程处于受控状态;如果点子超出控制界限,或者点子排列有缺陷,则表明生产过程处于失控状态,应针对异常原因进行判定和分析,并设法排除。

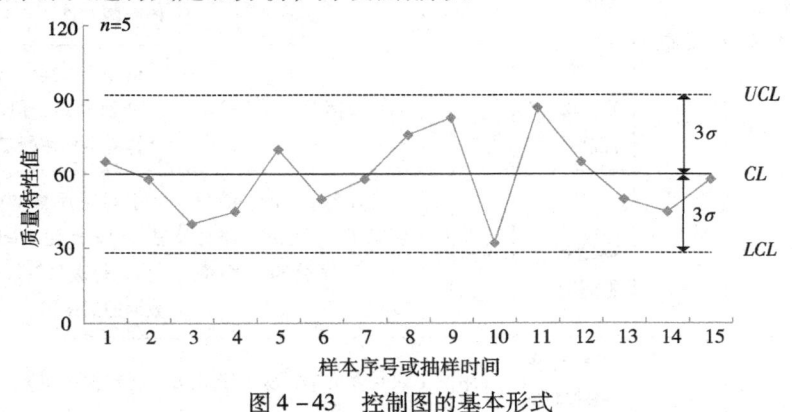

图 4-43 控制图的基本形式

4.7.1.3 控制图的作用

(1)分析过去数据

通过对生产过程历史数据的分析,判断生产过程是否达到统计稳态。如果过程没有达到统计稳态,应找出原因,采取措施,消除系统性因素的影响,使过程达到统计稳态。

(2)控制生产过程

生产过程中,通过观察控制图上产品质量特性值的实时数据,分析和判断生产过程是否发生了异常,一旦发现异常就要查找原因,并及时采取必要措施加以消除,使生产过程恢复统计稳态,预防产生不合格品。

4.7.1.4 控制图的分类

(1)按数据分类

根据数据类型不同,控制图可分为计量值控制图和计数值控制图(包括计件数据和计点数据），它们分别适用于不同性质的统计过程控制，如表4-31所示。

表4-31 计量值控制图和计数值控制图

类别	数据类型	分布特征	控制图名称	控制图符号	应用特点	适用场合
计量值控制图	计量数据	正态分布	均值-极差控制图	$\bar{x}-R$	计算复杂，效果较好	适用于质量特性值可以合理分组，并且样本容量较小（样本容量$2 \leq n < 10$）的工序
			均值-标准差控制图	$\bar{x}-S$	计算复杂，效果较好	适用于质量特性值可以合理分组，并且样本容量较大（样本容量$n \geq 10$）的工序
			中位数-极差控制图	$\tilde{x}-R$	计算简单，效果较差	适用于质量特性值可以合理分组，但不方便计算样本均值的工序
			单值-移动极差控制图	$x-R_s$	计算简单，能及时判断工序是否稳定，不易发现工序分布中心的变化	适用于质量特性值无法合理分组（质量均匀），每次只能得到一个数据的工序
计数值控制图	计件数据	二项分布	不合格品数控制图	np	计算简单，易于理解	样本大小相等
			不合格品率控制图	p	计算复杂，需单独计算控制界限；控制界限为折线	样本大小不等
	计点数据	泊松分布	缺陷数控制图	c	计算简单，易于理解	样本大小相等
			缺陷率控制图	u	计算复杂，控制界限为折线	样本大小不等

①计量值控制图。计量值控制图主要适用于以计量值为控制对象的场合（连续型变量），比如长度、取值。计量值控制图对工序中存在的系统性原因反应敏感，具有及时查明并消除异常的明显作用，其效果比计数值控制图显著，经常用来预防、分析和控制工序加工质量，特别是几种控制图的联合使用，常用的计量值控制图有：均值-极差控制图（$\bar{x}-R$）、均值-标准差控

制图（$\bar{x} - S$）、中位数 – 极差控制图（$\tilde{x} - R$）和单值 – 移动极差控制图（$x - R_s$）。

②计数值控制图。计数值控制图通常适用于以计数值为控制对象的场合（离散型变量），如不合格品数，取值范围确定，但具体取值具有随机性。计数值控制图作用类似于计量值控制图，目的是分析和控制生产工序的受控性，预防不合格品的发生，保证产品质量。计数值控制图根据计数值的不同又可分为计件值控制图和计点值控制图。计件值控制图包括不合格品数控制图（np）和不合格品率控制图（p）。计点值控制图包括缺陷数控制图（c）和缺陷率控制图（u）。

(2) 按用途分类

根据使用场合不同，控制图可分为分析用控制图和控制用控制图，它们分别适用于不同阶段的统计过程控制，如图4-44所示。分析用控制图和控制用控制图是实施统计过程控制的两个阶段，分析用控制图阶段用于确认过程是否受控，并计算控制界限；控制用控制图阶段用于监测生产过程是否保持受控状态，预防产生不合格品。

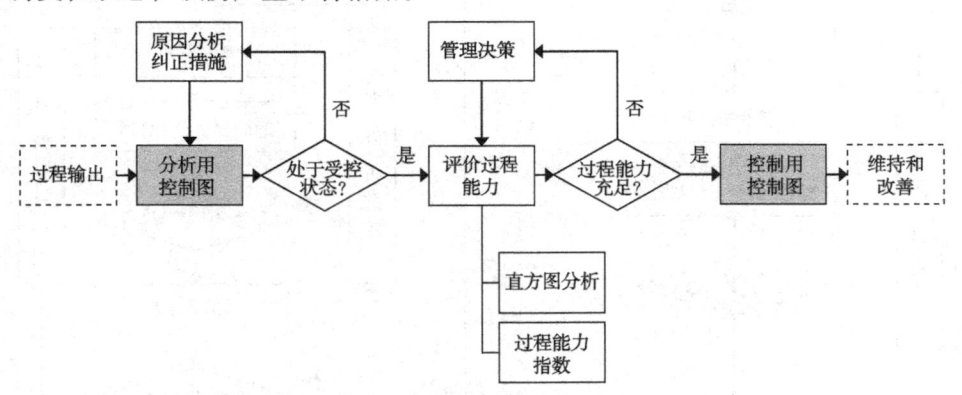

图4-44 分析用控制图和控制用控制图

①分析用控制图。刚开始应用控制图时，我们并不了解生产过程是否处于受控状态，需要连续采集多批数据（一般要求不少于25批），采用相应计算公式确定控制界限，绘制控制图并判断生产过程是否处于受控状态，这一阶段使用的控制图称为分析用控制图。分析用控制图通过对已完成的生产过程进行分析，评估该过程是否处于受控状态，判断过程能力是否满足技术要求（通过直方图分析，或者通过计算过程能力指数），通常用来确认过程改进的效果。

②控制用控制图。当分析用控制图确认生产过程已经处于受控状态且满

足技术要求（过程达到双稳态），延长分析用控制图的控制界限，监控生产过程是否继续保持在受控状态，这一阶段使用的控制图称为控制用控制图。控制用控制图主要用于发现生产过程是否出现了异常情况，控制生产过程保持在受控状态，预防产生不合格品，其控制界限可以沿用分析用控制图，也可以重新计算（控制图使用一段时间以后，应根据实际情况对中心线和控制界限进行修改）。

4.7.1.5 控制图的分析与判断

控制图上数据点的位置和排列体现生产过程的质量分布状态：过程失控，应查找原因采取措施；过程受控，则维持生产现状。分析判断生产过程是否处于受控状态，需要根据控制图的"判稳准则"和"判异准则"：分析用控制图阶段通过"判稳准则"分析过程的受控性，并计算过程的控制界限；控制用控制图阶段通过"判异准则"判断（预测）过程的受控性，如图 4-45 所示。

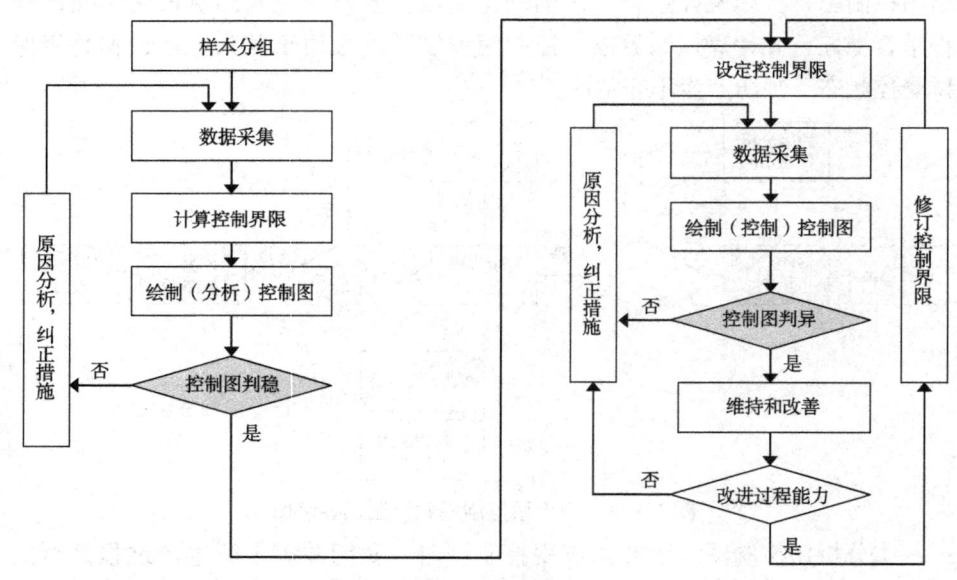

图 4-45 控制图的判稳与判异

（1）判稳准则

常规控制图的设计思想是先确定犯第Ⅰ类错误（弃真）的概率，再看犯第Ⅱ类错误（取伪）的概率。为了增加控制图使用者的信心，第Ⅰ类错误（弃真）的概率 α 取得特别小［基于正态分布 3σ 原则确定控制界限，第Ⅰ类错误（弃真）概率 $\alpha=0.27\%$］，所以，只根据一个点子在界内就判断生产过程处于稳态是非常不可靠的。但如果更多的点子连续在控制界限内，则即使有个别点子出界，过程仍可看作是稳态的，这就是判稳准则的基本原理。点子随机排列的情况下，当控制图满足以下条件之一时，就可以认为过程处于稳态，如表4-32所示。

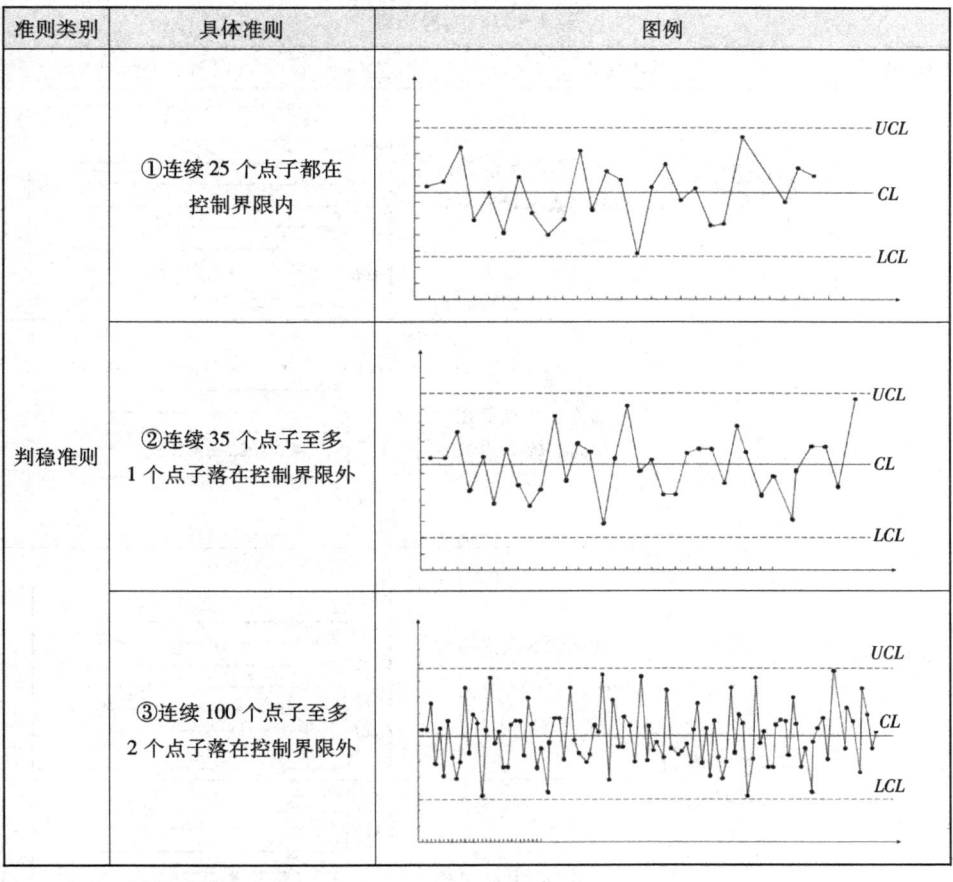

表4-32 判稳准则

准则类别	具体准则	图例
判稳准则	①连续25个点子都在控制界限内	
	②连续35个点子至多1个点子落在控制界限外	
	③连续100个点子至多2个点子落在控制界限外	

(2) 判异准则

由于第Ⅰ类错误（弃真）概率特别小（$\alpha = 0.27\%$），点子出界即可判断过程异常。同时，根据两类错误的对立关系，在第Ⅰ类错误（弃真）概率α很小的情况下，相应地第Ⅱ类错误（取伪）概率β必然会很大，因此，还需要增加第二类判异准则对控制界限内的点子进行观察，若界内点子排列非随机也应该判断为过程异常，这就是判异准则的基本原理，即控制图判异准则分为点出界和界内点排列不随机两类。当控制图同时满足点子几乎全部落在控制界限之内和控制界限内的点子排列没有缺陷两个条件时，我们就可以认为生产过程基本处于受控状态。如果点子的分布不满足其中任何一条，都应判断为生产过程为异常。

如表 4-33 所示,国标 GB/T 4091—2001《常规控制图》中规定了 8 种判异准则,为了应用这些准则,将控制图等分为 6 个区域,每个区域宽 1σ,如图 4-46 所示。

表 4-33 判异准则

准则类别		具体准则	图例
判异准则	第 Ⅰ 类:点子出界	①1 个点落在 A 区以外(点子越出控制界限)	
	第 Ⅱ 类:界内点子排列不随机	②连续 9 点落在中心线同一侧	
		③连续 6 点递增或递减	
		④连续 14 点中相邻点总是上下交替	
		⑤连续 3 点中有 2 点落在中心线同一侧 B 区以外	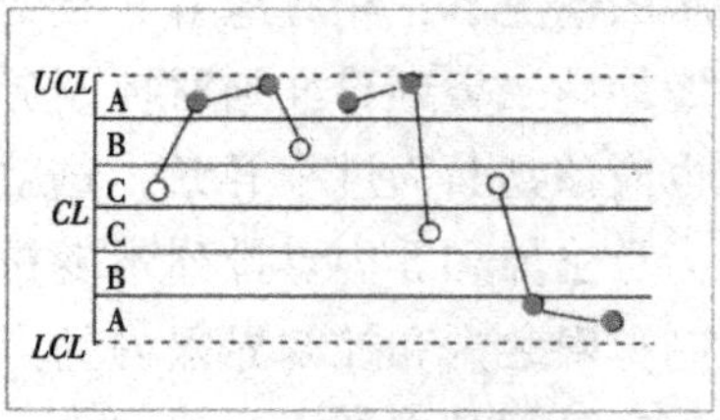

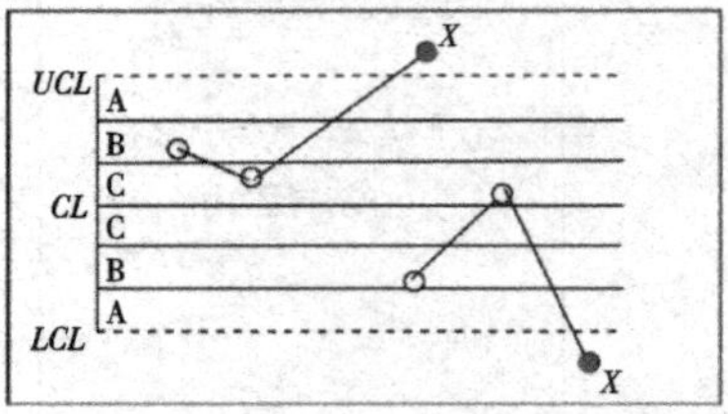

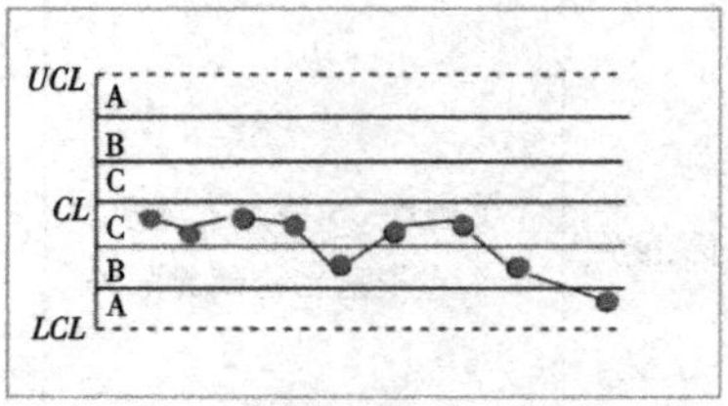

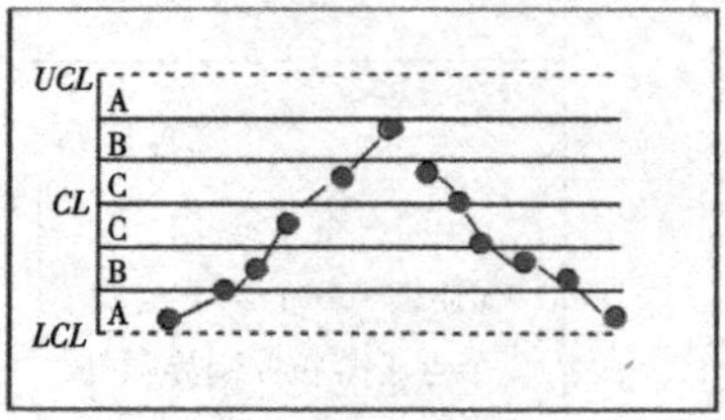

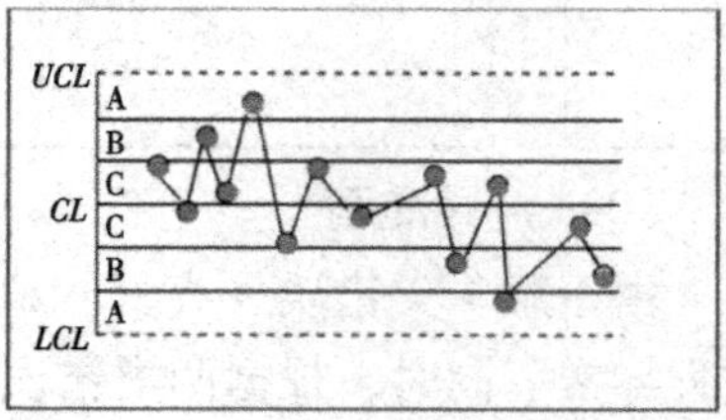

续表

准则类别	具体准则	图例
判异准则	第Ⅱ类：界内点子排列不随机	⑥连续5点中有4点落在中心线同一侧C区以外
		⑦连续15点落在中心线两侧C区之内
		⑧连续8点落在中心线两侧且无1点在C区中

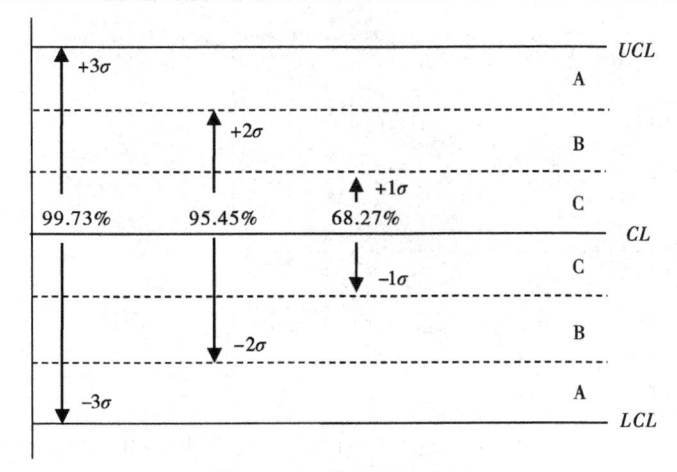

图4-46 控制图的分区

4.7.1.6 通过Excel绘制控制图

①根据提供的样本数据和"控制界限计算公式表"计算均值和极差，确

定相应的控制界限数值（包括均值 CL、均值 UCL、均值 LCL、极差 CL、极差 UCL、极差 LCL），罗列在当前表格中，如图 4-47 所示。

日期	样本1	样本2	样本3	均值	极差R	均值CL	均值UCL	均值LCL	极差CL	极差UCL	极差LCL
2018/8/1	59.3	59.8	60.2	59.77	0.90	60.00	61.57	58.43	1.54	3.96	0.00
2018/8/2	61.9	60.6	61.8	61.43	1.30	60.00	61.57	58.43	1.54	3.96	0.00
2018/8/3	60.9	59.2	58.9	59.67	2.00	60.00	61.57	58.43	1.54	3.96	0.00
2018/8/4	61.7	59.5	58.2	59.80	3.50	60.00	61.57	58.43	1.54	3.96	0.00
2018/8/5	59.4	59.9	59.3	59.53	0.60	60.00	61.57	58.43	1.54	3.96	0.00
2018/8/6	59.4	60.0	61.3	60.23	1.90	60.00	61.57	58.43	1.54	3.96	0.00
2018/8/7	60.1	60.2	60.2	60.17	0.10	60.00	61.57	58.43	1.54	3.96	0.00
2018/8/8	59.3	58.1	58.0	58.47	1.30	60.00	61.57	58.43	1.54	3.96	0.00
2018/8/9	61.6	59.6	61.3	60.83	2.00	60.00	61.57	58.43	1.54	3.96	0.00
2018/8/10	58.1	59.3	61.8	59.73	3.70	60.00	61.57	58.43	1.54	3.96	0.00
2018/8/11	58.8	59.1	59.9	59.27	1.10	60.00	61.57	58.43	1.54	3.96	0.00
2018/8/12	60.0	60.1	60.1	60.07	0.10	60.00	61.57	58.43	1.54	3.96	0.00
2018/8/13	60.2	60.8	61.4	60.80	1.20	60.00	61.57	58.43	1.54	3.96	0.00
2018/8/14	60.7	59.7	58.9	59.77	1.80	60.00	61.57	58.43	1.54	3.96	0.00
2018/8/15	60.3	59.5	61.9	60.57	2.40	60.00	61.57	58.43	1.54	3.96	0.00
2018/8/16	60.0	59.7	60.5	60.07	0.80	60.00	61.57	58.43	1.54	3.96	0.00
2018/8/17	60.5	59.7	59.3	59.80	1.30	60.00	61.57	58.43	1.54	3.96	0.00
2018/8/18	61.6	61.4	61.5	61.50	0.20	60.00	61.57	58.43	1.54	3.96	0.00
2018/8/19	59.0	60.1	60.1	59.73	1.10	60.00	61.57	58.43	1.54	3.96	0.00
2018/8/20	61.3	60.6	59.5	60.47	1.80	60.00	61.57	58.43	1.54	3.96	0.00
2018/8/21	58.3	58.4	58.9	58.53	0.60	60.00	61.57	58.43	1.54	3.96	0.00
2018/8/22	58.1	58.0	61.6	59.23	3.60	60.00	61.57	58.43	1.54	3.96	0.00
2018/8/23	60.6	60.2	58.9	59.90	1.70	60.00	61.57	58.43	1.54	3.96	0.00
2018/8/24	61.1	60.8	61.7	61.20	1.10	60.00	61.57	58.43	1.54	3.96	0.00
2018/8/25	58.2	59.5	60.5	59.40	2.30	60.00	61.57	58.43	1.54	3.96	0.00
均值				60.00	1.54						

均值控制图		极差控制图	
CL	60.00	CL	1.54
UCL	61.57	UCL	3.96
LCL	58.43	LCL	0.00

图 4-47 通过 Excel 软件绘制控制图 - A

②菜单栏【插入】选项卡上单击【折线图】按钮，选择"带数据标记的折线图"，创建空白折线图，如图 4-48 所示。

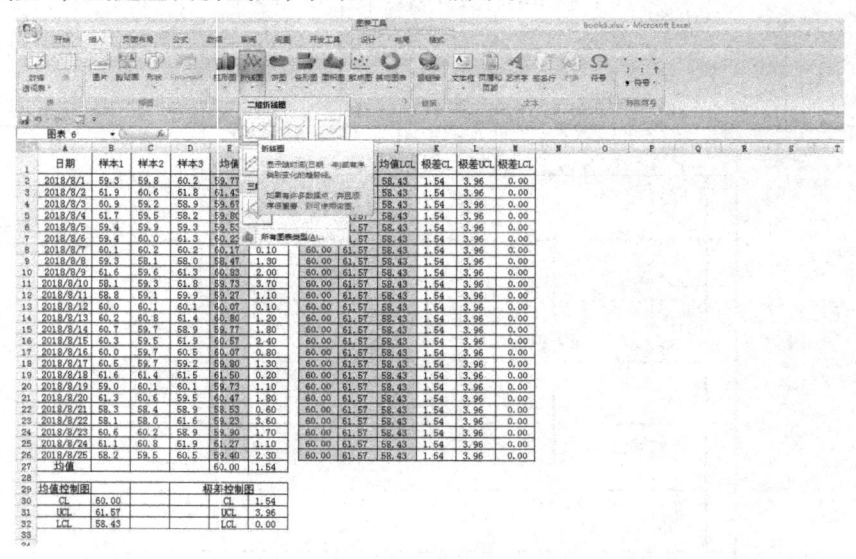

图 4-48 通过 Excel 软件绘制控制图 - B

③右键单击空白折线图，点击<选择数据>，在对话框<图表数据区域>栏输入待分析数据区域的单元格范围（包括"均值""均值 CL""均值 UCL""均值 LCL" 4 个数据列，图中灰色底纹的单元格范围），如图 4-49 所示。

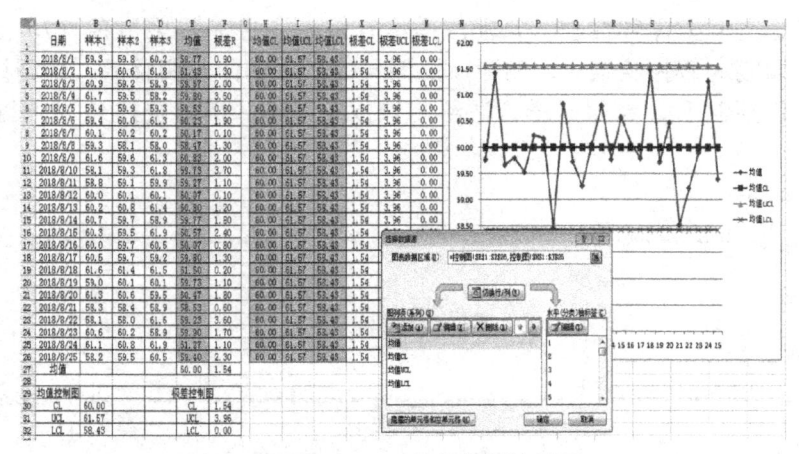

图 4-49 通过 Excel 软件绘制控制图 – C

④折线图中右键单击系列图标 <均值 UCL>，选择 <设置数据系列格式>，对话框中 <数据标记选项> 选择"无"，<线条颜色> 选择黑色，<线型> 选择虚线，对 <均值 LCL> 系列图标进行同样设置；折线图中右键单击系列图标 <均值 CL>，选择 <设置数据系列格式>，对话框中 <数据标记选项> 选择"无"，<线条颜色> 选择黑色，<线型> 选择实线，如图 4-50 所示。

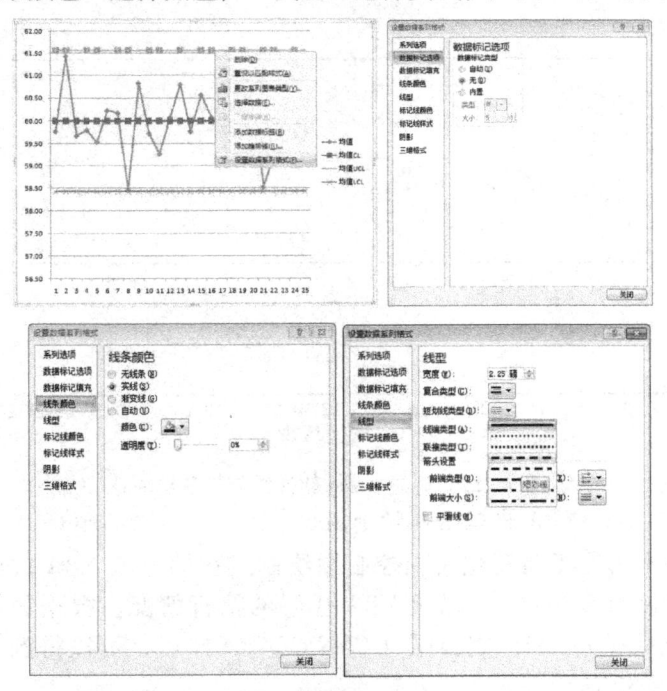

图 4-50 通过 Excel 软件绘制控制图 – D

⑤标注＜坐标轴标题＞，标注样本容量 n 和控制界限数值（CL、UCL、LCL），删除＜横网格线＞，删除＜图例＞等必要的格式调整后，得到标准格式的均值控制图（参照同样方法绘制极差控制图，不再赘述），如图 4-51 所示。

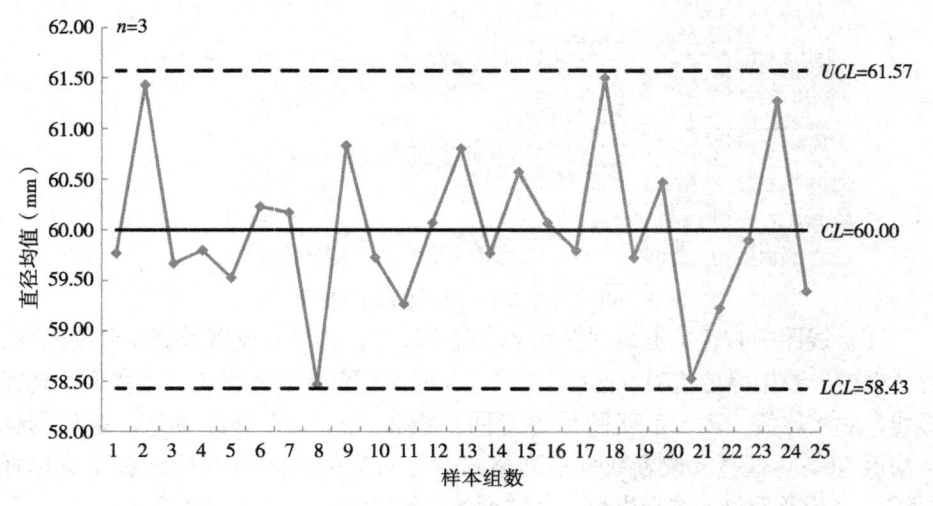

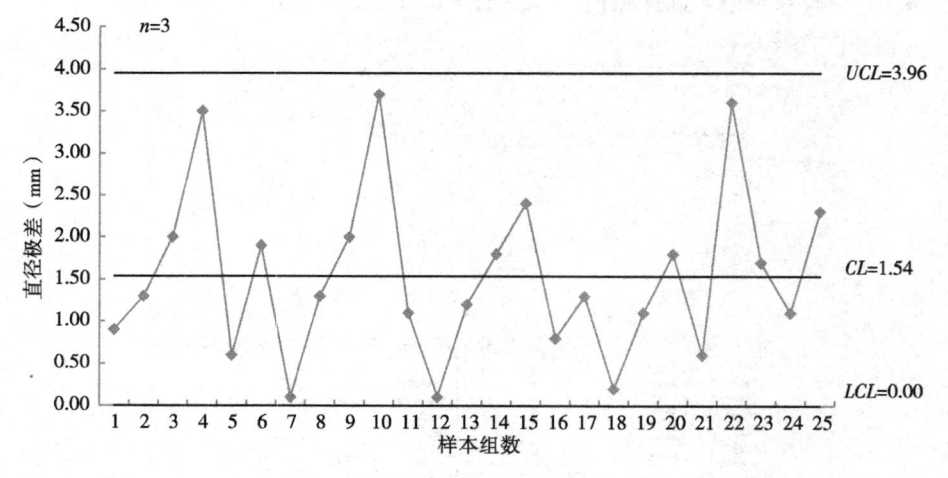

图 4-51　通过 Excel 软件绘制控制图-E

4.7.1.7　通过 VBA 代码绘制控制图

下面是本书用于自动化实现控制图绘制过程的一段 VBA 代码（部分内容通过宏录制自动生成），以及 VBA 代码的执行情况，根据具体需求手工标注样本容量（n）和控制界限（$CL/UCL/LCL$）后，可以得到一样的控制图，如图 4-52 所示。

Sub 控制图（）
'最后修订于 2023 – 02 – 10
Dim Checkup As Integer, i As Integer, Response As Integer
Dim temp As String, Formwidth As String, Formsize As String, Chartname As String, Dx As String, Dy As String, Axis_ primary As String, Axis_ secondary As String, R_ LCL As String, R_ LCL_ end As String, R_ CL As String, R_ CL_ end As String
Dim R As String, R_ end As String, x_ mean As String, x_ mean_ end As String, x_ mean_ LCL As String, x_ mean_ LCL_ end As String, x_ mean_ CL As String, x_ mean_ CL_ end As String
Dim chartname_ x_ name As String, chartname_ R As String
Dim mychart As ChartObject
'清理当前工作表中已经存在的图表
    Sheets（"控制图"）. Select
    Checkup = ActiveSheet. ChartObjects. Count
    If Checkup < > 0 Then
        ActiveSheet. ChartObjects. Delete
        Else
    End If
'确定数据区域
    Range（"A1"）. Select
    Do
        ActiveCell. Offset（0, 1）. Select
        temp = ActiveCell. Value
    Loop Until temp = "极差 LCL"
    R_ LCL = ActiveCell. Address
    i = 0
    Do
        ActiveCell. Offset（1, 0）. Select
        temp = ActiveCell. Value
        i = i + 1
    Loop Until temp = ""
    ActiveCell. Offset（-1, 0）. Select
    R_ LCL_ end = ActiveCell. Address
    Range（"A1"）. Select
    Do
        ActiveCell. Offset（0, 1）. Select
        temp = ActiveCell. Value
    Loop Until temp = "均值"
    x_ mean = ActiveCell. Address
    ActiveCell. Offset（i - 1, 0）. Select
    x_ mean_ end = ActiveCell. Address

```
Range ("A1"). Select
Do
   ActiveCell. Offset (0, 1). Select
   temp = ActiveCell. Value
Loop Until temp = "极差 R"
R = ActiveCell. Address
ActiveCell. Offset (i - 1, 0). Select
R_end = ActiveCell. Address
Range ("A1"). Select
Do
   ActiveCell. Offset (0, 1). Select
   temp = ActiveCell. Value
Loop Until temp = "均值 CL"
x_mean_CL = ActiveCell. Address
ActiveCell. Offset (i - 1, 0). Select
x_mean_CL_end = ActiveCell. Address
Range ("A1"). Select
Do
   ActiveCell. Offset (0, 1). Select
   temp = ActiveCell. Value
Loop Until temp = "均值 LCL"
x_mean_LCL = ActiveCell. Address
ActiveCell. Offset (i - 1, 0). Select
x_mean_LCL_end = ActiveCell. Address
Range ("A1"). Select
Do
   ActiveCell. Offset (0, 1). Select
   temp = ActiveCell. Value
Loop Until temp = "极差 CL"
R_CL = ActiveCell. Address
ActiveCell. Offset (i - 1, 0). Select
R_CL_end = ActiveCell. Address
```

绘制图表（均值控制图）
```
Range (x_mean & ":" & x_mean_end & "," & x_mean_CL & ":" & x_mean_LCL_end). Select
Set mychart = Sheets ("控制图"). ChartObjects. Add (10, 80, 460, 350)
mychart. Chart. ChartType = xlLineMarkers
mychart. Chart. SetSourceData Source: =Range ("控制图!" & x_mean & ":" & x_mean_end & "," & x_mean_CL & ":" & x_mean_LCL_end)
Chartname_x_mean = ActiveSheet. ChartObjects (1). Name
ActiveSheet. ChartObjects (Chartname_x_mean). Activate
```

```
ActiveChart.SeriesCollection (2) .Select
Selection.MarkerStyle = -4142
    With Selection.Border
.ColorIndex = 1
.LineStyle = xlContinuous
End With
ActiveChart.SeriesCollection (3) .Select
Selection.MarkerStyle = -4142
With Selection.Border
.ColorIndex = 1
.Weight = 3
.LineStyle = xlDash
End With
ActiveChart.SeriesCollection (4) .Select
Selection.MarkerStyle = -4142
With Selection.Border
.ColorIndex = 1
.Weight = 3
.LineStyle = xlDash
End With
ActiveSheet.ChartObjects (Chartname_x_mean) .Activate
ActiveChart.Axes (xlValue) .Select
Selection.MajorTickMark = xlInside
ActiveChart.Axes (xlCategory) .Select
Selection.MajorTickMark = xlInside
ActiveChart.Legend.Select
Selection.Delete
ActiveChart.Axes (xlValue) .MajorGridlines.Select
Selection.Delete
ActiveChart.SetElement (msoElementPrimaryCategoryAxisTitleAdjacentToAxis)
ActiveChart.SetElement (msoElementPrimaryValueAxisTitleVertical)
ActiveChart.Axes (xlCategory) .AxisTitle.Select
ActiveChart.Axes (xlCategory, xlPrimary) .AxisTitle.Text = "样本组数"
ActiveChart.Axes (xlValue) .AxisTitle.Select
ActiveChart.Axes (xlValue, xlPrimary) .AxisTitle.Text = "样本均值"
```

绘制图表（极差控制图）

```
Range (R & ":" & R_end & "," & R_CL & ":" & R_LCL_end) .Select
Set mychart = Sheets ("控制图") .ChartObjects.Add (500, 80, 460, 350)
mychart.Chart.ChartType = xlLineMarkers
mychart.Chart.SetSourceData Source: = Range ("控制图!" & R & ":" & R_end & "," & R_
```

CL & ":" & R_ LCL_ end)
    chartname_ R = ActiveSheet. ChartObjects（2）. Name
    ActiveSheet. ChartObjects（chartname_ R）. Activate
    ActiveChart. SeriesCollection（2）. Select
    Selection. MarkerStyle = -4142
        With Selection. Border
    . ColorIndex = 1
    . LineStyle = xlContinuous
    End With
    ActiveChart. SeriesCollection（3）. Select
    Selection. MarkerStyle = -4142
    With Selection. Border
    . ColorIndex = 1
    . Weight = 3
    . LineStyle = xlDash
    End With
    ActiveChart. SeriesCollection（4）. Select
    Selection. MarkerStyle = -4142
    With Selection. Border
    . ColorIndex = 1
    . Weight = 3
    . LineStyle = xlDash
    End With
    ActiveSheet. ChartObjects（chartname_ R）. Activate
    ActiveChart. Axes（xlValue）. Select
    Selection. MajorTickMark = xlInside
    ActiveChart. Axes（xlCategory）. Select
    Selection. MajorTickMark = xlInside
    ActiveChart. Legend. Select
    Selection. Delete
    ActiveChart. Axes（xlValue）. MajorGridlines. Select
    Selection. Delete
    ActiveChart. SetElement（msoElementPrimaryCategoryAxisTitleAdjacentToAxis）
    ActiveChart. SetElement（msoElementPrimaryValueAxisTitleVertical）
    ActiveChart. Axes（xlCategory）. AxisTitle. Select
    ActiveChart. Axes（xlCategory, xlPrimary）. AxisTitle. Text = "样本组数"
    ActiveChart. Axes（xlValue）. AxisTitle. Select
    ActiveChart. Axes（xlValue, xlPrimary）. AxisTitle. Text = "样本极差"
    Response = MsgBox（"控制图绘制完成，请手工标注样本容量（n）和控制界限（CL/UCL/LCL）！当前工作表上的图表是否需要保留?", vbYesNo)

```
        If Response = vbNo Then
            ActiveSheet.ChartObjects.Delete
        Else
        End If
End Sub
```

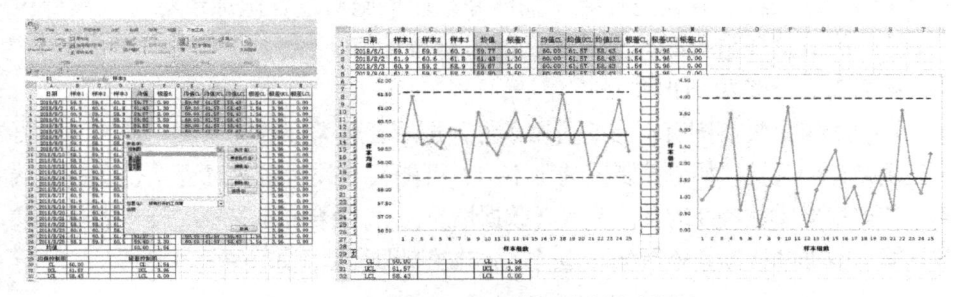

图4-52 通过VBA代码绘制控制图

4.7.2 基本程序

控制图是随时间的推移用于监督、控制和改进过程的重要手段和工具，其实质是区分偶然性因素和系统性因素，通过监测生产过程是否处于统计稳态，判断生产过程中是否存在系统性因素，从而区分质量特性的正常波动与异常波动。正确使用质量工具是达成质量管理目标的基本保证，每种质量工具都要按照一定的程序或步骤来进行，应用控制图的基本程序包括七个步骤，如图4-53所示。

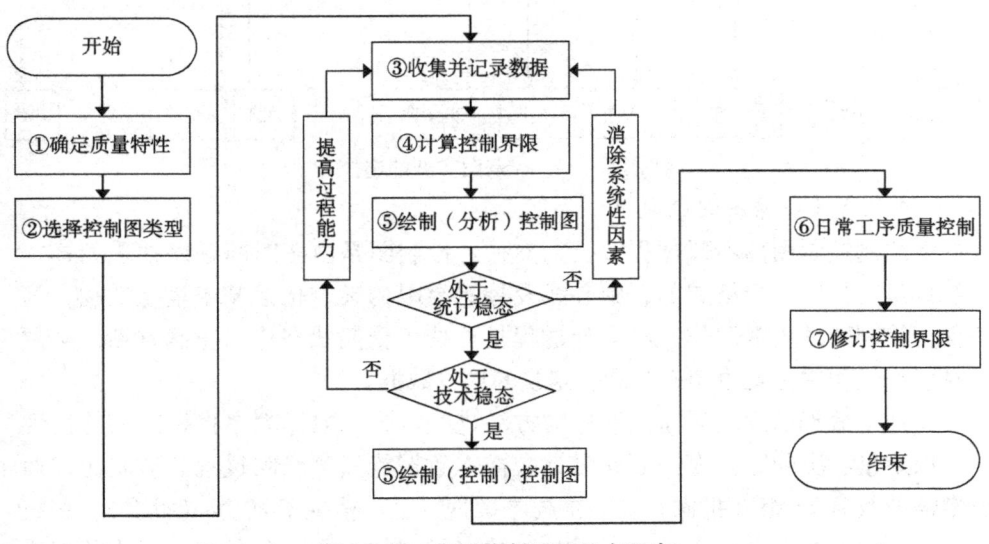

图4-53 应用控制图的基本程序

4.7.2.1 确定质量特性

应用控制图的第一步是确定质量特性,即通过关键过程分析,选择能真正代表生产过程主要状况的质量特性(质量指标)作为控制对象进行控制图研究。一个过程往往具有各种各样的质量指标,一般应选择能用数字进行量化(计量或计数)、容易进行数据抽样并采取措施对过程施加影响、关键部位(过程)的关键质量指标作为控制图的质量特性值。

4.7.2.2 选择控制图类型

不同类型的控制图有不同的适用条件,选用合适类型的控制图,是控制图得出正确结论的关键,如果控制图选用不当,可能会导致对生产过程是否受控的误判。应该根据质量特性的具体特点(数据性质),并结合样本特征、样本容量、参数计算、数据抽样等具体情况,选择合适的控制图类型,如图4-54所示。

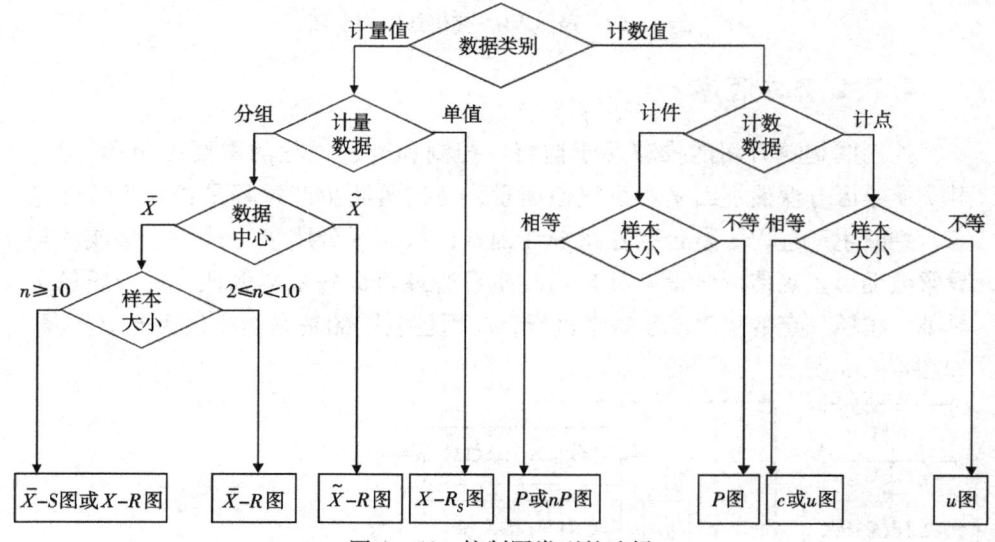

图4-54 控制图类型的选择

4.7.2.3 收集并记录数据

绘制控制图离不开过程数据的支持。控制图是由按时间顺序抽取的样本统计量的描点序列组成的,中心线及控制界限的设定也是基于描点数据,为保证控制图的正常运作,对生产过程是否处于受控状态作出正确判断,必须在生产过程中注意收集并记录一定量的样本数据。

样本数据通过间隔随机抽样的方法进行收集,抽样频率根据产品特性和当前质量状况确定。为保证有限批次样本数据能真实反映过程总体状况,通常需要收集25组(批次)左右的样本数据,且不得少于20组(批次),每组抽样的样本数量(样本容量)通常为4~6个样本,同一组抽样的样本数据应在同样生产条件下取得，如表 4-34、表 4-35 所示。

表 4-34 控制图的样本容量 n 与样本组数 k

控制图名称	控制图符号	样本组数 k	样本容量 n	备注
均值-极差控制图	$\bar{x} - R$	20~25	4~6	建议值
均值-标准差控制图	$\bar{x} - S$	20~25	4~6	建议值
中位数-极差控制图	$\tilde{x} - R$	20~25	3 或 5（奇数）	建议值
单值-移动极差控制图	$x - R_s$	20~30	1	建议值
不合格品率控制图	p	20~25	$1/p \sim 5/p$	建议值
不合格品数控制图	np	20~25	$1/p \sim 5/p$	建议值
缺陷率控制图	u	20~25	1~5	建议值
缺陷数控制图	c	20~25	1~5	建议值

表 4-35 均值-极差控制图样本数据收集

样本组数	样本观测值					均值 $\bar{x}_i$	极差 R_i
	样本 x_1	样本 x_2	样本 x_3	…	样本 x_n		
1	x_{1-1}	x_{1-2}	x_{1-3}	…	x_{1-n}	$\bar{x}_1 = \frac{1}{n}\sum_{i=1}^{n} x_{1-i}$	$R_1 = x_{\max} - x_{\min}$
2	x_{2-1}	x_{2-2}	x_{2-3}	…	x_{2-n}	$\bar{x}_2 = \frac{1}{n}\sum_{i=1}^{n} x_{2-i}$	$R_2 = x_{\max} - x_{\min}$
3	x_{3-1}	x_{3-2}	x_{3-3}	…	x_{3-n}	$\bar{x}_3 = \frac{1}{n}\sum_{i=1}^{n} x_{3-i}$	$R_3 = x_{\max} - x_{\min}$
…	…	…	…	…	…	…	…
k	x_{k-1}	x_{k-2}	x_{k-3}	…	x_{k-n}	$\bar{x}_k = \frac{1}{n}\sum_{i=1}^{n} x_{k-i}$	$R_k = x_{\max} - x_{\min}$
均值	—	—	—	—	—	$\bar{\bar{x}} = \frac{1}{k}\sum_{i=1}^{k} \bar{x}_i$	$\bar{R} = \frac{1}{k}\sum_{i=1}^{k} R_i$

4.7.2.4 计算控制界限

根据收集的样本数据计算样本参数和分析用控制图的中心线和控制界限。控制图常数因样本容量 n 而存在差异，计算过程需要查表，如表 4-36 ~ 表 4-38 所示。

表 4-36 计量型控制图控制界限计算公式表

控制图名称	控制图符号	中心线（CL）	控制上限（UCL）	控制下限（LCL）
均值-极差控制图	$\bar{x} - R$	$\bar{\bar{x}}$	$\bar{\bar{x}} + A_2 \bar{R}$	$\bar{\bar{x}} - A_2 \bar{R}$
		$\bar{R}$	$D_4 \bar{R}$	$D_3 \bar{R}$

续表

控制图名称	控制图符号	中心线（CL）	控制上限（UCL）	控制下限（LCL）
均值－标准偏差控制图	$\bar{x}-S$	$\bar{\bar{x}}$	$\bar{\bar{x}} + A_3 \bar{S}$	$\bar{\bar{x}} - A_3 \bar{S}$
		$\bar{S}$	$B_4 \bar{S}$	$B_3 \bar{S}$
中位数－极差控制图	$\tilde{x}-R$	$\bar{\tilde{x}}$	$\bar{\tilde{x}} + m_3 A_2 \bar{R}$	$\bar{\tilde{x}} - m_3 A_2 \bar{R}$
		$\bar{R}$	$D_4 \bar{R}$	$D_3 \bar{R}$
单值－移动极差控制图	$x-R_S$	$\bar{x}$	$\bar{x} + 2.659 \bar{R}_S$	$\bar{x} - 2.659 \bar{R}_S$
		$\bar{R}_S$	$3.267 \bar{R}_S$	—

表4-37　计量型控制图常数表

n❶	A_2	A_3	B_3	B_4	C_4	d_2	D_3	D_4	$m_3 A_2$
2	1.880	2.659	—	3.267	0.7979	1.128	—	3.267	1.880
3	1.023	1.954	—	2.568	0.8862	1.693	—	2.574	1.187
4	0.729	1.628	—	2.266	0.9213	2.059	—	2.282	0.796
5	0.577	1.427	—	2.089	0.9400	2.326	—	2.114	0.691
6	0.483	1.287	0.303	1.970	0.9515	2.534	—	2.004	0.549
7	0.419	1.182	0.118	1.882	0.9594	2.704	0.076	1.924	0.509
8	0.373	1.099	0.185	1.815	0.9650	2.847	0.136	1.864	0.430
9	0.337	1.032	0.239	1.761	0.9693	2.970	0.184	1.816	0.410
10	0.308	0.975	0.284	1.716	0.9727	3.078	0.223	1.777	0.360
11	0.285	0.927	0.321	1.679	0.9754	3.173	0.256	1.744	—
12	0.266	0.886	0.354	1.646	0.9776	3.258	0.283	1.717	—
13	0.249	0.850	0.382	1.618	0.9794	3.336	0.307	1.693	—
14	0.235	0.817	0.406	1.594	0.9810	3.407	0.328	1.672	—
15	0.223	0.789	0.428	1.572	0.9823	3.472	0.347	1.653	—

❶当$n>25$时，$A_3 = \dfrac{3}{C_4\sqrt{n}}$，$B_3 = 1 - \dfrac{3}{C_4\sqrt{2(n-1)}}$，$B_4 = 1 + \dfrac{3}{C_4\sqrt{2(n-1)}}$，$B_5 = C_4 - 3\sqrt{1-C_4^2}$，$B_6 = C_4 + 3\sqrt{1-C_4^2}$，$C_4 = \dfrac{4(n-1)}{4n-3}$。

续表

n	A_2	A_3	B_3	B_4	C_4	d_2	D_3	D_4	m_3A_2
16	0.212	0.763	0.448	1.552	0.9835	3.532	0.363	1.637	—
17	0.203	0.739	0.466	1.534	0.9845	3.588	0.378	1.622	—
18	0.194	0.718	0.482	1.518	0.9854	3.640	0.391	1.608	—
19	0.187	0.698	0.497	1.503	0.9862	3.689	0.403	1.597	—
20	0.180	0.680	0.510	1.490	0.9869	3.735	0.415	1.585	—
21	0.173	0.663	0.523	1.477	0.9876	3.778	0.425	1.575	—
22	0.167	0.647	0.534	1.466	0.9882	3.819	0.434	1.566	—
23	0.162	0.633	0.545	1.455	0.9887	3.858	0.443	1.557	—
24	0.157	0.619	0.555	1.445	0.9892	3.895	0.451	1.548	—
25	0.153	0.606	0.565	1.435	0.9896	3.931	0.459	1.541	—

表 4-38 计数型控制图控制界限计算公式表

控制图名称	控制图符号	中心线	上控制界限	下控制界限
不合格品率控制图	p	$\bar{p}$	$\bar{p}+3\sqrt{\dfrac{\bar{p}(1-\bar{p})}{n}}$	$\bar{p}-3\sqrt{\dfrac{\bar{p}(1-\bar{p})}{n}}$
不合格品数控制图	np	$n\bar{p}$	$n\bar{p}+3\sqrt{n(1-\bar{p})}$	$n\bar{p}-3\sqrt{n(1-\bar{p})}$
缺陷率控制图	u	$\bar{u}$	$\bar{u}+3\sqrt{\dfrac{\bar{u}}{n}}$	$\bar{u}-3\sqrt{\dfrac{\bar{u}}{n}}$
缺陷数控制图	c	$\bar{c}$	$\bar{c}+3\sqrt{\bar{c}}$	$\bar{c}-3\sqrt{\bar{c}}$

4.7.2.5 绘制控制图

（1）绘制分析用控制图

①根据收集的样本数据和计算的中心线/控制界限，先在坐标图上画出中心线（一般以细实线表示）和控制界限（一般以虚线表示），横轴表示按时间排序的样本批次（抽样组数），纵轴表示样本质量特性值（或由质量特性值获得的某种统计量），然后根据样本数据在控制图中打点，并连接各点。同时，需要在控制图上标注控制线符号（UCL/CL/LCL）及相应数值，还要在适当位置标注样本容量符号 n 及相应数值。

②根据判稳准则判断过程是否处于统计稳态。若判断过程没有处于统计稳态，应查明原因，消除异常因素，重新收集样本数据，直至得到统计稳态下的分析用控制图；若判断过程处于统计稳态，进入后续步骤。

③当过程处于统计稳态时，通过计算过程能力指数判断过程是否处于技

术稳态（过程能力是否满足规格要求）：当发现过程能力不能满足规格要求时，应调整过程能力，直至满足规格要求；当过程能力满足规格要求时，进入绘制控制用控制图阶段。

（2）绘制控制用控制图

当过程既满足受控要求（统计稳态），又满足规格要求（技术稳态），过程进入双稳态，将分析用控制图的控制线延长作为控制用控制图的控制线，绘制控制用控制图。

4.7.2.6 日常工序质量控制

绘制控制用控制图后，就进入日常工序质量控制。根据判异准则，以控制用控制图的控制界限为基准，分析和判断生产过程是否发生了异常：当发现有异常时，应及时分析原因，采取措施，使过程恢复稳态，并将措施标准化，纳入工作标准，使该异常因素不再重现；当没有异常时，则维持生产现状。通过持续过程监控，使生产过程始终保持在稳定状态，真正发挥控制图的过程管理作用。

4.7.2.7 修订控制界限

控制图的控制界限是判断生产过程是否处于统计稳态的判断基准，是根据统计稳态下的 5M1E 条件（人员、设备、材料、方法、环境、测量）来制定的，如果上述条件发生变化，控制图必须重新制定（调整控制界限）。控制用控制图经过一段时间使用后，原来的控制界限可能不再适合作为判定基准，此时，应根据后续收集的过程数据重新计算并设定控制界限，以使控制图适应生产过程。因此，修订控制界限是一种常态。

4.7.3 应用案例

【例 4-7】接之前螺母直径加工尺寸的案例（例 4-6），螺母直径工艺要求为 60.0mm ± 2.0mm，希望根据加工过程的误差情况，了解质量现状，寻求改进方向。

鉴于螺母直径加工尺寸属于计量数据，我们使用最基本的均值 - 极差控制图进行分析。从 2018 年 8 月 1 日开始，每天抽检 3 个样本（样本容量 $n=3$），连续抽检 25 天（样本组数 $K=25$），按时间顺序记录在表格中，并计算相应的统计量（均值 $\bar{x}$ 和极差 R），如表 4-39 所示。

表 4-39 螺母直径加工尺寸样本统计量

日期	样本 1/mm	样本 2/mm	样本 3/mm	均值 $\bar{x}$/mm	极差 R/mm
2018/8/1	59.3	59.8	60.2	59.77	0.90

日期	样本1/mm	样本2/mm	样本3/mm	均值 $\bar{x}$/mm	极差 R/mm
2018/8/2	61.9	60.6	61.8	61.43	1.30
2018/8/3	60.9	59.2	58.9	59.67	2.00
2018/8/4	61.7	59.5	58.2	59.80	3.50
2018/8/5	59.4	59.9	59.3	59.53	0.60
2018/8/6	59.4	60.0	61.3	60.23	1.90
2018/8/7	60.1	60.2	60.2	60.17	0.10
2018/8/8	59.3	58.1	58.0	58.47	1.30
2018/8/9	61.6	59.6	61.3	60.83	2.00
2018/8/10	58.1	59.3	61.8	59.73	3.70
2018/8/11	58.8	59.1	59.9	59.27	1.10
2018/8/12	60.0	60.1	60.1	60.07	0.10
2018/8/13	60.2	60.8	61.4	60.80	1.20
2018/8/14	60.7	59.7	58.9	59.77	1.80
2018/8/15	60.3	59.5	61.9	60.57	2.40
2018/8/16	60.0	59.7	60.5	60.07	0.80
2018/8/17	60.5	59.7	59.2	59.80	1.30
2018/8/18	61.6	61.4	61.5	61.50	0.20
2018/8/19	59.0	60.1	60.1	59.73	1.10
2018/8/20	61.3	60.6	59.5	60.47	1.80
2018/8/21	58.3	58.4	58.9	58.53	0.60
2018/8/22	58.1	58.0	61.6	59.23	3.60
2018/8/23	60.6	60.2	58.9	59.90	1.70
2018/8/24	61.1	60.8	61.9	61.27	1.10
2018/8/25	58.2	59.5	60.5	59.40	2.30
均值	—	—	—	$\bar{\bar{x}}=60.00$	$\bar{R}=1.54$

根据计量型控制图常数表：当 $n=3$ 时，$A_2=1.023$，$D_4=2.575$，D_3 没有对应数值，所以 LCL 取值为 0，据此做出均值-极差控制图，如表 4-40、图 4-55、图 4-56 所示。

表 4-40 控制图控制界限计算公式

控制图表项目		中心线（CL）	上控制界限线（UCL）	下控制界限线（LCL）
均值—极差控制图	均值控制图	$\bar{\bar{x}}=60.00$	$\bar{\bar{x}}+A_2*\bar{R}=61.571$	$\bar{\bar{x}}-A_2*\bar{R}=58.429$
	极差控制图	$\bar{R}=1.54$	$D_4*\bar{R}=3.955$	$D_3*\bar{R}=0$

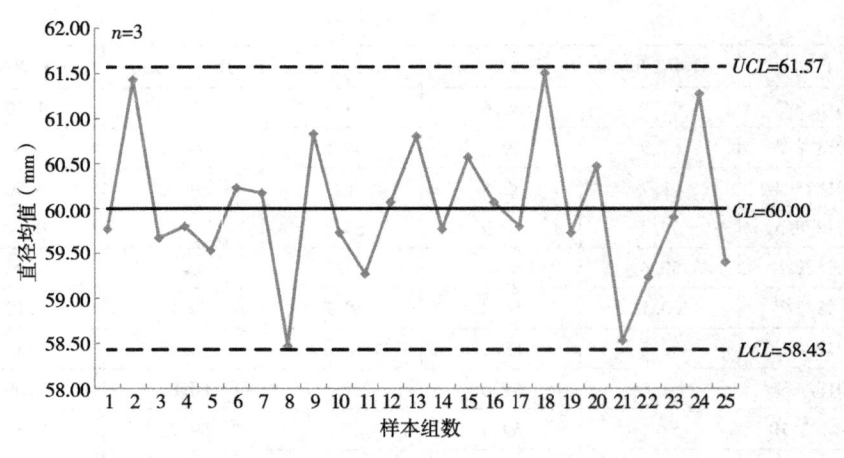

图 4-55　螺母直径加工尺寸均值控制图

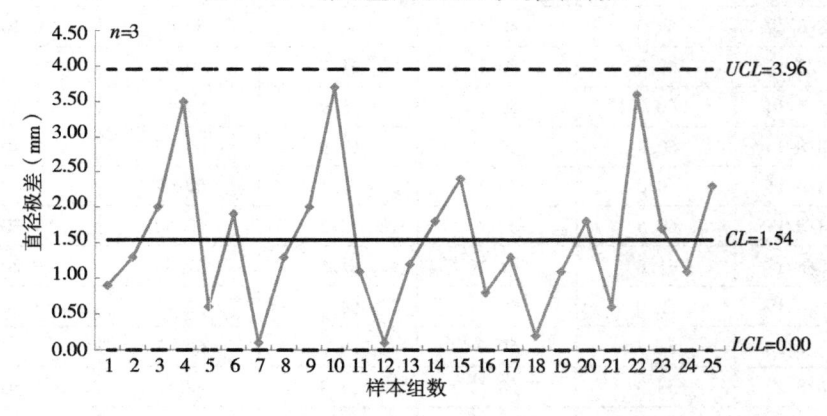

图 4-56　螺母直径加工尺寸极差控制图

4.7.3.1 图形判稳（统计稳态）

观察绘制完成的控制图图形，没有越出控制界限的点子，也未出现点子排列缺陷，可以认为生产过程处于受控状态（统计稳态），加工误差仅受偶然性因素影响。

4.7.3.2 过程能力分析（技术稳态）

如果需要判断生产过程的过程能力是否充分（技术稳态），我们还需要计算过程能力指数。已知螺母直径工艺要求 60.0mm ± 2.0mm，技术公差范围 $T_L = 58.0$mm，$T_U = 62.0$mm，根据统计稳态下 $\bar{\bar{x}} = 60.00$mm，$\bar{R} = 1.54$mm，过程均值 $\bar{\bar{x}} = 60.00$mm 与公差中心 $M = 60.0$mm 重合，可直接计算 C_p，由 $\hat{\sigma}_R = \frac{\bar{R}}{d_2}$ 估计总体标准偏差 σ，$\hat{\sigma}_R = \frac{\bar{R}}{d_2} = \frac{1.54}{1.693} = 0.910$，$C_p = \frac{T_U - T_L}{6\sigma} = \frac{62 - 58}{6 \times 0.910} =$

0.73。可见，该生产过程在受控状态（统计稳态）下的过程能力指数 C_p 仅为 0.73，不足 1（过程能力不够充分），应对生产过程进行相应调整，适当提高螺母直径加工精度，减小加工尺寸误差。

4.7.4 注意事项

4.7.4.1 分析用控制图与控制用控制图

①分析用控制图一般应用于初始过程研究，开始应用控制图时，过程未必处于稳态，需要将非稳态的过程调整到稳态，这个阶段使用分析用控制图；控制用控制图一般应用于日常过程控制，确认过程受控并且满足技术要求后（过程达到双稳态），才可以适用控制用控制图，监控并保持过程稳态。

②分析用控制图是静态的，不能实现实时控制，因为要根据收集的历史数据来估计稳态，没有预判性；而控制用控制图是动态的，可实现实时控制，随着生产过程的进展，对每一组新收集的数据运用判异准则对生产过程正常与否作出判断，并预判过程未来的稳定性。

③分析用控制图通过对过程进行研究，了解过程的稳定性和过程能力，是对过程的事后了解；控制用控制图通过对过程进行控制，保持过程的稳定，是对过程的事前控制。

④从数理统计的角度来看，分析用控制图阶段就是过程参数未知阶段（过程均值 μ、标准偏差 σ、控制界限），根据收集的数据计算控制界限；控制用控制图阶段则是过程参数已知阶段（过程均值 μ、标准偏差 σ、控制界限），沿用分析用控制图的控制界限。同时，控制用控制图使用一段时间后，应根据新收集的样本数据，使用分析用控制图分析过程的统计稳态是否发生变化，重新设定控制界限。

4.7.4.2 控制图的应用场合

①原则上，对于任何过程，凡需要对质量进行控制管理的场合都可以应用控制图，但所研究的过程必须具有重复性，即具有统计规律，对于只有一次性或少数几次的过程显然难于应用控制图进行控制。

②不同数据类型适用不同控制图类型。如果质量指标能够定量描述，应该应用计量值控制图；如果只有定性描述而不能定量描述，则只能应用计数值控制图。

③不同分析阶段适用不同控制图类型。分析用控制图应用于过程处于统计稳态前；控制用控制图要求在过程处于统计稳态，并且过程能力充足的前提下使用。

4.7.4.3 控制界限与规格界限（公差）的区别

控制图是动态监控生产过程的质量波动情况的图形工具。控制界限是通过收集过程数据，根据控制图 3σ 标准偏差计算出来的，作用是区分质量特性值的正常波动（偶然性因素）和异常波动（系统性因素），它是判断生产过程是否失控的主要依据；规格界限（公差）是产品的技术要求，是根据合同（用户）要求确定的，和控制图并无直接关系（规格界限不是从控制图上找出来的），作用在于区分产品是否合格，它不能起到动态监视过程质量的作用，如图 4-57 所示。

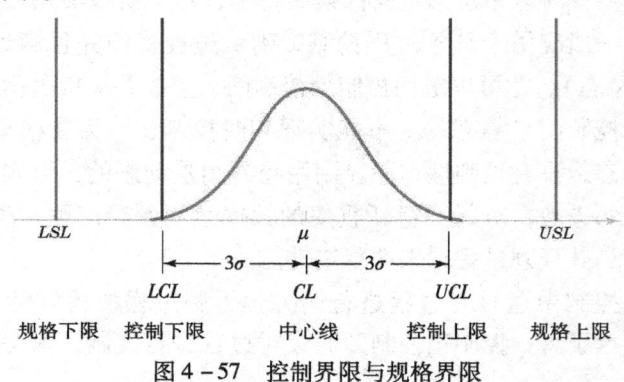

LSL	LCL	CL	UCL	USL
规格下限	控制下限	中心线	控制上限	规格上限

图 4-57　控制界限与规格界限

4.7.4.4 控制图如何贯彻预防原则

①控制用控制图根据判异准则对生产过程不断监控，在异常因素刚一露出苗头，甚至在未造成不合格品之前就能及时被发现并采取措施加以消除，从而起到预防的作用。

②当控制图显示异常，表明统计稳态被破坏，需要立即贯彻 20 字方针（"查出异因，采取措施，保证消除，纳入标准，不再出现"）进行恢复，每贯彻一次就消除一个异常因素，使它不再出现，从而起到预防的作用。

③异常原因数量通常是有限的，经过有限次循环查找异常原因后，最终可以实现在生产过程中只存在偶然性因素而不存在系统性因素，达到统计稳态。

4.7.4.5 判稳准则与判异准则是否矛盾

判稳三大准则中，如果出现判异八大准则中的任意一项，比如"连续 25 个点子都在控制界限内"，但 25 点中存在"连续 14 点中相邻点总是上下交替"，是否意味着判稳准则和判异准则存在矛盾呢？

其实并不矛盾。判稳准则和判异准则都是根据小概率事件的原理（小概率事件一般不发生，一旦发生即判过程异常）。判稳准则从降低第Ⅰ类错误（弃真）概率 α 的角度，通过约束更多连续的点子（比如 25 个点子）在控制界限内来保证判断的可靠性；判异准则从降低第Ⅱ类错误（取伪）概率 β 的角度，通过对界内点子排列随机性的观察来保证判断的可靠性。

具体应用中也可以这样理解：因为"连续 14 点中相邻点总是上下交替"是一个小概率事件，判断过程异常。如果少于 25 个点子的时候就出现了判异准则中的任意一种，就已经表明生产过程是不稳定的，没有必要根据"连续 25 个点子都在控制界限内"来判断生产过程是否稳定，但要判断一个过程是否稳定最少需要连续 25 个点子。

4.7.4.6 控制图的应用意义

（1）最经济的生产

偶然性因素和系统性因素都会产生不合格产品，在控制界限"$\pm 3\sigma$"内偶然性因素造成的不合格品只有 0.27%，所以，当生产过程处于受控状态时（仅受偶然性因素的影响），在控制界限"$\pm 3\sigma$"内生产的不合格品最少，生产最经济。

（2）把握产品质量

控制图控制界限以经济的方式（三倍标准偏差）区分了偶然波动和异常波动，因为控制界限通常都在规格界限内，至少有 99.73%（$\mu \pm 3\sigma$）的产品是合格的。

（3）提前发现问题

控制用控制图可以确保过程受控及过程能力满足要求后，预见过程未来的受控性，预防不合格品的产生，减少资源浪费。

（4）降低检测成本

应用控制图可以减少对常规检测的依赖，通过过程分析（分析生产过程是否受控）和过程控制（控制生产过程质量状态）代替大量的检测验证工作，有助于降低检测成本。

4.7.4.7 控制图的两类错误

控制图的应用基于小概率事件在一次试验中几乎不可能发生的似然推理，但小概率事件并不代表绝对不会发生，当小概率事件发生时，控制图根据控制界限作出的判断就可能产生错误。

（1）虚发警报错误，也称第Ⅰ类错误

在生产正常的情况下，纯粹由于偶然性因素引起数据过大波动，如果根据个别数据越出控制界限而判断生产过程发生了异常变化，就犯了"将正常判为异常"的错误（弃真），发生这种错误的概率通常记为 α。

（2）漏发警报错误，也称第Ⅱ类错误

在生产异常的情况下，产品质量的分布偏离了典型分布，但总有一部分数据仍然在控制界限内，如果根据抽查到这部分数据未出界而判断生产正常，就犯了"将异常判为正常"的错误（取伪），发生这种错误的概率通常记为β。

控制图是通过抽查来监控产品质量的，故两类错误不可避免。控制图的两类错误都将造成生产过程的混乱和经济损失，改变控制界限可以改变两类错误的概率，但无法完全避免，也无法同时减少。增大控制界限，则α减小β增大，反之，α增大β减小，根据正态分布3σ理论，$(\mu \pm 3\sigma)$是两类错误造成的损失最小的控制界限。

4.7.4.8 控制图只起告警提示作用

控制图是发现系统性因素的"温度计"。一般来说，控制图本身只能告警提示系统性因素的存在，而无法提供系统性因素的具体类别，也无法对系统性因素施加影响。如果过程没有处于统计稳态，需要查找具体原因，并采取相应措施消除系统性因素的影响，使生产过程恢复统计稳态。

4.7.4.9 技术稳态的判定过程

控制图利用判稳准则（或判异准则）判定统计稳态，但对于技术稳态的判定并不直接根据控制图进行，而是需要计算过程能力指数（初始过程一般计算$P_p/P_{pk}/P_{pmk}$，稳定过程一般计算$C_p/C_{pk}/C_{pmk}$），通过与给定过程能力指数衡量标准的比较，作出技术稳态的判定结果，这是一个独立的过程（过程能力指数 = $\dfrac{\text{技术要求}}{\text{过程能力}}$，技术要求根据产品规格界限，过程能力根据控制图计算的标准偏差S）。

技术稳态下，过程能力满足规格要求，并不是指控制图的上下控制界限必须在规格界限内侧（$UCL > TU$和$LCL < TL$），而是根据计算的过程能力指数判断过程能力是否满足给定的$C_p/C_{pk}/C_{pmk}$值要求。生产实践中，为简化计算工作量，通常采用绘制直方图的方式直观判断技术稳态。

4.7.4.10 控制图的类别

控制图包括很多类别，常规控制图只是控制图中的一个系列，并不代表控制图的全部。常规控制图的控制界限基于过程数据计算得到，另外，还有一类控制图，是以规格界限（公差）的一定比例打折（通常是50%）作为警戒界限来进行控制，称为"预控制图"和"彩虹图"。本书所涉及的控制图，特指常规控制图。

4.7.4.11 控制图是动态的

控制图是动态的，通过实时收集数据，分析和判断生产过程是否处于稳定状态，一旦发现异常就要及时采取必要的措施加以调整，使生产过程恢复稳定状态，也可以应用控制图来使生产过程达到统计控制的状态。

4.7.4.12 控制界限的设定与调整

控制界限是控制图中判断生产过程是否处于受控状态的判断基准。初始控制界限的设定，需要事先通过收集一定量的代表数据，根据均值 μ 和标准偏差 σ 计算得到。经过一段时间使用后，或者当影响过程质量波动的因素（5M1E）发生变化或质量水平明显提高时，需要根据收集的数据估计并确定新的控制界限（控制界限并不是固定的）。

4.7.4.13 极差控制图的下限

由于极差 R 通过最大值和最小值之差（$R = x_{\max} - x_{\min}$）描述数据离散程度，极差越小，说明数据离散程度越低，设置极差下限毫无现实意义。因此，极差控制图通常不设置下限（等于零）。

5　新 QC 七种工具

QC 小组活动"新 QC 七种工具"于 1979 年由日本科学技术联盟正式提出，主要以图形表达为主，侧重于通过逻辑思考的方式解决管理上的问题，厘清问题思路，明确问题方向，具体包括系统图、关联图、亲和图、过程决策程序图、矩阵图、矩阵数据分析法和箭条图七种工具，如表 5-1 所示。新 QC 七种工具的提出不是对"老 QC 七种工具"的替代，而是对它的补充和丰富。

表 5-1　新 QC 七种工具

工具名称	系统图	关联图	亲和图	过程决策程序图	矩阵图	矩阵数据分析法	箭条图
基本作用	展开方案或系统寻求实现目标的手段（措施）	厘清复杂因素间的关系	归纳整理意见、观点和想法	预测计划执行中可能出现的障碍，做出相应的对策计划	多角度考察存在的问题，明确问题关键点	矩阵图的定量分析	合理制订进度计划

5.1 系统图（树图）

5.1.1 工具介绍

5.1.1.1 概念

系统图，又称树图，是为了达成目标或解决问题，按"目的—手段"（或"问题—原因"）的关系层层展开分析，并绘制成图，以明确问题重点，寻找最恰当方法和最根本原因的一种图形表示方法，如图5-1所示。运用系统图可系统分析问题原因并确定解决问题的方法，弥补因果图在多层次因果分析方面的不足。

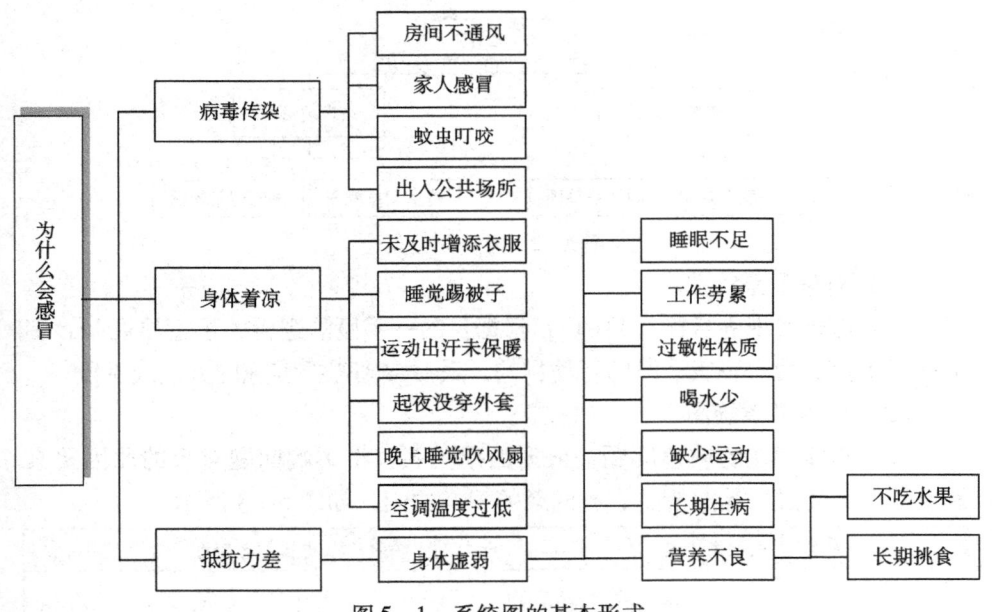

图5-1 系统图的基本形式

5.1.1.2 基本原理

计划与决策过程中，为了达到某种目的，常常需要把达到某一个目的所需要采取的手段按顺序层层展开，以寻求最合适的手段；质量改进过程中，为了查找问题原因，通常会把质量问题进行系统展开，以显示其相互的逻辑关系和因果关系。系统图很好地实现了这种需求，通过将实现目的的手段（或造成问题的原因）层层展开成图形的方式，寻找出达到目的的最理想方法（或最根本原因），清晰地将某个质量问题（目的）与组成要素（手段）之间的关系一目了然地展现出来，方便对问题建立全面认识，充分挖掘问题的根本原因，寻求实现预定目标的最理想途径。系统图的概念（将目的与手段相互联系起来并逐级展开成图形），不仅对于明确管理重点、找出质量改进方法十分有效，而且是企业管理人员不可缺少的"目的—手段"思考方法。

系统图由方框和直线段组成，形状像树枝，问题（目的）和原因（手段）均用方框表示，直线段表示问题（目的）和原因（手段）之间逐级深入的关系。

5.1.1.3 系统图的类型

根据分析问题的展开方式，系统图分为对策型系统图（以"目的—手段"方式展开）和原因型系统图（以"问题—原因"方式展开）；根据图形分析的表现形式，系统图分为垂直型系统图（自上而下展开分析）和侧向型系统图（从左向右展开分析），两种形态只是表现形式上存在区别，应用功能上是相同的，可以视具体应用场景或应用习惯自由选择，如图5-2所示。

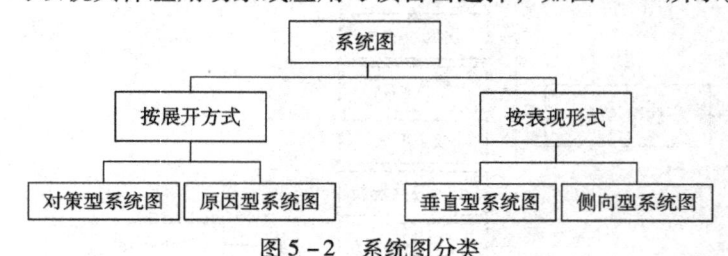

图5-2 系统图分类

（1）对策型系统图

针对需要实现的目标（目的），根据目的—手段的逻辑关系逐层展开，即上一级手段成为下一级手段的行动目的，最后得到需要实施的方法或手段。

（2）原因型系统图

针对当前存在的质量问题，根据因果关系，将影响问题对象的原因要素逐层展开，通过层层解析，查找问题的根本原因，如图5-3所示。

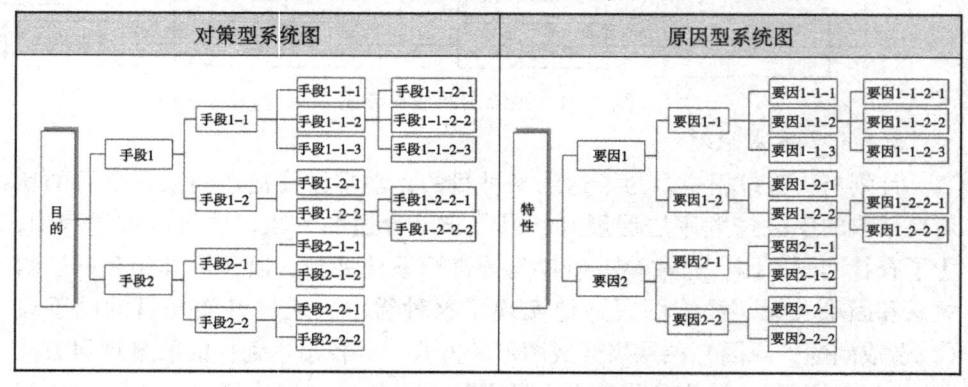

图5-3 对策型系统图和原因型系统图

(3) 垂直型系统图

需要实现的目标或需要分析的问题放在图形最上层，存在"目的—手段"或"问题—原因"关系的组成因素自上而下，逐层深入，层层分解。

(4) 侧向型系统图

需要实现的目标或需要分析的问题放在图形最左侧，存在"目的—手段"或"问题—原因"关系的组成因素从左向右，逐层深入，层层分解，如图 5-4 所示。

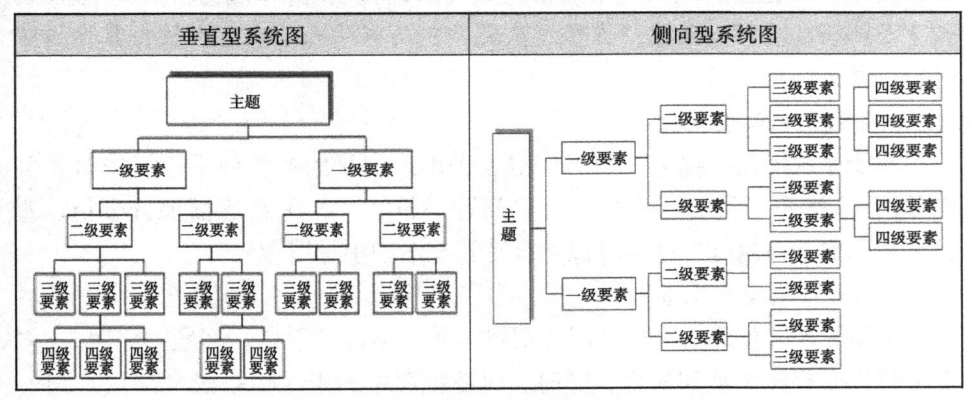

图 5-4 垂直型系统图和侧向型系统图

5.1.2 基本程序

系统图是把要达到的目的与需要采取的手段（或方法）相互联系起来并逐级展开的图形表示法，利用它可以掌握问题全貌，明确问题重点，进而找到达到目的的最佳手段，广泛应用于质量管理中。正确使用质量工具是达成质量管理目标的基本保证，每种质量工具都要按照一定的程序或步骤来进行，应用系统图的基本程序包括五个步骤，如图 5-5 所示。

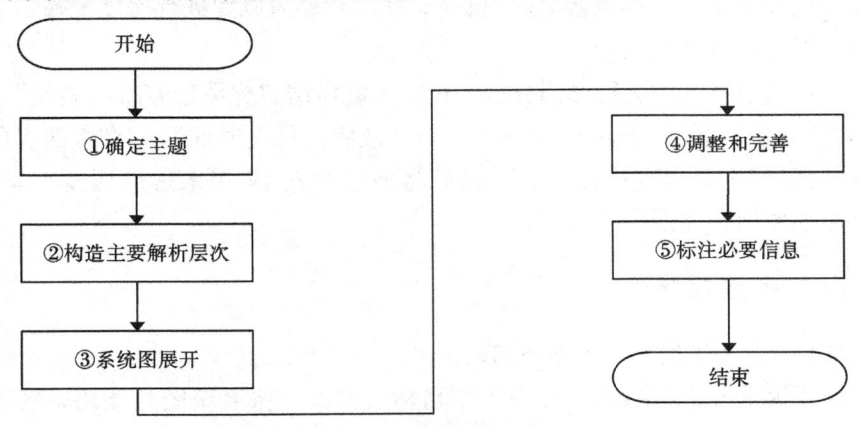

图 5-5 应用系统图的基本程序

5.1.2.1 确定主题

应用系统图的第一步是确定主题,具体提出研究对象所要达到的目的,或简要描述当前需要解决的问题,并在小组内达成共识。

5.1.2.2 构造主要解析层次

针对确定的主题初步讨论达到目的的方法,或造成问题的原因,构造主要解析层次,建立系统图基本框架,以使问题更明朗,对策更有针对性。构造主要解析层次可以根据"人机料法环"的方式进行,也可以根据其他方式进行,并无特别要求。

5.1.2.3 系统图展开

基于系统图基本框架,集思广益,提出达到目的的各种手段(或分析问题原因),按照"目的—手段"或"问题—原因"的关系逐渐展开分析,直到可以采取具体措施,而且可以在日常管理活动中加以考核。

5.1.2.4 调整和完善

重新考虑并梳理各因素之间的逻辑关系(目的—手段,问题—原因),对图形进行必要的调整和完善,同时,对系统图中最末端的手段(原因)进一步具体化、精练化。

5.1.2.5 标注必要信息

系统图制作完毕,标注完成时间、完成地点、小组成员及其他必要信息。

5.1.3 应用案例

【例5-1】通信光缆作为运营商的基础网络设施,为相关承载业务的正常运行提供基本保障。某运营商光缆中断时长指标不理想,根据现状调查,确定关键症结是"光缆抢修时间偏长",我们希望对原因进行深度挖掘,以便采取针对性的改善措施。

我们通过系统图进行原因分析,针对关键症结"光缆抢修时间偏长",从"故障点定位时间""赶赴现场时长"和"故障点修复时间"三个方面逐层展开,共找到14个末端原因,后续我们将通过对这14个末端原因逐一确认,确定主要原因,如图5-6所示。

5.1.4 注意事项

5.1.4.1 系统图只适用单个问题分析

用于因果分析的系统图常用于单目标展开,一张系统图只能用来解决一个质量问题,解决多个质量问题需要使用多张系统图。

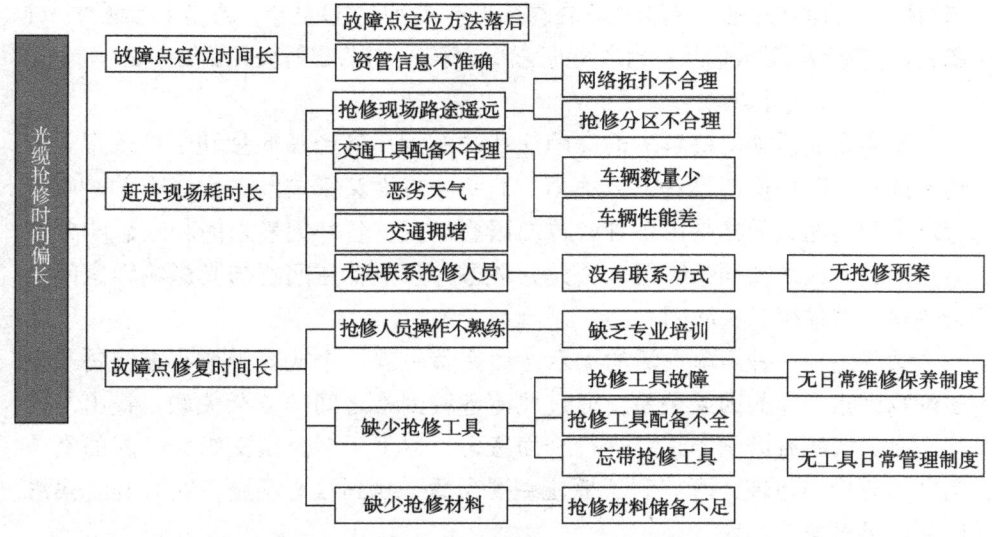

图 5-6 "光缆抢修时间偏长"原因分析系统图

5.1.4.2 系统图的解析层次

系统图与因果图一样只用于单一问题的原因分析,但在解析层次上存在区别,因果图通常要求限制在四层以内,而系统图对解析层次没有限制。

5.1.4.3 系统图的特点

①对较为复杂一些,或涉及面较广的项目或目标,效果更突出,很容易对事项进行展开。

②协调、归纳、统一成员的各种意见,把问题看得更全面,方法和工具可能选得更恰当有效。

③容易整理、观看时简洁、直观、明了。

5.1.4.4 系统图的应用场合

系统图常被用于拟定对策阶段,但是在解决问题的步骤中,每个阶段都可以应用系统图,灵活地运用系统图可以充分发掘问题的潜在原因。

5.2 关联图

5.2.1 工具介绍

5.2.1.1 概念

关联图,又称关系图,是根据逻辑关系厘清复杂问题,分析和解决在"原因与结果""目的与手段"等方面存在复杂关系又相互关联的单一或多个问题的一种图表。它能够帮助人们从事物之间的逻辑关系中，寻找出解决问题的办法。

5.2.1.2 基本原理

现实企业活动所要解决的课题往往关系到提高产品质量和生产效率、节约资源和预防环境污染等方方面面，而每一方面又都与复杂因素有关。质量管理中的问题，同样是由各种各样的因素组成，各种因素之间相互影响并纠缠在一起，因果图和系统图无法充分考虑并解决存在问题与其影响因素间复杂关联，就催生了关联图。

关联图以一种简单灵活的图示方法完整呈现一个或若干个存在问题与众多影响因素之间的因果关系，通过厘清各种因素之间的复杂关联，找出与此问题有关的所有影响因素并进行全面考虑，适用于多因素交织在一起的复杂问题的分析和整理，既有利于抓住主要矛盾，找到核心问题，又有利于集思广益，迅速解决问题。

关联图由圆圈（或方框）和箭条组成，其中，影响因素用圆圈（或方框）表示，需要解决的问题用双线圆圈（或双线方框）表示，箭条由原因指向结果（问题），由手段指向目的，如图5-7所示。

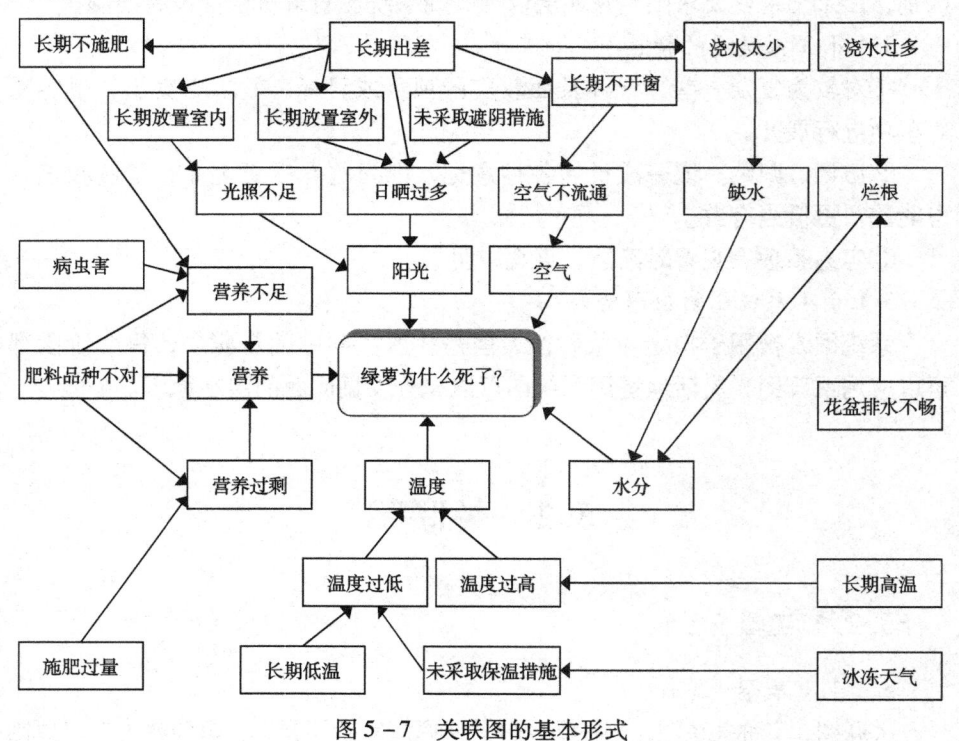

图5-7 关联图的基本形式

5.2.1.3 关联图的类型

根据分析问题的数量，关联图分为单个问题型（一个图形只能分析一个问题）和多个问题型（一个图形可以同时分析多个问题）。根据图形排列的基本形态，关联图分为中央集中型和单侧汇集型，这两种形态只是表现形式上存在区别，应用功能上是相同的，可以视具体应用场景或应用习惯自由选择，如图5-8所示。

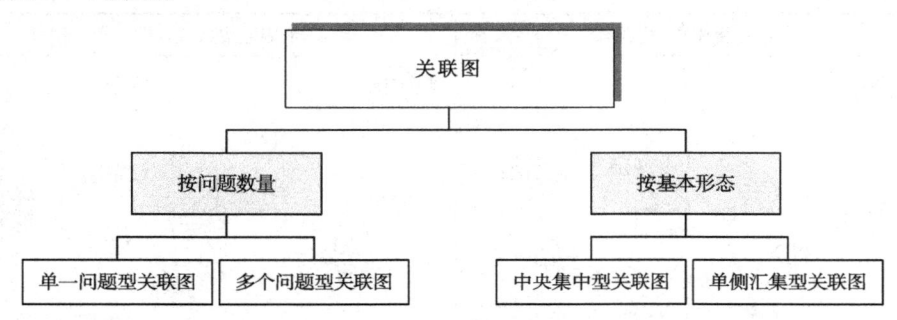

图5-8 关联图分类

（1）单个问题型

把要分析的问题放在图的中央位置（或者图的一侧），同"问题"发生关联的因素根据因果关系推导，逐层排列在其周围（或者图的另一侧），所有因素都直接或间接地和唯一的一个问题存在关联。

（2）多个问题型

把要分析的几个问题放在图的中央位置（或者图的一侧），同"问题"发生关联的因素根据因果关系推导，逐层排列在其周围（或者图的另一侧），各种因素直接或间接地与某个问题存在关联的同时，也和另外问题存在关联，即问题并不是唯一的，如图5-9所示。

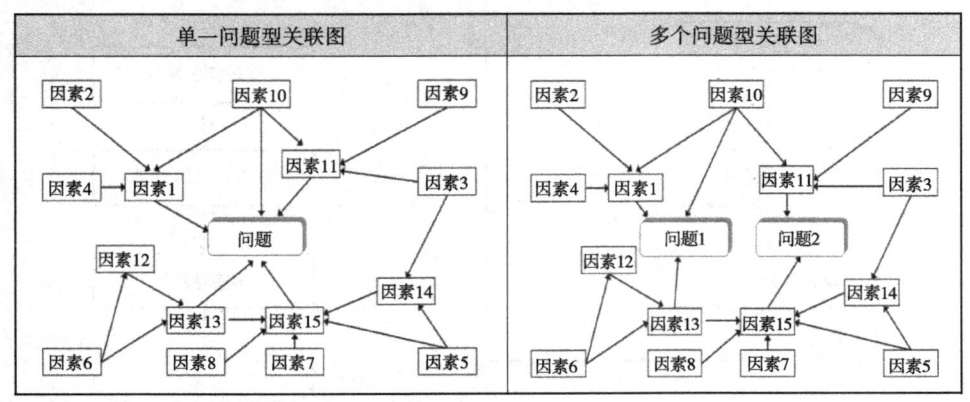

图5-9 单一问题型关联图和多个问题型关联图

(3) 中央集中型

把要分析的问题放在图的中央位置,把同"问题"发生关联的因素由内向外,逐层排列在其周围。

(4) 单侧汇集型

把要分析的问题放在图形的一侧(右侧或者左侧),与其发生关联的因素从左(右)向右(左),逐层排列在另一侧,如图5-10所示。

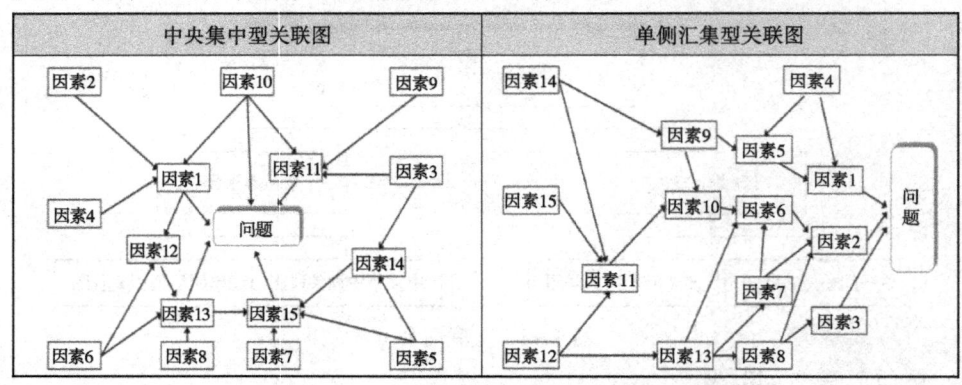

图5-10 中央集中型关联图和单侧汇集型关联图

5.2.2 基本程序

关联图是质量管理"新QC七种工具"之一,是对关系复杂且相互纠缠的问题,根据各要素之间的相互关联在逻辑上用箭头连接起来,从而找出主要因素,寻求解决对策的方法。正确使用质量工具是达成质量管理目标的基本保证,每种质量工具都要按照一定的程序或步骤来进行,应用关联图的基本程序包括五个步骤,如图5-11所示。

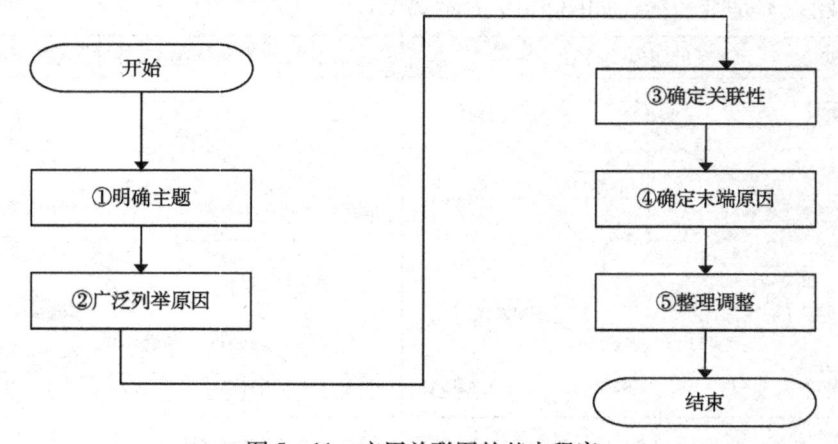

图5-11 应用关联图的基本程序

5.2.2.1 明确主题

首先需要明确主题,即希望通过运用关联图分析什么问题,设定问题的具体内容。问题表述应该明确简洁,并标注在双线方框内,一个问题用一个双线方框表示,如果需要分析多个问题则使用多个双线方框。

5.2.2.2 广泛列举原因

针对需要分析的问题召开原因分析会,运用"头脑风暴法"广泛开展讨论,提出可能与问题有关的一切原因(因素),并用简明通俗的文字进行描述。

5.2.2.3 确定关联性

罗列出原因后,接下来就是确定因素之间的关联性。用箭条表示原因与结果(目的与手段)之间的逻辑关联(原因→结果,手段→目的),将各个因素根据相互的关联性连接起来,以便了解问题因果关系的全貌。

5.2.2.4 确定末端原因

根据因素间的关联情况,通过统计每个因素相关的箭条数量(进一个箭条记"+1",出一个箭条记"-1"),确定每个因素的相对位置。箭头只进不出,属于需要分析的问题(受因素影响,但不影响其他因素),安排在图形中心位置或者图形一侧;箭头有进有出,属于中间原因(既影响其他因素,又受其他因素影响),安排在靠近问题的附近位置;箭头只出不进,属于末端原因(只影响其他因素,而不受其他因素影响,是原因的根源,后续主要原因要从造成问题的末端因素中逐一确认、识别和选取),安排在远离问题的外围位置,如表5-2所示。

表5-2 评价影响因素

序号	影响因素	进入箭条	出去箭条	因素类型	因素位置
1					
2					
3					
...					

5.2.2.5 整理调整

通过层层因果分析,重新检查和确认因素之间的关联性,讨论不足,修正错误,查漏补缺,对整体图形进行适当整理和调整。

5.2.3 应用案例

【例5-2】寻呼是移动通信网络通过无线电磁波与被叫移动用户建立通

信联系的关键流程，寻呼成功率的高低直接影响用户被叫接通率、短信接收成功率等，从而对客户感知产生重大影响，因此，寻呼成功率是移动运营商网络优化的重点工作之一。某移动运营商寻呼成功率偏低，根据现状调查，确定关键症结是"网络资源拥塞"和"数据配置不当"，我们希望对原因进行深度挖掘，以便采取针对性的改善措施。

考虑到影响原因可能互相关联，我们通过一个关联图对两个关键症结同时进行原因分析，共找到 10 个末端原因，后续我们将通过对这 10 个末端原因逐一确认，确定主要原因，如图 5-12 所示。

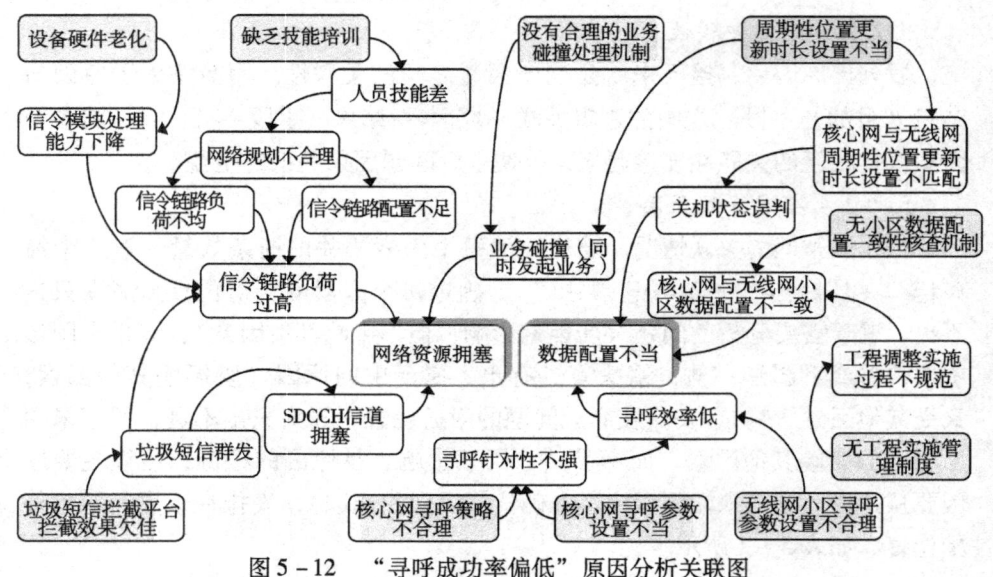

图 5-12 "寻呼成功率偏低"原因分析关联图

5.2.4 注意事项

5.2.4.1 关联图的适用场景

关联图是根据逻辑关系厘清复杂问题、整理语言文字资料的一种方法，主要用于分析相互关联的复杂因素之间"原因与结果"或"目的与手段"关系，当因素之间没有相互缠绕关系时，不适合使用关联图，可以考虑使用因果图或系统图等其他工具。

5.2.4.2 关联图可以同时分析一个或多个问题

关联图不仅可以分析一个问题，也可以在一张图上同时分析多个问题，这是关联图和因果图本质区别之一。

5.2.4.3 谨慎确定末端原因

对于箭头只出不进的末端原因，需要确认该原因是否可以直接采取对策，否则，应继续展开因果分析，直到可以直接采取对策为止。

5.2.4.4 原因分析三大图示方法的区别与联系

原因分析三大图示方法的运用如表5-3所示。

表5-3 原因分析三大图示方法的运用

工具名称	应用场景	问题数量	交叉关系	解析层次
因果图	原因分析	针对单一问题	无	4层以内
系统图	原因分析	针对单一问题	无	没有限制
关联图	原因分析	针对单一（或多个）问题	有	没有限制

5.2.4.5 关联图的图形表达

关联图通常由圆圈（或方框）和直线箭条组成，但在具体表达方式上并无具体限制，只要能明确区分问题（目的）和原因（手段），正确描述因果关系指向即可。可以采用除圆圈（或方框）外的其他形状，为了图形整体美观，因果关系可以采用曲线箭条。

5.3 亲和图

5.3.1 工具介绍

5.3.1.1 概念

亲和图，又称KJ法或A型图解法，是针对某一问题，充分收集各种事实、意见或构思等语言文字资料，并按其相互亲和性（相近性）进行归纳整理，使问题明确，求得统一认识和协调工作，以利于问题解决的一种质量管理工具。它于1970年前后由日本学者川喜田二郎研究开发并加以推广。

5.3.1.2 基本原理

根据斯佩里博士的"左右脑分工理论"，人的左脑擅长逻辑思维，偏于理性；人的右脑擅长形象思维，偏于感性，也更富于创造力。如果有意识地使人的右脑活跃起来，进行创造性思考，充分挖掘右脑潜能，就能激发人类无穷的创造才能，亲和图的应用正是基于以上原理。

亲和图是一种创造性思考问题的方法，其核心是头脑风暴法。当面对未知问题缺乏清晰的解决思路时，收集由头脑风暴法所产生的各种意见、观点和设想等语言资料，并根据其内在的相互关系予以归纳整理，有利于打破现状，进行创造性思维，以便从复杂的现象中整理出思路，提炼出明确的观点和见解,抓住实质,找出解决问题的途径。运用亲和图便于从相关思想或问题的归纳整合中掌握问题本质,达成思想共识,减少争论内耗,它适用于不易解决而又必须解决,而且需花时间慢慢解决的问题(不适用于简单的,要求速战速决的问题),如图5-13所示。

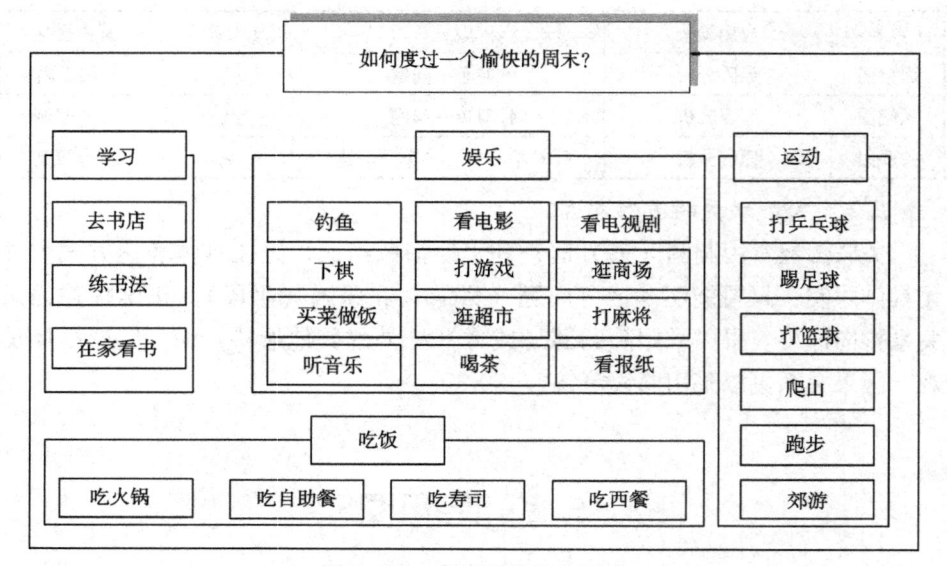

图5-13 亲和图的基本形式

5.3.2 基本程序

亲和图是质量管理"新QC七种工具"之一,是从错综复杂的现象中,用一定的方式来厘清思路、抓住思想实质、找出解决问题新途径的方法。正确使用质量工具是达成质量管理目标的基本保证,每种质量工具都要按照一定的程序或步骤来进行,应用亲和图的基本程序包括五个步骤,如图5-14所示。

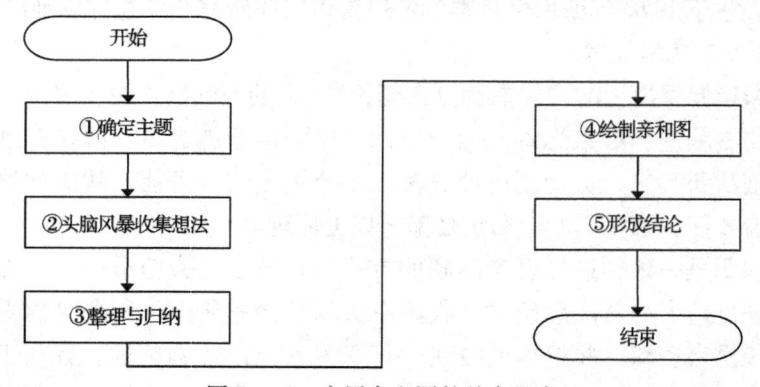

图5-14 应用亲和图的基本程序

5.3.2.1 确定主题

应用亲和图的第一步是确定主题,明确需要解决什么问题,组织者用通俗精练的语言阐述需要研究的问题,并在团队内部达成共识,以便有针对性地开展后续工作。

5.3.2.2 头脑风暴收集想法

小组成员针对确定的主题(需要解决的问题)开展头脑风暴,就所讨论的问题充分发表各自的意见、观点和设想,并用简明的文字描述客观记录团队成员的所有想法。

5.3.2.3 整理与归纳

按各观点(想法)之间的相似性,进行分类整理,将存在相似性的观点(想法)归为一个大类,并用方框将属于同一类别的观点(想法)按其隶属关系框在一起,完成分类整理后,为每类观点(想法)归纳一个简要的标题说明,归纳的标题说明标注在方框线上。

5.3.2.4 绘制亲和图

经过整理归纳的各大类观点(想法)根据整体结构的安排放置在图形适当的空间位置,绘制成亲和图,以清晰地显示分类内部结构和各大分类之间的联系,如图 5-15 所示。

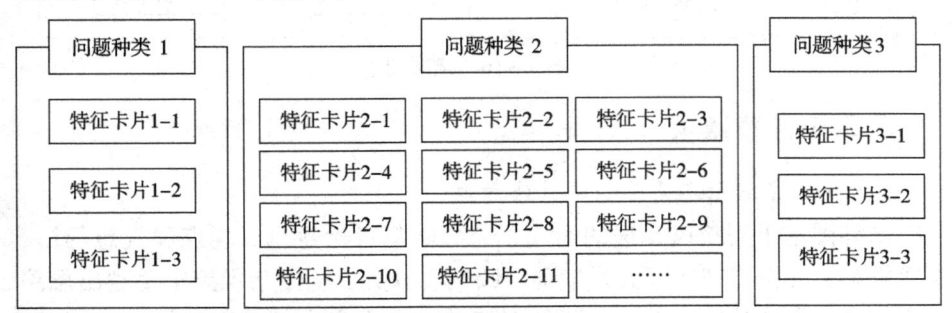

图 5-15 绘制亲和图

5.3.2.5 形成结论

将观点(想法)分类归纳后,形成对问题重点的方向性判断,得出分析结论,以便据此提出相应解决方案或改善对策,最终解决问题。

5.3.3 应用案例

【例 5-3】某公司准备举办迎新晚会,向员工征集节目。公司员工踊跃参与,共收到报名节目 18 个,如表 5-4 所示。

表 5-4 讨论并收集意见

序号	报名节目	序号	报名节目	序号	报名节目
1	情景剧《劳动竞赛》	7	婺剧折子戏《断桥》	13	纸牌魔术
2	独唱《时间都去哪儿了》	8	京剧折子戏《霸王别姬》	14	小合唱《最好的舞台》
3	舞蹈《春》	9	小提琴独奏	15	独唱《最亮的星星》
4	大合唱《难忘今宵》	10	武术表演	16	独唱《当你老了》
5	独唱《笨小孩》	11	独唱《童年》	17	小合唱《挪威的森林》
6	小品《连升三级》	12	小品《幸福》	18	相声《如此打虎》

通过绘制亲和图对报名节目进行归纳整理后，发现报名节目主要包括三个大类：语言类节目、歌舞类节目和其他类节目，晚会组织策划工作应从这三个方面予以重点关注，如图 5-16 所示。

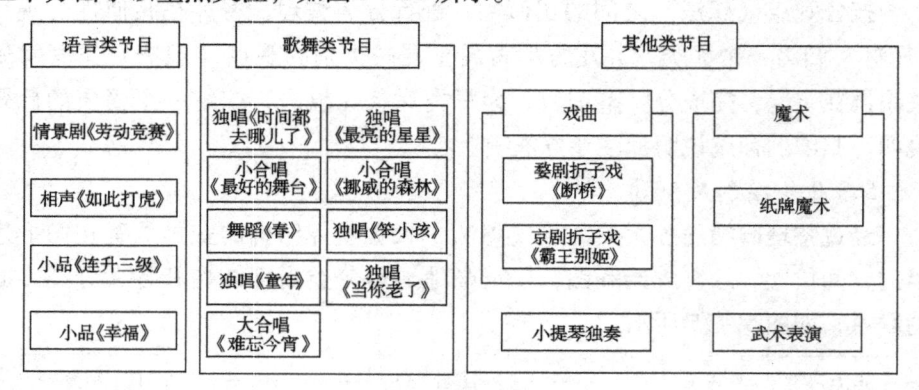

图 5-16 亲和图

5.3.4 注意事项

5.3.4.1 亲和图不需要明确最佳方案

亲和图基于头脑风暴法的运用，充分收集各种意见、观点和设想等语言文字资料，并按内在相互关系整理、归纳、分类，从复杂现象中整理出思路，找出解决问题的途径，但不需要针对每一类别方案进行重要性排序（不需要明确最佳方案），亲和图中所有类别的方案都是同等重要的，对于最佳方案的选择应通过后续其他方式单独实现。

5.3.4.2 亲和图的表现形式

通过开展头脑风暴法收集针对某一特定主题的大量语言文字资料（意见、观点和设想）后，以"资料卡片"的形式进行呈现，并根据卡片之间的相互亲近关系整理、归纳、分类，定义归类标题，分组排列，使用亲合图完整表示出来。

5.3.4.3 亲和图的应用场合

①厘清复杂问题，归纳问题要点。

②解决意见分歧，达成思想共识。

③发挥群体智慧，提出创新设想。

5.3.4.4 应用亲和图不适合速战速决

应用亲合图整理归纳由头脑风暴法所产生的各种意见、观点和设想等语言文字资料，不是按照已有的思维模式和分类方法来整理，而是根据具体"资料卡片"之间的相互亲近关系进行整理、归纳、分类、合并，逐步形成不同的类别，这是一个不断深入、反复摸索的过程，因此，会消耗一定的时间，不适合速战速决。

5.3.4.5 亲和图和头脑风暴法

亲和图和头脑风暴法本质上都是通过小组开放讨论，挖掘群体智慧，最大限度激发创新设想。两者在具体实施上有很多相似之处，但不同的是，亲和图需要对头脑风暴法产生的各种杂乱无章的意见、观点和设想等语言文字资料按相互亲近关系进行整理、归纳、分类、合并，然后以特定形式表现出来，促使问题明确，达成统一认识。

5.3.4.6 亲和图和关联图

亲和图是针对某一主题收集各种意见、观点和设想，并通过整理、归纳和分类形成不同的类别，强调不同资料之间的相近属性；关联图是针对一个或多个主题，从事物之间的逻辑关系中厘清复杂问题，寻找出解决问题的办法，强调不同资料之间的逻辑关联（原因—结果、目的—手段等）。

5.4 过程决策程序图（PDPC 图）

5.4.1 工具介绍

5.4.1.1 概念

过程决策程序图，又名 PDPC 图（Process Decision Program Chart 的英文缩写），是根据预测科学和系统论的观点，在进行方案策划时，事先充分考虑可能的风险因素（不理想事态或结果），为确保目标顺利达成而进行多方案设计，以应对方案实施过程中各种突发情况的一种计划方法。作为一种差错预防技术，PDPC 技术被广泛应用于项目风险管理、质量管理和流程设计方面，在开展未知领域研究或项目结果不确定的情况下，必须进行 PDPC 设计。

5.4.1.2 基本原理

质量管理实践中，要达成目标或解决问题，总是希望按计划推进原定各实施步骤。但是，受多种因素的制约和影响，常会因为一些突发情况导致工作出现障碍或停顿，原先拟订的计划不可行，从而造成难以预料的损失。

　　一位管理大师曾说过，如果从肯定出发，留下的都是问题；如果从问题出发，得到的却是肯定。做任何事情，都是存在失败风险的，如果在制订计划的时候，预先考虑到实施过程中可能出现的各种问题，事先"多做几手准备"，提出相应的处置方案和采取预防措施，将极大降低失败的风险。过程决策程序图（PDPC图）就是这样一种有助于使事态向理想方向发展的系统思考问题的方法，为了完成某个任务或达成某个目标，相应地提出多种应变计划，并在动态实施过程中，随着事态发展所产生的各种结果及时调整方案，以便计划执行过程中遇到不利情况时，仍能按第二、第三或其他计划方案进行，确保预定计划目标的实现。通过运用PDPC图，提前考虑可能的风险因素，可以做到运筹帷幄，料事于先，避免面对突发问题时不必要的损失和混乱，正所谓"预则立，不预则废"，如图5-17所示。

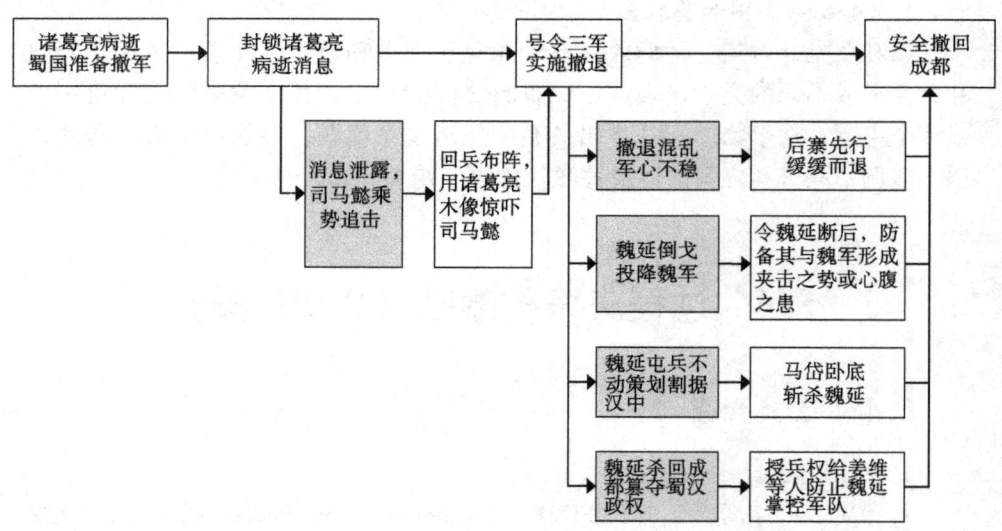

图5-17　过程决策程序图（PDPC图）的基本形式

5.4.2 基本程序

　　PDPC图是在过程策划中，针对可能出现的问题或风险因素分别提出预防对策、应急方案或替代方案，尽量导向预期理想状态的一种手法。正确使用质量工具是达成质量管理目标的基本保证，每种质量工具都要按照一定的程序或步骤来进行，应用过程决策程序图的基本程序包括五个步骤，如图5-18所示。

```
     ┌─────────┐                    
     │  开始   │                    
     └────┬────┘                    
          │                         
     ┌────▼──────┐          ┌──────────────┐
     │ ①明确主题 │          │ ④制订应对措施│
     └────┬──────┘          └──────┬───────┘
          │                        │
     ┌────▼────────────┐    ┌──────▼────────┐
     │ ②提出基本实施方案│    │ ⑤修订和完善   │
     └────┬────────────┘    └──────┬────────┘
          │                        │
     ┌────▼────────┐         ┌─────▼────┐
     │ ③考虑风险因素│────────▶│  结束    │
     └─────────────┘         └──────────┘
```

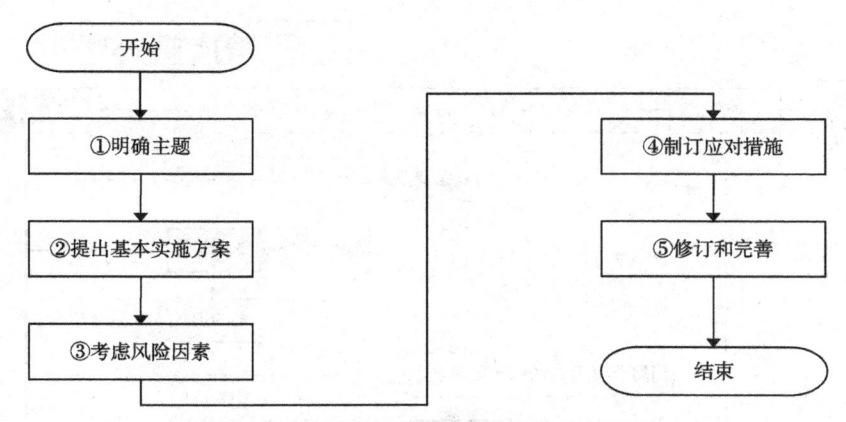

图 5-18 应用过程决策程序图的基本程序

5.4.2.1 明确主题

运用 PDPC 的第一步是确定要解决什么问题，有了明确的目标，才能制订清晰的行动计划（方案）。

5.4.2.2 提出基本实施方案

针对明确的主题广泛开展讨论，提出一个达成预期理想目标的基本实施方案。

5.4.2.3 考虑风险因素

基于实现预期目标的基本实施方案，充分考虑方案实施过程中每一个环节可能出现的突发问题和风险因素，并对相关问题逐项进行可行性分析。

5.4.2.4 制订应对措施

根据每个过程的风险预测结果，讨论并制定切实可行的对策措施（计划方案行不通，或难以实施时，应采取的对策和行动方案）。对策措施按照紧迫程度、所需工时、实施的可能性及难易程度综合考虑确定实施的先后顺序，并用箭条向理想的状态方向连接起来，某一条实施路径的调整，要考虑对其他路径是否存在影响。记录所有问题和应对措施，落实保障措施，明确责任人、实施期限、信息传递方式和资源配置。

5.4.2.5 修订和完善

方案实施过程中可能会出现新的情况或问题，需要定期检查 PDPC 的执行情况，并按照新的情况和问题，重新修订和完善 PDPC 图。

5.4.3 应用案例

【例 5-4】国庆节期间准备和家人一起去露营，为确保获得良好的露营体验，通过制定过程决策程序图（PDPC）对露营过程中可能发生的一些情况采取应对措施，如图 5-19 所示。

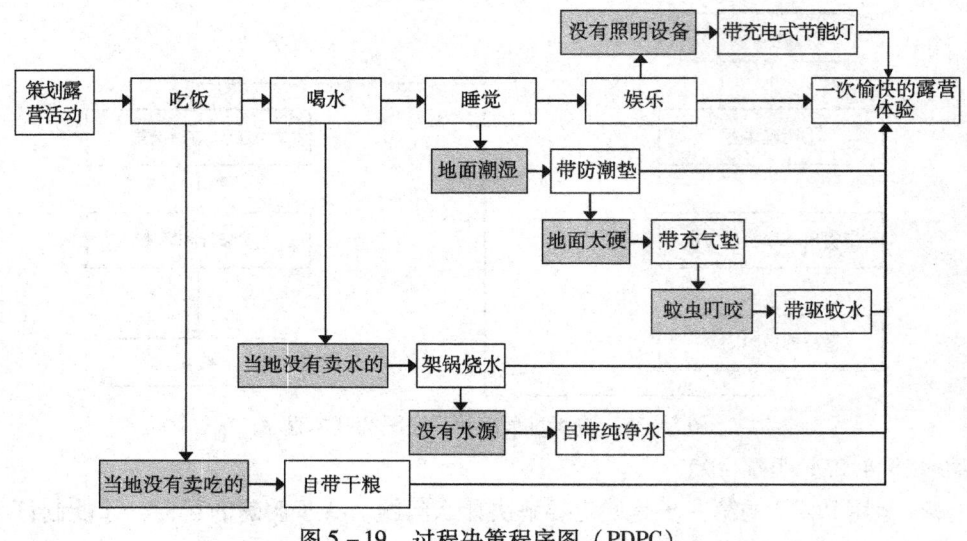

图 5-19 过程决策程序图（PDPC）

5.4.4 注意事项

5.4.4.1 PDPC 图的表现形式

PDPC 图由过程图、风险图和对策图三部分组成，充分考虑实施过程中每一个环节均可能遇到风险，并逐项进行可行性分析，制定相应对策。应用实践中，PDPC 图的表现形式并无严格规定，可以用方框表示具体事项（或方案），也可以用其他图标表示具体事项（或方案），可以横向展开图形，也可以纵向展开图形。

5.4.4.2 PDPC 图的本质

PDPC 图的本质是对计划执行过程中可能出现的各种风险做出预测，并相应地提出多种应变计划，不是走着看，而是事先预见可能的风险。

5.4.4.3 PDPC 图的基本特点

①PDPC 图具有动态管理的特征，它是运动的，而不是静止的，计划措施可被不断补充和修订。

②PDPC 图能从整体上掌握系统的动态并依此判断全局。

③PDPC 图可按时间先后顺序掌握系统的进展情况。

④PDPC 图可以预测那些通常很少发生的重大事故，并且在设计阶段，预先就制定应付事故的一系列措施和办法。

5.4.4.4 动态管理

使用 PDPC 图进行动态管理时，应根据实施过程中事态发展产生的各种结果及时调整应对方案，做好资源配置。

5.4.4.5 统筹协调

PDPC 图实际应用中，应明确方案运行的统筹协调机制，建立必需的信息沟通方式和通信联络保障系统，以便对相应处置方案作出及时响应。

5.4.4.6 制定应对措施

针对可能的风险制定应对措施，需要侧重考虑当遇到困难时，如何发挥小组成员的努力去解决问题，根据"这一环节可能出什么问题？"和"遇到问题如何解决？"开展工作，把应对措施作为备选调整方案写入过程决策程序图，并检查是否对其他环节产生影响。

5.5 矩阵图

5.5.1 工具介绍

5.5.1.1 概念

矩阵图，是从多维因素影响的质量问题中找出成对因素群，分别整理成行列交叉的矩阵图形，以矩阵的形式探讨成对因素之间相互关系或相关程度的大小，从而确定问题关键点的方法。运用矩阵图，有助于多角度考察存在的问题，并从中得出解决问题的设想。

5.5.1.2 基本原理

复杂的质量问题中，存在许多成对的质量因素，如何罗列并逐一分析成对因素之间的关系及其对问题的影响，就是矩阵图需要解决的问题。

矩阵图把质量问题及与其有对应关系的各个因素，分别配置于行（设为 L）和列（设为 R），构成矩阵图的行元素和列元素，在行元素与列元素的交叉点用既定的图形符号描述因素间的相互关系，根据交叉点上行列元素是否相关及相关程度的大小，可以确认存在的问题及问题的形态，从而找到解决问题的思路，促成质量问题的有效解决，如表 5-5 所示。矩阵图的多元数据表达，有助于清晰呈现各因素之间的关系，使我们在短时间内整理出复杂质量问题的工作思路或决策重点。

表 5-5 矩阵图的基本形式

元素		R				
		R_1	R_2	R_3	…	R_n
L	L_1					
	L_2					
	L_3					
	…					
	L_n					

5.5.1.3 矩阵图的型式

根据分析对象的差异,矩阵图在具体使用上有各种不同的表现型式,常见的矩阵图主要分为 L 型、T 型、Y 型及 X 型四种(另外还包括 C 型和 P 型,不常用),其中,L 型矩阵图是基本型,其他型式的矩阵图都是在 L 型基础上的叠加与组合,如表 5-6 所示。

表 5-6 矩阵图的型式

矩阵图类型	基本特征	对应关系	图形形态
L 型矩阵图	基本型式,二元表形式表达一对事项的对应关系(目的—手段,结果—原因)	A 和 B	
T 型矩阵图	组合型式,两个 L 型矩阵图的组合,表达两对事项之间的两两对应关系(现象—问题—原因)	①A 和 B ②A 和 C	
Y 型矩阵图	组合型式,三个 L 型矩阵图的组合,表达三对事项之间的两两对应关系	①A 和 B ②B 和 C ③C 和 A	
X 型矩阵图	组合型式,四个 L 型矩阵图的组合,表达四对事项之间的两两对应关系	①A 和 B ②B 和 C ③C 和 D ④D 和 A	

5.5.2 基本程序

矩阵图是一种通过多因素综合思考明确问题关键点的图示方法，主要应用于问题事项的多元性评估。在问题与现象及问题与原因之间对应关系错综复杂，难以对整体情况作出全面判断，且没有定量数据支撑的情况下，应用矩阵图进行整理分析，可快速厘清因素关系，抓住问题关键。正确使用质量工具是达成质量管理目标的基本保证，每种质量工具都要按照一定的程序或步骤来进行，应用矩阵图的基本程序包括五个步骤，如图5-20所示。

图5-20 应用矩阵图的基本程序

5.5.2.1 明确主题

应用矩阵图的第一步是明确主题，即通过矩阵图需要解决什么问题，基于对研究对象和研究目的的理解，明确工作方向和思路。

5.5.2.2 确定因素组合

根据研究主题开展讨论，找出与问题相关的影响因素，确定因素组合，分别构成矩阵图的行元素和列元素。

5.5.2.3 选择矩阵图型式

根据因素组合的确定情况选择适用的矩阵图型式，通常二元因素群用L型矩阵图，三元因素群用T型矩阵图或Y型矩阵图，四元因素群用X型矩阵图。

5.5.2.4 因素相关性评价

根据选定的矩阵图型式，将待分析的因素组合（因素群）安排在相应行列位置上，基于行元素与列元素的交叉点，对各因素之间可能存在的相关性进行定性评价，并用既定图形符号在相应的交叉点上进行标识。

5.5.2.5 分析判断

基于各因素之间的相关性和相关程度评价结果，明确问题重点，并从中寻求问题解决的思路。

5.5.3 应用案例

【例 5-5】因果图、系统图、关联图和矩阵图都可以应用于因果分析，但在不同的应用场景有不同的应用优势，通过 L 型矩阵图从交叉关系处理、多层次解析、多问题分析和多元性思考四个方面进行适用性评价，可以为合理应用 QC 工具提供参考，如表 5-7 所示。

表 5-7 工具适用分析的 L 型矩阵图

适用性评价	交叉关系处理	多层次解析	多问题分析	多元性思考
因果图		△		
系统图		▲		
关联图	▲	▲	△	△
矩阵图	▲		△	▲

注：▲表示特别适用；△表示一般适用。

5.5.4 注意事项

5.5.4.1 矩阵图的适用场景

矩阵图通过在矩阵交叉点描述行元素与列元素是否相关及相关程度，可以从二元关系中得到解决问题的设想，主要适用于在两种相关因素以上的问题事件中寻求解决问题的适当对策。在寻求问题解决手段时，若目的（或结果）与手段（或原因）之间的关系是一对一的（一元性展开），则可用系统图或关联图；若有两种以上的对应关系，使用矩阵图进行多元性考察较为合适。

5.5.4.2 相关性评价要求

矩阵图评价各因素之间的相关性时，一般是根据主观经验进行定性判断，这种方法有利于在短时间内获得结论，减少定量分析的数据采集工作量，但同时，不可避免地受评价者主观随意性影响较大。为了最大限度消除主观影响，评价过程要获得全体参与讨论者的同意，不可按多数人表决通过（少数服从多数）来决定。

5.5.4.3 矩阵图只能进行定性判断

矩阵图通过成对因素群的矩阵行列分析，对多维因素影响的质量问题进行多元思考，明确问题现状，寻找问题思路。成对因素间的相互关系，一般凭主观经验进行定性判断，通常表现为三种：关系密切、关系较密切、关系一般（或可能有关系），并用不同符号表示。

5.6 矩阵数据分析法

5.6.1 工具介绍

5.6.1.1 概念

矩阵数据分析法，是为了更精确地整理和分析结果，将矩阵图上各因素间关系用具体数据定量化表示（矩阵图上填数据，而不是填符号，形成一个数据分析矩阵），通过矩阵参数的计算，实现因素间相关性的量化评价，其本质是用数据表示的矩阵图。"新 QC 七种工具"中，矩阵数据分析法是唯一一种利用数据解析进行问题分析的方法，但其结果仍以图形表示。

5.6.1.2 基本原理

实际课题研究中，对于复杂质量问题多重影响因素（评价指标）的评估，通常采用矩阵图进行多因素分析，以既定图形符号定性描述因素相关性或相关程度的大小，明确问题关键点。当各因素间存在可以量化的关系时（矩阵行列的交叉点上能够取得定量数据），我们希望能以定量分析的方式对因素相关性作出更精确的评价，于是，就有了矩阵数据分析法的运用。

矩阵数据分析法以量化数据描述矩阵图行元素与列元素之间的相关性和相关程度，并通过对矩阵数据的整理和计算，定量解析各个因素的权重系数（多指标综合评价体系中，各个指标在总体中的占比），从而确定各因素的重要性和优先次序，以决定改善重点。

5.6.2 基本程序

矩阵数据分析法基于矩阵图上各因素间的量化数据关系，通过主成分分析等计算方法，定量评估各因素的重要性及重要程度排序，是一种多元思考的定量分析方法，在多因素相关性分析和多指标复杂质量评价等方面有广泛的应用。正确使用质量工具是达成质量管理目标的基本保证，每种质量工具都要按照一定的程序或步骤来进行，应用矩阵数据分析法的基本程序包括四个步骤，如图 5-21 所示。

5.6.2.1 明确主题

应用矩阵数据分析法的第一步是明确主题，即通过矩阵数据分析需要解决什么问题，基于对研究对象和研究目的的理解，明确工作方向和思路。

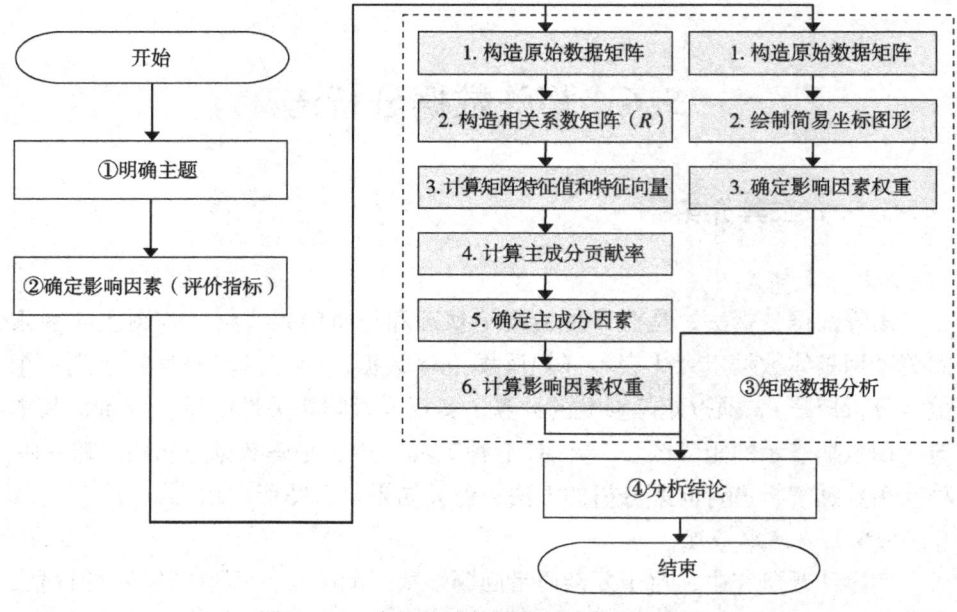

```
┌─────────────────────────────────────────────────────┐
│  开始                1. 构造原始数据矩阵  1. 构造原始数据矩阵 │
│                     2. 构造相关系数矩阵(R) 2. 绘制简易坐标图形 │
│  ①明确主题           3. 计算矩阵特征值和特征向量 3. 确定影响因素权重 │
│                     4. 计算主成分贡献率              │
│  ②确定影响因素(评价指标) 5. 确定主成分因素           │
│                     6. 计算影响因素权重   ③矩阵数据分析 │
│                         ④分析结论                   │
│                           结束                      │
└─────────────────────────────────────────────────────┘
```

图 5-21 应用矩阵数据分析法的基本程序

5.6.2.2 确定影响因素(评价指标)

根据矩阵数据分析研究的课题,开展充分讨论,确定需要分析的各个影响因素(评价指标)。

5.6.2.3 矩阵数据分析

矩阵数据分析是应用矩阵数据分析法的核心内容,具体实现方法包括两种:主成分分析法(通过数据降维确定因素权重)和简易坐标图示法(通过坐标图直观呈现因素权重)。

(1) 主成分分析法

对于涉及多个影响因素(评价指标)的问题进行定量分析,由于影响因素较多,并且通常情况下彼此之间还存在一定的相关性,会使分析过程变得非常复杂。而当多个影响因素之间存在相关性时,则说明它们在信息表达方面是有一定程度重叠的,如果能利用这种相关性,在尽可能多地保留原有因素主要信息的前提下,将众多影响因素综合成彼此互不相关的少数几个新的综合因素,通过减少因素数量,将使问题分析得到简化,这正是主成分分析法的基本思想。

主成分分析法(Principal Component Analysis,PCA)也称主分量分析法,是矩阵数据分析法进行矩阵数据分析的主要方法。它将众多具有一定相关性的影响因素 x_1,x_2,$\cdots$,x_p(p 个因素)作线性组合,重新构造成一组互不相关的新的综合因素（即主成分）F_1，F_2，$\cdots$，F_p，使综合因素（主成分）基于原有影响因素（x_1，x_2，$\cdots$，x_p）的线性组合最大限度保留影响因素的信息：

$$\begin{cases} F_1 = \phi_{11}x_1 + \phi_{21}x_2 + \phi_{31}x_3 + \cdots + \phi_{p1}x_p \\ F_2 = \phi_{12}x_1 + \phi_{22}x_2 + \phi_{32}x_3 + \cdots + \phi_{p2}x_p \\ \qquad\qquad\qquad\vdots \\ F_p = \phi_{1p}x_1 + \phi_{2p}x_2 + \phi_{3p}x_3 + \cdots + \phi_{pp}x_p \end{cases}$$

按照每个主成分所包含的信息量大小依次排列第一主成分 F_1（包含信息量最大）、第二主成分 F_2，$\cdots$，第 p 主成分 F_p（包含信息量最小），并根据实际需要从综合因素中选取排序靠前的少数几个包含信息量最大的主成分 F_1，F_2，$\cdots$，F_m（$m \leq p$）来代表原有影响因素（x_1，x_2，$\cdots$，x_p）所表达的信息。如果第一主成分因素 F_1 不足以代表原来 p 个因素的信息，则考虑选取第二个主成分因素 F_2，以此类推，最终将影响因素归结为少数几个主成分，用较少的因素去描述较多因素所表达的大部分信息，使问题简单化（原则上 p 个影响因素最多可以提取 p 个主成分，但多数情况下前 2~3 个主成分就已经包含大部分总体信息）。主成分分析法本质上是一种数学上的正交变换，将相关性很高的多个因素综合成彼此独立（互不相关）并能充分反映总体信息的少数新因素，从而进行更有效的数据分析，具体步骤如下。

①构造原始数据矩阵。主成分分析法原始数据如表 5-8 所示。

表 5-8　原始数据表格

样本序号	影响因素 x_1	影响因素 x_2	影响因素 x_3	$\cdots$	影响因素 x_p
样本 1	x_{11}	x_{12}	x_{13}	$\cdots$	x_{1p}
样本 2	x_{21}	x_{22}	x_{23}	$\cdots$	x_{2p}
$\cdots$	$\cdots$	$\cdots$	$\cdots$	$\cdots$	$\cdots$
样本 n	x_{n1}	x_{n2}	x_{n3}	$\cdots$	x_{np}

假定有 n 个样本，每个样本共有 p 个影响因素，构成一个 $n \times p$ 阶的数据矩阵。

$$X = \begin{bmatrix} x_{11} & x_{12} & x_{13} & \cdots & x_{1p} \\ x_{21} & x_{22} & x_{23} & \cdots & x_{2p} \\ x_{31} & x_{32} & x_{33} & \cdots & x_{3p} \\ \vdots & \vdots & & & \vdots \\ x_{n1} & x_{n2} & x_{n3} & \cdots & x_{np} \end{bmatrix}$$

②构造相关系数矩阵（R），如表 5-9 所示。

相关系数 $r = \dfrac{\text{Cov}(x,y)}{S_x S_y} = \dfrac{L_{xy}}{\sqrt{L_{xx}}\sqrt{L_{yy}}} = \dfrac{\sum(x_i - \bar{x})(y_i - \bar{y})}{\sqrt{\sum(x_i - \bar{x})^2}\sqrt{\sum(y_i - \bar{y})^2}} =$

$$\dfrac{1}{n-1}\sum_{i=1}^{n}\left(\dfrac{x_i - \bar{x}}{\sqrt{\dfrac{\sum(x-\bar{x})^2}{n-1}}}\right)\left(\dfrac{y_i - \bar{y}}{\sqrt{\dfrac{\sum(y-\bar{y})^2}{n-1}}}\right) \quad (5-1)$$

表 5-9 相关系数表格

影响因素	影响因素 x_1	影响因素 x_2	影响因素 x_3	…	影响因素 x_p
影响因素 x_1	r_{11}	r_{12}	r_{13}	…	r_{1p}
影响因素 x_2	r_{21}	r_{22}	r_{23}	…	r_{2p}
影响因素 x_3	r_{31}	r_{32}	r_{33}	…	r_{3p}
…	…	…	…	…	…
影响因素 x_p	r_{p1}	r_{p2}	r_{p3}	…	r_{pp}

计算影响因素之间的相关系数，p 个影响因素，构成一个 $p \times p$ 阶的相关数据矩阵（$r_{ij} = r_{ji}$）。

$$R = \begin{bmatrix} r_{11} & r_{12} & r_{13} & \cdots & r_{1p} \\ r_{21} & r_{22} & r_{23} & \cdots & r_{2p} \\ r_{31} & r_{32} & r_{33} & \cdots & r_{3p} \\ & \vdots & & \vdots & \\ r_{p1} & r_{p2} & r_{p3} & \cdots & r_{pp} \end{bmatrix}$$

③计算矩阵特征值（λ）和特征向量（ϕ）。根据特征方程（$\lambda E - A$）= 0[1][2]，求解相关系数矩阵的特征值（λ）和特征向量（ϕ）。这个步骤是进行主成分分析的关键，需要进行线性代数的矩阵行列式计算，计算过程相对比较复杂，往往需要借助电子计算机进行求解，很多软件（如 MATLAB 和 SPSS）都自带了主成分分析函数。为简化问题表述，我们通过一个三阶数据矩阵 A 的特征值（λ）和特征向量（ϕ）的求解过程来说明，如表 5-10、表 5-11 所示。

---

[1] 设 A 是 n 阶矩阵，如果存在数 λ 和非零 n 维列向量 ϕ 使关系式 $A\phi = \lambda\phi$ 成立，则称数 λ 为矩阵 A 的特征值，非零向量 ϕ 称为矩阵 A 对应于特征值 λ 的特征向量。$A\phi = \lambda\phi$ 等价于 $A\phi = \lambda E\phi$，转换为 $(\lambda E - A)\phi = 0$，得到特征方程 $(\lambda E - A) = 0$。

[2] E 称为单位矩阵，二阶单位矩阵 $E = \begin{bmatrix} 1 & 0 \\ 0 & 1 \end{bmatrix}$，三阶单位矩阵 $E = \begin{bmatrix} 1 & 0 & 0 \\ 0 & 1 & 0 \\ 0 & 0 & 1 \end{bmatrix}$。

表 5-10 计算特征值

数据矩阵	特征方程	行列式计算	特征值
$A = \begin{bmatrix} 1 & 2 & 0 \\ 2 & 4 & 0 \\ 5 & 0 & 6 \end{bmatrix}$	$(\lambda E - A)$ $\phi = 0$	$\begin{bmatrix} \lambda-1 & -2 & 0 \\ -2 & \lambda-4 & 0 \\ -5 & 0 & \lambda-6 \end{bmatrix} = 0 \xrightarrow{\text{行列式计算}} (\lambda-6)\lambda(\lambda-5) = 0$	$\lambda_1 = 6$ $\lambda_2 = 5$ $\lambda_3 = 0$

表 5-11 计算特征向量

特征值	特征方程	矩阵计算	特征向量
$\lambda_1 = 6$	$(\lambda E - A)\phi = 0$	$\begin{bmatrix} 5 & -2 & 0 \\ -2 & 2 & 0 \\ -5 & 0 & 0 \end{bmatrix} \begin{bmatrix} \phi_1 \\ \phi_2 \\ \phi_3 \end{bmatrix} = \begin{bmatrix} 0 \\ 0 \\ 0 \end{bmatrix}$	$\begin{bmatrix} \phi_1 \\ \phi_2 \\ \phi_3 \end{bmatrix} = \begin{bmatrix} 0 \\ 0 \\ 1 \end{bmatrix}$
$\lambda_2 = 5$	$(\lambda E - A)\phi = 0$	$\begin{bmatrix} 4 & -2 & 0 \\ -2 & 1 & 0 \\ -5 & 0 & -1 \end{bmatrix} \begin{bmatrix} \phi_1 \\ \phi_2 \\ \phi_3 \end{bmatrix} = \begin{bmatrix} 0 \\ 0 \\ 0 \end{bmatrix}$	$\begin{bmatrix} \phi_1 \\ \phi_2 \\ \phi_3 \end{bmatrix} = \begin{bmatrix} 1 \\ 2 \\ 5 \end{bmatrix}$
$\lambda_3 = 0$	$(\lambda E - A)\phi = 0$	$\begin{bmatrix} -1 & -2 & 0 \\ -2 & -4 & 0 \\ -5 & 0 & -6 \end{bmatrix} \begin{bmatrix} \phi_1 \\ \phi_2 \\ \phi_3 \end{bmatrix} = \begin{bmatrix} 0 \\ 0 \\ 0 \end{bmatrix}$	$\begin{bmatrix} \phi_1 \\ \phi_2 \\ \phi_3 \end{bmatrix} = \begin{bmatrix} 2 \\ -1 \\ -\frac{5}{3} \end{bmatrix}$

④计算主成分贡献率。将特征值由大到小排列($\lambda_1 \geq \lambda_2 \geq \cdots \geq \lambda_p \geq 0$),并分别计算主成分贡献率 $\left(C_j = \dfrac{\lambda_j}{\sum\limits_{i=1}^{p} \lambda_i},\ j = 1,\ 2,\ \cdots,\ p \right)$ 及累计贡献率 $\left(\dfrac{\sum\limits_{j=1}^{p} \lambda_j}{\sum\limits_{i=1}^{p} \lambda_i} \right)$,特征值越大,主成分包含的信息量越大,贡献率越高,如表 5-12 所示。

表 5-12 特征值与主成分贡献率

主成分因素	特征值	贡献率	累计贡献率
第一主成分	λ_1	$C_1 = \dfrac{\lambda_1}{\sum\limits_{i=1}^{p} \lambda_i}$	$\dfrac{\lambda_1}{\sum\limits_{i=1}^{p} \lambda_i}$
第二主成分	λ_2	$C_2 = \dfrac{\lambda_2}{\sum\limits_{i=1}^{p} \lambda_i}$	$\dfrac{\lambda_1 + \lambda_2}{\sum\limits_{i=1}^{p} \lambda_i}$
…	…	…	…

续表

主成分因素	特征值	贡献率	累计贡献率
第 j 主成分	λ_j	$C_j = \dfrac{\lambda_j}{\sum_{i=1}^{p} \lambda_i}$	$\dfrac{\lambda_1 + \lambda_2 + \cdots + \lambda_j}{\sum_{i=1}^{p} \lambda_i}$
…	…	…	…
第 p 主成分	λ_p	$C_p = \dfrac{\lambda_p}{\sum_{i=1}^{p} \lambda_i}$	$\dfrac{\lambda_1 + \lambda_2 + \cdots + \lambda_p}{\sum_{i=1}^{p} \lambda_i}$

⑤确定主成分因素。主成分贡献率反映信息量的大小,通常认为前 m 个主成分累计贡献率≥80%,并且特征值 >1 时,就基本可以反映全部因素(x_1, x_2, …, x_p)的信息,对应的从 p 个主成分中抽取前 m 个主成分作为新因素代替原来的 p 个影响因素($m \leqslant p$),相应的主成分线性组合 $F_j = \phi_{1j} x_1 + \phi_{2j} x_2 + \phi_{3j} x_3 + \cdots + \phi_{pj} x_p$,如表 5-13 所示。

表 5-13 确定主成分因素(假定选取前两个主成分)❶

主成分因素		第一主成分 F_1	第二主成分 F_2	…	第 p 主成分 F_p
特征值		λ_1	λ_2	…	λ_p
贡献率		C_1	C_2	…	C_p
累计贡献率		C_1	$C_1 + C_2$	…	$C_1 + C_2 + \cdots + C_p$
线性组合系数	影响因素 x_1	ϕ_{11}	ϕ_{12}	…	ϕ_{1p}
	影响因素 x_2	ϕ_{21}	ϕ_{22}	…	ϕ_{2p}
	…	…	…	…	…
	影响因素 x_p	ϕ_{p1}	ϕ_{p2}	…	ϕ_{pp}

⑥计算影响因素权重。权重是指某因素在整体评价中的相对重要程度,权重越高则该因素的重要性越大,对整体的影响就越大。由于原有影响因素(x_1, x_2, …, x_p)基本可以用前两个主成分因素代替,因素系数可以看成是以这两个主成分贡献率为权重,对因素在这两个主成分线性组合中的系数做加权平均,如表 5-14 所示。同时,由于所有因素的权重之和为 1,因素权重需要在综合得分系数的基础上归一化,最终所得到的因素权重。

---

❶ 主成分载荷($k_{ij} = \sqrt{\lambda_j} \cdot \phi_{ij}$)表示主成分在相应影响因素上的载荷,载荷(绝对值)越大,主成分对该影响因素的代表性越大。主成分分析软件(比如 MATLAB 和 SPSS)通常会在初始因子载荷矩阵(Component Matrix)中直接给出主成分载荷的数值,主成分线性组合表达式中需要用特征向量 ϕ_{ij} 作为系数,因此需要进行相应转化$\left(\text{即 } \phi_{ij} = \dfrac{k_{ij}}{\sqrt{\lambda_j}}\right)$。

表 5-14 确定影响因素权重

主成分因素		第一主成分 F_1	第二主成分 F_2
特征值		λ_1	λ_2
贡献率		C_1	C_2
线性组合系数	影响因素 x_1	ϕ_{11}	ϕ_{12}
	影响因素 x_2	ϕ_{21}	ϕ_{22}
	…	…	…
	影响因素 x_p	ϕ_{p1}	ϕ_{p2}
综合得分系数	影响因素 x_1	$D_1 = \dfrac{C_1 \cdot \phi_{11} + C_2 \cdot \phi_{12}}{C_1 + C_2}$	
	影响因素 x_2	$D_2 = \dfrac{C_1 \cdot \phi_{21} + C_2 \cdot \phi_{22}}{C_1 + C_2}$	
	…	…	
	影响因素 x_p	$D_p = \dfrac{C_1 \cdot \phi_{p1} + C_2 \cdot \phi_{p2}}{C_1 + C_2}$	
影响因素权重	影响因素 x_1	$\dfrac{D_1}{\sum_{i=1}^{p} D_i}$	
	影响因素 x_2	$\dfrac{D_2}{\sum_{i=1}^{p} D_i}$	
	…	…	
	影响因素 x_p	$\dfrac{D_p}{\sum_{i=1}^{p} D_i}$	

(2) 简易坐标图示法

当只考虑两个因素的影响,并且两个因素(评价指标)之间不存在相关性时,可以通过直角坐标图直观呈现因素权重关系,根据对数据分布特征的简单判读,得到矩阵数据分析的整体综合评价。

①构造原始数据矩阵。简易坐标图示法原始数据如表 5-15 所示。

表 5-15 原始数据表格

变量	影响因素 x	影响因素 y
样本 1	x_1	y_1
样本 2	x_2	y_2
…	…	…
样本 n	x_n	y_n

②绘制简易坐标图形。根据原始数据,将因素 (x, y) 的共同影响绘制

在直角坐标系中,如图 5-22 所示。

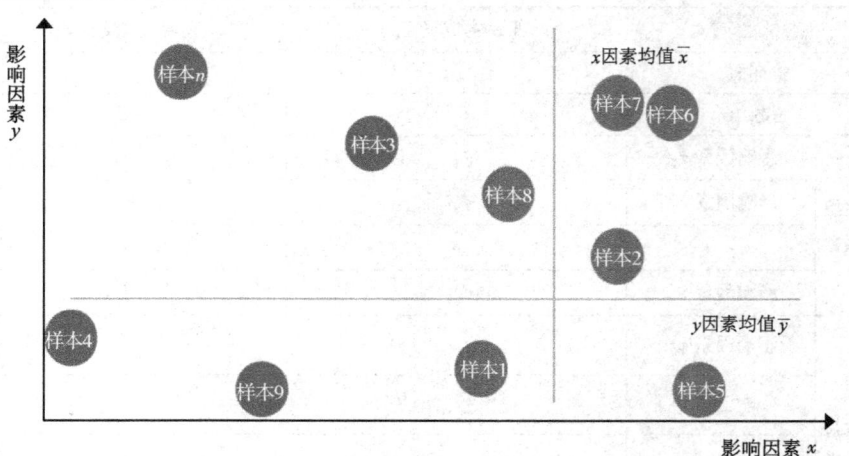

图 5-22 矩阵数据分析图

③确定影响因素权重。通过对矩阵数据分析图的数据分布特征进行简单判读,直观确定影响因素的权重关系。

5.6.2.4 分析结论

根据矩阵数据分析的结果,确定相关因素(评价指标)的重要性及优先考虑次序。

5.6.3 应用案例

【例 5-6】为了解一线宽带装维人员(专门从事宽带安装与维护的一线员工)的专业技能水平,某电信运营公司组织了一次专业技能鉴定,10 名员工理论知识和实践操作成绩如表 5-16 所示,希望根据鉴定成绩对员工的专业技能作出综合判断。

表 5-16 宽带装维人员专业技能鉴定成绩

科目	员工A	员工B	员工C	员工D	员工E	员工F	员工G	员工H	员工I	员工J
理论知识	89	88	60	83	75	85	64	79	71	56
实践操作	76	52	81	88	89	97	94	72	62	91

由于只考虑两个影响因素,我们使用简易坐标图示法进行矩阵数据分析。根据鉴定成绩绘制矩阵数据分析图后,我们通过对图形特征的简单判读,可以看到员工 D、E 和 F 专业技能比较全面,员工 C、G 和 J 理论知识相对欠缺,员工 A、B 和 H 实践操作相对欠缺,员工 I 理论知识和实践操作都有待提高,如图 5-23 所示。

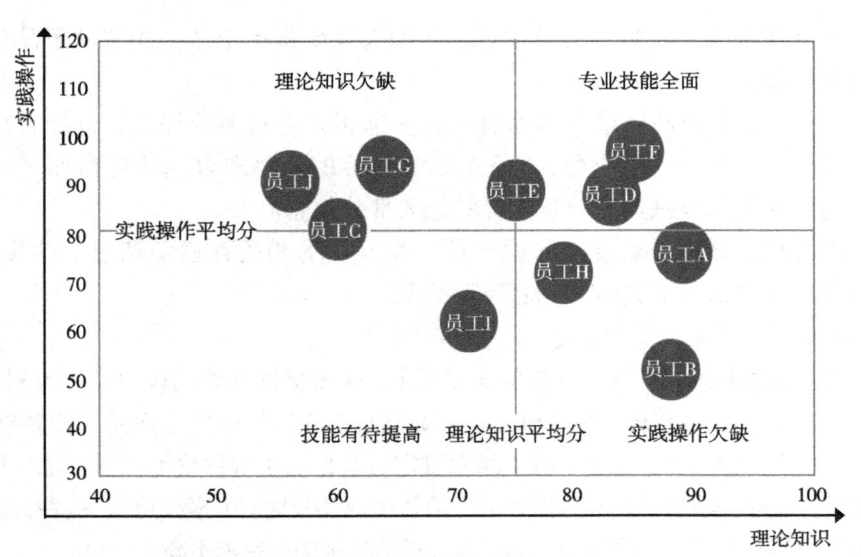

图 5-23　宽带装维人员专业技能矩阵数据分析

5.6.4 注意事项

5.6.4.1 矩阵数据分析法与矩阵图的区别

矩阵图是一种定性分析方法，通过在矩阵图上填写不同符号评估因素间的相关性；矩阵数据分析法是一种定量分析方法，通过在矩阵图上填写具体数据评估因素间的相关性，形成一个分析数据的矩阵，本质上，矩阵数据分析法就是用数据量化表达的矩阵图。

5.6.4.2 主成分分析的基本思想

通过正交变换将具有一定相关性的多个评价指标重新组合成一组新的互相无关的综合指标，同时根据实际需要从中选取少数几个综合指标（主成分）尽可能多地反映原有评价指标的信息，简化数据分析。

5.6.4.3 主成分分析法的应用效果依赖于原有评价指标的相关程度

主成分分析法的本质是用少数线性独立的综合指标（主成分）概括存在相关关系的原有评价指标，当评价指标之间相互独立时（不同评价指标的信息描述没有重叠），每个评价指标在综合指标中占同等份额，选取的综合指标对原有评价指标没有代表性；当评价指标之间相关性很强时（不同评价指标的信息描述较多重叠），选取的综合指标对原有评价指标代表性较好（可以用少数几个综合指标代替原有多数评价指标）。

5.6.4.4 应用主成分分析法的注意事项

①主成分分析法通过数据降维的方式实现矩阵数据分析的过程简化，综

合指标（主成分）个数通常应明显小于原有评价指标个数，才有助于简化数据分析过程。

②主成分分析法以最少的信息丢失为前提，将众多的评价指标综合成较少的几个综合指标（主成分），不是原有指标的简单取舍，综合指标（主成分）应保证能够反映原有评价指标的绝大部分信息。

③主成分分析法通过消除原有评价指标间的相关性避免信息表达重叠，综合指标（主成分）之间应保证互不相关。

5.6.4.5 简易主观评分法

由于矩阵行列式计算过程相对比较复杂，需要借助计算机软件（如 MATLAB 和 SPSS）进行，主成分分析法进行矩阵数据分析在现场应用方面受到较多限制。考虑使用上的便利性，对于某些不易取得定量数据的主观评价类项目，也可以采用简易主观评分法进行矩阵数据分析（通过主观评分确定因素权重），这种方法的分析过程不够严谨，主要应用于某些对分析结论精确度要求不高的场合。

简易主观评分法的基本思想是用主观评分代替正交变换，通过对原有影响因素进行加权评分计算，确定各个影响因素的权重（相对重要性），实现对矩阵数据的量化评价，具体步骤如下：

（1）构造原始数据矩阵

简易主观评分法原始数据如表 5 – 17 所示。

表 5 – 17　原始数据表格

变量	影响因素 x_1	影响因素 x_2	影响因素 x_3	…	影响因素 x_p
样本 1	x_{11}	x_{12}	x_{13}	…	x_{1p}
样本 2	x_{21}	x_{22}	x_{23}	…	x_{2p}
样本 3	x_{31}	x_{32}	x_{33}	…	x_{3p}
…	…	…	…	…	…
样本 n	x_{n1}	x_{n2}	x_{n3}	…	x_{np}

（2）确定因素评分

影响因素之间进行相互评分，以"行因素"为基准，逐个与"列因素"进行重要性对比，确定评价分数（根据相对重要程度评 1~9 分），如表 5 – 18、表 5 – 19 所示。

表 5 – 18　因素评分

影响因素	影响因素 x_1	影响因素 x_2	影响因素 x_3	…	影响因素 x_p
影响因素 x_1	x_{1-1}	x_{1-2}	x_{1-3}	…	x_{1-p}
影响因素 x_2	x_{2-1}	x_{2-2}	x_{2-3}	…	x_{2-p}
影响因素 x_3	x_{3-1}	x_{3-2}	x_{3-3}	…	x_{3-p}
…	…	…	…	…	…
影响因素 x_p	x_{p-1}	x_{p-2}	x_{p-3}	…	x_{p-p}

表 5-19 评分规则

行因素	列因素	评分规则	评分对象	评分情况
x_i	x_j	影响因素具有同等重要性($x_i = x_j$)	x_{i-j}	1
x_i	x_j	行因素重要性高于列因素($x_i > x_j$)	x_{i-j}	2~9
x_i	x_j	行因素重要性低于列因素($x_i < x_j$)	x_{i-j}	$1/x_{i-j}$
x_i	x_j	行和列相同影响因素对比($i = j$)	x_{i-j}	0

（3）计算因素权重

计算各个影响因素（x_1，x_2，…，x_p）的权重分数，权重越大，说明这个影响因素越重要，如表 5-20 所示。

表 5-20 影响因素的权重

影响因素	影响因素 x_1	影响因素 x_2	影响因素 x_3	…	影响因素 x_p	总分	权重
影响因素 x_1	0	x_{1-2}	x_{1-3}	…	x_{1-p}	$S_1 = \sum_{i=1}^{p} x_{1-i}$	$R_1 = \dfrac{S_1}{\sum_{i=1}^{p} S_i}$
影响因素 x_2	x_{2-1}	0	x_{2-3}	…	x_{2-p}	$S_2 = \sum_{i=1}^{p} x_{2-i}$	$R_2 = \dfrac{S_2}{\sum_{i=1}^{p} S_i}$
影响因素 x_3	x_{3-1}	x_{3-2}	0	…	x_{3-p}	$S_3 = \sum_{i=1}^{p} x_{3-i}$	$R_3 = \dfrac{S_3}{\sum_{i=1}^{p} S_i}$
…	…	…	…	…	…	…	…
影响因素 x_p	x_{p-1}	x_{p-2}	x_{p-3}	…	0	$S_p = \sum_{i=1}^{p} x_{p-i}$	$R_p = \dfrac{S_p}{\sum_{i=1}^{p} S_i}$

5.7 箭条图

5.7.1 工具介绍

5.7.1.1 概念

箭条图，又称双代号网络图或矢线图，是用网络图的形式安排和编制最佳日程计划，有效实施进度管理的一种科学管理方法，是计划评审法（PERT）在质量管理中的具体运用，其主要是用来安排项目的日历进度，尤其是较复杂的项目进度。

5.7.1.2 基本原理

一个项目计划可以分解为许多具体工作，这些工作在生产工艺和生产组织上相互依赖相互制约，共同决定项目计划的实施进度。箭条图把推进项目计划所必需的各项工作，按其时间顺序和相互关联通过图形方式清晰呈现出来，并根据时间参数的计算，确定影响项目进度的关键工作和关键路径，据此进行统筹协调，合理利用资源，提高工作效率，最大限度保证项目计划按时完成。同时，通过应用箭条图，各项工作完成情况对整体计划的影响也能得到及时量化和评估。

箭条图由节点（表示工作的开始或结束）、箭条（箭线表示工作，箭尾节点表示工作的开始，箭头节点表示工作的结束）和必要的标注（工作名称标注在箭线上方，持续时间标注在箭线下方）这三个基本要素组成，如图 5-24 所示。

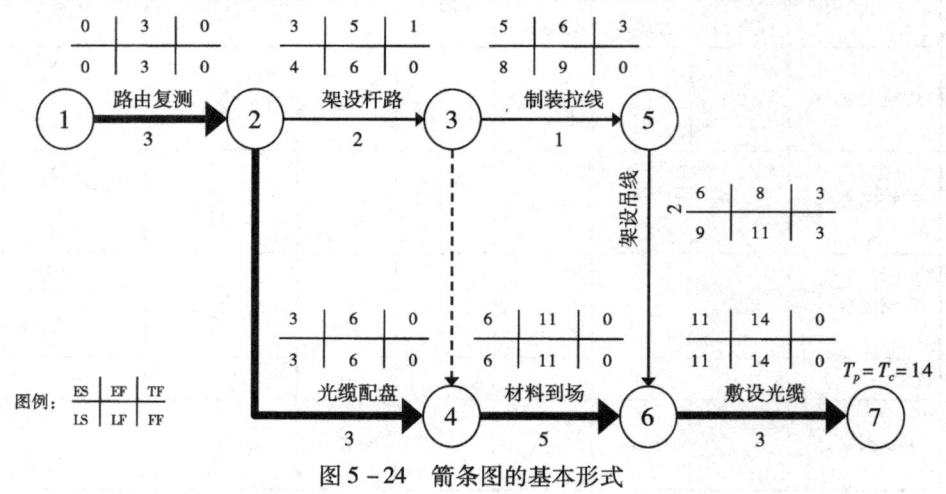

图 5-24 箭条图的基本形式

5.7.1.3 箭条图绘制规则

①箭条图只有一个起点节点和一个终点节点。

②两个节点之间只能有一项工作（只能有一条箭线）。

③箭条图中严禁出现循环回路。

④节点编号顺序应从左到右从小到大，可不连续，但严禁重复，并应确保每一条箭线上箭头节点编号大于箭尾节点编号，避免循环回路。

⑤箭线应保持自左向右的方向，严禁出现双向箭头或无箭头的箭线，严禁出现没有箭尾节点的箭线和没有箭头节点的箭线，严禁在箭线上引入或引出箭线。

⑥箭条图中的虚箭线不代表实际工作，称为虚工作，主要用来表示相邻两项工作之间的逻辑关系，不消耗时间，也不消耗资源。

⑦箭线上应标注工作名称和工作时间。
⑧避免箭线的交叉，当交叉不可避免时，应采用过桥法或指向法处理。

5.7.1.4 箭条图的作用

①在策划阶段通过对项目方案进行仔细推敲，保证计划的严密性，并在进入实施阶段后，对于情况的变化和计划的变更都方便地做出适当调整。

②某项工作工期延误对总体工作的影响可以迅速而准确地得到量化，从而及早采取针对性的补救措施，计划规模越大，越能反映出该工具的作用。

③通过确定项目的关键路径，明确项目重点，便于开展项目活动的工期优化、成本优化和资源优化；希望缩短工期/节约成本时，需要重点考虑关键路径上的活动项目；当资源分配发生矛盾时，可适当调动非关键路径上的活动资源去支持关键路径上的活动，以最有效地保证项目进度。

5.7.2 基本程序

箭条图是使质量管理的计划安排具有时间进度内容的一种质量工具，它有利于从全局上掌控项目进度，实现高效管理和统筹安排，保证项目计划的按时或提前完成。正确使用质量工具是达成质量管理效果的基本保证，每种质量工具都要按照一定的程序或步骤来进行，应用箭条图的基本程序包括六个步骤，如图5-25所示。

5.7.2.1 明确目标和工期要求

做事情先要有明确的目标。应用箭条图的第一步，是明确预期达成的项目目标，了解工期要求、项目资源和项目环境等约束条件。

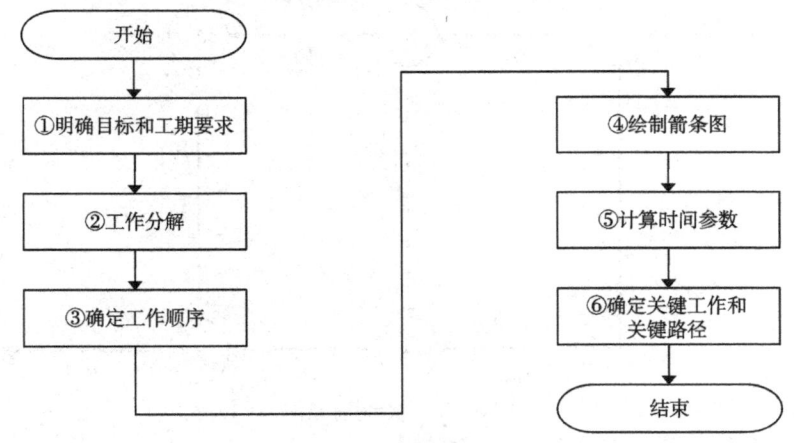

图5-25 应用箭条图的基本程序

5.7.2.2 工作分解

按一定的原则将项目逐层分解成可以实施管理的具体工作，并估计每一项工作的持续时间，编制工作名称列表。工作持续时间（D_{i-j}）是指一项工作从开始到结束的时间，通常根据三点估计法（经验估计法）进行估算，如表5-21所示。

表5-21 三点估计法估算工作持续时间

时间类型	乐观估计时间	悲观估计时间	正常估计时间	工作持续时间
估算公式	a	b	m	$D = \dfrac{1}{6}(a + 4m + b)$

5.7.2.3 确定工作顺序

根据工作之间的工艺关系和组织关系明确紧前工作、紧后工作和平行工作，结合项目资源条件的制约情况，确定各项工作的逻辑关系（先后顺序）和持续时间，如表5-22所示。

表5-22 工作逻辑关系和工作持续时间

工作名称	工作名称①	工作名称②	工作名称③	工作名称④	工作名称⑤	工作名称⑥	工作名称⑦
工作代号	A	B	C	D	E	F	G
紧前工作	—	A	A	B	B、C	D	E、F
紧后工作	B、C	D、E	E	F	G	G	—
持续时间	D_{i-j}	D_{i-j}	D_{i-j}	D_{i-j}	D_{i-j}	D_{i-j}	D_{i-j}

5.7.2.4 绘制箭条图

根据各项工作的逻辑关系，绘制箭条图，如图5-26所示。

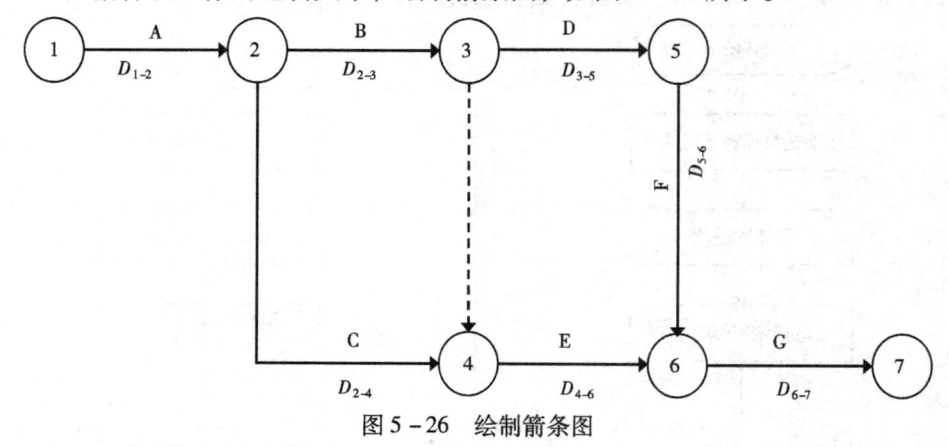

图5-26 绘制箭条图

5.7.2.5 计算时间参数

绘制箭条图后，随即就可以进行时间参数的计算了。时间参数可以按工作计算，也可以按节点计算，虽然方式不同，但结论是一致的。箭条图上标注时间参数通常采用六时标注法，如图 5-27 所示，为使图面简洁，也可以采用二时标注法。通过计算各项工作的时间参数，如表 5-23、表 5-24 所示，确定关键工作、关键路径和计算工期，可以为项目进度的优化、调整和执行提供明确的时间参数。

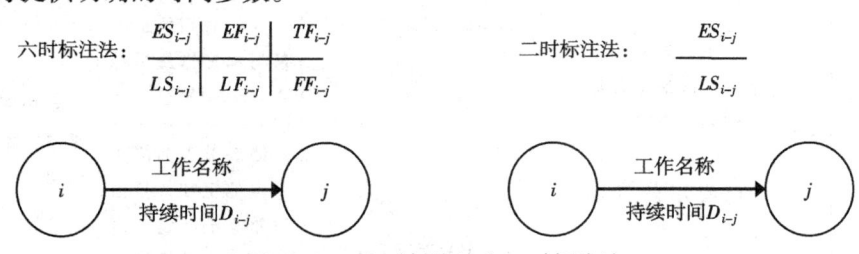

六时标注法：

ES_{i-j}	EF_{i-j}	TF_{i-j}
LS_{i-j}	LF_{i-j}	FF_{i-j}

二时标注法：

ES_{i-j}
LS_{i-j}

图 5-27 六时标注法和二时标注法

表 5-23 时间参数计算公式（按工作计算法）

时间参数	参数符号	参数定义	计算公式	计算说明	特点
最早开始时间	ES_{i-j}	所有紧前工作全部完成后，工作（$i-j$）有可能开始的最早时刻	$ES_{i-j} = \max \{EF_{h-i}\}$	紧前工作最早结束时间的最大值	起点节点开始，顺着箭线方向
			$ES_{i-j} = 0$ 起点节点编号 $i = 1$	起点节点为箭尾节点的工作，最早开始时间为零	
最早结束时间	EF_{i-j}	所有紧前工作全部完成后，工作（$i-j$）有可能结束的最早时刻	$EF_{i-j} = ES_{i-j} + D_{i-j}$	最早开始时间与持续时间之和	起点节点开始，顺着箭线方向
最迟开始时间	LS_{i-j}	在不影响整个项目按期完成的前提下，工作（$i-j$）必须开始的最迟时刻	$LS_{i-j} = LF_{i-j} - D_{i-j}$	最迟结束时间与持续时间之差	终点节点开始，逆着箭线方向
最迟结束时间	LF_{i-j}	在不影响整个项目按期完成的前提下，工作（$i-j$）必须结束的最迟时刻	$LF_{i-j} = \min \{LS_{j-k}\}$	紧后工作最迟开始时间的最小值	终点节点开始，逆着箭线方向
			$LF_{i-n} = T_p$ 终点节点编号 n	终点节点为箭头节点的工作，最迟结束时间等于计划工期 T_p	

时间参数	参数符号	参数定义	计算公式	计算说明	特点
自由时差	FF_{i-j}	在不影响其紧后工作最早开始时间的前提下，工作（$i-j$）可以利用的机动时间	$FF_{i-j} = \min\{ES_{j-k}\} - EF_{i-j}$	所有紧后工作最早开始时间的最小值与本工作最早结束时间的差值	自由时差影响紧后活动
			$FF_{i-n} = T_p - EF_{i-n}$ 终点节点编号 n	终点节点为箭头节点的工作，自由时差等于计划工期与本工作最早结束时间的差值	
总时差	TF_{i-j}	在不影响总工期的前提下，工作（$i-j$）可以利用的机动时间	$TF_{i-j} = LS_{i-j} - ES_{i-j}$ $TF_{i-j} = LF_{i-j} - EF_{i-j}$	最迟开始（结束）时间与最早开始（结束）时间的差值	总时差影响总工期
计算工期	T_c	根据箭条图计算的项目工期	$T_c = \max\{EF_{i-n}\}$ 终点节点编号 n	终点节点为箭头节点工作的最早结束时间的最大值	规定了要求工期时，计划工期不应超过要求工期 $T_p \leq T_r$；未规定要求工期时，计划工期等于计算工期 $T_p = T_c$

表 5-24　时间参数计算公式（按节点计算法）

时间参数	参数符号	参数定义	计算公式	计算说明	特点
节点最早时间	ET	—	$ET_i = 0$ 起点节点编号 $i=1$	起点节点最早时间为零	起点节点开始，顺着箭线方向
			$ET_j = \max\{ET_i + D_{i-j}\}$	箭尾节点最早时间与持续时间之和的最大值	
			$ET_n = T_c$ 终点节点编号 n	终点节点最早时间等于计算工期 T_c	

续表

时间参数	参数符号	参数定义	计算公式	计算说明	特点
节点最迟时间	LT	—	$LT_i = \min\{LT_j - D_{i-j}\}$	箭头节点最迟时间与持续时间之差的最小值	终点节点开始，逆着箭线方向
			$LT_n = T_p$ 终点节点编号 n	终点节点最迟时间等于计划工期 T_p	
计算工期	T_c	根据箭条图计算的项目工期	$T_c = ET_n$ 终点节点编号 n	计算工期 T_c 等于终点节点最早时间	规定了要求工期时，计划工期不应超过要求工期 $T_p \leq T_r$ 未规定要求工期时，计划工期等于计算工期 $T_p = T_c$
最早开始时间	ES_{i-j}	所有紧前工作全部完成后，工作（$i-j$）有可能开始的最早时刻	$ES_{i-j} = ET_i$	箭尾节点的最早时间	起点节点开始，顺着箭线方向
最早结束时间	EF_{i-j}	所有紧前工作全部完成后，工作（$i-j$）有可能结束的最早时刻	$EF_{i-j} = ET_i + D_{i-j}$	箭尾节点的最早时间与持续时间之和	起点节点开始，顺着箭线方向
最迟开始时间	LS_{i-j}	在不影响整个项目按期完成的前提下，工作（$i-j$）必须开始的最迟时刻	$LS_{i-j} = LT_j - D_{i-j}$	箭头节点的最迟时间与持续时间之差	终点节点开始，逆着箭线方向
最迟结束时间	LF_{i-j}	在不影响整个项目按期完成的前提下，工作（$i-j$）必须结束的最迟时刻	$LF_{i-j} = LT_j$	箭头节点的最迟时间	终点节点开始，逆着箭线方向

续表

时间参数	参数符号	参数定义	计算公式	计算说明	特点
自由时差	FF_{i-j}	在不影响其紧后工作最早开始时间的前提下，工作（$i-j$）可以利用的机动时间	$FF_{i-j} = \min\{ET_j\} - ET_i - D_{i-j}$	箭头节点最早时间与箭尾节点最早时间差值的最小值再减去持续时间	自由时差影响紧后活动
总时差	TF_{i-j}	在不影响总工期的前提下，工作（$i-j$）可以利用的机动时间	$TF_{i-j} = LT_j - ET_i - D_{i-j}$	箭头节点最迟时间与箭尾节点最早时间的差值再减去持续时间	总时差影响总工期

5.7.2.6 确定关键工作和关键路径

根据时间参数的计算结果，确定关键工作和关键路径，为控制项目总进度提供参考。关键路径在箭条图上通常用加粗的有向箭条表示。

（1）关键工作

箭条图中总时差最小的工作为关键工作，当计划工期等于计算工期时，总时差为零的工作就是关键工作。关键工作的提前或拖后，均会对总工期产生影响，因此，关键工作的实际进度是箭条图进度控制的工作重点。

（2）关键路径

从起点节点到终点节点全部由关键工作组成的箭条图路径上，各项工作的持续时间总和最长，称为关键路径，如图5-28所示。关键路径上各项工作的持续时间总和等于计算工期，代表了完成项目所需的最短时间，关键路径上的任何延迟或提前，将直接导致整个项目总工期的拖延或提前完成。一个箭条图可能有一条或者多条关键路径，关键路径越多，项目风险越大，越难管理。

5.7.3 应用案例

【例5-7】周末早上去菜场买了菜，准备给家人准备一顿丰盛的晚餐，为保证菜品的新鲜可口，并尽快完成烹饪，我们采用箭条图对烹饪过程进行合理规划。

根据各道烹饪工序的工艺要求和耗时长短，结合各种食材和工具的制约情况，确定各道工序的逻辑关系（先后顺序），绘制箭条图，如图5-29所示。

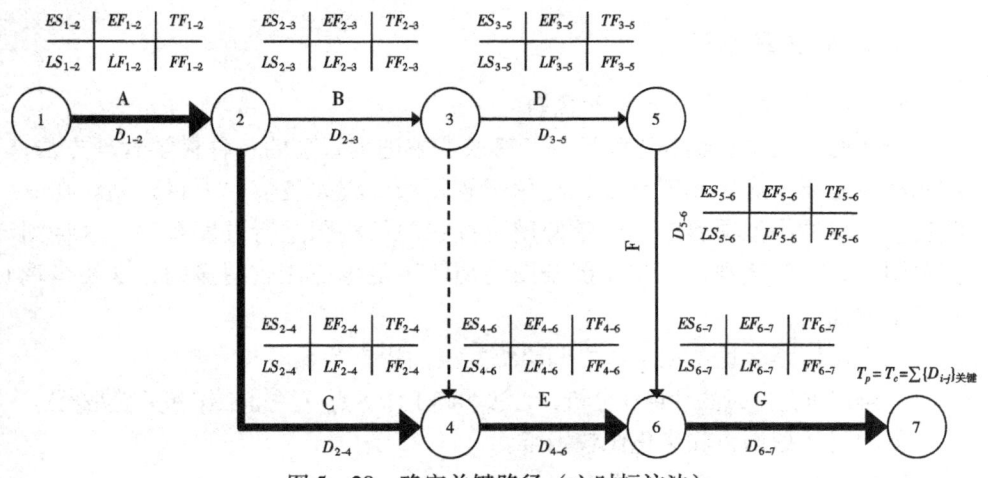

图 5-28 确定关键路径（六时标注法）

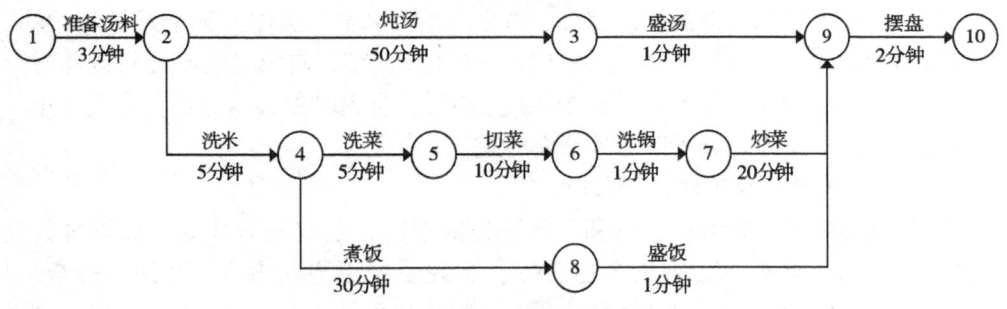

图 5-29 烹饪过程箭条图

通过时间参数计算，确定关键路径为 1→2→3→9→10（黑色粗体路径），关键工作为"准备汤料""炖汤""盛汤"和"摆盘"，计划工期 56 分钟（$T_p = T_c = 56$ 分钟），即最快需要 56 分钟准备好晚餐，如图 5-30 所示。

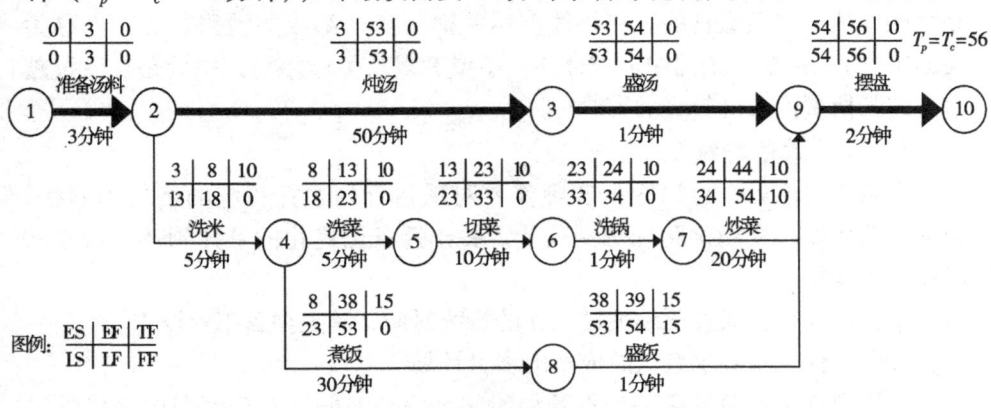

图 5-30 烹饪过程箭条图（计算时间参数）

5.7.4 注意事项

5.7.4.1 箭条图与甘特图的区别

箭条图是安排和编制进度计划，有效实施进度管理的一种科学管理方法，绘制相对复杂，应用相对专业，适用于较复杂、较大规模的项目计划。在一些比较简单的小型项目中，通常使用更直观的甘特图进行进度管理。甘特图简单明了，形象直观，但相比箭条图的功能不足也是比较明显的，主要体现在三个方面：

①无法清晰表达各项工作之间错综复杂的逻辑关系。
②难以进行定量的计算和分析，无法明确工作重点（关键工作和关键路径）。
③项目计划调整和优化比较困难。

5.7.4.2 自由时差和总时差

自由时差是总时差的构成部分，自由时差影响紧后工作（影响局部），总时差影响总工期（影响整体）。对于同一项工作而言，自由时差不会超过总时差（$FF_{i-j} \leq TF_{i-j}$），当工作的总时差为零时，自由时差必然为零。终点节点为箭头节点的工作，自由时差等于总时差。

5.7.4.3 计划评审法（PERT）

计划评审法（PERT），是利用网络分析制订计划以及对计划予以评价的技术，它能协调整个计划的各道工序，合理安排人力、物力、时间、资金，加速计划的完成。在现代计划的编制和分析手段上，PERT被广泛地使用，是现代项目管理的重要手段和方法。

5.7.4.4 箭条图的关键路径可能不止一条

对于一个项目计划而言，只有持续时间最长的的工作完成之后，项目计划才能结束，这条最长的工作路线就叫关键路径（组成关键路径的工作称为关键工作）。一个箭条图中可能存在一条或者多条关键路径，关键路径数量越多，统筹协调的难度越大。

5.7.4.5 箭条图的优化

箭条图完成后，可以根据实际需要对项目计划进行相应的优化和调整，包括工期优化、费用优化和资源优化。关于箭条图优化的具体阐述，请参阅相关专业文献。

①工期优化：通过压缩关键工作的持续时间，满足项目工期要求。
②费用优化：寻求最低总成本的项目计划。
③资源优化：通过调整工作开始时间和完成时间，实现资源的最优需求配置。

6 其他 QC 工具

除了新老 QC 七种工具以外,为了适应 QC 小组活动开展的实际需要,人们又总结和提炼了其他几种 QC 工具,既有注重用数据说话的统计型工具,也有强调语言文字资料分析和推理的思维型工具,具体包括:头脑风暴法、水平对比法、优选法、正交试验设计法、价值工程法、5W1H 分析法、流程图、简易图表等,如表 6-1 所示。

表 6-1 其他 QC 工具

工具名称	头脑风暴法	水平对比法	优选法	正交试验设计法	价值工程法	5W1H 分析法	流程图	简易图表
基本作用	激发群体思维	明确自身差距,寻找改进机会	质量问题的单因素试验选择	质量问题的多因素多水平试验选择	价值分析	模式化思维	描述过程和设计过程	数据可视化

6.1 头脑风暴法

6.1.1 工具介绍

6.1.1.1 概念

头脑风暴法,是由奥斯本博士于1938年首次提出的一种激发群体创造性思维的会议方法,该方法强调在轻松融洽和不受任何限制的气氛中,围绕某一特定主题,以会议形式集思广益,通过自由的、充分的、无偏见的交流,并在不同思维的相互碰撞中激发创新思维,大胆提出创新设想。QC小组课题实践中,通常作为因果图、系统图、关联图、亲和图等工作方法的基础。

6.1.1.2 基本原理

在群体决策中,由于群体成员心理相互作用影响,易屈于权威或大多数人意见,形成所谓的"群体思维",群体思维削弱了群体的批判精神和创造力,损害了决策的质量。为了保证群体决策的创造性,提高决策质量,管理上发展了一系列改善群体决策的方法,头脑风暴法是较为典型的一个。

头脑风暴法的本质是一群人围绕一个特定主题充分发表看法。参与者在不受任何约束的轻松氛围下,打破常规,积极思考,畅所欲言,通过无限制的自由联想和讨论,以民主的方式产生新观念或激发创新设想,非常具体地体现了集思广益。恰当运用头脑风暴法,能有效开阔思路,激发灵感,在有限的时间内获得尽可能多的创意性设想,提高工作效率,同时,通过在相对自由的会议氛围中参与问题讨论,有益于增强个人自信,促进团队沟通,是在小组内部进行创造性思维的最常用方法。

6.1.1.3 基本作用

头脑风暴法是快速寻求大量创造性设想的集体思考方法,侧重于突破思维惯性,通过挖掘群体智慧,最大限度激发创新设想。事实上,头脑风暴法是绝大多数创造性问题解决思路的来源,相比其他方法,能激发更多的观点和更好的建议。

6.1.1.4 基本会议原则

①禁止批评。头脑风暴中,没有想法的对错,只有想法的多少。与会人员相互尊重,平等相待,不对别人的设想提出批评意见,避免扼杀创造性思维,同时,也不需要发言人的自我批评,在充分放松的心境下,调动每一个与会者的积极性去集中精力开拓思路。

②会后评判。认真对待任何一种设想，与会人员的所有设想都要进行完整记录但不进行现场评价，只有当头脑风暴会议结束的时候，才对这些设想进行评估，避免约束与会者的积极思维，破坏自由畅谈的良好气氛。

③以量求质。头脑风暴会议的目标是获得尽可能多的设想，产生的设想越多，产生有价值设想的可能性就越大，应鼓励参与者从不同角度、不同层次、不同方位，大胆展开想象，提出能想到的任何见解。

④相互启发。鼓励从他人的设想中激励自己，通过相互激励和相互启发，补充和改善他人的设想，提出新的设想。

头脑风暴法的基本会议原则如图6-1所示。

1. 禁止批评	2. 会后评判	3. 以量求质	4. 相互启发
不对别人的设想提出批评意见，也不需要发言人的自我批评	完整记录与会人员的所有设想，会议结束后再进行设想评估	追求设想数量，越多越好	鼓励从他人的设想中激励自己，通过相互激励和相互启发，补充和改善他人的设想，提出新的设想

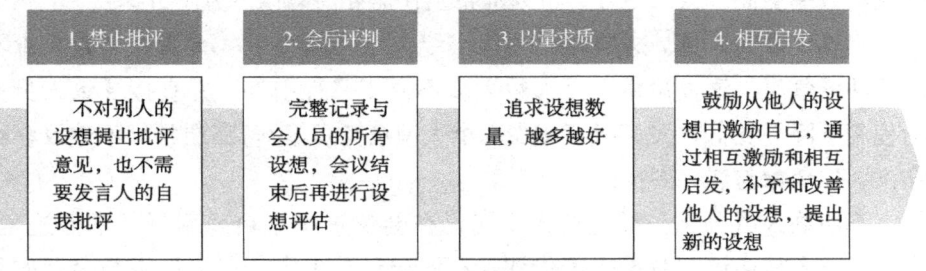

图6-1 头脑风暴法的基本会议原则

6.1.2 基本程序

头脑风暴法提供了一种有效的就特定主题进行创造性沟通的方式，它通过一定的讨论程序与规则来保证创造性讨论的有效性，由此，讨论程序构成了头脑风暴法能否有效实施的关键因素，应用头脑风暴法的基本程序包括为六个步骤，如图6-2所示。

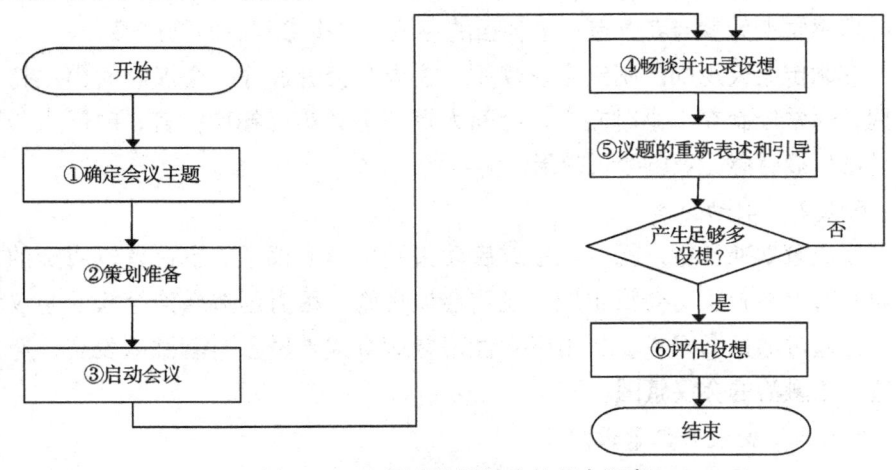

图6-2 应用头脑风暴法的基本程序

6.1.2.1 确定会议主题

不管做什么事,首先要有一个明确的目标。进行头脑风暴会议,首先应该拟定一个清晰明确的主题(工作目标),即明确通过头脑风暴解决什么样的问题,并落实到一个具体问题上。一般而言,比较具体的议题能使与会者较快产生设想,主持人也较容易掌握;比较抽象和宏观的议题引发设想的时间较长,但设想的创造性也可能较强。

6.1.2.2 策划准备

一次成功的头脑风暴,会议前的充分策划准备是关键。为了使头脑风暴会议的效率更高,效果更好,策划准备工作需要注意以下五个方面:

①确定参与人员。头脑风暴会议小组人数一般为 5~15 人,人数太少不利于活跃气氛,激发思维,而人数太多不便于掌控引导,并直接导致人员参与程度下降(比如,发言机会减少、个人消极旁观等)。高层领导不建议参与会议,以免参与者感到拘束。

②明确人员分工。设主持人 1 名,在会议进程中启发引导,掌握进程,主持人只主持会议,对设想不作评论;设记录员 1 名,负责记录与会者的每一设想,主持人和记录员也应随时提出自己的设想,切忌持旁观态度。

③熟悉背景材料。会议开始前几天,将会议主题、时间、地点、可供参考的资料和设想、所要解决的问题、需要达成的目标等事宜一并提前通知与会人员,以便与会者对于待解决的问题有所了解,可以事先思考一下议题,准备好相关资料。

④布置会议现场。适当布置会议现场,巧妙活跃现场气氛,从环境氛围和心理感觉上为参与者营造一个轻松的环境,减少参与者的拘束感。

⑤制定会议规则。制定会议规则,要求与会者遵守。会议时间由主持人掌握,通常控制在 1 小时左右,时间太短与会者难以畅所欲言,时间太长则容易产生疲劳感,影响会议效果。

6.1.2.3 启动会议

完成策划准备后,就可以正式启动头脑风暴会议了。主持者以明确的方式向所有参与者阐明会议主题,说明会议规则,尽力创造融洽轻松的会议气氛,并通过随机询问或者提出引导性问题等方式鼓励参与者踊跃发言,努力创造轻松融洽的会议氛围。

6.1.2.4 畅谈并记录设想

接下来便是重点的设想畅谈阶段,在主持人的引导下,参与者围绕会议议题自由发言，彼此启发，相互补充和激励，主持人根据会议规则随时把控现场，记录员完整记录每一个参与者的发言内容，并将已经提出的所有设想写在白板上或用便利贴粘贴在醒目位置便于所有人看见。

6.1.2.5 议题的重新表述和引导

在头脑风暴整个过程中，主持人需要不断地鼓励，以便参与者保持他们的热情。随着问题讨论的深入，参与者的创造力可能会逐渐减弱，为了刺激参与者对问题不同视角的思考，克服思维障碍，主持人需要通过对发言记录的整理和归纳，找出富有创意的典型见解，或者通过具有启发性的表述，带领参与者进入下一轮设想畅谈。

6.1.2.6 评估设想

会议结束后，主持人需要对会议期间产生的所有设想进行归类整理，确保每个设想都得到了充分理解，去除重复的设想和难以实现的设想后，按一定的评价标准对设想进行评估，反复比较和优中择优，从中挑选出解决问题的最佳方案。

6.1.3 应用案例

【例6-1】养鸡场的鸡经常被黄鼠狼偷吃，造成了不小的经济损失，养鸡场负责人很是苦恼，有没有什么好办法可以防范黄鼠狼偷鸡呢？

养鸡场负责人决定应用头脑风暴法尝试解决这一难题。为了营造轻松自由的会议气氛，便于大家互相启发，互相激励，畅所欲言，最大限度开阔思路，激发灵感，从而获得尽可能多的设想，除要求大家保持手机静音外，还专门强调了一些会议要求：对任何设想不作评价，对任何设想禁止批评，独立思考，大胆想象，并鼓励巧妙利用和改善他人的设想。

会议中大家提出了很多设想，有人说"安装防护铁丝网"，有人说"安装触发式的灯光或发声装置"，有人说"用捕兽器诱捕黄鼠狼"，还有人提出"黄鼠狼偷鸡是因为老鼠在带路，应该先将养鸡场的老鼠消灭干净"，会议主持人都给予各种形式的赞许和鼓励，并由记录员将每一条设想整理记录在会议现场的白板上以便大家都能看见。后来，有人开玩笑地说"黄鼠狼神出鬼没，如果有人能不知疲倦地时刻守护养鸡场就好了"，虽然大家都清楚人不可能不睡觉时刻保持警觉，但没有人笑话他，相反，有人受此启发，认为猫喜欢昼伏夜出，可以通过养猫来帮忙看护养鸡场，受他启发，有人提出养鹅更好，鹅的领地意识极强，而且凶猛机警，能轻松赶跑黄鼠狼。最后，会议共产生了 15 条设想，如图 6-3 所示。

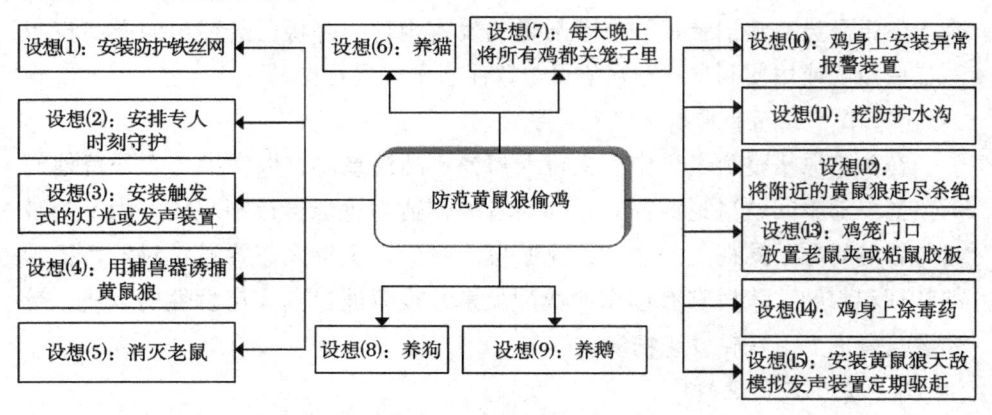

```
设想(1)：安装防护铁丝网        设想(6)：养猫      设想(7)：每天晚上          设想(10)：鸡身上安装异常
                                              将所有鸡都关笼子里          报警装置
设想(2)：安排专人
      时刻守护                                                         设想(11)：挖防护水沟

设想(3)：安装触发                      防范黄鼠狼偷鸡                    设想(12)：将附近的黄鼠狼
      式的灯光或发声装置                                                     赶尽杀绝

设想(4)：用捕兽器诱捕                                                    设想(13)：鸡笼门口
      黄鼠狼                                                              放置老鼠夹或粘鼠胶板

设想(5)：消灭老鼠          设想(8)：养狗   设想(9)：养鹅                 设想(14)：鸡身上涂毒药

                                                                    设想(15)：安装黄鼠狼天敌
                                                                         模拟发声装置定期驱赶
```

图 6-3 头脑风暴法提出设想

会议结束后的第二天，所有头脑风暴会议参加者再次举行会议，对所有设想的可行性进行集体讨论，大家一致认为，通过同时饲养少量的猫、鹅和狗防范黄鼠狼，不仅容易实施，而且效果较好，对鸡群影响小（动物和谐共处），投入成本低（投喂饲料较少），黄鼠狼偷鸡的难题迎刃而解。

6.1.4 注意事项

6.1.4.1 头脑风暴的核心内容

① "头脑风暴"是一种方法。
② "头脑风暴"需要以小组的形式展开。
③ "头脑风暴"的展开方式是通过小组人员积极思考，畅所欲言来体现的。

6.1.4.2 头脑风暴法的重点是畅所欲言

头脑风暴法通过创造自由开放的会议气氛，鼓励参与者独立思考，畅所欲言，跳出常规思维，大胆提出设想。产生的设想越多，其中的创造性设想就越多，应认真对待任何一种设想，而不管其是否适当和可行。人们希望像鸟儿一样自由飞翔，于是发明了飞机；人们希望冬暖夏凉，于是发明了空调。现在的异想天开，也许是不久之后的真实场景。

6.1.4.3 头脑风暴法与德尔菲法

德尔菲法，又称专家调查法，是一种通过发挥集体智慧获得一致意见的方法，组织者采用匿名（背靠背）方式征询不同参与者的意见，收到的意见经汇总整理后反馈给参与者重新修改，通过多轮反馈循环，逐步取得比较一致的意见。

头脑风暴法与德尔菲法在开展形式基本特征和适用场景方面的特点如表6-2、图6-4所示。

表6-2 头脑风暴法与德尔菲法

方法	开展形式	基本特征	适用场景
头脑风暴法	会议讨论，通过面对面集体讨论，参与者相互启发、相互补充和相互完善	通过事先约定会议规则营造畅所欲言的气氛	需要获得全新创意
德尔菲法	调查问卷，通过背靠背发表看法，参与者独立提出见解	通过避免面对面的集体讨论创造独立思考的环境	需要获得一致意见

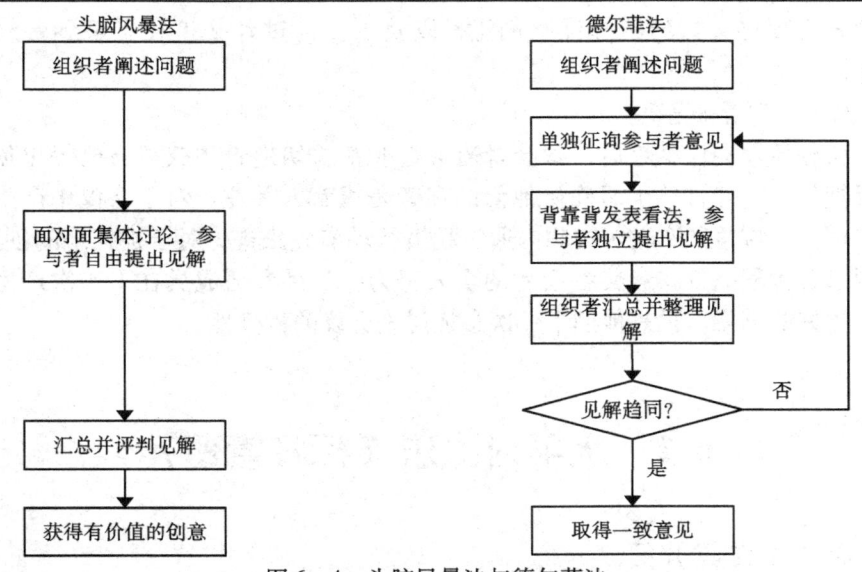

图6-4 头脑风暴法与德尔菲法

6.1.4.4 头脑风暴法与普通会议

头脑风暴法与普通会议在主题数量、会议氛围、会议规模、会议规则、会议成果和适用场景方面的特点如表6-3所示。

表6-3 头脑风暴法与普通会议

方法	主题数量	会议氛围	会议规模	会议规则	会议成果	适用场景
头脑风暴法	一个	轻松融洽，自由开放	小型会议	庭外评判，以量求质	产生不同意见	需要大量创意
普通会议	一个或多个	根据会议主题而定	可大可小	现场评判，追求质量	形成统一意见	需要形成共识

6.1.4.5 头脑风暴法的缺点

①会议气氛过于轻松，如果组织者不注意引导和掌控，容易使会议陷入

漫无边际的调侃甚至导致会议主题偏离预定方向。

②会议中产生的观点普遍缺乏深思熟虑，容易产生逻辑不严密、意见不全面、论证不充分等问题，不适合应用于需要冷静思考和系统论证的问题讨论。

③会议能否产生有价值的创意受参与人员认知水平和表达能力的限制。

6.1.4.6 会议结束后不要立即评选优秀创意

头脑风暴会议结束之后，为避免参会者和决策层理解层次上的差异导致可能的轻易否决优秀创意，同时也为了最大限度保护参会者的积极性，对会议中产生的众多创意不要现场进行任何形式的优秀创意评选，只需简要告知参会者后续将会如何选择优胜创意，以及可以通过什么途径了解到最终的决策。

6.1.4.7 善始善终

头脑风暴会议结束后，参会者通常会非常迫切地希望获得自己提出创意的反馈信息，并且急于想确认他们的声音是否有人关注。对于会议中产生的所有创意，应争取在较短时间内通过积极行动实施跟进，对于被拒绝的创意，应通过各种积极方式褒奖参会者的个人努力，帮助参会成员在下一次产生更多、更好的创意，提高他们下一次参加讨论会议的积极性。

6.2 水平对比法（标杆管理）

6.2.1 工具介绍

6.2.1.1 概念

水平对比法，也称标杆管理，是以在某一方面水平处于领先地位的竞争者作为基准，基于自身水平与基准水平的评价比较，制定并实施改进策略，使自身水平持续得到改进的一种管理方法。通俗地讲，就是"向榜样学习"，类似于我们常说的"学先进，找差距""比学标杆，赶超先进"等活动。运用水平对比法，有助于认清目标并确定与标杆间的差距，为赶超标杆找到重点。

6.2.1.2 基本原理

以铜为鉴，可以正衣冠；以史为鉴，可以知兴替；以人为鉴，可以明得失。树立榜样，建立标杆，是最好的自我改进方式，通过和过去对比，和他人对比，在比较中找差距，在借鉴中补短板，持续追求更高水平，有助于自身不断改进并保持持续的竞争优势。

日益激烈的竞争环境下,提升自身竞争力,并保持可持续的竞争优势,不能只关注过去的成绩,不能只盯着自己的水平,应通过不断地向他人学习,不断地设定并挑战新目标,实现持续改进和自我超越。水平对比法通过系统化的方式不断寻找和研究最高水平,并以此作为赶超标杆,与自身水平进行比较、分析、判断,明确水平差距,采取改进措施,从而使自身得到不断提高,其核心是向最高水平看齐,通过重新思考和持续改进,实现自身水平的不断超越。水平对比法包括两个重要方面:一方面,不断地寻找和树立先进水平的标杆,通过标杆对比和综合思考发现自身的差距;另一方面,不断地采取改进措施,取人之长、补己之短,赶上甚至超越竞争对手,如图6-5所示。

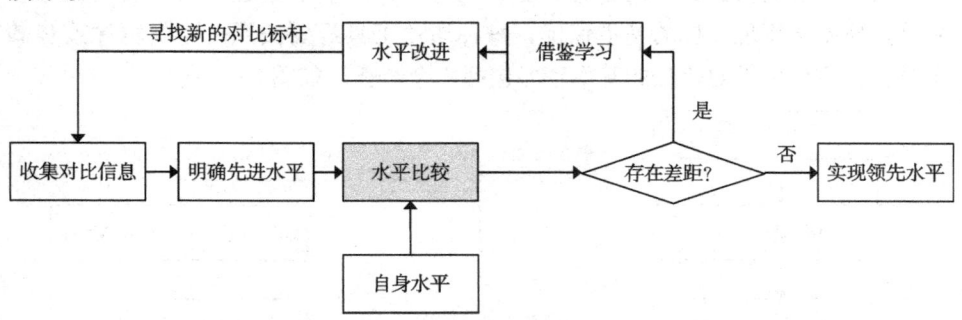

图6-5 水平对比法的基本原理

6.2.1.3 水平对比的分类

水平对比法有多种分类,根据对比对象(标杆)的来源不同,可以简单分为两类:内部水平对比和外部水平对比,如表6-4所示。

表6-4 内部水平对比和外部水平对比

对比类别	标杆来源	对标水平	实施难度	应用效果
内部水平对比	组织内部	内部最好水平	相对容易	视野狭隘,容易陷入自我满足的思维局限
外部水平对比	组织外部	行业内外最好水平	相对困难	对比全面,容易实现自身水平的突破性改善

(1)内部水平对比

内部水平对比以组织内部最好水平为基准,明确自身差距,改进自身水平,是企业实现持续改进的最常用方法。内部水平对比通过内部信息共享机制在组织内部寻求标杆,实施水平对比(内部学习借鉴)相对比较容易,同时,持续性的内部水平对比有益于促进内部沟通和培养学习气氛,但因为对比范围的局限性，难以实现自身水平的突破性改善。

(2) 外部水平对比

外部水平对比以行业内外最好水平（组织外部）为基准，明确自身差距，改进自身水平。这种类型的水平对比基于更广的对比范围寻求标杆，有助于实现自身水平的突破性改善，但对比标杆不易确定，尤其获取竞争对手的内部信息会有较多阻碍，实施水平对比（外部学习借鉴）相对比较困难。

6.2.2 基本程序

水平对比法是实现自身不断超越的持续性管理活动，它通过将自己的产品（或服务）与公认的处于领先地位的竞争者的产品（或服务）进行比较，寻找自身质量改进的机会，不断超越自己、超越标杆、追求卓越。正确使用质量工具是达成质量管理目标的基本保证，每种质量工具都要按照一定的程序或步骤来进行，应用水平对比法的基本程序包括六个步骤，如图6-6所示。

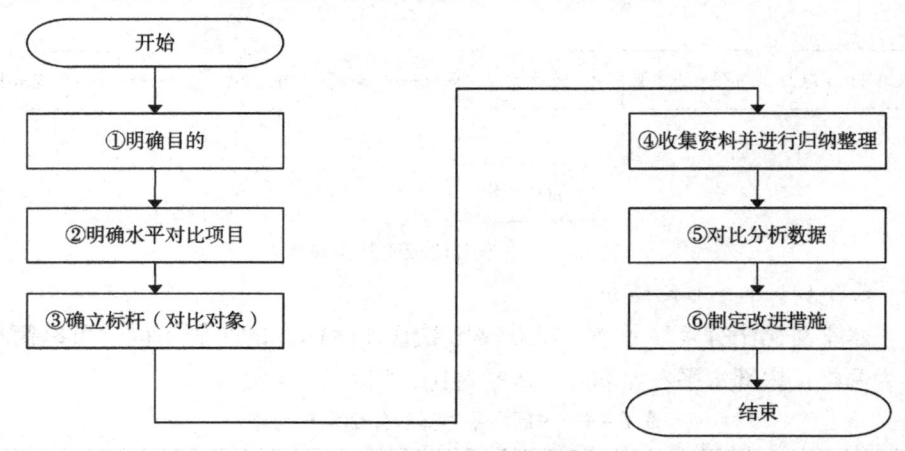

```
        开始
         ↓
    ①明确目的              ④收集资料并进行归纳整理
         ↓                        ↓
    ②明确水平对比项目       ⑤对比分析数据
         ↓                        ↓
    ③确立标杆（对比对象）  ⑥制定改进措施
                                  ↓
                                结束
```

图6-6 应用水平对比法的基本程序

6.2.2.1 明确目的

应用水平对比法的第一步是明确对比目的。

6.2.2.2 明确水平对比项目

明确目标（准备改善的指标），基于对自身水平的认识和评估，确定希望得到改进和提高的某个方面，并将其作为水平对比的项目，明确对比项目可以避免实施过程中的盲目性。

6.2.2.3 确立标杆（对比对象）

明确对比项目后，就是确立标杆（准备赶超的对象）。应从尽可能多的渠道收集信息，确定一定数量的有可比性的潜在对比对象，对比对象可以是直接竞争对手,也可以是行业内外的标杆企业,其相关项目指标是公认的领先水平。作为学习和超越的标杆,对比对象的选择既要符合自身实际,又要考虑对比数据获取的可能性和获取成本,如果可能,对比对象首先应包括本组织内的其他优秀部门。

6.2.2.4 收集资料并进行归纳整理

通过实地调查、考察交流、报刊杂志、行业论坛、政府统计、搜索引擎等方式得到有关信息资料,多渠道收集有关资料数据并进行整理分析。

6.2.2.5 对比分析数据

通过与对比对象就对比项目指标进行数据对比,评估自身水平与领先对手的差距,明确改进方向,便于有针对性地制订和实施改进计划。

6.2.2.6 制定改进措施

根据对比分析结果,制定改进措施并予以实施。水平对比不是一蹴而就的永久性改善,而是一个持续的管理过程,需要根据对比结果制订和实施持续的改进计划,以不断借鉴和提高。

6.2.3 应用案例

【例6-2】A接口电路可用率是移动通信网络中描述移动交换机(MSC)和基站控制器(BSC)之间互联电路可用性的重要指标(A接口电路可用率=可用电路数/配置电路总数)。××分公司A接口电路可用率指标不理想,如何寻求改进?

为寻求"A接口电路可用率"指标的改进,我们以全省指标最好分公司为标杆,进行内部水平对比(省内的横向对比),收集对比数据如表6-5、图6-7所示。

表6-5 A接口电路可用率指标省内水平对比

序号	分公司	2005年11月/%	2005年12月/%	2006年1月/%	均值%
1	××分公司	96.04	95.93	95.73	95.90
2	省内A公司	98.10	97.22	97.70	97.67
3	省内B公司	97.48	97.25	97.03	97.25
4	省内C公司	97.85	97.28	97.04	97.39
5	省内D公司	97.08	97.15	97.14	97.12
6	省内E公司	95.75	95.80	95.55	95.70
7	省内F公司	97.98	97.75	97.34	97.69
—	全省均值	97.18	96.91	96.79	96.96

通过与省内标杆的数据对比，××分公司"A接口电路可用率"指标与全省指标最好分公司（F公司）存在1.79%的差距，并低于全省均值1.06%，在省内相同厂家设备的7个分公司指标对比中处于下游水平，现状不容乐观，可提升空间较大，下一阶段应以F公司或全省均值为水平标杆，采取有效措施提高A接口电路可用率。

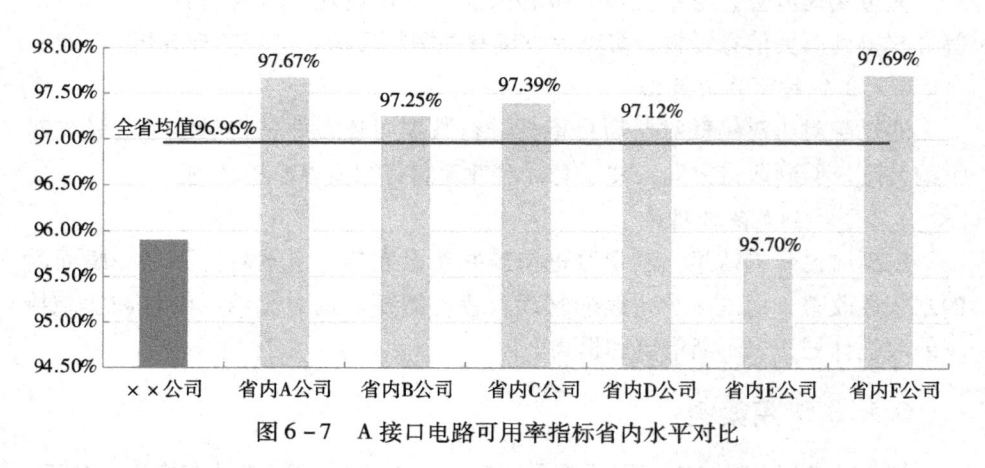

图6-7 A接口电路可用率指标省内水平对比

6.2.4 注意事项

6.2.4.1 水平对比法的具体实现方式

水平对比的具体实现方式没有特定要求，核心内容是通过自身水平与领先水平的对比找出差距，明确改进方向，实现自我超越，具体实现方式可以是简单列表对比，也可以是图表呈现对比。

6.2.4.2 应用水平对比法应该结合自身实际

应用水平对比法明确自身差距，提高自身水平，应从实际出发，尊重客观规律，立足自身能力，合理设定水平标杆（对比项目和对比对象），避免急于求成，急躁冒进，任意夸大主观意志和主观努力的作用。

6.2.4.3 水平对比的内容

水平对比的内容包括并不局限于产品、服务、流程、性能和效率等各个方面，通过自身水平与最优水平的对比，寻找差距并实现持续改进。

6.2.4.4 水平对比是一项持续性工作

水平对比是一项持续性工作，目标在于形成一种持续学习的文化，不断学习借鉴先进水平，不断设定并挑战新目标，实现自身水平的持续改善。

6.3 优选法

6.3.1 工具介绍

6.3.1.1 概念

优选法，也称最优化方法，是根据生产和科研实践中的问题特点，以数学原理为指导，通过合理安排试验（设计高效率的试验方案），利用尽可能少的试验次数来尽快地找到问题最优解决方案的一类科学方法。

6.3.1.2 基本原理

生产和科研实践中，为了取得满意的效果，会面临许多现实的优选问题，即如何在一定条件下寻求能达到最好指标结果的最佳因素取值，比如，最经济的用量、最合理的参数、最有效的工艺、最合适的配比等。解决优选问题，可以从两个方向入手：当试验指标与影响因素间存在明显的数学表达式时，我们可以直接用数学方法，通过求解函数极值实现优选（比如，微分法、极大值原理、动态规划等经典方法），称为间接优选（解析最优化）；当试验指标与影响因素间无法用数学形式进行表达，或者表达式过于复杂，则需要通过试验方法的逐步尝试得到最优方案，称为直接优选（试验最优化）。鉴于未知问题的复杂性和不确定性，实际工作中的优选问题主要是通过各种优选试验的方式实现（直接优选），因此，本文介绍的优选法均通过直接优选方式实现。

实现直接优选最原始的方法是遍历所有因素取值逐个开展试验，根据相应指标结果的对比情况确定最优取值点（x_m），但这种方法的效率显然太低（当试验范围很大时，试验次数太多、耗费时间太长、试验成本太高）。如图6-8所示，如何根据具体问题特征，研究因素取值对试验结果的影响规律，选择合适的优选策略和算法，提高优选效率，减少试验次数，快速判定最优取值点位置，这就是优选法需要解决的问题。

6.3.1.3 常用优选法

根据优选过程涉及的因素数量，优选法分为两类：一类是单因素问题的优选法，常用的有平分法（对分法）、黄金分割法（0.618法）、分数法（Fibonacci序列优选法）、分批试验法等；另一类是多因素问题的优选法，常用的有平行线法、纵横对折法（对开法）、正交试验设计法等，如图6-9所示。

图 6-8 优选的实现过程

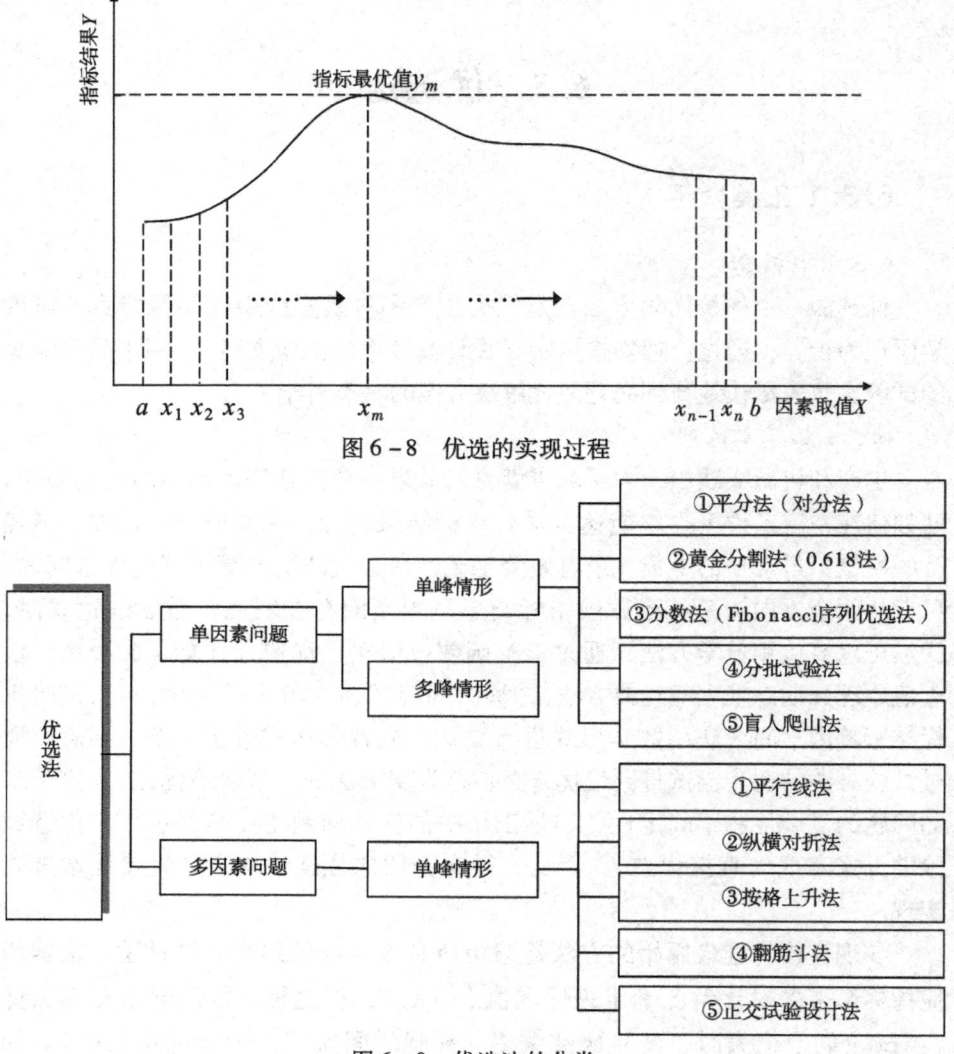

图 6-9 优选法的分类

(1) 单因素问题

质量问题往往是多种因素造成的,但在很多情况下,起决定作用的只是少部分主要因素。如果在试验时,只考虑对目标影响最大的一个因素,其他因素尽量保持不变,则称为单因素问题。

①平分法(对分法)。平分法,又称对分法(或取中法),即总是在试验范围的取值中点$\left(中点\ X=\dfrac{a+b}{2}\right)$安排试验,根据试验结果的偏差情况(偏高或者偏低)决定下一次试验的考察范围,每次都将试验的考察范围缩减一半

(如果试验结果偏高，则缩减中点以上的一半试验范围；如果试验结果偏低，则缩减中点以下的一半试验范围），反复试验，直到确定一个满意的试验点，如图 6-10 所示。具体过程如下：

第一，以试验范围 (a, b) 的取值中点 $\left(X_1 = \dfrac{a+b}{2}\right)$ 为第一试验点安排试验。

第二，如果取值偏高，则以区间 (a, X_1) 的取值中点 $\left(X_2 = \dfrac{a+X_1}{2}\right)$ 为第二试验点进行第二次试验；如果取值偏低，则以区间 (X_1, b) 的取值中点 $\left(X_2 = \dfrac{X_1+b}{2}\right)$ 为第二试验点进行第二次试验。

第三，以此类推找到其他试验点 $(X_3, X_4, \cdots)$，逐步缩小试验范围，直到出现最优取值点。

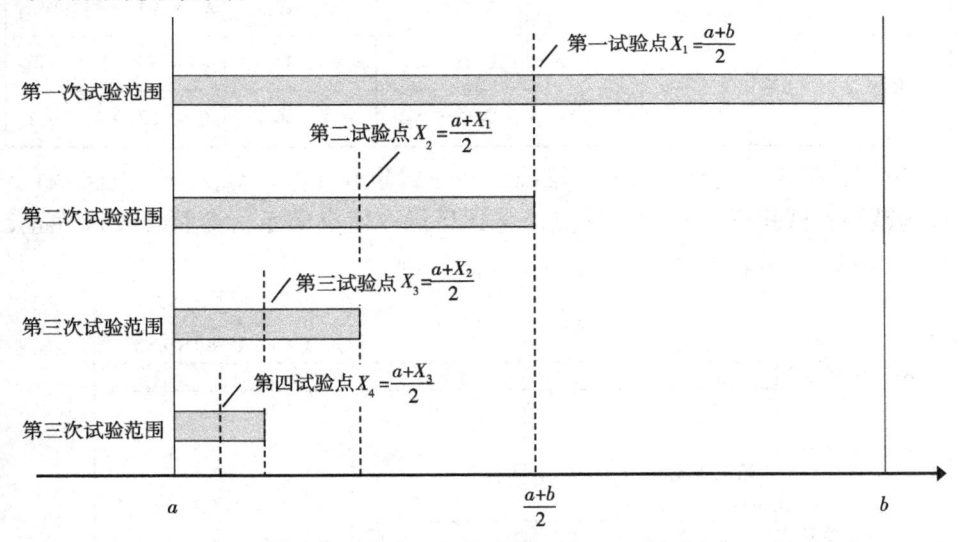

图 6-10 平分法试验取值点（假设 X_2 好于 X_1，X_3 好于 X_2，X_4 好于 X_3）

平分法每次试验选取一个试验点，每次试验可以缩小一半的试验范围（试验区间），是一种相对比较高效的试验方法。但在具体应用中需要有一个现成的标准（或指标）来衡量试验效果，并能预知因素取值对试验结果的影响规律（通过试验结果判断因素取值偏大还是偏小），以便根据试验结果决定下次试验的方向。

②黄金分割法（0.618 法）。黄金分割法，又称 0.618 法，是利用黄金分割常数（0.618）确定试验点的优选方法，即第一个试验点确定在试验范围的 0.618 处，后续试验点根据"加两头，减中间"的方法来确定。第一次试验安排两个试验点（试验范围的 0.618 处和 0.382 处），根据试验结果的比较情

况决定下一次试验的考察范围,从第二次试验开始,每次试验都把存优范围缩小为原来的 0.618,反复试验,直到确定满意的试验点。具体过程如下:

第一,做第一次试验(确定两个试验点)。在试验范围 (a, b) 的 0.618 处 $[X_1 = a + (b - a) \times 0.618]$ 和 0.382 处 $[X_2 = a + (b - a) \times 0.382$ 或者 $X_2 = a + b - X_1]$ 分别安排试验,如表 6-6 所示。

第二,根据试验结果的比较决定后续试验的考察范围。通过对称公式("加两头,减中间")确定后续试验点,缩小试验范围。

表 6-6 确定试验点

优选 X_1 和 X_2	试验范围	确定试验点 X_3	优选 X_3	试验范围	确定试验点 X_4
X_1 优于 X_2	(X_2, b)	$X_3 = (X_2 + b) - X_1$	X_3 优于 X_1	(X_1, b)	$X_4 = (X_1 + b) - X_3$
			X_1 优于 X_3	(X_2, X_3)	$X_4 = (X_2 + X_3) - X_1$
X_2 优于 X_1	(a, X_1)	$X_3 = (a + X_1) - X_2$	X_3 优于 X_2	(a, X_2)	$X_4 = (a + X_2) - X_3$
			X_2 优于 X_3	(X_3, X_1)	$X_4 = (X_3 + X_1) - X_2$

第三,确定最优点。以此类推找到其他试验点 $(X_5, X_6, \cdots)$,逐步缩小试验范围,试验逐步趋近最优点,直到最优取值点满足所需精度要求为止,如图 6-11 所示。

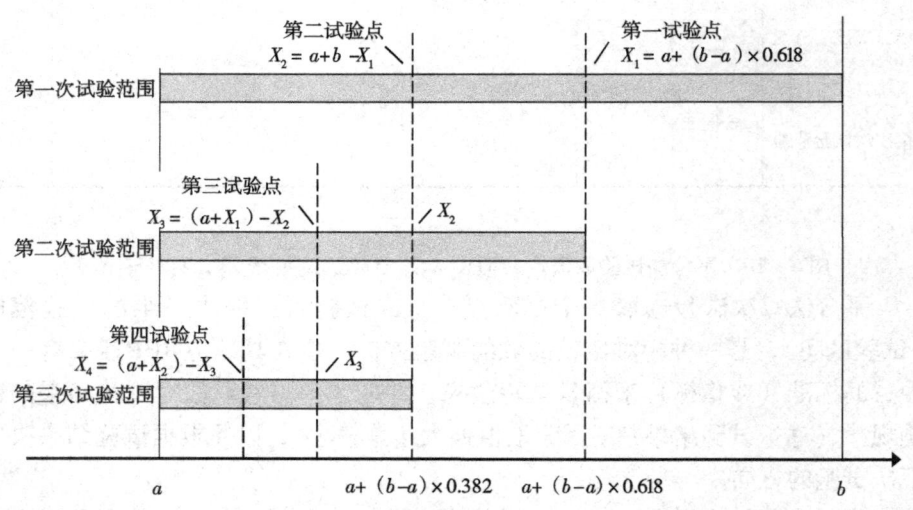

图 6-11 黄金分割法试验取值点(假设 X_2 好于 X_1,X_3 好于 X_2)

黄金分割法首次试验需要确定两个试验点,并根据试验结果的对比决定后续试验的方向(无须预知因素取值对试验结果的影响规律),每次试验可以缩小 0.382 的试验范围,适用于试验范围较小,试验次数事先不作规定,并且对最优取值精度要求较高的情况。

③分数法（Fibonacci 序列优选法）。分数法，又称 Fibonacci 序列[1]优选法，是用 Fibonacci 序列渐进分数 $\left(\frac{1}{2}, \frac{2}{3}, \frac{3}{5}, \frac{5}{8}\cdots\right)$ 近似代替黄金分割常数 (0.618) 确定试验点的优选方法，即第一个试验点确定在试验范围的黄金分割近似分数处，后续试验点参照黄金分割法用"加两头，减中间"依次确定，直到把预先规定的 n 次试验全部做完，通过比较试验结果得到最优值。具体过程如下：

第一，做第一次试验（确定两个试验点）。将试验范围 (a, b) 等分成 (F_{n+2}) 份，对照 Fibonacci 序列渐进分数，在试验范围 (a, b) 的 $\frac{F_{n+1}}{F_{n+2}}$ 处 $\left[X_1 = a + (b-a) \times \frac{F_{n+1}}{F_{n+2}}\right]$ 和 $\frac{F_n}{F_{n+2}}$ 处 $\left[X_2 = a + (b-a) \times \frac{F_n}{F_{n+2}}\right.$，或者 $X_2 = a + b - X_1\bigg]$ 分别安排试验，如表 6-7 所示。

第二，根据试验结果的比较决定后续试验的考察范围。通过对称公式（"加两头，减中间"）确定后续试验点，缩小试验范围，如表 6-8 所示。

第三，确定最优点。逐步缩小试验范围，试验逐步趋近最优点，直到确定第 n 个试验点 X_n，找到最优取值，如图 6-12 所示。

表 6-7 确定试验点

优选 X_1 和 X_2	试验范围	确定试验点 X_3	优选 X_3	试验范围	确定试验点 X_4
X_1 优于 X_2	(X_2, b)	$X_3 = (X_2 + b) - X_1$	X_3 优于 X_1	(X_1, b)	$X_4 = (X_1 + b) - X_3$
			X_1 优于 X_3	(X_2, X_3)	$X_4 = (X_2 + X_3) - X_1$
X_2 优于 X_1	(a, X_1)	$X_3 = (a + X_1) - X_2$	X_3 优于 X_2	(a, X_2)	$X_4 = (a + X_2) - X_3$
			X_2 优于 X_3	(X_3, X_1)	$X_4 = (X_3 + X_1) - X_2$

表 6-8 分数法试验次数

试验次数 n	Fibonacci 序列	试验范围等分 F_{n+2}	渐进分数 $\frac{F_{n+1}}{F_{n+2}}$	渐进分数 $\frac{F_n}{F_{n+2}}$	第一批试验点位置
2	1, 1, 2, 3	3	$\frac{2}{3}$	$\frac{1}{3}$	$\frac{2}{3}, \frac{1}{3}$
3	1, 1, 2, 3, 5	5	$\frac{3}{5}$	$\frac{2}{5}$	$\frac{3}{5}, \frac{2}{5}$

---

[1] Fibonacci 序列（$F_1 = 1, F_2 = 1, F_{n+2} = F_n + F_{n+1}$），即 1, 1, 2, 3, 5, 8, 13⋯随着 n 逐步增大，后项与前项的比值逐步趋近于黄金分割常数，即 $\frac{F_n}{F_{n+1}} \xrightarrow{逐步趋近} 0.618$。

续表

试验次数 n	Fibonacci 序列	试验范围等分 F_{n+2}	渐进分数 $\dfrac{F_{n+1}}{F_{n+2}}$	渐进分数 $\dfrac{F_n}{F_{n+2}}$	第一批试验点位置
4	1，1，2，3，5，8	8	$\dfrac{5}{8}$	$\dfrac{3}{8}$	$\dfrac{5}{8}$，$\dfrac{3}{8}$
5	1，1，2，3，5，8，13	13	$\dfrac{8}{13}$	$\dfrac{5}{13}$	$\dfrac{8}{13}$，$\dfrac{5}{13}$
6	1，1，2，3，5，8，13，21	21	$\dfrac{13}{21}$	$\dfrac{8}{21}$	$\dfrac{13}{21}$，$\dfrac{8}{21}$
7	1，1，2，3，5，8，13，21，34	34	$\dfrac{21}{34}$	$\dfrac{13}{34}$	$\dfrac{21}{34}$，$\dfrac{13}{34}$
8	1，1，2，3，5，8，13，21，34，55	55	$\dfrac{34}{55}$	$\dfrac{21}{55}$	$\dfrac{34}{55}$，$\dfrac{21}{55}$

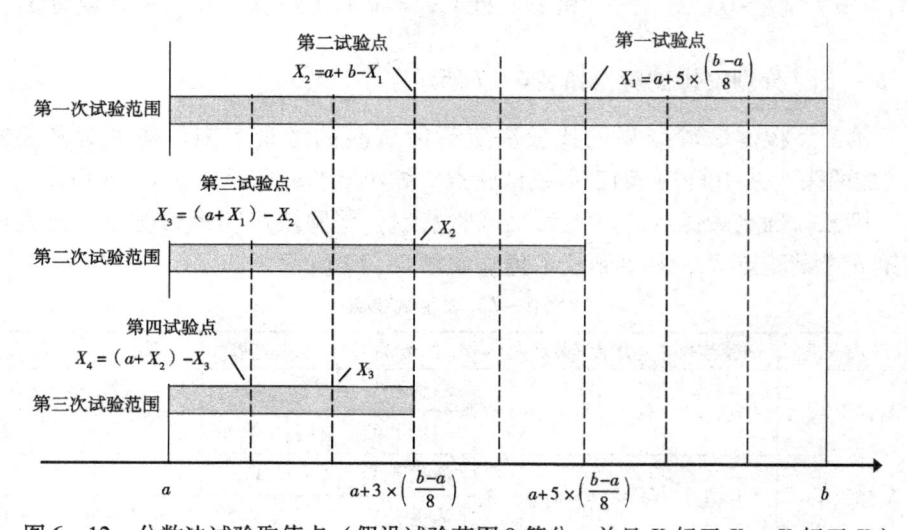

图 6-12 分数法试验取值点（假设试验范围 8 等分，并且 X_2 好于 X_1，X_3 好于 X_2）

分数法与黄金分割法的基本思想都是基于对试验范围进行黄金分割逐步寻找最优取值点，两者的区别在于分数法用 $\dfrac{F_{n+1}}{F_{n+2}}$ 和 $\dfrac{F_n}{F_{n+2}}$ 近似代替黄金分割常数 0.618 和 0.382 来确定第一次试验的两个试验点，后续试验点同样采用对称公式（"加两头，减中间"）确定。分数法的优势在于，通过 n 次试验，保证能从 F_{n+2} 个试验点中找出最优点，适用于试验范围不能用连续数字表示的有限试点优选问题（试验范围由一些不连续的、间隔不等的点组成，试点只能取某些特定数）或事先规定了试验次数的场合。

④分批试验法。分批试验法，是为了加快试验进度，同时安排多个试验

并进行试验结果比较,通过多批次的反复试验,直到找出最佳点的试验方法。根据试验点的确定方式不同,分批试验法分为均分分批试验法(每批试验点均匀安排在试验范围内)和比例分割分批试验法(每批试验点按比例安排在试验范围内)。接下来,分别对均分(分批试验法)和比例分割(分批试验法)的具体实现过程进行简要说明。

第一,均分(分批试验法)。

其一,做第一批试验(确定若干试验点)。假设每批安排 $2n$ 个试验,将试验范围 (a, b) 等分成 $(2n+1)$ 份,在试验范围 (a, b) 的 $2n$ 个均分点上做第一批试验(同时安排 $2n$ 个试验),如表 6-9 所示。

其二,根据试验结果的比较决定后续试验的考察范围。根据第一批试验结果,以最优点左右两侧的两个试验点为第二批试验的考察范围上下限,并均分成 $(2n+2)$ 份,针对未做过试验的 $2n$ 个均分点进行第二批试验(同时安排 $2n$ 个试验)。

表 6-9 确定试验点(假设 $n=2$)

第一批试验优选	第二批试验范围	确定第二批试验点
X_{1-1}	(a, X_{1-2})	$X_{2-1} = a + 1 \times \dfrac{X_{1-2} - a}{6}$ $X_{2-2} = a + 2 \times \dfrac{X_{1-2} - a}{6}$ $X_{2-3} = a + 4 \times \dfrac{X_{1-2} - a}{6}$ $X_{2-4} = a + 5 \times \dfrac{X_{1-2} - a}{6}$
X_{1-2}	(X_{1-1}, X_{1-3})	$X_{2-1} = X_{1-1} + 1 \times \dfrac{X_{1-3} - X_{1-1}}{6}$ $X_{2-2} = X_{1-1} + 2 \times \dfrac{X_{1-3} - X_{1-1}}{6}$ $X_{2-3} = X_{1-1} + 4 \times \dfrac{X_{1-3} - X_{1-1}}{6}$ $X_{2-4} = X_{1-1} + 5 \times \dfrac{X_{1-3} - X_{1-1}}{6}$
X_{1-3}	(X_{1-2}, X_{1-4})	$X_{2-1} = X_{1-2} + 1 \times \dfrac{X_{1-4} - X_{1-2}}{6}$ $X_{2-2} = X_{1-2} + 2 \times \dfrac{X_{1-4} - X_{1-2}}{6}$ $X_{2-3} = X_{1-2} + 4 \times \dfrac{X_{1-4} - X_{1-2}}{6}$ $X_{2-4} = X_{1-2} + 5 \times \dfrac{X_{1-4} - X_{1-2}}{6}$

续表

第一批试验优选	第二批试验范围	确定第二批试验点
X_{1-4}	(X_{1-3}, b)	$X_{2-1} = X_{1-3} + 1 \times \dfrac{b - X_{1-3}}{6}$ $X_{2-2} = X_{1-3} + 2 \times \dfrac{b - X_{1-3}}{6}$ $X_{2-3} = X_{1-3} + 4 \times \dfrac{b - X_{1-3}}{6}$ $X_{2-4} = X_{1-3} + 5 \times \dfrac{b - X_{1-3}}{6}$

其三，确定最优点。重复开展多批次试验，第一批试验后优选范围缩小为最初的 $\dfrac{2}{2n+1}$，以后每批试验结束后，试验范围均缩小为前批试验范围的 $\dfrac{1}{n+1}$，试验逐步趋近最优点，直到确定最优取值，如图6－13所示。

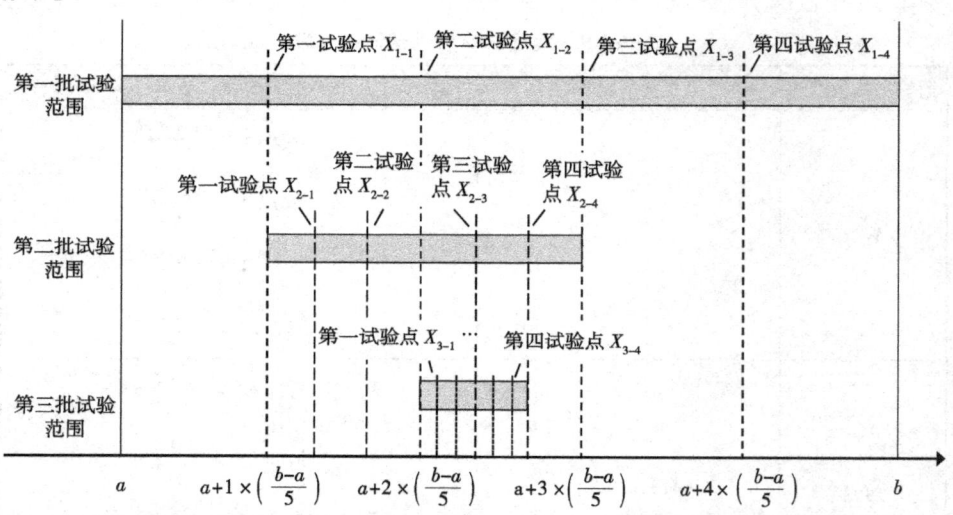

图6－13 分批试验法（均分）试验取值点（假设 $n=2$，前两批试验最优点为 X_{1-2} 和 X_{2-3}）

第二，比例分割（分批试验法）。

其一，做第一批试验（确定若干试验点）。假设每批安排 $(2n+1)$ 个试验，将试验范围 (a, b) 划分成 $(2n+2)$ 份，并按照预定的比例 $\left(\lambda = \dfrac{\beta}{\alpha}\right)$ 分割相邻两份的长度 α 和 β（$\alpha > \beta$），在 $(2n+1)$ 个分点上做第一批试验（同时安排 $2n+1$ 个试验）。分割比例 λ 与试验个数有关，$\lambda = \dfrac{\beta}{\alpha} = \dfrac{\beta_1}{\alpha_1} = \dfrac{1}{2}\left(-1 + \sqrt{\dfrac{n+5}{n+1}}\right)$，如表6－10所示。

表6-10 分割比例

每批安排试验个数（$2n+1$）	n	分割比例$\left(\lambda = \dfrac{\beta}{\alpha}\right)$	备注
1	0	0.618	黄金分割
3	1	0.366	—
5	2	0.264	—

其二，根据试验结果的比较决定后续试验的考察范围。根据第一批试验结果，以最优点左右两侧的两个试验点为第二批试验的考察范围上下限（包括 α 和 β），将范围较大那一份（α）划分成（$2n+2$）份，并按照同样的比例$\left(\lambda = \dfrac{\beta}{\alpha} = \dfrac{\beta_1}{\alpha_1}\right)$分割相邻两份的长度 α_1 和 β_1（$\alpha_1 > \beta_1$，$\alpha_1 = \beta$），针对未做过试验的（$2n+1$）个分点进行第二批试验（同时安排 $2n+1$ 个试验）。

其三，确定最优点。重复开展多批次试验，直到确定最优取值，如图6-14所示。

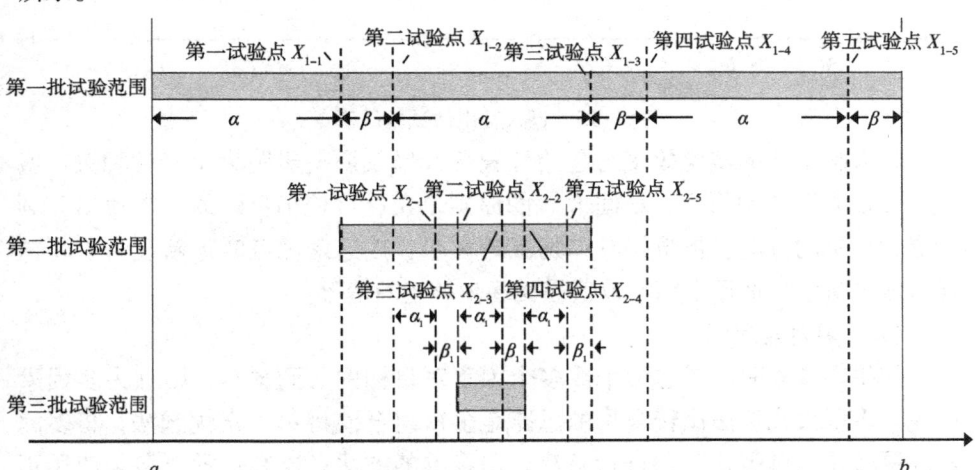

图6-14 分批试验法（比例分割）试验取值点（假设 $n=2$，前两批试验最优点为 X_{1-2} 和 X_{2-3}）

分批试验法的显著特征是一批可以同时开展多个试验，试验范围收敛较快，试验周期短，试验次数多，适用于对试验效率要求不高，但对试验进度有特殊要求的场合。

⑤盲人爬山法。盲人爬山法，是通过不断尝试因素取值寻找调整方向，确定最优因素取值的一种方法。类似于盲人想爬到山顶，用拐杖向前后试探，前面高就向前一步，否则试探后面，一步步走到山顶，具体过程如下：

第一，在试验范围（a，b）内根据经验估计确定一个因素起始点 A 并做一次试验。

第二，在 A 的减小方向找到一点 B 并做一次试验，对比 A 和 B 的试验结果,如果结果更好,则继续减小;如果结果更差,则往增大方向找到一点 C 并做一次试验,对比 A 和 C 的试验结果,如果结果更好,则往增大方向继续找到一点 D,直到找到一点 E,再增大到 F 时反而结果变差,E 就是该因素的最好点,如图 6-15 所示。

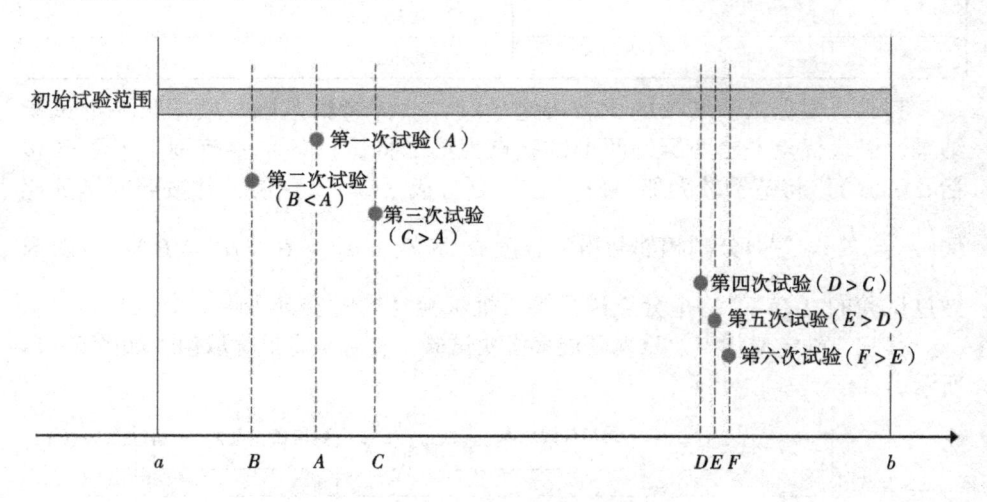

图 6-15 盲人爬山法试验取值点

盲人爬山法的试验效率与起始位置选择以及调整步距大小密切相关,实践中往往遵循"两头小,中间大"的原则,先进行较小步距的试探找出有利于寻找目标的方向,再根据具体情况跨大步,接近最优点时重新改为小步试探。该方法主要适用于因素取值需要逐步调整的情形。

(2) 多因素问题

如果在试验时,考虑两个或多个因素对目标的共同影响,则称为多因素问题。多因素优选法比较常见的思路是多次组合使用单因素优选法,将多因素问题转化为单因素问题进行解决,即降维的方法;还有一种思路是使用正交表进行多因素优选。限于篇幅,本章节仅简单介绍组合使用单因素优选法方式实现的多因素优选法,正交表格式方式实现的多因素优选法将在下一章节(正交试验设计法)进行专门阐述。

①平行线法。平行线法,是指每次都在相互平行的直线上开展试验寻找最优点的方法,本质上是黄金分割法的多次应用,具体过程如图 6-16 所示。

第一,假设双因素组合试验范围是一个长方形($A_1 \leq X_1 \leq B_1$, $A_2 \leq X_2 \leq B_2$),其中,X_1 容易调整,X_2 难以调整。把难以调整的因素 X_2 先后固定在 $(B_2 - A_2) \times 0.382$ 处和 $(B_2 - A_2) \times 0.618$ 处,用单因素优选法分别找出因素 X_1 相应的最优点 P 和 Q。

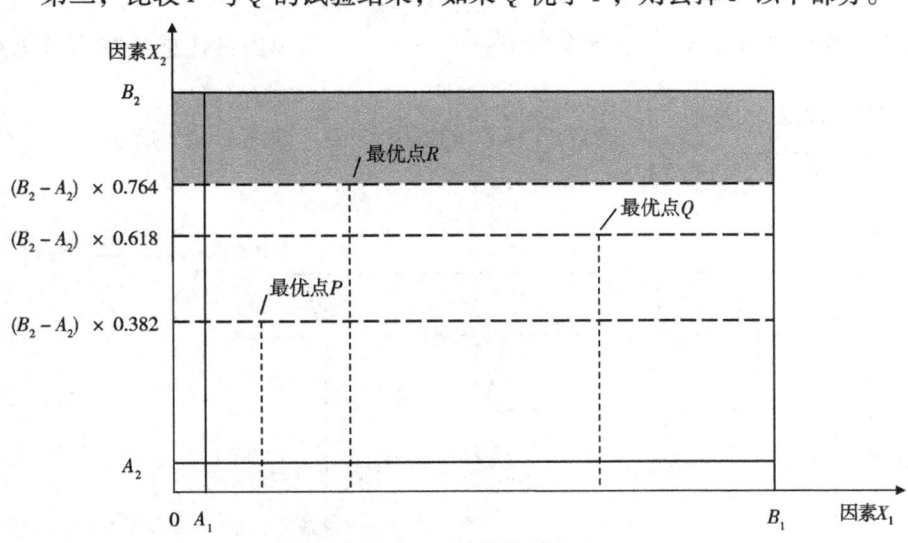

第二，比较 P 与 Q 的试验结果，如果 Q 优于 P，则丢掉 P 以下部分。

图 6-16 确定优选点

第三，按黄金分割法找出因素 X_2 的第三点 $(B_2 - A_2) \times 0.764$，并将因素 X_2 固定在 $(B_2 - A_2) \times 0.764$ 处，用单因素优选法找出因素 X_1 的最优点 R。

第四，比较 Q 与 R 的试验结果，如果 Q 优于 R，则丢掉 R 以上部分。

第五，重复试验，直至找到满意的结果为止，如果三条平行线上的三个最优点在一条直线上，则以后的试验就不用平行线法做，而是在三点的连线上用单因素优选法找出最优点。上述两因素优选的方法，也可以推广到三个或更多因素的情形。

②对开法（纵横对折法）。对开法，也称为纵横对折法，是指通过纵向和横向对折试验范围的方式开展试验寻找最优点的方法，本质上是平分法的多次应用，具体过程如下：

第一，假设双因素组合试验范围是一个长方形（$A_1 \leqslant X_1 \leqslant B_1$，$A_2 \leqslant X_2 \leqslant B_2$），其中，$X_1$ 和 X_2 的调整难度差异不大。将因素 X_1 固定在中点 $X_1 = \dfrac{A_1 + B_1}{2}$（纵向对折），用单因素优选法找到最优点 $P_1\left(\dfrac{A_1 + B_1}{2}, X_{2-1}\right)$，将因素 X_2 固定在中点 $X_2 = \dfrac{A_2 + B_2}{2}$（横向对折），用单因素优选法找到最优点 $Q_1\left(X_{1-1}, \dfrac{A_2 + B_2}{2}\right)$。

第二，通过比较 P_1 和 Q_1 的试验结果，确定 P_2（Q_2）。

如果 Q_1 优于 P_1，舍弃左半部分试验范围，在剩下的试验范围内再次纵向对折，将因素 X_1 固定在中点 $X_1 = \dfrac{\dfrac{A_1+B_1}{2}+B_1}{2}$，用单因素优选法找到最优点 $P_2\left(\dfrac{\dfrac{A_1+B_1}{2}+B_1}{2}, X_{2-2}\right)$，比较 P_2 和 Q_1 的试验结果，如图 6-17 所示。

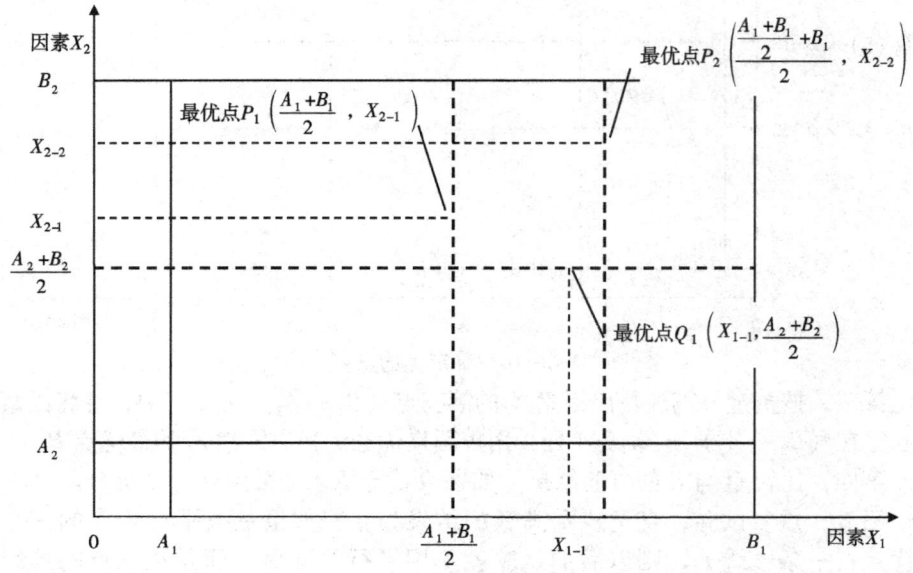

图 6-17 确定优选点 P_2

如果 P_1 优于 Q_1，舍弃下半部分试验范围，在剩下的试验范围内再次横向对折，将因素 X_2 固定在中点 $X_2 = \dfrac{\dfrac{A_2+B_2}{2}+B_2}{2}$，用单因素优选法找到最优点 $Q_2\left(X_{1-2}, \dfrac{\dfrac{A_2+B_2}{2}+B_2}{2}\right)$，比较 P_1 和 Q_2 的试验结果，如图 6-18 所示。

如果 P_1 等价于 Q_1，同时舍弃 P_1 左半部分和 Q_1 下半部分试验范围，在剩下的试验范围内再次纵向对折和横向对折，将因素 X_1 固定在中点 $X_1 = \dfrac{\dfrac{A_1+B_1}{2}+B_1}{2}$，用单因素优选法找到最优点 $P_2\left(\dfrac{\dfrac{A_1+B_1}{2}+B_1}{2}, X_{2-2}\right)$，将因素 X_2 固定在中点 $X_2 = \dfrac{\dfrac{A_2+B_2}{2}+B_2}{2}$，用单因素优选法找到最优点 $Q_2\left(X_{1-2},\right.$

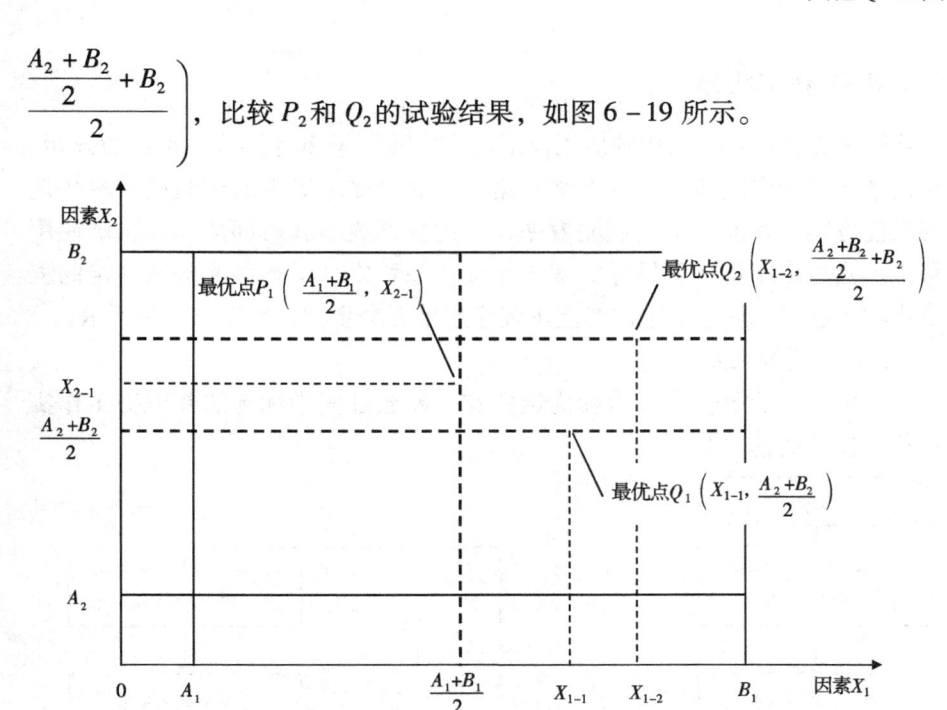

$\left. \dfrac{\dfrac{A_2+B_2}{2}+B_2}{2} \right)$，比较 P_2 和 Q_2 的试验结果，如图 6-19 所示。

图 6-18　确定优选点 Q_2

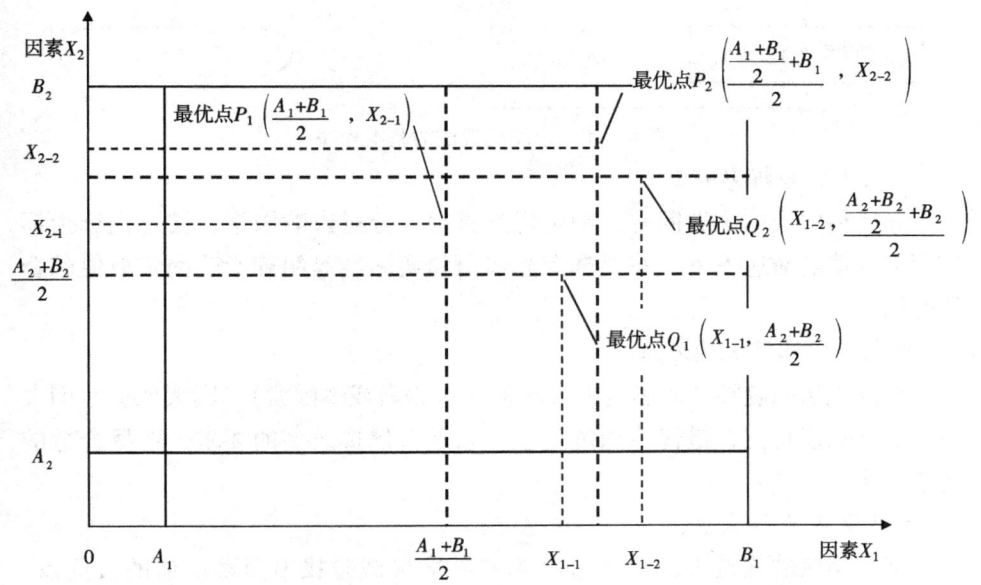

图 6-19　确定优选点 P_2 和 Q_2

第三，根据试验结果的比较再次决定试验范围的舍弃范围，直到确认最优点，或者 P 和 Q 非常接近，可以认为是同一点。

6.3.2 基本程序

优选法在生产和生活中的应用范围极广,我国于20世纪70年代初开始,首先由数学家华罗庚等推广并大量应用,它通过尽可能少的试验次数尽快地找到最优方案,有助于提高试验效率,节约生产成本和时间成本。正确使用质量工具是达成质量管理目标的基本保证,每种质量工具都要按照一定的程序或步骤来进行,应用优选法的基本程序包括五个步骤,如图6-20所示。

6.3.2.1 明确主题

应用优选法的第一步是明确优选主题,即通过应用优选法要解决工作实践中什么样的优选问题。

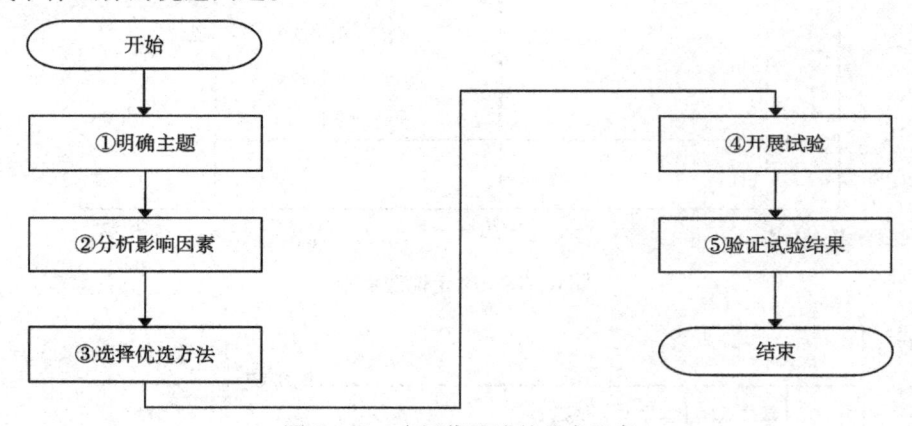

图6-20 应用优选法的基本程序

6.3.2.2 分析影响因素

基于待解决的优选问题,确定优选指标,分析影响因素,描述优选指标与因素取值的对应关系,并根据专业知识和实际经验明确影响因素取值的合理范围。

6.3.2.3 选择优选方法

根据优选问题涉及的影响因素数量(单因素或多因素),因素取值范围大小,因素取值特点,最优值精度要求,以及对优选效率的要求,选择合适的优选方法。

6.3.2.4 开展试验

结合相应的优选方法,通过具体开展优选试验找出因素取值的最优点。基于优选范围和精度要求的不同,优选试验可能要反复进行多次。

6.3.2.5 验证试验结果

通过具体应用,对优选试验找到的最优值进行验证,确认试验结果。

6.3.3 应用案例

【例6-3】有一条10000米的架空长途输电线路发生中断故障,线路一端A处有电,另一端B处没电,需要迅速查明线路断点位置(假设只有一处线路断点,单峰情形)。

架空长途输电线路沿途多为高山峻岭或交通不便,逐段查找费时费力,为快速实现断点位置查找,需要通过优选法将断点位置先确定一个大致范围(500米),再进行针对性的具体判断。本例中故障查找对处理时限(试验效率)要求较高,我们根据线路断点之前(靠近本端)有电,线路断点之后没电(靠近对端)的特点,在0~10000米的范围内用平分法查找线路断点的大致位置,如图6-21所示。

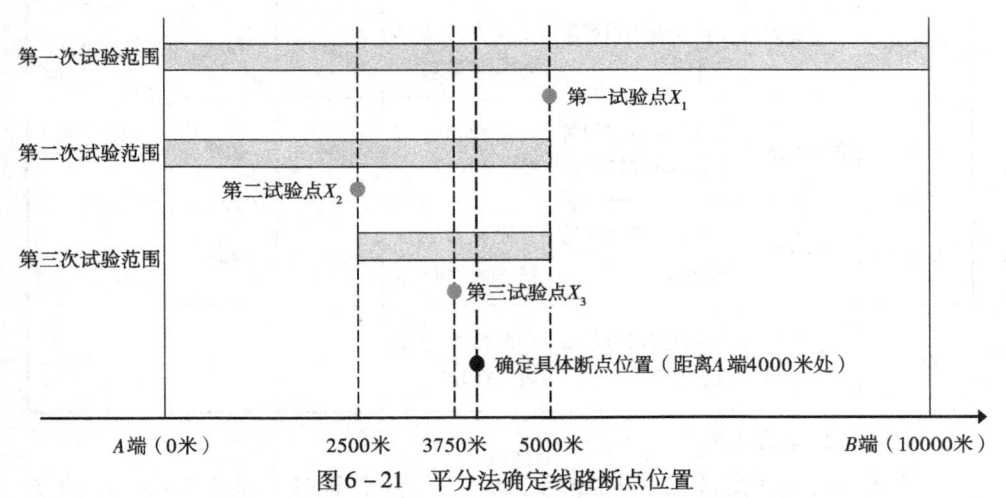

图6-21 平分法确定线路断点位置

第一,以试验范围(0,10000)的取值中点 $\left(X_1 = \dfrac{0+10000}{2} = 5000 \text{ 米}\right)$ 为第一试验点安排试验。

第二,第一试验点 X_1 处没电,并且附近500米未发现线路断点,这说明线路断点在区间 $(0, X_1)$ 内,以区间 $(0, X_1)$ 的取值中点 $\left[X_2 = \dfrac{0+5000}{2} = 2500 \text{(米)}\right]$ 为第二试验点进行第二次试验;第二试验点 X_2 处有电,并且附近500米未发现线路断点,这说明线路断点在区间 (X_2, X_1) 内,以区间 (X_2, X_1) 的取值中点 $\left[X_3 = \dfrac{2500+5000}{2} = 3750 \text{(米)}\right]$ 为第三试验点进行第三次试验。

第三，第三试验点 X_3 处有电，这说明线路断点在区间（X_3，X_1）内，检查发现附近（距离 A 端 4000 米处）有线路断点，线路断点位置确认完毕。

6.3.4 注意事项

6.3.4.1 五种常用单因素优选方法的比较

五种常用单因素优选方法的比较如表 6-11 所示。

表 6-11 五种常用单因素优选方法的比较

优选方法	理论基础	确定第一试验点	确定后续试验点	优选效率	因素取值	试验结果
平分法	对半分割	试验范围内的中值点	试验结果与已知标准的比较	更高	跳跃	一个
黄金法	黄金分割	试验范围内的黄金分割点	前后两个试验点的比较	高	跳跃	一个
分数法	黄金分割	试验范围内的黄金分割点（近似）	前后两个试验点的比较	高	跳跃	一个
分批法	比例分割	试验范围内的比例分割点	同批多个试验点的比较	中	跳跃	多个
爬山法	经验估计	试验范围内根据经验判断	前后两个试验点的比较	低	连续	一个

6.3.4.2 适用原则

优选法的本质是通过尽可能少的试验次数尽快地找到最优方案，以简便易用、高效准确为原则，解决问题就好，不必一味追求高深理论和复杂技巧的运用。

6.3.4.3 优选法需要通过反复试验确定最优方案

优选法致力于通过尽可能少的试验次数尽快地找到最优方案，但并不意味着一蹴而就地达到目的，而是较全面试验缩减试验次数，根据具体优选范围和精度要求的不同，最优方案通常需要反复试验才能获得。

6.3.4.4 黄金分割

黄金分割是指将整体一分为二，较大部分与整体部分的比值等于较小部分与较大部分的比值，其比值约为 0.618。这个比例被公认为是最能引起美感的比例，因此被称为黄金分割。

6.4 正交试验设计法

6.4.1 工具介绍

6.4.1.1 概念

正交试验设计法（简称正交试验法），是一种多因素多水平的试验设计方法。这种方法根据正交表从全面试验中挑选出适量具有代表性的试验点安排试验，并进行结果分析，实现以最少的试验次数达到与大量全面试验等效的结果，简单易操作，计算表格化，最显著的特点是能够在不降低试验可信度的前提下大幅减少试验次数，通过少数试验找到较好的生产条件，达到较好的生产效果。

（1）指标

指标就是试验需要考察的效果。能够用数量来表示的试验指标称为定量指标，比如，接通率、成功率、丢包率等；不能用数量来表示的试验指标称为定性指标，比如，满意度、舒适度、美观度等。实践操作中，为了方便试验结果的分析，通常定性指标也会按相关标准打分或者模糊数学处理，将定性指标定量化。正交试验中，通常用大写英文字母 X，Y，Z，$\cdots$ 表示指标。

（2）因素

因素是指准备考察的有关影响试验指标的条件。在试验中，能够人为进行控制调节的因素称为可控因素，比如吞吐量、转发时延等；受试验条件限制，不能人为进行控制调节的因素称为不可控因素，比如季节气候变化、用户访问次数等，正交试验只选取可控因素参加试验，通常用大写英文字母 A，B，C，$\cdots$ 表示因素。

（3）水平

水平，也叫位级，是指因素在试验中变化的不同状态或条件，即因素的可能状态（条件）取值。正交试验设计法最早由日本质量管理专家田口玄一提出，称为国际标准型正交试验设计法，中国数学家张里千发明了中国型正交试验设计法，"水平"是国际标准型正交试验设计法术语[1]，"位级"是中国型正交试验设计法术语。正交试验中，通常用阿拉伯数字 1，2，3，$\cdots$ 表示水平（位级）。

---

[1] 本书统一采用"水平"的概念表述，即选用国际标准型（日本型）正交表，按照国际标准型正交试验的程序和方法开展试验。

6.4.1.2 基本原理

正交试验设计法根据统计推断的思想从全面试验的条件组合中挑选出有代表性的条件组合进行试验，以部分试验代替全面试验，通过对部分试验结果的分析，了解全面试验的情况。它不仅可以解决多因素选优问题，还可以用来分析各因素对试验结果影响的大小，从而抓住主要因素。

质量管理实践中，经常会涉及多因素试验问题。我们知道，如果有很多因素变化制约着实验结果的变化，为了寻求最优化的生产条件，就必须对各种因素水平组合进行实验验证。而当实验涉及的因素很多，并且每种因素又有多种变化，甚至各因素间还可能有交互作用时，实验工作量会非常大，显然是不可能每一个实验都做的。如何设计多因素实验方案，选择合理的实验设计方法，使之既能减少实验次数，又能收到较好的效果，是多因素多水平条件试验无法回避的一个难题。

考虑进行一个六因素（影响因素）五水平（每个因素的可能取值）的条件试验，按照全面试验的要求，遍历所有可能的组合做条件试验（针对不同因素的所有水平组合，即 $A_1B_1C_1D_1E_1F_1$，$A_1B_1C_1D_1E_1F_2$，$A_1B_1C_1D_1E_1F_3$，…，$A_5B_5C_5D_5E_5F_5$），需进行 $5^6=15625$ 种组合的试验，试验次数太多，实践中缺乏可行性。如果应用简单对比法，即变化一个因素而固定其他五个因素，每次考察一个因素变化对指标的影响，依次确定每个因素的最好水平取值，得到最佳条件组合，只需进行 $5×6-5=25$（次）试验，这种方法虽然减少了试验次数，但代表性很差，所选的条件组合不一定是最好的。

试验工作者在长期的工作中总结出一套办法，创造出所谓的正交表。试验者根据试验的因素数量、因素水平，以及是否具有交互作用等需求查找相应的正交表，依托正交表的正交性从全面试验中挑选出部分有代表性的点进行试验，可以实现以最少的试验次数达到与大量全面试验等效的结果，既能大幅减少试验工作量，又能反映全面试验的真实情况，这种应用正交表来安排试验及分析试验结果的方法就叫正交试验设计法。正交试验设计法能够在很多试验条件中，选出少数几个代表性强的试验条件，并通过这几次试验的数据，找到较好的生产条件，即最优的或较优的方案，是一种高效经济的多因素试验设计方法。

上述六因素五水平的条件试验，若按 $L_{25}(5^6)$ 正交表安排实验，只需做 25 次试验就能找到最佳条件组合，显然大大减少了试验工作量，而且计算分析简单，因而，正交试验设计在很多领域的研究中已经得到广泛应用。

6.4.1.3 正交表

正交表是正交试验法的基本工具，它是根据均衡分布的思想，运用组合数学理论构造的一种数学表格，均衡分布性是正交表的核心。通俗地说，它就是一套经过周密计算得出的现成的实验方案，他告诉你每次试验时，用哪几个水平互相匹配进行试验，可以实现以最少的试验次数达到与大量全面试验等效的结果，这套方案的总试验次数是远小于每种情况都考虑后的实验次数的，因素和水平越多，试验的精简程度越高。例如，六因素五水平正交表只有 25 行，表示只进行 25 次试验，就能较好或更好地达到全面实验的目的，远小于遍历试验的 15625 次。

正交表是一整套规则的设计表格，记为 $L_n(c^t)$。其中，L 为正交表的代号，n 为正交表的行数（试验次数）❶，t 为正交表的列数（因素数量），c 为正交表的数码（水平数量），如图 6-22 所示。

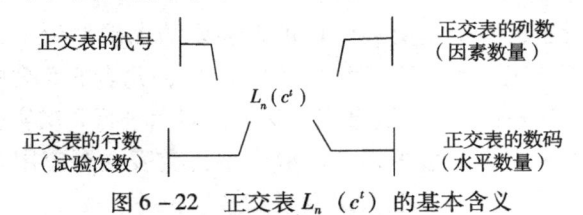

图 6-22　正交表 $L_n(c^t)$ 的基本含义

按照正交表来安排试验，使每次试验都具有较强的代表性，保证了全面实验的某些要求，既能减少试验次数，又能简化试验数据的计算分析。根据正交表中各个因素的水平数量是否相同，正交表分为等水平正交表和混合型正交表。

（1）等水平正交表

一个正交表中各个因素的水平数量完全相同，我们称它为等水平正交表。如正交表 $L_4(2^3)$ 各列中的水平为 2，称为 2 水平正交表，表示进行 4 次实验，最多可考察 3 个因素，每个因素均为 2 水平，如表 6-12 所示。

表 6-12　正交表 $L_4(2^3)$

试验号	列号（因素）		
	1（A）	2（B）	3（C）
1	1	1	1
2	2	1	2
3	1	2	2
4	2	2	1

---

❶ 正交表中，试验次数（行数）＝ $1 + \sum$（每列水平数 -1）。例如，正交表 $L_4(2^3)$，试验次数 $4 = 1 + 3 \times (2-1)$；正交表 $L_8(4^1 \times 2^4)$，试验次数 $8 = 1 + 1 \times (4-1) + 4 \times (2-1)$。根据上述关系式，可以从所要考察的因素水平数来决定最低的试验次数，进而选择合适的正交表。例如，要考察五个 3 水平因素及一个 2 水平因素，则起码的试验次数为 $1 + 5 \times (3-1) + 1 \times (2-1) = 12$（次），即需要在行数不小于 13，既有 3 水平又有 2 水平列的正交表中选择，$L_{18}(2^1 \times 3^7)$ 适合。

等水平正交表的特点如下：

①表中任意一列，不同的数码（水平）出现的次数相同。例如，正交表 $L_4(2^3)$ 中，任何一列都有数码"1"与"2"，且任何一列中它们出现的次数❶相同（2次）。

②表中任意两列，同行两个数码组成的各种不同的数码对（水平搭配）出现的次数相同。例如，正交表 $L_4(2^3)$ 中，任意两列（同一横行内）水平搭配共有4种：(1, 1)、(1, 2)、(2, 1)、(2, 2)，且出现次数相同（1次）。

（2）混合型正交表

如表6-13所示，一个正交表中也可以各列的水平数量不完全相同，我们称它为混合型正交表。例如正交表 $L_8(4^1 \times 2^4)$，此表的5列中，有1列为4水平，有4列为2水平，属于混合型正交表，表示进行8次实验，最多可考察一个4水平因素和四个2水平因素。混合型正交表主要应用在有重点因素需要详细考察的条件试验中，重点因素增加考察的水平数，次要因素减少考察的水平数。

表6-13 正交表 $L_8(4^1 \times 2^4)$

试验号	列号（因素）				
	1 (A)	2 (B)	3 (C)	4 (D)	5 (E)
1	1	1	2	2	1
2	3	2	2	1	1
3	2	2	2	2	2
4	4	1	2	1	2
5	1	2	1	1	2
6	3	1	1	2	2
7	2	1	1	2	1
8	4	2	1	2	1

混合型正交表的特点如下：

①表中任意一列，不同的数码（水平）出现的次数相同。例如，正交表 $L_8(4^1 \times 2^4)$ 中，第1列有数码"1""2""3""4"，且在同一列中它们出现的次数相同（2次）；第2～5列都有数码"1"和"2"，且在同一列中它们出现的次数相同（4次）。

---

❶ 正交表 $L_n(c^t)$ 是一个 n 行 t 列的表格，其中第 k 列由数码 1, 2, ⋯, c 组成（$1 \leq c \leq t$），则这些数码均出现 $\left(\dfrac{n}{c}\right)$ 次。例如，正交表 $L_4(2^3)$ 第1列由数码1和2组成，数码个数为 $c = 2$，各数码均出现 $\dfrac{4}{2} = 2$ 次。

②表中任意两列内，同行两个数码组成的各种不同的数码对（水平搭配）出现的次数相同，但不同的两列间所组成的数码对（水平搭配）种类及出现次数不完全相同。例如，正交表 L_8（$4^1 \times 2^4$）中，1～2列（同一横行内）水平搭配共有8种：（1,1）、（1,2）、（2,1）、（2,2）、（3,1）、（3,2）、（4,1）、（4,2），且出现次数相同（1次）；2～3列（同一横行内）水平搭配共有4种：（1,1）、（1,2）、（2,1）、（2,2），且出现次数相同（2次），但1～2列和2～3列的水平搭配种类（8种和4种）和出现次数（1次和2次）均是不相同的。

正交表的获得有专门算法，使用者不必深究，找到对应的正交表直接应用即可。常用的正交表已由数学工作者制订出来，供进行正交试验设计时选用，比如 L_9（3^4）、L_{16}（2^{15}）、L_{16}（$4^3 \times 2^6$）、L_{18}（$2^1 \times 3^7$）……具体参考附录"常用正交表和正态分布函数表"。

6.4.2 基本程序

正交试验法是通过正交表安排多因素多水平条件实验，利用统计数学原理进行数据分析的一种科学方法。它符合"以尽量少的试验，获得足够有效信息"的实验设计原则。正确使用质量工具是达成质量管理效果的基本保证，每种质量工具都要按照一定的程序或步骤进行，应用正交试验法的基本程序包括七个步骤，如图6-23所示。

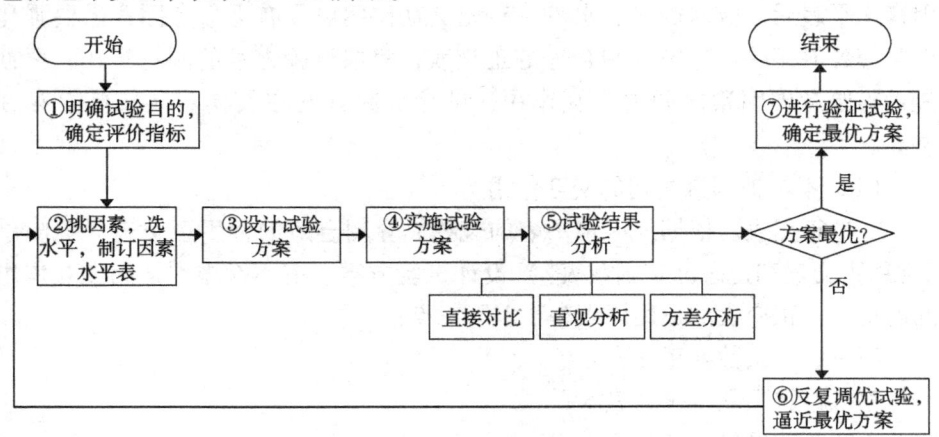

图6-23 应用正交试验法的基本程序

6.4.2.1 明确试验目的，确定评价指标

做事之前，先定目标。在调查研究的基础上，根据科研和生产实践中需要解决的关键问题或者阶段性工作目标，明确试验目的。基于选定的试验课题，结合工程实际，确定能衡量课题效果，并有能力实施改进的质量特性指

标（可测量的定量指标），作为试验分析的评价指标（评价指标可能有一个，也可能有几个）。

6.4.2.2 挑因素，选水平，制订因素水平表

根据自身专业知识、以往的研究结论和经验，通过因果分析，罗列出可能对评价指标产生影响的可控因素，并从中筛选出需要考察的试验因素，重点考察对评价指标影响大的因素，尚未考察过的因素，以及尚未完全掌握其规律的因素。根据试验目的及性质，结合所掌握的技术资料和相关知识，针对每个因素确定相关的水平取值（包括合理的水平区间和水平间距），一般2~4个水平为宜，对主要考察的试验因素，可以适当多取水平，如表6-14所示。

表6-14 因素水平表（三因素三水平）

水平	试验因素		
	A（因素）	B（因素）	C（因素）
1	因素A水平1取值（X_{A-1}）	因素B水平1取值（X_{B-1}）	因素C水平1取值（X_{C-1}）
2	因素A水平2取值（X_{A-2}）	因素B水平2取值（X_{B-2}）	因素C水平2取值（X_{C-2}）
3	因素A水平3取值（X_{A-3}）	因素B水平3取值（X_{B-3}）	因素C水平3取值（X_{C-3}）

6.4.2.3 设计试验方案（选用正交表）

设计试验方案（选用合适的正交表）是正交试验设计的关键问题。制定因素水平表后，应从因素、水平、有无交互作用以及有无重点因素需要强化考察等各方面综合考虑选用合适的正交表，完成试验方案的制订工作。根据是否需要考虑因素之间的交互作用，设计试验方案在具体步骤实施上存在差异。

（1）不考虑因素之间的交互作用

①选正交表。根据因素水平表的规模，套用合适的常用正交表（见附录《常用正交表和正态分布函数表》）设计试验方案。在不考虑因素间交互作用的前提下，正交表的适用原则基于以下三点：

第一，因素数≤正交表列数；

第二，水平数=正交表水平；

第三，选择较小规模正交表。

不考虑因素间交互作用时，正交表总自由度=正交表行数-1=$\sum$因素自由度，因素自由度=水平数-1，一个因素占用一列，选用正交表安排试验，应保证正交表行数≥总自由度+1，正交表列数≥因素列数。

例如，设计三因素三水平的条件试验，因素数=3，水平数=3，每个因

素自由度 $3-1=2$，自由度之和为 $2\times3=6$，3 个因素占用 3 列，正交表行数应满足 $n\geq6+1=7$，正交表列数应满足 $t\geq3$，遵循最小规模正交表原则，我们选择三水平正交表 $L_9(3^4)$ 进行试验设计。

②表头设计。根据正交表的规模，将因素水平表中的试验因素安排到所选正交表的表头相应列，在不考虑因素间交互作用的前提下，正交表中每一列的位置是一样的，一个因素占有一列，可以随机排列，为方便后续的方差分析，表头设计最好留有空白列（至少一个），如表 6-15 所示。

表 6-15 表头设计（三因素三水平，不考虑交互作用）

列号	1	2	3	4
因素	A	B	C	—

③明确方案。根据常用正交表的格式要求，结合表头设计，将相应试验因素和相应水平按照因素水平表所确定的关系逐项填入表格（水平数字后面标注因素的具体水平取值），形成试验方案，如表 6-16 所示。

表 6-16 试验方案（三因素三水平，不考虑交互作用）

试验序号	试验因素							试验方案
	A		B		C		—	
1	(1)	X_{A-1}	(1)	X_{B-1}	(3)	X_{C-3}	(2)	—	$A_1B_1C_3$
2	(2)	X_{A-2}	(1)	X_{B-1}	(1)	X_{C-1}	(1)	—	$A_2B_1C_1$
3	(3)	X_{A-3}	(1)	X_{B-1}	(2)	X_{C-2}	(3)	—	$A_3B_1C_2$
4	(1)	X_{A-1}	(2)	X_{B-2}	(2)	X_{C-2}	(1)	—	$A_1B_2C_2$
5	(2)	X_{A-2}	(2)	X_{B-2}	(3)	X_{C-3}	(3)	—	$A_2B_2C_3$
6	(3)	X_{A-3}	(2)	X_{B-2}	(1)	X_{C-1}	(2)	—	$A_3B_2C_1$
7	(1)	X_{A-1}	(3)	X_{B-3}	(1)	X_{C-1}	(3)	—	$A_1B_3C_1$
8	(2)	X_{A-2}	(3)	X_{B-3}	(2)	X_{C-2}	(2)	—	$A_2B_3C_2$
9	(3)	X_{A-3}	(3)	X_{B-3}	(3)	X_{C-3}	(1)	—	$A_3B_3C_3$

（2）考虑因素之间的交互作用

多因素试验中，各因素不仅各自独立地起作用，而且各因素可能联合起作用。即单个因素的水平改变和各因素的联合搭配均可能对评价指标产生影响，因素间的联合搭配对评价指标的影响，称为因素的交互作用。因素 A 和因素 B 的交互作用，称为一级交互作用，记为 $A\times B$；因素 A、因素 B 和因素 C 的交互作用，称为二级交互作用，记为 $A\times B\times C$，以此类推，通常只考虑一级交互作用。因素间的交互作用客观存在，具体影响大小参照实际经验，当交互作用很小时，可以认为因素间不存在交互作用。

①选正交表。根据因素水平表的规模，并结合因素间的交互作用情况，统筹考虑套用合适的常用正交表（见附录"常用正交表和正态分布函数表"）

设计试验方案。选用正交表安排试验时，应该把因素的交互作用当作新的试验因素来看待，单独占有相应列（交互作用列），交互作用列不影响试验方案及其实施。相应的正交表适用原则，重新归纳为以下三点：

第一，（因素数＋交互作用列数）≤正交表列数；

第二，水平数＝正交表水平；

第三，选择较小规模正交表。

考虑因素间交互作用时，水平表总自由度＝正交表行数（试验次数）－1＝$\sum$（因素自由度＋交互作用自由度），因素自由度＝水平数－1，交互作用$A \times B$自由度＝因素A自由度×因素B自由度，一个因素占用一列，一个交互作用占用$(C-1)^P$列（C是水平数，P是交互作用级数），选用正交表安排试验，应保证正交表行数≥总自由度＋1，正交表列数≥（因素列数＋交互作用列数）。

例如，设计四因素二水平的条件试验，考虑一级交互作用$A \times B$和$B \times C$，因素数＝4，水平数＝2，一级交互作用数＝2，每个因素自由度$2-1=1$，每个交互作用自由度$1 \times 1 = 1$，自由度之和为$1 \times 4 + 1 \times 2 = 6$，4个因素占用4列，1个一级交互作用占用$(2-1)^1 = 1$列，2个一级交互作用共占用2列，正交表行数应满足$n \geq (6+1) = 7$，正交表列数应满足$t \geq (4+2) = 6$，遵循较小规模正交表原则，我们选择二水平正交表$L_8(2^7)$进行试验设计。

②表头设计。根据正交表的规模，将因素水平表中的试验因素及其交互作用安排到所选正交表的表头相应列，一个因素占有一列，交互作用占有相应列。为避免"混杂"（正交表同一列中安排两个或两个以上的因素或交互作用），各试验因素及其交互作用列不能任意安排，必须严格按交互作用表（见附录《常用正交表和正态分布函数表》）进行安排。首先把涉及交互作用的两个因素安排在表头任意两列上，然后根据交互作用表查询交互作用列的位置并填入，最后将剩余的因素安排在表头其他空白列上，优先安排重点考察因素，其他因素后续安排。为方便后续的方差分析，表头设计最好留有空白列（至少一个）。

例如，安排四因素二水平的条件试验，并考虑一级交互作用$A \times B$和$B \times C$，需要选择正交表$L_8(2^7)$进行试验设计。如果因素A在第一列，因素B在第二列，根据$L_8(2^7)$交互作用表，从（1）横向右，从（2）竖向上，得到交叉点"3"，则第3列就是第一列和第二列的交互作用列，交互作用$A \times B$应该占用第三列；同理，如果因素C在第四列，交互作用$B \times C$应该占用第六列；因素D可在第五列和第七列任意安排，如表6-17、表6-18所示。

表6-17 正交表 $L_8(2^7)$ 二列间的交互作用表

1	2	3	4	5	6	7	列号
①	3	2	5	4	7	6	7
	②	1	6	7	4	5	6
		③	7	6	5	4	5
			④	1	2	3	4
				⑤	3	2	3
					⑥	1	2
						⑦	1

表6-18 表头设计（四因素二水平，考虑 $A \times B$ 和 $B \times C$ 的交互作用）

列号	1	2	3	4	5	6	7
因素	A	B	$A \times B$	C	—	$B \times C$	D

③明确方案。根据常用正交表的格式要求，结合表头设计，将相应试验因素（包括交互作用）和相应水平按照因素水平表所确定的关系逐项填入表格（水平数码后面标注具体水平取值），形成试验方案，如表6-19所示。

表6-19 试验方案（四因素二水平，考虑 $A \times B$ 和 $B \times C$ 的交互作用）

试验序号	试验因素							试验方案
	A	B	$A \times B$	C	—	$B \times C$	D	
1	(1)	(1)	(1)	(2)	(2)	(1)	(2)	$A_1B_1C_2D_2$
2	(2)	(1)	(2)	(2)	(1)	(1)	(1)	$A_2B_1C_2D_1$
3	(1)	(2)	(2)	(2)	(1)	(2)	(1)	$A_1B_2C_2D_1$
4	(2)	(2)	(1)	(2)	(2)	(2)	(2)	$A_2B_2C_2D_2$
5	(1)	(1)	(1)	(1)	(1)	(2)	(1)	$A_1B_1C_1D_1$
6	(2)	(1)	(2)	(1)	(2)	(2)	(2)	$A_2B_1C_1D_2$
7	(1)	(2)	(2)	(1)	(2)	(1)	(2)	$A_1B_2C_1D_2$
8	(2)	(2)	(1)	(1)	(1)	(1)	(1)	$A_2B_2C_1D_1$

6.4.2.4 实施试验方案

明确试验方案后，开始按照方案逐个完成试验，并记录试验结果（填写在表格数据列中）。试验顺序可以根据试验方案（正交表）的序号，也可以根据现场条件随机决定，但必须严格按照规定的方案完成每一号试验，因为每一号试验都从不同角度提供有用信息；对于没有安排在正交表中的试验因素，需要保持良好的固定状态；对于试验前已知的某些影响较小的试验因素，应该停留在容易操作的自然状态。

6.4.2.5 试验结果分析

完成试验数据收集后，接下来需要对试验结果进行分析。在这个环节，通过直接对比（直接看）和直观分析（算一算），寻找符合（接近）评价指标期望值的条件组合;通过方差分析(估一估),估计试验误差,量化试验因素影响试验结果的显著程度。

(1) 基本分析内容

①直接对比(直接看)。对试验结果进行简单的直接对比,找出试验因素及其交互作用在试验范围内的最优条件组合,即试验因素及其交互作用各取什么水平时评价指标最好(通过试验的实践直接得到,比较可靠),如表6-20所示。

表6-20 试验结果分析(直接对比,三因素三水平,不考虑交互作用,单个评价指标)

试验序号	试验因素							试验方案	试验结果
	A		B		C		—		
1	(1)	X_{A-1}	(1)	X_{B-1}	(3)	X_{C-3}	(2)	—	$A_1B_1C_3$	Y_1
2	(2)	X_{A-2}	(1)	X_{B-1}	(1)	X_{C-1}	(1)	—	$A_2B_1C_1$	Y_2
3	(3)	X_{A-3}	(1)	X_{B-1}	(2)	X_{C-2}	(3)	—	$A_3B_1C_2$	Y_3
4	(1)	X_{A-1}	(2)	X_{B-2}	(2)	X_{C-2}	(1)	—	$A_1B_2C_2$	Y_4
5	(2)	X_{A-2}	(2)	X_{B-2}	(3)	X_{C-3}	(3)	—	$A_2B_2C_3$	Y_5
6	(3)	X_{A-3}	(2)	X_{B-2}	(1)	X_{C-1}	(2)	—	$A_3B_2C_1$	Y_6
7	(1)	X_{A-1}	(3)	X_{B-3}	(1)	X_{C-1}	(3)	—	$A_1B_3C_1$	Y_7
8	(2)	X_{A-2}	(3)	X_{B-3}	(2)	X_{C-2}	(2)	—	$A_2B_3C_2$	Y_8
9	(3)	X_{A-3}	(3)	X_{B-3}	(3)	X_{C-3}	(1)	—	$A_3B_3C_3$	Y_9

②直观分析(算一算)。通过直观分析,确定试验因素的最佳水平和最佳条件组合(效用K_i越接近评价指标期望值,相应水平对评价指标的效用越好),判断各试验因素对评价指标的影响主次顺序(极差R_j越大,试验因素对评价指标影响越大),找出评价指标随因素变化的规律和趋势,为进一步试验指明方向。

第一,计算效用K_i。效用K_i表示正交试验表格任一列中,水平i($i=1$,2,3,…)对应的试验结果(评价指标)的算术平均值。效用K_i的大小,反映水平i取值的相对适合程度(试验结果接近期望值的水平取值是该因素的较优水平,试验结果远离期望值的水平取值是该因素的较差水平)。

第二,计算极差R_j。极差R_j表示正交试验表格任一列中,试验因素j($j=A$,B,C,…)的效用K_i最大值与最小值之差。极差R_j的大小,反映试验因素j对评价指标的相对重要程度❶(极差大的因素属于重要因素,极差小的因素属

---

❶ 试验结果进行直观分析时,若空列极差R_j较大,可能是漏掉了某个重要试验因素,或者试验因素之间可能存在不可忽略的交互作用。

于次要因素），如表 6-21 所示。

表 6-21 试验结果分析（直观分析，三因素三水平，不考虑交互作用，单个评价指标）

试验序号	试验因素 A		B		C		—		试验方案	试验结果
1	(1)	X_{A-1}	(1)	X_{B-1}	(3)	X_{C-3}	(2)	—	$A_1B_1C_3$	Y_1
2	(2)	X_{A-2}	(1)	X_{B-1}	(1)	X_{C-1}	(1)	—	$A_2B_1C_1$	Y_2
3	(3)	X_{A-3}	(1)	X_{B-1}	(2)	X_{C-2}	(3)	—	$A_3B_1C_2$	Y_3
4	(1)	X_{A-1}	(2)	X_{B-2}	(2)	X_{C-2}	(1)	—	$A_1B_2C_2$	Y_4
5	(2)	X_{A-2}	(2)	X_{B-2}	(3)	X_{C-3}	(3)	—	$A_2B_2C_3$	Y_5
6	(3)	X_{A-3}	(2)	X_{B-2}	(1)	X_{C-1}	(2)	—	$A_3B_2C_1$	Y_6
7	(1)	X_{A-1}	(3)	X_{B-3}	(1)	X_{C-1}	(3)	—	$A_1B_3C_1$	Y_7
8	(2)	X_{A-2}	(3)	X_{B-3}	(2)	X_{C-2}	(2)	—	$A_2B_3C_2$	Y_8
9	(3)	X_{A-3}	(3)	X_{B-3}	(3)	X_{C-3}	(1)	—	$A_3B_3C_3$	Y_9
效用 K_1	$\frac{1}{3}(Y_1+Y_4+Y_7)$		$\frac{1}{3}(Y_1+Y_2+Y_3)$		$\frac{1}{3}(Y_2+Y_6+Y_7)$		$\frac{1}{3}(Y_2+Y_4+Y_9)$		—	
效用 K_2	$\frac{1}{3}(Y_2+Y_5+Y_8)$		$\frac{1}{3}(Y_4+Y_5+Y_6)$		$\frac{1}{3}(Y_3+Y_4+Y_8)$		$\frac{1}{3}(Y_1+Y_6+Y_8)$		—	
效用 K_3	$\frac{1}{3}(Y_3+Y_6+Y_9)$		$\frac{1}{3}(Y_7+Y_8+Y_9)$		$\frac{1}{3}(Y_1+Y_5+Y_9)$		$\frac{1}{3}(Y_3+Y_5+Y_7)$		—	
极差 R_j	$R_A=\max\{K_1,K_2,K_3\}-\min\{K_1,K_2,K_3\}$		$R_B=\max\{K_1,K_2,K_3\}-\min\{K_1,K_2,K_3\}$		$R_C=\max\{K_1,K_2,K_3\}-\min\{K_1,K_2,K_3\}$		$R_-=\max\{K_1,K_2,K_3\}-\min\{K_1,K_2,K_3\}$		—	极差 R_j 越大，因素越重要

第三，绘制趋势图。以各试验因素水平为横坐标，评价指标（效用 K_i）为纵坐标，绘制因素水平效用趋势图，直观反映因素水平效用变化趋势（K_i）和极差情况（R_j），为进一步试验指明方向，如表 6-22、图 6-24 所示。

表6-22　因素水平效用趋势表（三因素三水平，不考虑交互作用，单个评价指标）

水平	因素 A	因素 B	因素 C
1	$K_1 = \frac{1}{3}(Y_1 + Y_4 + Y_7)$	$K_1 = \frac{1}{3}(Y_1 + Y_2 + Y_3)$	$K_1 = \frac{1}{3}(Y_2 + Y_6 + Y_7)$
2	$K_2 = \frac{1}{3}(Y_2 + Y_5 + Y_8)$	$K_2 = \frac{1}{3}(Y_4 + Y_5 + Y_6)$	$K_2 = \frac{1}{3}(Y_3 + Y_4 + Y_8)$
3	$K_3 = \frac{1}{3}(Y_3 + Y_6 + Y_9)$	$K_3 = \frac{1}{3}(Y_7 + Y_8 + Y_9)$	$K_3 = \frac{1}{3}(Y_1 + Y_5 + Y_9)$

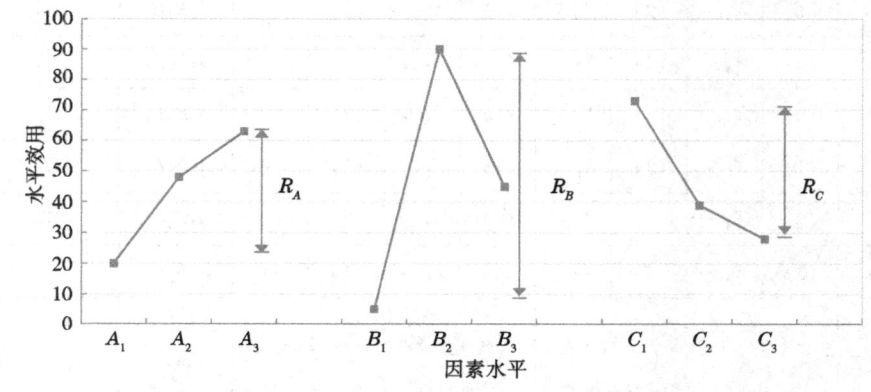

图6-24　因素水平效用趋势图（三因素三水平，不考虑交互作用，单个评价指标）

③方差分析（估一估）。通过试验获得的结果数据不同程度存在差异，即使在相同的条件下做多次试验，由于偶然因素的影响，试验结果也不会完全相同，这说明试验数据的波动不仅与试验条件的改变有关，也包括试验误差的影响。正交试验结果不同水平效用 K_i 之间的差异可能是由于因素水平不同引起的，也可能是由于试验误差造成的，或者两者综合作用的结果，直观分析无法做出区分（无法估计试验误差的大小）；同时，不同试验因素对结果影响的大小是否存在显著区别也无法通过直观分析得到量化（通过极差大小估计试验因素对结果影响的大小是粗略的）。通过方差分析，可以区分试验因素不同水平所对应的试验结果差异是由于因素水平改变引起还是由于试验误差引起，进一步（基于直观分析）考察各个试验因素对试验结果的影响是否显著。因此，为了弥补直观分析的不足，需要对试验结果进行方差分析。

方差分析的基本思想是将试验数据的波动分解成因素水平变化引起的波动和试验误差引起的波动两部分，即把试验数据总偏差平方和分解为试验因素的偏差平方和（如果考虑交互作用，还应包括交互作用的偏差平方和）与试验误差的偏差平方和，并计算它们的平均偏差平方和（也称均方和，或均方),构造 F 统计量,通过 F 检验判断因素作用是否显著。

第一,计算偏差平方和。偏差平方和,是指一组数据中各个具体数值与它们的算术平均值之差的平方和,反映数据的离散或集中程度,记为 SS。偏差平方和越大,该组数据越离散;偏差平方和越小,该组数据越集中。

正交试验表格中,由于因素水平变化和试验随机误差引起的试验结果总差异(总偏差平方和)$SS_{总} = \sum_{i=1}^{n}(Y_i - \bar{Y})^2$,其中 n 是试验次数,$\bar{Y} = \frac{1}{n}\sum_{i=1}^{n} Y_i$ 是试验结果的算术平均值。因素列反映了由于因素水平变化引起的试验结果差异(因素偏差平方和)$SS_{因素} = \sum_{i=1}^{c} \frac{n}{c}(\bar{T}_i - \bar{Y})^2$,其中 n 是试验次数,c 是水平个数,$\bar{T}_i$ 是某一因素某一水平试验结果的算术平均值(即效用 K_i)。空白列反映了由于试验随机误差引起的试验结果差异(误差偏差平方和)SS 误差(空列),计算公式与因素偏差平方和相同,如表6-23所示。数学上可以证明:$SS_{总} = SS_{因素} + SS_{误差(空列)}$。

通过代数运算,偏差平方和计算公式可以简化如下(T 是试验结果的总和,T_i 是某一因素某一水平试验结果的总和):

$$SS_{因素(或误差)} = \sum_{i=1}^{c} \frac{T_i^2}{\frac{n}{c}} - \frac{T^2}{n} \qquad (6-1)$$

$$SS_{总} = \sum_{i=1}^{n} Y_i^2 - \frac{T^2}{n} \qquad (6-2)$$

表6-23 试验结果的方差分析(计算偏差平方和)

试验序号	试验因素				试验方案	试验结果
	A	B	C	—		
1	(1)	(1)	(3)	(2)	$A_1B_1C_3$	Y_1
2	(2)	(1)	(1)	(1)	$A_2B_1C_1$	Y_2
3	(3)	(1)	(2)	(3)	$A_3B_1C_2$	Y_3
4	(1)	(2)	(2)	(1)	$A_1B_2C_2$	Y_4
5	(2)	(2)	(3)	(2)	$A_2B_2C_3$	Y_5
6	(3)	(2)	(1)	(2)	$A_3B_2C_1$	Y_6
7	(1)	(3)	(1)	(3)	$A_1B_3C_1$	Y_7
8	(2)	(3)	(2)	(2)	$A_2B_3C_2$	Y_8
9	(3)	(3)	(3)	(1)	$A_3B_3C_3$	Y_9

续表

试验序号	试验因素				试验方案	试验结果
	A	B	C	—		
T_1	$Y_1+Y_4+Y_7$	$Y_1+Y_2+Y_3$	$Y_2+Y_6+Y_7$	$Y_2+Y_4+Y_9$	—	$T=\sum_{i=1}^{9}Y_i$
T_2	$Y_2+Y_5+Y_8$	$Y_4+Y_5+Y_6$	$Y_3+Y_4+Y_8$	$Y_1+Y_6+Y_8$	—	
T_3	$Y_3+Y_6+Y_9$	$Y_7+Y_8+Y_9$	$Y_1+Y_5+Y_9$	$Y_3+Y_5+Y_7$	—	
SS	$SS_{因素A}=\sum_{i=1}^{3}\frac{T_i^2}{3}-\frac{T^2}{9}$	$SS_{因素B}=\sum_{i=1}^{3}\frac{T_i^2}{3}-\frac{T^2}{9}$	$SS_{因素C}=\sum_{i=1}^{3}\frac{T_i^2}{3}-\frac{T^2}{9}$	$SS_{误差(空列)}=\sum_{i=1}^{3}\frac{T_i^2}{3}-\frac{T^2}{9}$	—	$SS_{总}=\sum_{i=1}^{9}Y_i^2-\frac{T^2}{9}$ $=SS_{因素A}+SS_{因素B}+SS_{因素C}+SS_{误差(空列)}$

第二，计算自由度。自由度反映了互相独立的数据个数，与偏差平方和相对应，自由度也可以分解为两部分内容。总自由度＝试验因素自由度＋试验误差自由度，即：$df_{总}=df_{因素}+df_{误差(空列)}$，如表6-24、表6-25所示。

表6-24 自由度计算方法

名称	总自由度	试验因素自由度[1]	试验误差自由度
	$df_{总}$	$df_{因素}$	$df_{误差}$
计算	试验总次数－1	因素水平数－1	$df_{总}-df_{因素}$

表6-25 试验结果的方差分析（计算自由度）

试验序号	试验因素				试验方案	试验结果
	A	B	C	—		
1	(1)	(1)	(3)	(2)	$A_1B_1C_3$	Y_1
2	(2)	(1)	(1)	(1)	$A_2B_1C_1$	Y_2
3	(3)	(1)	(2)	(3)	$A_3B_1C_2$	Y_3
4	(1)	(2)	(2)	(1)	$A_1B_2C_2$	Y_4
5	(2)	(2)	(3)	(3)	$A_2B_2C_3$	Y_5
6	(3)	(2)	(1)	(2)	$A_3B_2C_1$	Y_6
7	(1)	(3)	(1)	(3)	$A_1B_3C_1$	Y_7

[1] 试验因素 A 和 B 之间交互作用的自由度 $df_{A\times B}=df_A\times df_B$。

续表

试验序号	试验因素				试验方案	试验结果
	A	B	C	—		
8	(2)	(3)	(2)	(2)	$A_2B_3C_2$	Y_8
9	(3)	(3)	(3)	(1)	$A_3B_3C_3$	Y_9
T_1	$Y_1+Y_4+Y_7$	$Y_1+Y_2+Y_3$	$Y_2+Y_6+Y_7$	$Y_2+Y_4+Y_9$	—	$T=\sum_{i=1}^{9}Y_i$
T_2	$Y_2+Y_5+Y_8$	$Y_4+Y_5+Y_6$	$Y_3+Y_4+Y_8$	$Y_1+Y_6+Y_8$	—	
T_3	$Y_3+Y_6+Y_9$	$Y_7+Y_8+Y_9$	$Y_1+Y_5+Y_9$	$Y_3+Y_5+Y_7$	—	
SS	$SS_{因素A}=$ $\sum_{i=1}^{3}\frac{T_i^2}{3}-\frac{T^2}{9}$	$SS_{因素B}=$ $\sum_{i=1}^{3}\frac{T_i^2}{3}-\frac{T^2}{9}$	$SS_{因素C}=$ $\sum_{i=1}^{3}\frac{T_i^2}{3}-\frac{T^2}{9}$	$SS_{误差(空列)}$ $=\sum_{i=1}^{3}\frac{T_i^2}{3}-\frac{T^2}{9}$	—	$SS_{总}=$ $\sum_{i=1}^{9}Y_i^2-\frac{T^2}{9}$ $=SS_{因素A}+$ $SS_{因素B}+$ $SS_{因素C}+$ $SS_{误差(空列)}$
df	$df_{因素A}=$ $3-1=2$	$df_{因素B}=$ $3-1=2$	$df_{因素C}=$ $3-1=2$	$df_{误差(空列)}=$ $8-2-2-2=2$	—	$df_{总}=$ $9-1=8$

第三,计算平均偏差平方和(均方)。偏差平方和是若干项平方的和,它们的大小与项数有关,数据项数多,偏差平方和就可能大,因此不能确切反映各因素的情况。为了消除项数的影响,合理比较由不同项数所组成的两组数据的离散或集中程度,通常采用平均偏差平方和(简称均方差),即偏差平方和与自由度的比值($MS_{因素}=\frac{SS_{因素}}{df_{因素}}$,$MS_{误差}=\frac{SS_{误差}}{df_{误差}}$),如表 6-26 所示。

表6-26 试验结果的方差分析(计算均方)

差异来源	偏差平方和 SS	自由度 df	均方 MS
试验因素 A	$SS_{因素A}$	$df_{因素A}$	$\frac{SS_{因素A}}{df_{因素A}}$
试验因素 B	$SS_{因素B}$	$df_{因素B}$	$\frac{SS_{因素B}}{df_{因素B}}$
试验因素 C	$SS_{因素C}$	$df_{因素C}$	$\frac{SS_{因素C}}{df_{因素C}}$
试验误差(空列)	$SS_{误差(空列)}$	$df_{误差(空列)}$	$\frac{SS_{误差(空列)}}{df_{误差(空列)}}$
合计	—	—	—

第四,构造 F 统计量。试验因素水平变化引起的平均偏差平方和与试验误差引起的平均偏差平方和的比值称为 F 值 $\left(F_{因素}=\frac{MS_{因素}}{MS_{误差}}\right)$,该比值的大小

反映各试验因素对结果影响程度的大小,如表 6-27 所示。显然,只有当比值大于 1 时,才能表明因素水平的改变对试验指标的影响,即超过了试验误差所产生的影响。

表 6-27 试验结果的方差分析(构造 F 统计量)

差异来源	偏差平方和 SS	自由度 df	均方 MS	统计值 F
试验因素 A	$SS_{因素A}$	$df_{因素A}$	$\dfrac{SS_{因素A}}{df_{因素A}}$	$\dfrac{MS_{因素A}}{MS_{误差(空列)}}$
试验因素 B	$SS_{因素B}$	$df_{因素B}$	$\dfrac{SS_{因素B}}{df_{因素B}}$	$\dfrac{MS_{因素B}}{MS_{误差(空列)}}$
试验因素 C	$SS_{因素C}$	$df_{因素C}$	$\dfrac{SS_{因素C}}{df_{因素C}}$	$\dfrac{MS_{因素C}}{MS_{误差(空列)}}$
试验误差(空列)	$SS_{误差(空列)}$	$df_{误差(空列)}$	$\dfrac{SS_{误差(空列)}}{df_{误差(空列)}}$	—
合计				

第五,列方差分析表,作 F 检验。为了判断试验因素对结果影响的显著性大小,将计算得到的 F 值与 F 分布表上查到的相应临界值 F_α 进行比较,进行显著性检验(F 检验)。给出检验水平 α,以 F_α($df_{因素}$,$df_{误差}$)查 F 分布表(见附录"F 分布表"),若 F 值大于临界值 F_α,则认为该试验因素对试验结果有显著影响;若 F 值小于或等于临界值 F_α,则认为该试验因素对试验结果无显著影响,如表 6-28 所示。

表 6-28 方差分析表

差异来源	偏差平方和 SS	自由度 df	均方 MS	统计值 F	临界值 F_α	显著性
试验因素 A	$SS_{因素A}$	$df_{因素A}$	$\dfrac{SS_{因素A}}{df_{因素A}}$	$\dfrac{MS_{因素A}}{MS_{误差(空列)}}$	F 分布表查询 F_α($df_{因素}$,$df_{误差(空列)}$)	—
试验因素 B	$SS_{因素B}$	$df_{因素B}$	$\dfrac{SS_{因素B}}{df_{因素B}}$	$\dfrac{MS_{因素B}}{MS_{误差(空列)}}$		—
试验因素 C	$SS_{因素C}$	$df_{因素C}$	$\dfrac{SS_{因素C}}{df_{因素C}}$	$\dfrac{MS_{因素C}}{MS_{误差(空列)}}$		—
试验误差(空列)	$SS_{误差(空列)}$	$df_{误差(空列)}$	$\dfrac{SS_{误差(空列)}}{df_{误差(空列)}}$	—		—
合计	—					

检验水平 α,是指我们对作出的判断大概有($1-\alpha$)的把握,对于不同的检验水平,有不同的 F 分布表,常用的检验水平是 $\alpha=0.01$ 和 $\alpha=0.05$,为

了区别显著程度，F 检验判定规则，如表 6-29 所示。

表 6-29　F 检验判定规则

序号	判定规则	显著程度
1	$F > F_{0.01}[df_{因素}, df_{误差(空列)}]$	高度显著
2	$F_{0.01}[df_{因素}, df_{误差(空列)}] > F > F_{0.05}[df_{因素}, df_{误差(空列)}]$	显著
3	$F_{0.05}[df_{因素}, df_{误差(空列)}] > F$	不显著

方差分析是对直观分析的补充，通常情况下，通过直接对比和直观分析就能找到最优条件组合。为了简化计算过程，提高试验效率，通常只需要进行直接对比和直观分析，不要求进行方差分析。关于方差分析的具体阐述，请参阅相关数理统计文献。

（2）特殊分析内容

①考虑因素交互作用。如果试验因素间交互作用的影响不可忽略，直观分析过程需要结合设计方案（考虑交互作用），相应地考虑交互作用列的分析处理，主要涉及两大原则：

第一，根据极差 R_j 排列试验因素主次顺序时，应当包括交互作用（交互作用当成试验因素看待），如表 6-30 所示。

第二，涉及交互作用的试验因素，最优水平的选取无法单独考虑，需要通过二元表（或二元图）的综合比较，选择对评价指标较优的水平，如表 6-31、表 6-32 所示。

表 6-30　试验结果分析（直观分析，四因素二水平，考虑 $A \times B$ 和 $B \times C$ 的交互作用）

| 试验序号 | 试验因素 | | | | | | | 试验方案 | 试验结果 |
	A	B	$A \times B$	C	—	$B \times C$	D		
1	(1)	(1)	(1)	(2)	(2)	(1)	(2)	$A_1B_1C_2D_2$	Y_1
2	(2)	(1)	(2)	(2)	(1)	(1)	(1)	$A_2B_1C_2D_1$	Y_2
3	(1)	(2)	(2)	(2)	(2)	(2)	(1)	$A_1B_2C_2D_1$	Y_3
4	(2)	(2)	(1)	(2)	(1)	(2)	(2)	$A_2B_2C_2D_2$	Y_4
5	(1)	(1)	(1)	(1)	(1)	(2)	(2)	$A_1B_1C_1D_2$	Y_5
6	(2)	(1)	(2)	(1)	(2)	(2)	(1)	$A_2B_1C_1D_1$	Y_6
7	(1)	(2)	(2)	(1)	(1)	(1)	(1)	$A_1B_2C_1D_1$	Y_7
8	(2)	(2)	(1)	(1)	(2)	(1)	(2)	$A_2B_2C_1D_2$	Y_8

续表

试验序号	试验因素							试验方案	试验结果
	A	B	$A \times B$	C	—	$B \times C$	D		
效用 K_1	$\frac{1}{4}(Y_1+Y_3+Y_5+Y_7)$	$\frac{1}{4}(Y_1+Y_2+Y_5+Y_6)$	$\frac{1}{4}(Y_1+Y_4+Y_6+Y_7)$	$\frac{1}{4}(Y_5+Y_6+Y_7+Y_8)$	$\frac{1}{4}(Y_2+Y_4+Y_5+Y_7)$	$\frac{1}{4}(Y_1+Y_2+Y_7+Y_8)$	$\frac{1}{4}(Y_2+Y_3+Y_6+Y_7)$	—	—
效用 K_2	$\frac{1}{4}(Y_2+Y_4+Y_6+Y_8)$	$\frac{1}{4}(Y_3+Y_4+Y_7+Y_8)$	$\frac{1}{4}(Y_2+Y_3+Y_5+Y_8)$	$\frac{1}{4}(Y_1+Y_2+Y_3+Y_4)$	$\frac{1}{4}(Y_1+Y_3+Y_6+Y_8)$	$\frac{1}{4}(Y_3+Y_4+Y_5+Y_6)$	$\frac{1}{4}(Y_1+Y_4+Y_5+Y_8)$	—	—
极差 R_j	$R_A = \max\{K_1,K_2\} - \min\{K_1,K_2\}$	$R_B = \max\{K_1,K_2\} - \min\{K_1,K_2\}$	$R_{A \times B} = \max\{K_1,K_2\} - \min\{K_1,K_2\}$	$R_C = \max\{K_1,K_2\} - \min\{K_1,K_2\}$	$R_- = \max\{K_1,K_2\} - \min\{K_1,K_2\}$	$R_{B \times C} = \max\{K_1,K_2\} - \min\{K_1,K_2\}$	$R_D = \max\{K_1,K_2\} - \min\{K_1,K_2\}$	—	极差 R_j 越大,因素越重要

表 6-31 二元表 (交互作用 $A \times B$)

因素 B	因素 A	
	A_1	A_2
B_1	$\frac{1}{2}(Y_1+Y_5)$	$\frac{1}{2}(Y_2+Y_6)$
B_2	$\frac{1}{2}(Y_3+Y_7)$	$\frac{1}{2}(Y_4+Y_8)$

表 6-32 二元表 (交互作用 $B \times C$)

因素 C	因素 B	
	B_1	B_2
C_1	$\frac{1}{2}(Y_5+Y_6)$	$\frac{1}{2}(Y_7+Y_8)$
C_2	$\frac{1}{2}(Y_1+Y_2)$	$\frac{1}{2}(Y_3+Y_4)$

②考虑多个评价指标。实际生产和科学试验中,部分试验结果需要通过多个评价指标进行全面评判,不同评价指标的重要程度常常是不一致的,各试验因素对不同指标的影响程度也不完全相同,对一个指标是好方案,而对另一个指标却不一定是好方案,寻找一个对各个指标都较好的共同方案,需要结合试验因素的影响主次和评价指标的重要程度综合确定,直观分析过程解决多个评价指标问题通常采用两种方法:综合平衡法和综合评分法。

第一，综合平衡法。先对每个评价指标分别进行单指标的试验结果分析，得到每个指标的影响因素主次顺序和最佳水平组合，然后根据理论知识和实际经验，对各指标的分析结果进行综合比较和分析，得出较优方案，如表6-33、表6-34所示。

其一，若多个评价指标的重要程度不同，则在确定因素优水平时应首先满足相对重要的评价指标，并优先满足主要因素的最优水平。

其二，若因素对各评价指标影响程度相差不大，应按"少数服从多数"选取出现次数较多的优水平。

其三，若因素各水平效用相差不大，应依据降低消耗、提高效率的原则选取合适的水平。

表6-33 试验结果分析（综合平衡法，三因素三水平，三个评价指标）

试验序号		试验因素				试验方案	试验结果（评价指标）		
		A	B	C	—		X	Y	Z
1		(1)	(1)	(3)	(2)	$A_1B_1C_3$	X_1	Y_1	Z_1
2		(2)	(1)	(1)	(1)	$A_2B_1C_1$	X_2	Y_2	Z_2
3		(3)	(1)	(2)	(3)	$A_3B_1C_2$	X_3	Y_3	Z_3
4		(1)	(2)	(2)	(1)	$A_1B_2C_2$	X_4	Y_4	Z_4
5		(2)	(2)	(3)	(3)	$A_2B_2C_3$	X_5	Y_5	Z_5
6		(3)	(2)	(1)	(2)	$A_3B_2C_1$	X_6	Y_6	Z_6
7		(1)	(3)	(1)	(3)	$A_1B_3C_1$	X_7	Y_7	Z_7
8		(2)	(3)	(2)	(2)	$A_2B_3C_2$	X_8	Y_8	Z_8
9		(3)	(3)	(3)	(1)	$A_3B_3C_3$	X_9	Y_9	Z_9
X	效用 K_1	$\frac{1}{3}(X_1+X_4+X_7)$	$\frac{1}{3}(X_1+X_2+X_3)$	$\frac{1}{3}(X_2+X_6+X_7)$	$\frac{1}{3}(X_2+X_4+X_9)$	—	—	—	—
	效用 K_2	$\frac{1}{3}(X_2+X_5+X_8)$	$\frac{1}{3}(X_4+X_5+X_6)$	$\frac{1}{3}(X_3+X_4+X_8)$	$\frac{1}{3}(X_1+X_6+X_8)$	—			
	效用 K_3	$\frac{1}{3}(X_3+X_6+X_9)$	$\frac{1}{3}(X_7+X_8+X_9)$	$\frac{1}{3}(X_1+X_5+X_9)$	$\frac{1}{3}(X_3+X_5+X_7)$	—			

续表

试验序号		试验因素				试验方案	试验结果（评价指标）		
		A	B	C	—		X	Y	Z
X	极差 R_j	$R_A = \max\{K_1, K_2, K_3\} - \min\{K_1, K_2, K_3\}$	$R_B = \max\{K_1, K_2, K_3\} - \min\{K_1, K_2, K_3\}$	$R_C = \max\{K_1, K_2, K_3\} - \min\{K_1, K_2, K_3\}$	$R_- = \max\{K_1, K_2, K_3\} - \min\{K_1, K_2, K_3\}$	—	极差 Rj 越大，因素越重要	—	—
Y	效用 K_1	$\frac{1}{3}(Y_1 + Y_4 + Y_7)$	$\frac{1}{3}(Y_1 + Y_2 + Y_3)$	$\frac{1}{3}(Y_2 + Y_6 + Y_7)$	$\frac{1}{3}(Y_2 + Y_4 + Y_9)$	—		—	
	效用 K_2	$\frac{1}{3}(Y_2 + Y_5 + Y_8)$	$\frac{1}{3}(Y_4 + Y_5 + Y_6)$	$\frac{1}{3}(Y_3 + Y_4 + Y_8)$	$\frac{1}{3}(Y_1 + Y_6 + Y_8)$	—		—	
	效用 K_3	$\frac{1}{3}(Y_3 + Y_6 + Y_9)$	$\frac{1}{3}(Y_7 + Y_8 + Y_9)$	$\frac{1}{3}(Y_1 + Y_5 + Y_9)$	$\frac{1}{3}(Y_3 + Y_5 + Y_7)$	—		—	
	极差 R_j	$R_A = \max\{K_1, K_2, K_3\} - \min\{K_1, K_2, K_3\}$	$R_B = \max\{K_1, K_2, K_3\} - \min\{K_1, K_2, K_3\}$	$R_C = \max\{K_1, K_2, K_3\} - \min\{K_1, K_2, K_3\}$	$R_- = \max\{K_1, K_2, K_3\} - \min\{K_1, K_2, K_3\}$	—	—	极差 Rj 越大，因素越重要	—
Z	效用 K_1	$\frac{1}{3}(Z_1 + Z_4 + Z_7)$	$\frac{1}{3}(Z_1 + Z_2 + Z_3)$	$\frac{1}{3}(Z_2 + Z_6 + Z_7)$	$\frac{1}{3}(Z_2 + Z_4 + Z_9)$	—			—
	效用 K_2	$\frac{1}{3}(Z_2 + Z_5 + Z_8)$	$\frac{1}{3}(Z_4 + Z_5 + Z_6)$	$\frac{1}{3}(Z_3 + Z_4 + Z_8)$	$\frac{1}{3}(Z_1 + Z_6 + Z_8)$	—			—
	效用 K_3	$\frac{1}{3}(Z_3 + Z_6 + Z_9)$	$\frac{1}{3}(Z_7 + Z_8 + Z_9)$	$\frac{1}{3}(Z_1 + Z_5 + Z_9)$	$\frac{1}{3}(Z_3 + Z_5 + Z_7)$	—			—
	极差 R_j	$R_A = \max\{K_1, K_2, K_3\} - \min\{K_1, K_2, K_3\}$	$R_B = \max\{K_1, K_2, K_3\} - \min\{K_1, K_2, K_3\}$	$R_C = \max\{K_1, K_2, K_3\} - \min\{K_1, K_2, K_3\}$	$R_- = \max\{K_1, K_2, K_3\} - \min\{K_1, K_2, K_3\}$	—	—	—	极差 Rj 越大，因素越重要

表6-34 综合平衡法确定总体优方案

评价指标	直观分析	因素 A	因素 B	因素 C
X	效用 K_i	(K_1, K_2, K_3)	(K_1, K_2, K_3)	(K_1, K_2, K_3)
X	极差 R_j	$R_A = \max\{K_1, K_2, K_3\} - \min\{K_1, K_2, K_3\}$	$R_B = \max\{K_1, K_2, K_3\} - \min\{K_1, K_2, K_3\}$	$R_C = \max\{K_1, K_2, K_3\} - \min\{K_1, K_2, K_3\}$
X	优方案	$A_X = \max/\min\{K_1, K_2, K_3\}$	$B_X = \max/\min\{K_1, K_2, K_3\}$	$C_X = \max/\min\{K_1, K_2, K_3\}$
Y	效用 K_i	(K_1, K_2, K_3)	(K_1, K_2, K_3)	(K_1, K_2, K_3)
Y	极差 R_j	$R_A = \max\{K_1, K_2, K_3\} - \min\{K_1, K_2, K_3\}$	$R_B = \max\{K_1, K_2, K_3\} - \min\{K_1, K_2, K_3\}$	$R_C = \max\{K_1, K_2, K_3\} - \min\{K_1, K_2, K_3\}$
Y	优方案	$A_Y = \max/\min\{K_1, K_2, K_3\}$	$B_Y = \max/\min\{K_1, K_2, K_3\}$	$C_Y = \max/\min\{K_1, K_2, K_3\}$
Z	效用 K_i	(K_1, K_2, K_3)	(K_1, K_2, K_3)	(K_1, K_2, K_3)
Z	极差 R_j	$R_A = \max\{K_1, K_2, K_3\} - \min\{K_1, K_2, K_3\}$	$R_B = \max\{K_1, K_2, K_3\} - \min\{K_1, K_2, K_3\}$	$R_C = \max\{K_1, K_2, K_3\} - \min\{K_1, K_2, K_3\}$
Z	优方案	$A_Z = \max/\min\{K_1, K_2, K_3\}$	$B_Z = \max/\min\{K_1, K_2, K_3\}$	$C_Z = \max/\min\{K_1, K_2, K_3\}$
平衡结果	总体优方案	平衡(A_X, A_Y, A_Z)	平衡(B_X, B_Y, B_Z)	平衡(C_X, C_Y, C_Z)

第二,综合评分法。先根据重要性程度不同给各个评价指标赋以加权系数(Q_X, Q_Y, Q_Z⋯),再对各试验结果计算加权得分,作为这个试验的综合指标,将多指标化为单指标,而后分析因素主次和各因素的较佳状态,如表6-35、表6-36所示。

表6-35 试验结果分析(综合评分法,三因素三水平,三个评价指标)

试验序号	试验因素				试验方案	试验结果(评价指标)			
	A	B	C	—		X	Y	Z	加权得分
1	(1)	(1)	(3)	(2)	$A_1B_1C_3$	X_1	Y_1	Z_1	$S_1 = X_1 * Q_X + Y_1 * Q_Y + Z_1 * Q_Z$
2	(2)	(1)	(1)	(1)	$A_2B_1C_1$	X_2	Y_2	Z_2	$S_2 = X_2 * Q_X + Y_2 * Q_Y + Z_2 * Q_Z$
3	(3)	(1)	(2)	(3)	$A_3B_1C_2$	X_3	Y_3	Z_3	$S_3 = X_3 * Q_X + Y_3 * Q_Y + Z_3 * Q_Z$

续表

试验序号	试验因素				试验方案	试验结果（评价指标）			
	A	B	C	—		X	Y	Z	加权得分
4	(1)	(2)	(2)	(1)	$A_1B_2C_2$	X_4	Y_4	Z_4	$S_4 = X_4 * Q_X + Y_4 * Q_Y + Z_4 * Q_Z$
5	(2)	(2)	(3)	(3)	$A_2B_2C_3$	X_5	Y_5	Z_5	$S_5 = X_5 * Q_X + Y_5 * Q_Y + Z_5 * Q_Z$
6	(3)	(2)	(1)	(2)	$A_3B_2C_1$	X_6	Y_6	Z_6	$S_6 = X_6 * Q_X + Y_6 * Q_Y + Z_6 * Q_Z$
7	(1)	(3)	(1)	(3)	$A_1B_3C_1$	X_7	Y_7	Z_7	$S_7 = X_7 * Q_X + Y_7 * Q_Y + Z_7 * Q_Z$
8	(2)	(3)	(2)	(2)	$A_2B_3C_2$	X_8	Y_8	Z_8	$S_8 = X_8 * Q_X + Y_8 * Q_Y + Z_8 * Q_Z$
9	(3)	(3)	(3)	(1)	$A_3B_3C_3$	X_9	Y_9	Z_9	$S_9 = X_9 * Q_X + Y_9 * Q_Y + Z_9 * Q_Z$
加强得分	效用 K_1	$\frac{1}{3}(S_1+S_4+S_7)$	$\frac{1}{3}(S_1+S_2+S_3)$	$\frac{1}{3}(S_2+S_6+S_7)$	$\frac{1}{3}(S_2+S_4+S_9)$	—			—
	效用 K_2	$\frac{1}{3}(S_2+S_5+S_8)$	$\frac{1}{3}(S_4+S_5+S_6)$	$\frac{1}{3}(S_3+S_4+S_8)$	$\frac{1}{3}(S_1+S_6+S_8)$	—			—
	效用 K_3	$\frac{1}{3}(S_3+S_6+S_9)$	$\frac{1}{3}(S_7+S_8+S_9)$	$\frac{1}{3}(S_1+S_5+S_9)$	$\frac{1}{3}(S_3+S_5+S_7)$	—			—
	极差 R_j	$R_A = \max\{K_1,K_2,K_3\} - \min\{K_1,K_2,K_3\}$	$R_B = \max\{K_1,K_2,K_3\} - \min\{K_1,K_2,K_3\}$	$R_C = \max\{K_1,K_2,K_3\} - \min\{K_1,K_2,K_3\}$	$R_- = \max\{K_1,K_2,K_3\} - \min\{K_1,K_2,K_3\}$	极差 R_j 越大，因素越重要			—

表 6-36 综合评分法确定总体优方案

直观分析	因素 A	因素 B	因素 C
效用 K_i	(K_1, K_2, K_3)	(K_1, K_2, K_3)	(K_1, K_2, K_3)
极差 R_j	$R_A = \max\{K_1, K_2, K_3\} - \min\{K_1, K_2, K_3\}$	$R_B = \max\{K_1, K_2, K_3\} - \min\{K_1, K_2, K_3\}$	$R_C = \max\{K_1, K_2, K_3\} - \min\{K_1, K_2, K_3\}$
优方案	max/min $\{K_1, K_2, K_3\}$	max/min $\{K_1, K_2, K_3\}$	max/min $\{K_1, K_2, K_3\}$

6.4.2.6 反复调优试验，逼近最优方案

基于第一轮试验的分析结论，反复开展调优试验。以"直观分析"（算一

算）的优方案为主，参考"直接对比"（直接看）的优方案以及对评价指标的分析猜测，在更明确的范围和方向上，针对重点考察的试验因素和相应水平重新安排试验，逐步逼近最优方案，这种寻优过程可能不止一次。

6.4.2.7 进行验证试验，确定最优方案

通过一系列正交试验得到的优方案（条件组合），仅是所做试验范围内各试验因素较优的水平组合，是在给定因素和水平的条件下得到的，最优方案往往并不包含在正交试验方案中，若不限定给定的水平，对所选因素和水平进行适当调整，有可能找到新的更优方案。所以，确定最优方案前，应进行必要的验证试验。

6.4.3 应用案例

【例6-4】蒸鸡蛋羹是一道美味的家常菜，营养丰富，老少皆宜。蒸鸡蛋羹的制作方法看似简单，但要做得好吃（细腻滑嫩）还是需要一些窍门的，我们准备通过开展正交试验找出最佳制作方法。

（1）明确试验目的，确定评价指标

蒸鸡蛋羹的制作效果主要涉及外观和口感两个方面，为客观评价制作效果，并便于试验结果分析，我们通过综合评分的方式对制作效果进行量化评价（1~10分），得分越高，表示蒸鸡蛋羹制作效果越好。

（2）挑因素，选水平，制订因素水平表

根据日常生活经验，影响蒸鸡蛋羹制作结果的因素主要包括蛋水比例、搅拌时间、加热时间和调料用量（食盐、猪油、酱油、香油、葱花、香醋、肉丁等），因素之间的交互作用对试验结果的影响可以忽略。鉴于调料用量需要依据个人喜好而定，为了避免调料用量差异对试验结果的影响，我们在固定调料用量的基础上，每次使用1个鸡蛋，考察蛋水比例、搅拌时间和加热时间三个因素，制订因素水平表如表6-37所示。

表6-37 因素水平表（三因素三水平）

水平	试验因素		
	蛋水比例 A	搅拌时间（分钟）B	加热时间（分钟）C
1	1:1（1个鸡蛋:半杯水）	1	10
2	1:1.5（1个鸡蛋:1杯水）	2	15
3	1:2（1个鸡蛋:1杯半水）	4	20

(3) 设计试验方案

本试验需要考察三因素三水平（不考虑交互作用），因素数=3，水平数=3，每个因素自由度都是 3-1=2，自由度之和为 2×3=6，3个因素占用3列，正交表行数应满足 $n \geq (6+1) = 7$，正交表列数应满足 $t \geq 3$，所以选择三水平正交表 $L_9(3^4)$ 设计试验方案，如表6-38所示。

表6-38 设计试验方案 $L_9(3^4)$

试验序号	试验因素				试验方案
	蛋水比例 A	搅拌时间 B	加热时间 C	—	
1	（1）（1:1）	（1）（1分钟）	（3）（20分钟）	（2）	$A_1B_1C_3$
2	（2）（1:1.5）	（1）	（1）（10分钟）	（1）	$A_2B_1C_1$
3	（3）（1:2）	（1）	（2）（15分钟）	（3）	$A_3B_1C_2$
4	（1）	（2）（2分钟）	（2）	（1）	$A_1B_2C_2$
5	（2）	（2）	（3）	（3）	$A_2B_2C_3$
6	（3）	（2）	（1）	（2）	$A_3B_2C_1$
7	（1）	（3）（4分钟）	（1）	（3）	$A_1B_3C_1$
8	（2）	（3）	（2）	（2）	$A_2B_3C_2$
9	（3）	（3）	（3）	（1）	$A_3B_3C_3$

(4) 实施试验方案

根据试验方案开展试验，并记录试验结果。

(5) 试验结果分析

通过直接对比（直接看）和直观分析（算一算），寻找最好的条件组合；通过方差分析（估一估），估计试验误差，量化试验因素影响试验结果的显著程度，如表6-39所示。

表6-39 试验结果分析 $L_9(3^4)$

试验序号	试验因素				试验方案	试验结果（综合评分）
	蛋水比例 A	搅拌时间 B	加热时间 C	—		
1	（1）（1:1）	（1）（1分钟）	（3）（20分钟）	（2）	$A_1B_1C_3$	3
2	（2）（1:1.5）	（1）	（1）（10分钟）	（1）	$A_2B_1C_1$	4
3	（3）（1:2）	（1）	（2）（15分钟）	（3）	$A_3B_1C_2$	9

续表

试验序号	试验因素				试验方案	试验结果（综合评分）
	蛋水比例 A	搅拌时间 B	加热时间 C	—		
4	(1)	(2) (2 分钟)	(2)	(1)	$A_1B_2C_2$	6
5	(2)	(2)	(3)	(3)	$A_2B_2C_3$	6
6	(3)	(2)	(1)	(2)	$A_3B_2C_1$	8
7	(1)	(3) (4 分钟)	(1)	(3)	$A_1B_3C_1$	4
8	(2)	(3)	(2)	(2)	$A_2B_3C_2$	7
9	(3)	(3)	(3)	(1)	$A_3B_3C_3$	8
效用 K_1	4.3	5.3	5.3	—	—	—
效用 K_2	5.7	6.7	7.3	—	—	—
效用 K_3	8.3	6.3	5.7	—	—	—
极差 R_j	4.0	1.4	2.0	—	—	最大极差 $R_A=4.0$ 最小极差 $R_B=1.4$

①直接对比（直接看）。直接比较 9 个试验的综合评分，可以看出第 3 号试验最好（9 分），因此，直接对比发现的试验好条件为 $A_3B_1C_2$。

②直观分析（算一算）。

第一，根据效用 K_i 计算结果，因素 A 取水平 3 比较好，因素 B 取水平 2 比较好，因素 C 取水平 2 比较好，因此，直观分析发现的试验好条件为 $A_3B_2C_2$，如表 6-40 所示。

第二，根据极差 R_j 计算结果，各因素对试验结果影响程度从重到轻依次是：$A>C>B$，因素 A 是最重要因素（$R_A=4.0$），随着蛋水比例的提高，试验结果越令人满意，继续提高蛋水比例能否获得更好的试验结果，应在第二批试验中进行重点考察确认；因素 C 是较重要因素（$R_C=2.0$），选择试验结果较好的水平 C_2（加热时间 15 分钟）；因素 B 是次要因素（$R_B=1.4$），可以根据省时方便的原则选择水平 B_1（搅拌时间 1 分钟）。

第三，根据图 6-25 因素水平效用趋势图分析，因素 A 呈单调递增趋势，无峰（谷）值拐点，这说明还有调优可能，应另外安排试验寻找更好的条件。

表 6–40 因素水平效用趋势表（第一批试验）

水平	蛋水比例 A	搅拌时间 B	加热时间 C
1	4.3	5.3	5.3
2	5.7	6.7	7.3
3	8.3	6.3	5.7

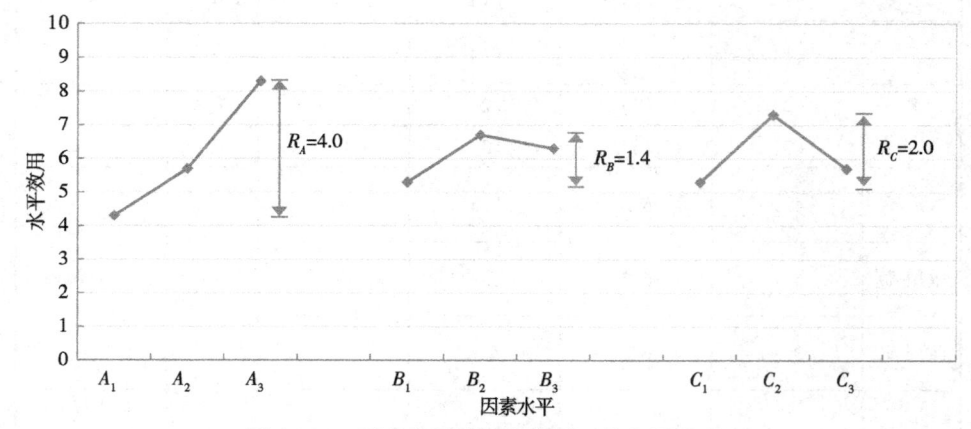

图 6–25 因素水平效用趋势图（第一批试验）

结合以上分析判断，我们初步得到试验好条件为 $A_3B_1C_2$，如表 6–41 所示。

表 6–41 因素水平选择结果（第一批试验）

试验因素	蛋水比例 A	搅拌时间 B	加热时间 C
因素主次	$R_A=4.0$	$R_B=1.4$	$R_C=2.0$
	最重要	次要	较重要
选择水平	A_3	B_1	C_2
	蛋水比例 1∶2.0	搅拌时间 1 分钟	加热时间 15 分钟

③方差分析（估一估）。如果要估计试验误差的大小，量化试验因素影响试验结果的显著程度，还需要对试验结果进行方差分析，如表 6–42 ~ 表 6–44 所示。

表 6–42 试验结果的方差分析（计算偏差平方和）

试验序号	试验因素				试验方案	试验结果（综合评分）
	蛋水比例 A	搅拌时间 B	加热时间 C	—		
1	（1）（1∶1）	（1）（1 分钟）	（3）（20 分钟）	（2）	$A_1B_1C_3$	3
2	（2）（1∶1.5）	（1）	（1）（10 分钟）	（1）	$A_2B_1C_1$	4

续表

试验序号	试验因素				试验方案	试验结果（综合评分）
	蛋水比例 A	搅拌时间 B	加热时间 C	—		
3	(3) (1:2)	(1)	(2) (15分钟)	(3)	$A_3B_1C_2$	9
4	(1)	(2) (2分钟)	(2)	(1)	$A_1B_2C_2$	6
5	(2)	(2)	(3)	(3)	$A_2B_2C_3$	6
6	(3)	(2)	(1)	(2)	$A_3B_2C_1$	8
7	(1)	(3) (4分钟)	(1)	(3)	$A_1B_3C_1$	4
8	(2)	(3)	(2)	(2)	$A_2B_3C_2$	7
9	(3)	(3)	(3)	(1)	$A_3B_3C_3$	8
T_1	13	16	16	18	—	
T_2	17	20	22	18	—	$T=55$
T_3	25	19	17	19		
SS	24.89	2.89	6.89	0.22	—	$SS_总 = 34.89$

表6-43 试验结果的方差分析（计算自由度）

试验序号	试验因素				试验方案	试验结果（综合评分）
	蛋水比例 A	搅拌时间 B	加热时间 C	—		
1	(1) (1:1)	(1) (1分钟)	(3) (20分钟)	(2)	$A_1B_1C_3$	3
2	(2) (1:1.5)	(1)	(1) (10分钟)	(1)	$A_2B_1C_1$	4
3	(3) (1:2)	(1)	(2) (15分钟)	(3)	$A_3B_1C_2$	9
4	(1)	(2) (2分钟)	(2)	(1)	$A_1B_2C_2$	6
5	(2)	(2)	(3)	(3)	$A_2B_2C_3$	6
6	(3)	(2)	(1)	(2)	$A_3B_2C_1$	8
7	(1)	(3) (4分钟)	(1)	(3)	$A_1B_3C_1$	4
8	(2)	(3)	(2)	(2)	$A_2B_3C_2$	7
9	(3)	(3)	(3)	(1)	$A_3B_3C_3$	8
T_1	13	16	16	18		
T_2	17	20	22	18		$T=55$
T_3	25	19	17	19		
SS	24.89	2.89	6.89	0.22		$SS_总 = 34.89$
df	2	2	2	2		$df_总 = 8$

表6-44 方差分析表

差异来源	偏差平方和SS	自由度df	均方MS	统计值F	临界值F_α	显著性
试验因素A	24.89	2	12.44	112	$F_{0.05}(2,2)$ = 19.00 $F_{0.01}(2,2)$ = 99.00	★★★
试验因素B	2.89	2	1.44	13		
试验因素C	6.89	2	3.44	31		—
试验误差（空列）	0.22	2	0.11	—		
合计	34.89	8	—			

由于$F_{因素A} > F_{0.01}(2,2) = 99.00$，$F_{因素C} > F_{0.05}(2,2) = 19.00$，试验因素A在检验水平$\alpha = 0.01$上对试验结果的影响显著（高度显著），试验因素C在检验水平$\alpha = 0.05$上对试验结果的影响显著；试验因素B对试验结果的影响不显著。

（6）反复调优试验，逼近最优方案

为找到更好的试验条件，进一步提升试验效果，我们决定在第一批试验的基础上，以"算一算"的好条件为主，参考"直接看"的好条件，进行第二批正交试验。

根据第一批试验的结果分析：

①蛋水比例是最重要因素，并存在调优可能，需确认继续提高蛋水比例能否获得更好的试验效果。

②加热时间是较重要因素，为实现省时高效，应探讨加热时间是否有缩减的可能。

③搅拌时间是次要因素，对试验结果影响小，不需要调优（1分钟）。

因此，我们选择蛋水比例（鉴于普通家庭厨房通常不会配置量杯和量筒，我们仍以比较方便量取的半杯水为水平取值间距）和加热时间（鉴于15分钟已经是一个相对理想的时间，我们将水平取值间距缩小为2分钟）两个因素进行重点考察，重新制订新的因素水平表，如表6-45所示。

表6-45 试验因素水平表（调优试验）

水平	试验因素	
	蛋水比例A	加热时间B/分钟
1	1:2（1个鸡蛋：1杯半水）	13
2	1:2.5（1个鸡蛋：2杯水）	15
3	1:3（1个鸡蛋：2杯半水）	17

考察二因素三水平（不考虑交互作用），因素数=2，水平数=3，每个因素自由度3-1=2，自由度之和为2×2=4，2个因素占用2列，正交表行数应满足$n \geq (4+1) = 5$，正交表列数应满足$t \geq 2$，所以选择三水平正交表$L_9(3^4)$开展调优试验。

①直接对比（直接看）。直接比较9次试验的综合得分，可以看出第1号试验最好（10分），因此，直接对比发现的试验好条件为A_1B_1，如表6-46所示。

表6-46　试验结果分析$L_9(3^4)$（调优试验）

试验序号	试验因素				试验方案	试验结果（综合评分）
	蛋水比例A	加热时间B	—	—		
1	（1）（1:2）	（1）（13分钟）	（3）	（2）	A_1B_1	10
2	（2）（1:2.5）	（1）	（1）	（1）	A_2B_1	8
3	（3）（1:3）	（1）	（2）	（3）	A_3B_1	8
4	（1）	（2）（15分钟）	（2）	（1）	A_1B_2	9
5	（2）	（2）	（3）	（3）	A_2B_2	8
6	（3）	（2）	（1）	（2）	A_3B_2	7
7	（1）	（3）（17分钟）	（1）	（3）	A_1B_3	9
8	（2）	（3）	（2）	（2）	A_2B_3	7
9	（3）	（3）	（3）	（1）	A_3B_3	7
效用K_1	9.3	8.7	—	—		
效用K_2	7.7	8.0	—	—		
效用K_3	7.3	7.7	—	—		
极差R_j	2.0	1.0	—	—	最大极差$R_A=2.0$ 最小极差$R_B=1.0$	

②直观分析（算一算）。根据效用K_i计算结果，因素A取水平1比较好（第一批试验得到的蛋水比例1:2已经是最优，继续提高比例无法提升试验效果），因素B取水平1比较好（第一批试验得到的加热时间缩短2分钟后，试验效果更好），因此，直观分析发现的试验好条件为A_1B_1，与直接对比的好条件一致。根据极差R_j计算结果，各因素对试验结果影响程度从重到轻是：$A>B$，即蛋水比例A是重要因素，加热时间B是次要因素，如表6-47所示。

表6-47 因素水平选择结果（调优试验）

试验因素	蛋水比例 A	加热时间 B
因素主次	$R_A = 2.0$	$R_B = 1.0$
	重要	次要
选择水平	A_1	B_1
	蛋水比例1∶2	加热时间13分钟

（7）进行验证试验，确定最优方案

为验证数据分析结果的可行性和稳定性，我们根据上述试验得到的最优条件进行小批跟踪试验，试验结果均令人满意（综合评分10分），如表6-48所示。

表6-48 验证试验

试验批次	试验条件			试验结果（综合评分）
	蛋水比例	搅拌时间/分钟	加热时间/分钟	
1	1∶2	1	13	10
2	1∶2	1	13	10
3	1∶2	1	13	10
4	1∶2	1	13	10
5	1∶2	1	13	10
6	1∶2	1	13	10
7	1∶2	1	13	10
8	1∶2	1	13	10
9	1∶2	1	13	10
10	1∶2	1	13	10

最终，通过正交试验数据分析和小批跟踪试验验证，我们确定蒸鸡蛋羹的最佳制作方法为：蛋水比例（1∶2）；搅拌时间（1分钟）；加热时间（13分钟）。

6.4.4 注意事项

6.4.4.1 选择正确的正交表进行试验

正交表是应用正交试验设计法的基本工具，有一整套独特的构造规则，它能最大限度保证试验的代表性，实现以最少的试验次数达到与大量全面试验等效的结果，不应随便选取非正交表进行试验。同时，不同的正交表类型构造方法存在差异，目前常用正交表分日本型和中国型，两者不能混用。日本型正交表适用于国际标准型（日本型）正交试验的程序和方法；中国型正交表适用于中国型正交试验的程序和方法。

6.4.4.2 评价指标的基本要求

①为便于连续开展试验，评价指标应进行现场评估。

②为简化试验结果分析，评价指标应设法进行量化（避免取负值），并尽量缩减指标数量（最好以单项指标评价试验结果），必要时可采用综合评分等方法。

6.4.4.3 完全正交表

当正交表 $L_n(C^t)$ 满足 $n = C^k$（$k = 2, 3, \cdots$）和 $t = \dfrac{n-1}{C-1}$ 时，称为完全正交表，每张正交表都有一张对应的交互作用表，可以考察因素之间的交互作用。比如，正交表 $L_8(2^7)$，满足 $n = C^k = 2^3 = 8$，$t = \dfrac{n-1}{C-1} = \dfrac{8-1}{2-1} = 7$，属于完全正交表，正交表 $L_8(2^7)$ 有一张对应的 $L_8(2^7)$ 交互作用列表。而正交表 $L_{18}(3^7)$，因为 $n \neq C^k$，$t \neq \dfrac{n-1}{C-1}$，不是完全正交表，正交表 $L_{18}(3^7)$ 不存在对应的交互作用列表，不能考察因素之间的交互作用。

由于完全正交表 $L_4(2^3)$、$L_9(3^4)$、$L_{16}(4^5)$ 和 $L_{25}(5^6)$ 中任意两列的交互作用是其他各列，就不再给出交互作用列表了。

6.4.4.4 表头设计的"混杂"现象

正交表总自由度 = 正交表行数（试验次数） $-1 = \sum$（因素自由度 + 交互作用自由度），因素自由度 = 水平数 -1，交互作用 $A \times B$ 自由度 = 因素 A 自由度 $\times$ 因素 B 自由度，一个因素占用一列，一个交互作用占用 $(C-1)^P$ 列（C 是水平数，P 是交互作用级数）。选择正交表安排试验，应在满足水平数（水平数 = 正交表水平）和自由度 $\left[\sum\right.$（因素自由度 + 交互作用自由度）$\leqslant$ 总自由度 $\right]$ 要求的前提下选择较小规模的正交表，即正交表行数 $\geqslant$ 总自由度 + 1，正交表列数 $\geqslant$（因素列数 + 交互作用列数），以免发生"混杂"现象（同一列中安排两个或两个以上的因素或交互作用），必要时，应该考虑选用更大规模的正交表，典型应用举例如下：

①当四因素三水平的条件试验考虑一级交互作用 $A \times B$ 和 $A \times C$ 时，因素数 = 4，水平数 = 3，一级交互作用数 = 2，每个因素自由度 $3 - 1 = 2$，每个交互作用自由度 $2 \times 2 = 4$，自由度之和为 $2 \times 4 + 4 \times 2 = 16$，4 个因素占用 4 列，

1个一级交互作用占用$(3-1)^1=2$列,2个一级交互作用共占用$2\times2=4$列,正交表行数应满足$n\geqslant(16+1)=17$,正交表列数应满足$t\geqslant(4+4)=8$,所以选择三水平正交表$L_{27}(3^{13})$,如表6-49所示。

表6-49 表头设计$L_{27}(3^{13})$(四因素三水平,考虑交互作用$A\times B$和$A\times C$)

列号	1	2	3	4	5	6	7	8	9	10	11	12	13
因素	A	B	$A\times B$		C	$A\times C$		D					
水平数	3	3	—		3	—		3					
自由度	2	2	$2\times2=4$		2	$2\times2=4$		2					
占用列数	1	1	2		1	2		1					

②当四因素二水平的条件试验需要同时考虑一级交互作用$A\times B$、$A\times C$、$A\times D$、$B\times C$、$B\times D$和$C\times D$时,因素数=4,水平数=2,一级交互作用数=6,每个因素自由度$2-1=1$,每个一级交互作用自由度$1\times1=1$,自由度之和为$1\times4+1\times6=10$,4个因素占用4列,1个一级交互作用占用$(2-1)^1=1$列,6个一级交互作用共占用6列,正交表行数应满足$n\geqslant(10+1)=11$,正交表列数应满足$t\geqslant(4+6)=10$,如果选用正交表$L_8(2^7)$进行试验设计,列数(7<10)和行数(8<11)都不能满足要求,则根据交互作用表得到的表头设计将产生"混杂"现象,如表6-50所示。

表6-50 表头设计$L_8(2^7)$(考虑交互作用$A\times B$、$A\times C$、$A\times D$、$B\times C$、$B\times D$和$C\times D$)

列号	1	2	3	4	5	6	7
因素	A	B	$A\times B$ $C\times D$	C	$A\times C$ $B\times D$	$B\times C$ $A\times D$	D
水平数	2	2	2		2		2
自由度	1	1	1+1	1	1+1	1+1	1
占用列数	1	1	1+1	1	1+1	1+1	1

为避免"混杂"现象的产生,只能选用更大规模的二水平正交表$L_{16}(2^{15})$进行表头设计,具体如表6-51所示。

表6-51 表头设计$L_{16}(2^{15})$(考虑交互作用$A\times B$、$A\times C$、$A\times D$、$B\times C$、$B\times D$和$C\times D$)

列号	1	2	3	4	5	6	7	8	9	10	11	12	13	14	15
因素	A	B	$A\times B$	C	$A\times C$	$B\times C$	—	D	$A\times D$	$B\times D$	—	$C\times D$	—	—	—
水平数	2	2	—	2	—	—		2	—	—		—			
自由度	1	1	1	1	1	1	—	1	1	1		1			
占用列数	1	1	1	1	1	1		1	1	1		1			

6.4.4.5 确定因素水平表的注意事项

①进行正交试验设计应尽量多考察因素和水平,避免漏掉重要因素和水平。

②因素水平的取值,水平区间通常根据已有知识经验确定,水平间距通常按等差或等比数列安排。

③如果按原先考虑的因素、水平和交互作用选择正交表,没有正好适用的正交表可选,可以考虑适当修改原定的水平数,或者删除可以忽略的交互作用。

6.4.4.6 正确处理"直接看"和"算一算"的关系

正交试验结果的分析需要正确处理"直接看"和"算一算"的关系,"直接看"是通过试验直接得到的较好条件组合,存在可以继续提高的可能,"算一算"是对更好条件组合的认识和展望。

当"直接看"和"算一算"得到的结论不一致时:

①如果"算一算"好于"直接看",补充试验"算一算"的条件组合,验证效果确有改善后采用"算一算"的条件组合为最优。

②如果"直接看"好于"算一算",或者"算一算"的补充试验效果比不上"直接看",采用"直接看"的条件组合为最优,并通过验证试验确认最好条件组合。

当"直接看"和"算一算"得到的结论一致时,通过观察因素水平效用趋势图判断是否存在调优可能(单调上升或单调下降),或者针对部分重要试验因素(极差较大)在第一批试验的最优条件组合附近进行更精确的调优试验,寻求更优条件组合。

6.4.4.7 调优试验

正交试验设计所进行的代表性试验在全体可能的条件组合中只是一小部分,寻求更好的条件组合通常需要多次反复利用正交表,第一批试验结束后,应根据"重要因素精益求精,次要因素综合确定"的原则,结合第一批试验确定的优方案安排第二轮试验,通过多轮调优试验,逐步逼近最优条件组合。

另外,试验结果进行方差分析时,所选正交表应留出一定空列,当无空列时,应进行重复正交试验,以估计试验误差。

6.4.4.8 确定最佳条件组合应结合具体情况

正交试验的结果分析原则上通过选取各个因素的最优水平确定最佳条件组合,但在具体应用实践中,需要根据因素(包括交互作用)的主次影响进行综合考虑:对于极差 R_i 很大的重要因素,应该选择评价指标最好的水平,对于极差 R_i 很小的次要因素,应该在满足指标要求的前提下,根据降低消耗、节约时间和便于操作等具体情况来考虑水平的选择,得到更为结合试验实际要求的较好生产条件。

另外,具体生产实践中,评价指标可能数值越大越好,也可能数值越小越好。确定最优水平时,应结合评价指标的具体定义,根据效用 K_i 对评价指标期望值的接近程度选择较好水平(不一定是越大越好)。

6.4.4.9 验证试验

通过正交试验得到的最佳条件组合是通过有限次数的代表性试验得到的,在实际应用中不一定完全符合要求,并且试验结果是否稳定也无法确认,需要以小批跟踪试验的形式进行验证试验。

6.4.4.10 方差分析的基本假设

开展正交试验设计法的方差分析,需要满足三个基本假设:每一个试验独立进行;每一个因素水平下的试验指标服从正态分布;试验指标的方差相等。

6.5 价值工程法

6.5.1 工具介绍

6.5.1.1 概念

价值工程法,是指以提高产品(或作业)价值和有效利用资源为目的,以产品(或作业)功能分析为核心,通过对功能、成本和价值的系统研究,寻求以最低寿命周期成本实现产品(或作业)使用所要求的必要功能的一种思想方法和管理技术,强调以最小成本提供必要功能,获得较大价值。

6.5.1.2 基本原理

(1) 功能

任何产品都具备相应的功能,产品功能针对使用者的一定需求目的而体现为相应的使用价值。根据对使用者需求的满足程度,产品功能分为必要功能和不必要功能。必要功能,是使用者所要求的功能及与实现使用者需求功能有关的功能,是产品正常使用必须具备的功能;不必要功能,是不符合用户要求的功能,即不影响产品正常使用的、可有可无的功能。不必要功能导致不必要成本,不仅增加用户负担,而且浪费社会资源,产品功能应以充分满足使用者功能需求为出发点,确保必要功能,消除不必要功能。

(2) 成本

产品在整个寿命周期内（包括设计、生产、使用等环节）为实现产品功能支出的全部费用（寿命周期成本）由生产成本和使用成本组成（寿命周期成本＝生产成本＋使用成本）。生产成本，是指产品生产过程中发生的各项费用总和（设计、生产、销售等），即用户购买产品的费用；使用成本，是指用户使用过程中发生的各种费用总和（能耗、维修、管理等），即用户使用产品的费用。在一定范围内，生产成本和使用成本存在此消彼长的关系：随着产品功能水平的提高，生产成本 C_1 上升，使用成本 C_2 下降。因此，当功能水平逐步提高时，生产成本 C_1 和使用成本 C_2 两条曲线叠加所对应的寿命周期成本 $C=C_1+C_2$ 呈现类似抛物线形状（开口向上，顶点坐标在第一象限）的曲线变化，寿命周期成本为最小值 C_{min} 时，对应的功能水平是从成本考虑的最适宜功能水平。从图 6-26 可以看到，在 F' 点时，生产成本较低，但由于产品功能不足，使用成本较高，寿命周期成本总体较高；在 F'' 点时，使用成本较低，但由于产品功能过剩，导致生产成本过高，寿命周期成本总体仍然较高；在 F_0 点，产品功能合理满足使用者需求，寿命周期成本实现最小值 C_{min}，体现了比较理想的功能与成本关系。产品寿命周期成本的降低，不仅关系生产企业的利益，同时也与用户需求息息相关，应在确保实现产品必要功能的前提下，努力寻求功能和成本的最佳平衡点（最低寿命周期成本）。

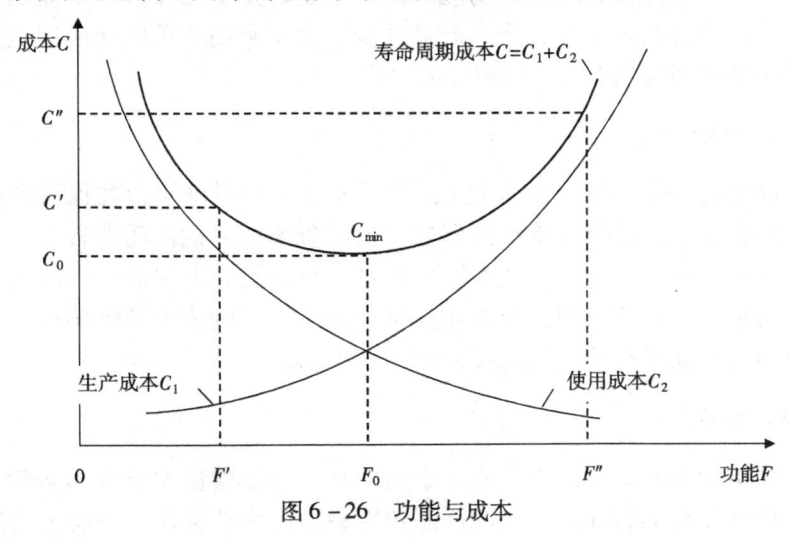

图 6-26 功能与成本

(3) 价值

为研究功能与成本的最佳平衡点，寻求以最低寿命周期成本可靠提供产品的必要功能，价值工程中引入了"价值"的概念。价值通过功能与成本的比值（产品具有的功能与获得该功能的全部费用之比）评价功能与成本的合理性，用数学公式表达为：价值 $(V) = \dfrac{功能(F)}{成本(C)}$。其中，功能 F 为产品的功能水平（具体实践中，应理解为实现功能水平的最低成本），成本 C 为产品的寿命周期成本。价值的高低取决于功能 F 与成本 C 的比值，比值越大，价值越高，比值越小，价值越低，产品价值的高低表明产品合理消耗成本的程度和产品"物美价廉"的程度（"物美"反映产品的功能水平，"价廉"反映产品的成本水平）。

6.5.1.3 提高价值的途径

根据价值工程的基本公式 $V = \dfrac{F}{C}$，比较价值与功能成正比，与成本成反比，改善功能或降低成本都能提高比较价值，具体存在五种途径。

（1）双向型 $\left(\dfrac{F\uparrow}{C\downarrow} = V\uparrow\right)$

提高产品功能，降低产品成本。不仅增加分子，而且减小分母，生产者借助技术的突破和管理的改善，提高功能的同时，降低生产成本，这是提高比较价值最理想的途径，也是对资源最有效的利用。

（2）改进型 $\left(\dfrac{F\uparrow}{C\rightarrow} = V\uparrow\right)$

产品成本不变，提高产品功能。分母不变，分子增加，在产品成本不变的前提下，通过改进设计，提高产品功能，提高利用资源的成果或效用，增加某些用户希望的功能等，达到提高比较价值的目的。

（3）节约型 $\left(\dfrac{F\rightarrow}{C\downarrow} = V\uparrow\right)$

产品功能不变，降低产品成本。分子不变，分母减小，在保持产品功能不变的前提下，通过降低成本达到提高比较价值的目的。随着科学技术水平和劳动生产率的不断提高，"五新"技术（新设计、新材料、新结构、新技术、新方法）的广泛运用，消耗在某种功能水平上的成本不断降低，这为产品功能不变情况下降低产品成本提供了无限可能。

（4）投资型 $\left(\dfrac{F\uparrow\uparrow}{C\uparrow} = V\uparrow\right)$

产品功能大幅提高，产品成本小幅提高。分子增量大于分母增量，通过增加一小部分成本的方式，换取产品功能最大限度的提高，即功能的增量大于成本的增量，实现比较价值的提升。

（5）牺牲型 $\left(\dfrac{F\downarrow}{C\downarrow\downarrow} = V\uparrow\right)$

产品功能小幅下降，产品成本大幅降低。分母削减大于分子削减，保留用户对产品特定必需功能,通过牺牲一些用户不需要的功能(多余功能),较大幅度地降低成本,达到提高比较价值的目的。

6.5.1.4 价值工程的特点

价值工程追求功能与成本的最优组合,实现价值的最大化,是一种系统分析、科学决策的思想方法和管理技术,涉及功能、成本(寿命周期)和价值三个基本要素。

(1) 以提高价值为目标

价值工程贯穿生产和使用的全过程,兼顾生产者和使用者的利益,通过研究产品功能水平和成本水平的合理配置,致力于实现使用者必要功能前提下的成本最小化,追求价值的最大化。

(2) 以功能分析为核心

价值工程基于使用者的功能需求,以功能分析为核心,在准确分析产品功能的基础上,分析产品的具体实现手段,通过确保必要功能,消除不必要功能,降低成本,提高价值。

(3) 综合考虑功能和成本

价值工程不是一味追求最低成本,也不是片面追求更高功能,而是正确认识功能和成本的对立统一关系,克服只顾功能而不计成本或只考虑成本而不顾功能的盲目做法,将功能、成本和价值作为一个整体进行权衡,在确保产品功能的基础上综合考虑生产成本和使用成本,兼顾产品生产者和产品使用者的利益,致力于研究功能和成本的最佳匹配,提高功能与成本的比值水平,即提高价值。

(4) 技术与经济相结合

价值工程是一门技术与经济相结合的应用科学,其本质特征是以提高产品功能、降低寿命成本为目的的技术经济方法。产品的功能实现是一个技术问题,产品的成本控制是一个经济问题,价值工程通过"价值"的概念,实现技术工作和经济工作的有机结合。

6.5.1.5 价值工程法的现实意义

价值工程法围绕功能分析,通过持续的创新活动,降低项目、产品或服务的全寿命周期费用,提升各利益相关方的价值,其现实意义具体体现在如下三个方面:

(1) 优化功能设计

价值工程的核心是功能分析。正常的市场经济条件下,产品功能水平主要取决于使用者的功能需求和经济支付能力,产品功能水平高于或低于使用者功能需求都是不适宜的,高于使用者要求的功能水平,表明产品功能过剩,成本偏高,应剔除不必要功能;低于使用者要求的功能水平,表明产品功能不足,影响使用,应提高功能水平。通过实施价值工程,可以使设计人员更准确地了解使用者功能需求,合理取舍功能配置,合理分配功能比重,把产品确定在最适宜的功能水平及最低成本上,使设计更加合理,更好地满足使用者的功能需求。

(2)降低产品成本

价值工程通过功能分析,准确理解并重新定义使用者功能需求,在设计阶段提出各种实现功能的方案,寻求功能与成本的最佳契合点,避免只重视功能而忽视成本的倾向,在确保使用者必要功能的前提下,进行产品开发或设计改进,消除现有设计中的不必要功能,减少在材料选用、部件结构和工艺方法等方面由于不合理而造成的资源浪费,有助于合理利用资源并大幅降低产品成本。

(3)延长寿命周期

无论是产品自然寿命,还是产品经济寿命,寿命周期延长,则意味着产品能够在更大的时间跨度上满足使用者需求,避免无谓的社会资源消耗。价值工程在可靠实现使用者必要功能的基础上考虑降低产品成本,保证了产品以最适宜的功能水平满足使用者需求,既可避免一味地降低生产成本而导致研究对象功能水平偏低的现象,也可避免一味地降低使用成本而导致功能水平偏高的现象,生产成本、使用成本及产品功能合理匹配,使用者需要的功能确保都在产品上得到体现,使用者不需要的功能确保都从产品上剔除,产品因为功能配置合理地满足使用者需求而得以长期存在。

6.5.2 基本程序

价值工程法通过集体智慧和有组织的活动对产品或服务进行功能分析,寻求以最低的总成本(寿命周期成本)可靠地实现产品或服务的必要功能,从而提高产品或服务价值,是一种正确处理功能与成本关系的技术经济分析方法,常用于多方案优选和单方案优化。正确使用质量工具是达成质量管理目标的基本保证,类似于其他的质量工具,应用价值工程法也有一套科学的实施程序,具体包括七个步骤,如图 6-27 所示。

6.5.2.1 选择改进对象

价值工程法的改进对象应考虑现场的实际需要(优先考虑迫切需要解决或会产生重要影响的对象),以及对象价值本身是否存在可以提升的潜力,具体选择方法有因素分析法、ABC 分析法、百分比分析法、强制确定法和价值指数法等。

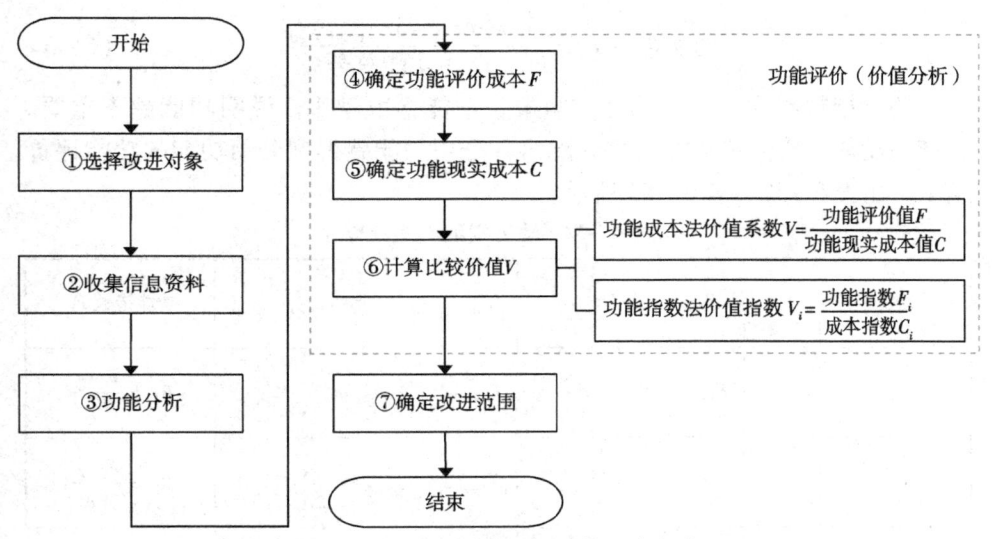

图 6-27 应用价值工程法的基本程序

6.5.2.2 收集信息资料

根据改进对象的具体情况收集相关资料,并对其进行归纳整理,利于价值工程活动的分析研究。

6.5.2.3 功能分析

功能分析是价值工程的核心。通过对产品功能的分析研究(功能定义和功能整理),认识和理解产品功能,明确产品的功能结构,为功能评价提供依据。

6.5.2.4 确定功能评价成本 F

功能评价成本(目标成本),是可靠实现使用者要求的必要功能必须消耗的最低费用,根据不同的评价方式分为功能评价值 F 和功能指数 F_i 两种表达形式。

通常根据各分项功能的重要程度,通过经验评分的方式(0—1 评分法❶或 0—4 评分法❷)确定各分项功能在产品功能(整体功能)中所占比例,即功能指数 F_i(功能系数)如表 6-52 所示,计算公式如下:

---

❶ 功能之间根据重要程度进行相互评分(根据相对重要程度评 0—1 分),以"行功能"为基准,逐个与"列功能"进行重要性对比,确定评价分数,相对重要的 1 分,相对不重要的 0 分,自己与自己相比不得分(×),为避免不重要的功能得分为零,可通过同时给各功能加 1 分的方式修正得分。

❷ 功能之间根据重要程度进行相互评分(根据相对重要程度评 0—4 分),以"行功能"为基准,逐个与"列功能"进行重要性对比,确定评价分数,根据重要程度从高到低依次评 4 分、3 分、2 分、1 分、0 分,自己与自己相比不得分(×)。

$$功能指数 F_i = \frac{评价对象的功能得分}{产品功能总分} \qquad (6-3)$$

功能指数越大，说明功能越重要；功能指数越小，说明功能越不重要。将产品功能评价值按功能指数分配给各分项功能就得到分项功能的功能评价值 F，如表 6-52、表 6-53 所示。

表 6-52 功能指数 F_i 的计算

功能	F_1	F_2	F_3	...	F_n	功能总分	功能指数 F_i
F_1	×	F_{1-2}	F_{1-3}	...	F_{1-n}	$F_{1-总} = \sum_{i=1}^{n} F_{1-i}$	$R_1 = \frac{F_{1-总}}{F_总}$
F_2	F_{2-1}	×	F_{2-3}	...	F_{2-n}	$F_{2-总} = \sum_{i=1}^{n} F_{2-i}$	$R_2 = \frac{F_{2-总}}{F_总}$
F_3	F_{3-1}	F_{3-2}	×	...	F_{3-n}	$F_{3-总} = \sum_{i=1}^{n} F_{3-i}$	$R_3 = \frac{F_{3-总}}{F_总}$
...	...	...	...	×	...	...	...
F_n	F_{n-1}	F_{n-2}	F_{n-3}	...	×	$F_{n-总} = \sum_{i=1}^{n} F_{n-i}$	$R_n = \frac{F_{n-总}}{F_总}$
合计						$F_总 = \sum_{i=1}^{n} F_{i-总}$	$\sum_{i=1}^{n} R_i = 1$

表 6-53 功能评价值 F 的计算

产品功能	分项功能	功能指数 F_i	功能评价值 F	产品（整体）功能评价值
$F_总$	F_1	R_1	$Z_1 = Z \times R_1$	Z
	F_2	R_2	$Z_2 = Z \times R_2$	Z
	F_3	R_3	$Z_3 = Z \times R_3$	Z
	...	...	...	...
	F_n	R_n	$Z_n = Z \times R_n$	Z
合计		$\sum_{i=1}^{n} R_i = 1$	$Z = \sum_{i=1}^{n} Z_i$	

6.5.2.5 确定功能现实成本 C

功能现实成本（现实成本），是为实现使用者要求的必要功能所支出的实际费用，根据不同的评价方式分为功能现实成本值 C 和成本指数 C_i 两种表达形式。

传统成本核算以产品为单位，而功能现实成本的计算以功能为单位。因此，确定功能现实成本时，需要根据传统的成本核算资料，将产品的整体成本换算成某一功能的分项成本，即分项功能的功能现实成本值 C。相应地，各分项功能现实成本值在产品现实成本值中所占的比例，即为成本指数 C_i，如表 6-54 所示，计算公式如下：

$$成本指数\ C_i = \frac{评价对象的功能现实成本值}{产品现实成本值} \qquad (6-4)$$

表 6-54 功能现实成本值 C 和成本指数 C_i 的计算

成本		产品（整体）现实成本值	功能现实成本值 C	成本指数 C_i
产品成本	分项成本			
$C_\text{总}$	C_1	Y	Y_1	$S_1 = \dfrac{Y_1}{Y}$
	C_2	Y	Y_2	$S_2 = \dfrac{Y_2}{Y}$
	C_3	Y	Y_2	$S_3 = \dfrac{Y_3}{Y}$
	…	…	…	…
	C_n	Y	Y_n	$S_n = \dfrac{Y_n}{Y}$
合计		—	$Y = \sum\limits_{i=1}^{n} Y_i$	$\sum\limits_{i=1}^{n} S_i = 1$

6.5.2.6 计算比较价值 V

通过计算改进对象的比较价值，评价功能与成本的合理性。根据不同的评价方式，比较价值的计算可以通过功能成本法（绝对值法）或功能指数法（相对值法）实现。

(1) 功能成本法

功能成本法中，通过价值系数 V 表示比较价值的大小。基于功能水平与成本水平的绝对值费用，比较功能评价值 F 和功能现实成本值 C，分别得到评价对象的价值系数 V 和期望改善成本 ΔC。

$$价值系数\ V = \frac{评价对象的功能评价值\ F}{评价对象的功能现实成本值\ C} \qquad (6-5)$$

$$期望改善成本\ \Delta C = 评价对象的功能评价值\ F - 评价对象的功能现实成本值\ C$$

(2) 功能指数法

功能指数法中，通过价值指数 V_i 表示比较价值的大小。基于功能水平与成本水平的归一化数值，比较功能指数 F_i 和成本指数 C_i，得到评价对象的价值指数 V_i。

$$价值指数\ V_i = \frac{评价对象的功能指数F_i}{评价对象的成本指数C_i} \qquad (6-6)$$

6.5.2.7 确定改进范围

根据改进对象的比较价值 $\left(V=\dfrac{F}{C}\right)$ 及期望改善成本（$\Delta C = F - C$），选择比较价值较低或者期望改善成本较大的功能作为价值工程改进的重点对象，实现产品价值系数（或价值指数）尽可能趋近于1，如表6–55所示。

表6–55　确定改进范围

比较价值			期望改善成本	
$V=1$ 或 $V_i=1$	$V<1$ 或 $V_i<1$	$V>1$ 或 $V_i>1$	ΔC 较小	ΔC 较大
①功能评价成本等于功能现实成本；②价值最理想；③无须改进	①功能评价成本小于功能现实成本；②价值偏低，可能存在过剩功能，或者功能的实现条件和方法不佳；③重点改进	①功能评价成本大于功能现实成本；②价值偏高，可能部分必要功能因成本偏低没有完全实现，或者存在过剩功能；③重新进行功能分析，实施改进（提高成本水平或降低功能水平）	无须改进	重点改进

6.5.3 应用案例

【例6–5】王女士准备将一套建筑面积为143平方米的商品房以全包的方式（交钥匙工程）进行装修，装修风格和设计方案已经明确，装修公司报价37.4万元，项目费用组成如表6–56所示，试运用价值工程法进行经济性评价。

表6–56　项目费用组成

序号	项目	报价/万元	备注
1	基础硬装	18.8	水电、地面、墙面、吊顶、柜子、房门
2	橱卫设施	4.8	厨房厨柜、卫生间洁具
3	家具家电	8.0	
4	软装装饰	5.8	
合计		37.4	

首先，通过功能指数评分表（0—4评分法）计算功能指数，确定功能评价成本，如表6–57所示。

表6-57 功能指数评分表（0—4评分法）

项目	基础硬装	橱卫设施	家具家电	软装装饰	功能总分	功能指数
基础硬装	×	2	4	2	8	0.50
橱卫设施	0	×	1	1	2	0.13
家具家电	0	1	×	1	2	0.13
软装装饰	0	1	3	×	4	0.25
合计					16	1.00

其次，根据报价情况计算成本指数，确定功能现实成本，如表6-58所示。

表6-58 计算成本指数

序号	项目	报价（万元）	成本指数
1	基础硬装	18.8	0.50
2	橱卫设施	4.8	0.13
3	家具家电	8.0	0.21
4	软装装饰	5.8	0.16
合计		37.4	1.00

再次，通过功能指数法比较功能指数 F_i 和成本指数 C_i，计算价值指数 V_i，如表6-59所示。

表6-59 计算价值指数

序号	项目	功能指数 F_i	成本指数 C_i	价值指数 V_i
1	基础硬装	0.50	0.50	0.99
2	橱卫设施	0.13	0.13	0.97
3	家具家电	0.13	0.21	0.58
4	软装装饰	0.25	0.16	1.61
合计		1.00	1.00	

最后，根据价值指数的计算结果 V_i 确定改进范围："家具家电"价值指数较低，经济性欠佳，应考虑降低成本；"软装装饰"价值指数高于1，应通过功能分析考虑是否因为成本偏低导致该功能没有完全实现；而"基础硬装"和"橱卫设施"价值指数均趋近于1，属于比较理想的功能成本配置。

6.5.4 注意事项

6.5.4.1 价值工程改进对象的选择

价值工程改进对象的选择应考虑生产的实际需要，以及对象本身的价值是否存在可以提升的潜力和空间，通常应选择成本比重较大（或单位成本高）、性能较差、竞争力弱，用户反应强烈，或者正在研制中的产品作为对象开展价值工程改进。

6.5.4.2 价值工程应考虑时间的影响

传统的价值工程只考虑了人力、物力、财力资源等物质成本的消耗，没有考虑时间成本，随着社会生产力的不断发展，时间成本日益受到重视，很多情况下，时间成本的重要性是高于物质成本的，兼顾物质成本与时间成本的价值提升比单纯物质成本的价值提升更有现实意义，实际工作中，要结合具体情况开展价值工程。

6.5.4.3 价值工程法的应用领域

价值工程法由美国奇异电机公司工程师劳伦斯·麦尔斯（Lawrence D. Miles）于1947年首先倡导，1957年传入日本后，在1966年得到广泛的重视，将价值工程与工业工程和质量管理结合起来，到20世纪70年代，价值工程在日本已经相当普及，1978年，价值工程由日本传入我国。从最初被引用到现在，价值工程在我国不断发展传播，应用领域逐渐扩大，为建设节约型社会以及企业持续创新提供了新的思路和科学方法，广泛应用在国民经济建设的很多方面。

（1）生产建设方面

凡是希望以最小代价获取最大功能效应的各类工程系统，都可以进行价值分析。以最小的代价获取最优的功能不仅是价值工程的基本思想，也是许多学科的基本思想。大的可应用到一项工程建设，或者一项成套技术项目的分析，小的可以应用于企业生产的每一件产品，在原材料采购方面也可应用此法进行分析，具体做法有：工程价值分析、产品价值分析、技术价值分析、设备价值分析、原材料价值分析、工艺价值分析、零件价值分析和工序价值分析等。

（2）经营管理方面

价值工程不仅是一种提高工程和产品价值的技术方法，而且是一项指导决策，有效管理的科学方法，体现了现代经营思想。在工程施工和产品生产中的经营管理也可采用这种科学思想和科学技术。例如，对经营品种价值分析、施工方案的价值分析、质量价值分析、产品价值分析、管理方法价值分析、作业组织价值分析等。在实践过程中，当我们将价值工程的概念应用于人力资源领域时，人自然而然地成为价值研究的对象。我们可以将人的功能加以分析，然后与具体工作岗位的要求相对应，应用价值系数评价来确定人员价值和群体价值，然后确定实施方案或者对实际方案进行改进，从而达到提高组织人员绩效的目的。

6.5.4.4 功能现实成本的计算问题

功能现实成本的计算通常基于传统的成本核算资料实现,功能现实成本以功能为单位,传统成本核算以产品为单位,具体应用中,应考虑一项功能由若干产品组成或一个产品具有多个功能的情形,避免计算错误,如表6-60所示。

表6-60 计算功能现实成本(举例)

产品			功能				
序号	产品名称	核算成本(元)	F_1	F_2	F_3	F_4	F_5
1	X	320	40	90	—	—	190
2	Y	600	—	200	—	400	—
3	Z	80	—	—	60	10	10
现实成本	—	—	C_1	C_2	C_3	C_4	C_5
合计(元)	—	1000	40	290	60	410	200

6.5.4.5 价值工程与投资决策

投资决策研究项目的投资效果是否可以接受,强调项目的可行性;而价值工程通过功能分析研究如何以最小成本获得必要功能,强调项目的经济性。

6.5.4.6 价值工程的改进方向

价值工程的改进应努力实现比较价值(价值系数或价值指数)趋近于1。在满足使用者要求的必要功能的前提下,功能水平与成本水平配置合理,价值系数将无限趋于1,对于比较价值小于1的评价对象应实施重点改进,对于比较价值大于1的评价对象应通过功能分析,准确理解并重新定义使用者的功能需求,强化必要功能,剔除过剩功能。

6.5.4.7 比较价值等于零的情况

当比较价值等于零时($V=0$或$V_i=0$),应通过功能分析重新定义并整理使用者的功能需求,合理确定评价对象的功能成本,对于确实存在的不必要功能应剔除。

6.5.4.8 价值工程的起源

1947年,美国通用电气公司设计工程师L. D. 迈尔斯出版了《价值分析》一书,这标志着价值工程学科的正式诞生。1954年,美国海军应用了这一方法,并改称为价值工程。

6.6 5W1H 分析法

6.6.1 工具介绍

6.6.1.1 概念

5W1H 分析法也叫六何分析法，是一种模式化的思维方式，做任何工作都从目的（何因 Why）、对象（何事 What）、地点（何地 Where）、时间（何时 When）、人员（何人 Who）、方法（何法 How）六个方面提出问题并进行思考，如图 6-28 所示，多维度、多视角、有条理地分析问题，达成对问题的清晰认识。

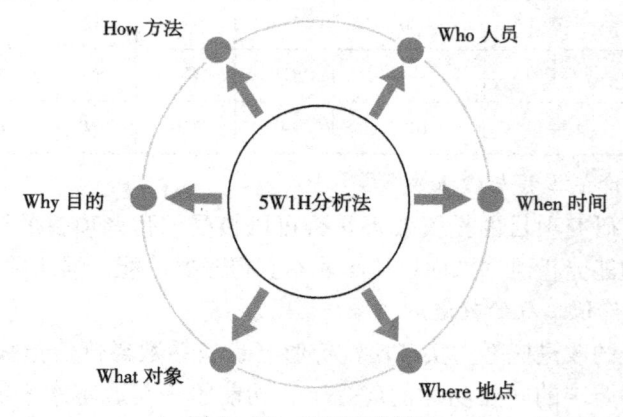

图 6-28 5W1H 分析法

6.6.1.2 基本原理

5W1H 分析法最早起源于美国政治学家拉斯维尔提出的新闻传播"5W"模式（谁 Who；说什么 What；通过什么渠道 Which Channel；对谁 Whom；取得什么效果 What Effects），如图 6-29 所示。引入管理领域后，逐步演变为一套模式化的问题思考方法，即针对某一确定的工作事项，为清晰描述问题，并避免思考问题时可能的疏漏，将思考内容模式化，从目的（何因 Why）、对象（何事 What）、地点（何地 Where）、时间（何时 When）、人员（何人 Who）、方法（何法 How）六个方面展开思路，通过对问题的逐一确认（明确目的；明确对象；明确地点；明确时间；专人负责；方法得当），全面、清晰、条理地进行问题阐述和分析，最终实现对工作事项的充分了解。

6 其他QC工具

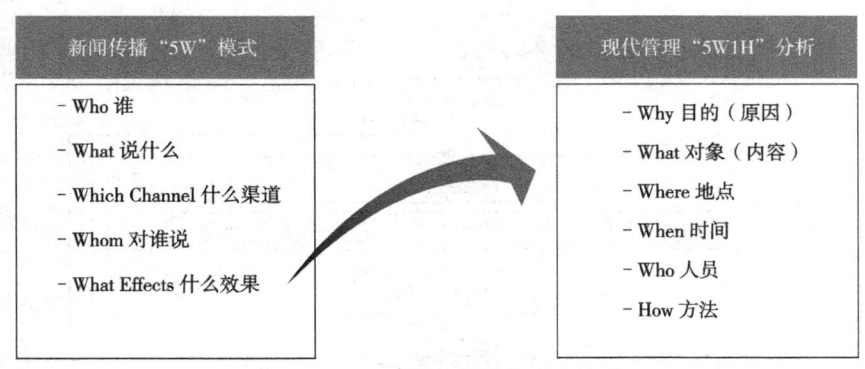

```
┌─────────────────────────┐         ┌─────────────────────────┐
│  新闻传播"5W"模式        │         │ 现代管理"5W1H"分析       │
├─────────────────────────┤         ├─────────────────────────┤
│  - Who 谁               │         │  - Why 目的（原因）      │
│  - What 说什么          │    ──▶  │  - What 对象（内容）     │
│  - Which Channel 什么渠道│         │  - Where 地点           │
│  - Whom 对谁说          │         │  - When 时间            │
│  - What Effects 什么效果│         │  - Who 人员             │
│                         │         │  - How 方法             │
└─────────────────────────┘         └─────────────────────────┘
```

图6-29　5W1H分析的产生和演变

5W1H分析法的模式化思考，简单高效，方便"套用"，常被运用于工作总结的撰写，计划草案的制定和对工作的分析与规划中，使我们做事更有条理，工作更有效率，如表6-61所示。

表6-61　5W1H原则

5W	1W	Why	工作目的（原因）	何因	什么原因？
	2W	What	工作对象（内容）	何事	什么内容？
	3W	Where	工作地点	何地	什么地点？
	4W	When	时间要求	何时	什么时候？
	5W	Who	参与人员	何人	哪些人员？
1H	1H	How	工作方法	何法	如何工作？

6.6.2 基本程序

作为一套系统思考问题的科学分析方法，5W1H分析法有助于快速建立对工作事项的充分了解，厘清问题思路，明确工作计划，广泛应用于各个领域的质量管理实践。正确使用质量工具是达成质量管理目标的基本保证，每种质量工具都要按照一定的程序或步骤来进行，应用5W1H分析法的基本程序包括四个步骤，如图6-30所示。

6.6.2.1 明确主题

应用5W1H分析法的第一步是明确工作事项（主题），确定5W1H分析法的应用对象。

6.6.2.2 提出问题（六个问题）

基于选定的工作事项（主题），从目的（何因Why）、对象（何事What）、地点（何地Where）、时间（何时When）、人员（何人Who）、方法（何法How）六个方面分别提出问题并进行思考，如表6-62所示。

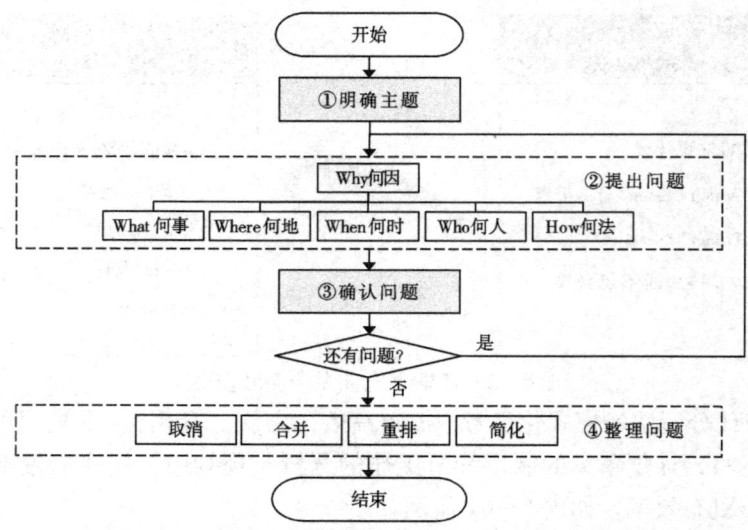

```
         开始
          │
      ①明确主题
          │
┌─────────┼──────────────────────┐
│      Why何因                    │
│  ┌────┬────┬────┬────┬────┐    │  ②提出问题
│  │What│Where│When│Who│How│    │
│  │何事│何地│何时│何人│何法│    │
│  └────┴────┴────┴────┴────┘    │
└─────────┼──────────────────────┘
      ③确认问题
          │
      还有问题? ──是──┐
          │否         │
┌─────────┼───────────┘
│ ┌──┬──┬──┬──┐     │  ④整理问题
│ │取消│合并│重排│简化│   │
│ └──┴──┴──┴──┘     │
└─────────┼──────────┘
         结束
```

图 6-30 应用 5W1H 分析法的基本程序

表 6-62 提出问题

序号	5W1H	提出问题	
1	目的（Why）	为什么做？	为什么要做这项工作？
2	对象（What）	做什么？	工作内容是什么？
3	地点（Where）	何地做？	工作要在哪里完成？
4	时间（When）	何时做？	工作要在何时完成？
5	人员（Who）	谁去做？	工作由何人负责完成？
6	方法（How）	如何做？	工作如何开展？

6.6.2.3 确认问题

针对提出的问题展开讨论，寻求解决问题的答案，并根据具体情况逐层递进地提出更深入的问题，以实现深度思考，如表 6-63 所示。

表 6-63 多次提问并确认问题

5W1H	第一次提问	第二次提问	第三次提问	…
目的（Why）	为什么做？	为何是这个目的？	有无其他明确目的？	…
对象（What）	做什么？	为何是这个工作？	有无其他更好的工作？	…
地点（Where）	何地做？	为何要在这里工作？	有无其他更合适的地点？	…
时间（When）	何时做？	为何要此时工作？	有无其他更合适的时间？	…
人员（Who）	谁去做？	为何要此人工作？	有无其他更合适的人员？	…
方法（How）	如何做？	为何要这么工作？	有无其他更好的方法？	…

6.6.2.4 整理问题

所有提出的问题得到细化和确认后,通过取消(工作是否有取消或部分取消的可能性);合并(工作是否有合并的可能性);重排(工作是否有重排的可能性);简化(工作是否有简化的可能性)考虑问题改善的可能,并将最终结果以表格形式记录下来,如表6-64所示。

表6-64 整理问题

工作事项	目的(Why)	对象(What)	地点(Where)	时间(When)	人员(Who)	方法(How)
工作①						
工作②						
工作③						
…						

6.6.3 应用案例

【例6-6】某QC小组围绕"缩短物流入库时长"实施质量改进,通过"原因分析"和"确定主要原因"过程已经找到了导致关键症结"入库审核耗时过长"的三个主要原因:货物识别效率低;缺少工具;计量检测方法落后。为了解决关键症结,实现既定的课题目标,需要针对主要原因制订对策。

为制订清晰有条理的对策,我们根据5W1H分析法分别针对三个主要原因从六个方面提出问题并依次确认:首先,根据"主要原因"明确相应的对策(What),确认工作对象(内容),即做什么;其次,明确相应的目标(Why),确认工作目的(原因),即为什么做;再次,选择合适的措施(How),明确工作方法(对策的具体展开),即如何做;最后,依次考虑实施地点(Where),负责人员(Who)和完成时间(When),即何地做、谁去做和何时做。经过逐层递进的多次提问和思考,并结合取消、合并、重排、简化的一系列优化调整,最终整理成的对策计划表,如表6-65所示。

表6-65 对策计划表

主要原因	对策(What)	目标(Why)	措施(How)	地点(Where)	人员(Who)	时间(When)
货物识别效率低	改进货物标识	货物识别时间≤3分钟	①提高标签内容识别区分度;②增加标签粘贴牢固度;③研发线缆标识新装置	金圆路仓库	吴××	2015-10

续表

主要原因	对策（What）	目标（Why）	措施（How）	地点（Where）	人员（Who）	时间（When）
缺少工具	增配工具	①计量检测工具100%配置；②搬运工具100%配置	①配置必要的计量检测工具；②研发光缆盘平移工具	金圆路仓库	马××	2015-12
计量检测方法落后	改进计量检测方法	计量检测时间≤15分钟	①统一计量检测要求；②实施分类检测；③理论换算法快速实现扁铁计量；④重量折算法快速估算大批量报废光缆长度；⑤圆周率法快速估算小批量报废光缆长度	金圆路仓库	吴××	2015-12

6.6.4 注意事项

6.6.4.1 灵活运用5W1H分析法

5W1H分析法是一种模式化的思维方法，做任何工作时都需要从目的（Why）、对象（What）、地点（Where）、时间（When）、人员（Who）、方法（How）六个方面提出问题并思考，但提出问题的先后顺序可以根据工作事项的具体特点灵活调整，基于思维逻辑上的考虑，具体应用实践中，通常会首先考虑目的（Why）和对象（What）两个要素，然后再考虑其他四个要素。

6.6.4.2 关于5W1H分析法的多次提问

运用5W1H分析法分析问题，并不是六个问题分别只提问和确认一次，而需要根据工作事项的具体特点经过多次提问和确认，将问题逐步清晰化。

6.6.4.3 记叙文的六要素与5W1H分析法的六要素

记叙文写作的基本要求，需要通过把握六要素（时间Time；地点Place；人物Person；起因Cause；经过Process；结果Result），把一件简单的事情说清楚。5W1H分析法的六要素与记叙文写作的六要素在本质上是相通的，都是反映一种做事情的科学方法，根据模式化的基本要素思考，充分了解工作事项，清晰阐述问题全貌。

6.7 流程图

6.7.1 工具介绍

6.7.1.1 概念

流程图，是以特定的标准化图形符号加说明的方式描述流经一个系统的信息流、观点流或部件流的图形表示方法。质量管理实践中，流程图常用来说明某一过程（描述过程的具体步骤），这种过程既可以是生产线上的工艺流程，也可以是完成一项任务所必需的管理过程，或者是求解某一问题的算法模型。

6.7.1.2 基本原理

特定主体为了满足特定需求而进行的有特定逻辑关系的一系列活动，称为流程。通过简单且标准化的图形符号对一定程度上固化并有规律可循的流程进行显性化和书面化表达，称为流程图，如图 6-31 所示。通俗地讲，流程是做事的顺序安排，而流程图是对流程的图形表达。

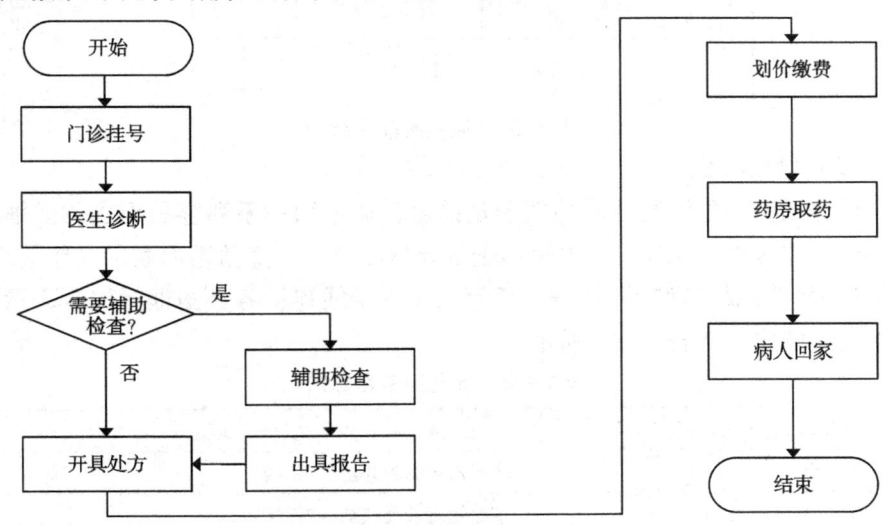

图 6-31 流程图的基本形式（普通门诊流程）

质量管理专家戴明博士说过，"无论做什么，都画一个流程图吧！如果你不这样做，你不知道你自己在做什么。"对于很多工作来说，构建流程是一个绕不开的环节，有些抽象的流程影响沟通效果，有些零乱的流程缺乏规范性，还有些复杂的流程缺乏必要的逻辑性，有必要使用一种形象直观并易于表达的工具,使表达更通俗、思路更清晰、逻辑更清楚,这种工具就是流程图。作为提供质量改进机会及改进措施的一种科学管理方法,流程图的图形化表达清晰描述流程的每一个步骤,以及流程的具体实现方式,可以直观地表现出逻辑的严谨性和流程的合理性,帮助我们快速了解流程的整体情况。一张简明的流程图,不仅有助于直观展示复杂过程,消除理解歧义,还能通过梳理思路,凸显问题所在,明确过程改进的方向和思路。

(1) 基本结构

流程图的三种基本结构分别为:顺序结构、选择结构、循环结构,如图6-32所示。任何复杂的流程图都是由这三种基本结构演变而来的。

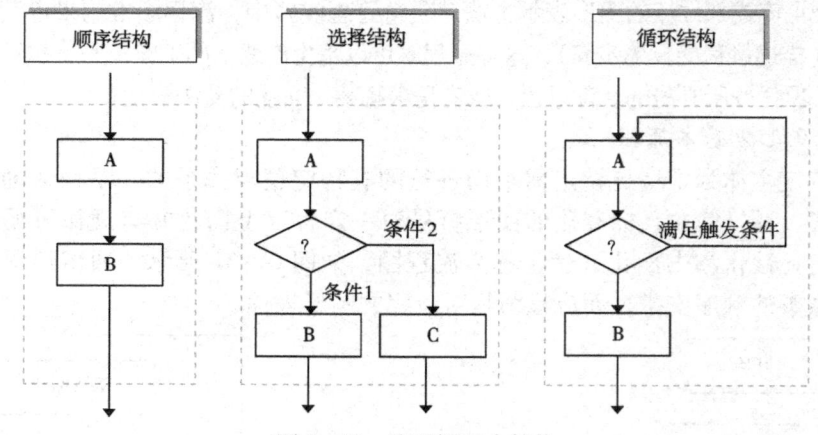

图6-32 流程图基本结构

(2) 常用标识

流程图是一种沟通性质的图形化语言,通常用一系列容易识别的图框标识描述工作过程,比如,圆弧矩形表示开始或结束,直角矩形表示具体活动,菱形框表示决策(判断)过程,等等,用箭条线连接各类图框标识,表示执行的先后顺序,如表6-66所示。

表6-66 流程图常用标识

标识名称	标识符号	具体定义
开始结束		表示流程图的开始或者结束
活动说明		表示执行或处理某一项工作
决策过程		表示一个决策(判断)过程,可以有 多种结果,但往往只有两个(是或否)
流程方向		表示流程执行的方向
预定义流程		表示一个事先已经定义的流程

6.7.2 基本程序

流程图作为一种图形化的表达工具，常用来阐述一个给定问题的解决模型，它通过一系列用箭条连接的标准化图框展示过程的每一个步骤，直观形象，易于理解，广泛应用于过程展示、技术设计和流程优化等方面。正确使用质量工具是达成质量管理目标的基本保证，每种质量工具都要按照一定的程序或步骤来进行，应用流程图的基本程序包括五个步骤，如图 6-33 所示。

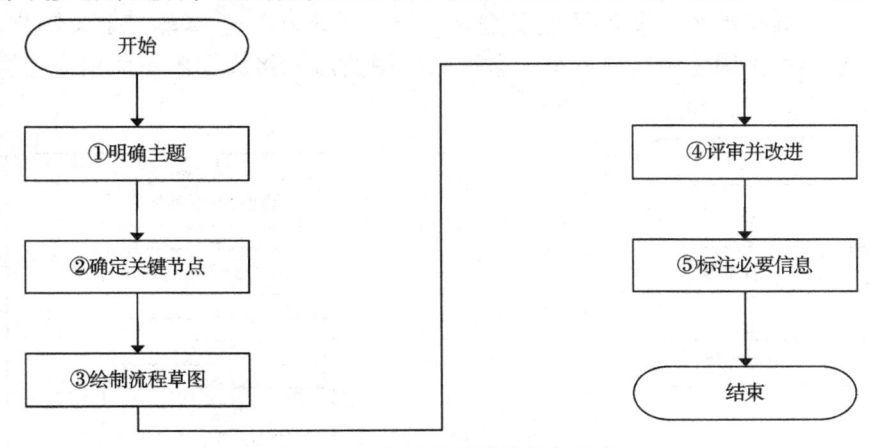

图 6-33 应用流程图的基本程序

6.7.2.1 明确主题

绘制流程图的第一步是要有一个定义明确的主题描述，即准备通过绘制流程图明确什么样的做事流程（明确需要解决的问题）。可以请熟悉流程全面情况的专家进行讲解，或者进行现场调查，从而使主题描述更加精确。

6.7.2.2 确定关键节点

根据明确的主题，确定流程关键节点。按照输入、活动、判断、输出的功能逻辑划分，罗列流程中的各个功能节点，确定流程图基本要素。

6.7.2.3 绘制流程草图

根据对流程的理解，使用箭条线将各个关键节点联系起来，结合节点间的逻辑顺序和必要的条件判断，合理安排各个关键节点在流程图中的位置，并设计好相互的逻辑顺序，绘制流程草图。

6.7.2.4 评审并改进

从不同的侧面重新审视流程图，判断流程逻辑合理性并确认流程完整性，对流程图做必要的改进，比如，取消所有不必要的工作环节和内容，合并必要的工作，部分工作逻辑的合理重排，简化某些必需的工作环节等。

6.7.2.5 标注必要信息

应用流程图的最后一步是标注必要事项,比如,标题名称、制图人员等。

6.7.3 应用案例

【例6-7】共享单车是一种新型的自行车(单车)分时租赁业务,通过在公共场所提供单车租赁服务(共享单车),致力于解决城市交通"最后一公里"出行难题,最大化利用公共道路通过率,是一种新型绿色环保共享经济。

使用共享单车主要涉及注册登录、寻找单车和归还单车三个关键步骤,为引导市民正确使用共享单车,通过流程图的形式将共享单车使用流程进行整体图形呈现,如图6-34所示。

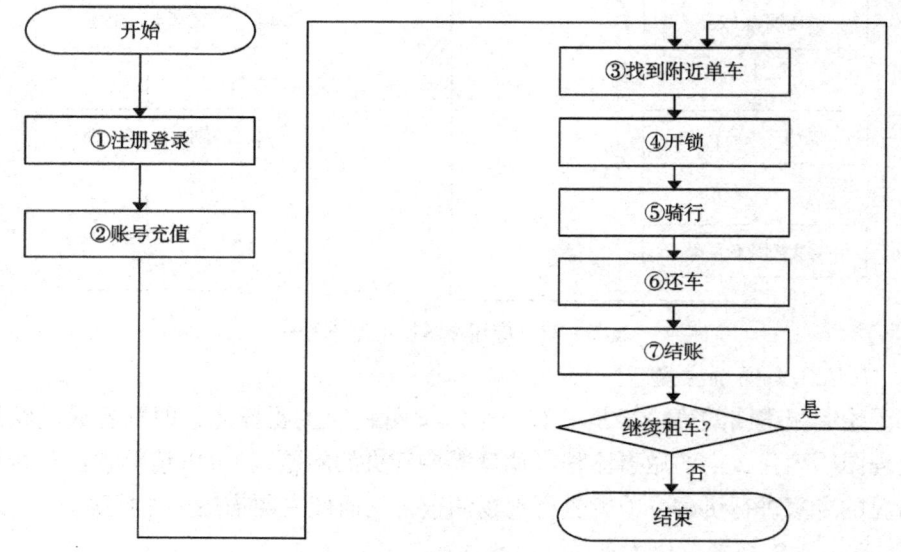

图6-34 共享单车使用流程图

6.7.4 注意事项

6.7.4.1 流程图绘制原则

①绘制流程图时,为了提高流程图的逻辑性和可读性,应遵循从左到右、从上到下的顺序排列(也可以对每个流程元素用数字标注序号),必要时应采用文字标注实现流程清晰化。

②流程图要有开始和结束,从清晰的开始符号开始,以清晰的结束符号结束,开始符号只能出现一次,而结束符号可以出现多次,若流程足够清晰,可省略开始(结束)符号。

③流程图中,频繁绘制重复的流程不仅浪费时间,还会弱化流程图的整

体清晰感，如果需要调用已经定义的流程，无须重复绘制，直接引用已定义的流程即可。

④图框标识要求形状统一，大小一致，描述文字要求字号统一。

6.7.4.2 发挥集体智慧

个人很难拥有流程图相关的所有知识，或者问题考虑不周，应充分发挥集体智慧，以小组的形式绘制流程图，博采众长，而不是闭门造车。

6.8 简易图表

6.8.1 工具介绍

6.8.1.1 概念

简易图表，是指非专业人员根据现场数据，利用简单易用的非专业图表工具，用较少的时间，用简单的操作，即可方便获得明确分析结论的一种数据可视化工具。使用简易图表，突出和强调大量统计数据中的关键信息（重点），可以让我们的大脑更有效地合成和保留信息内容，增强对信息的理解。图表是与生成它的统计数据相关联的，特定类型的图表有特定适合的数据，需要根据不同的任务需求选择不同的图表类型，常用的简易图表包括：折线图、柱状图、饼分图、雷达图、甘特图等，如表6-67所示。

表6-67 常用的简易图表

图形名称	图形类别	数据维度	主要作用
折线图	趋势类	二维	适用于反映数据的变化趋势
柱状图	比较类	二维	适用于分类数据的对比
饼分图	占比类	二维	适用于反映局部与整体的占比关系
雷达图	比较类	四维以上	适用于多维数据均衡性分析
甘特图	时间类	二维	适用于简单的项目计划编制

6.8.1.2 折线图

折线图，又称推移图、趋势图或者波动图，是一种最简单的图表，通常用于显示数据随时间的变化趋势，判断数据整体趋势和发现个别数据异常，也可以用于分析多组数据随时间变化的相互作用和相互影响。折线图中，横轴（X轴）表示时间的推移，纵轴（Y轴）代表不同时刻的数据大小，通过直线段连接各数据点，以折线方式显示数据随着时间的推移而发生波动的趋势，如图6-35所示。

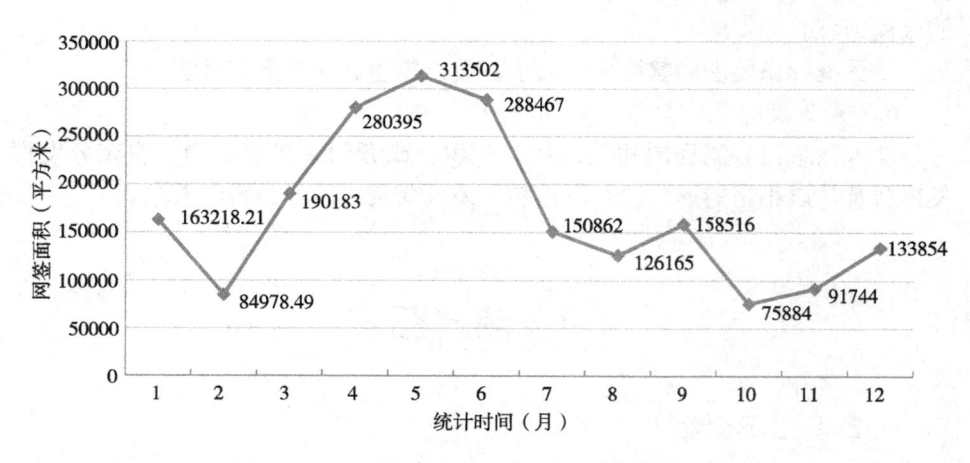

图 6-35　2018 年金华市区商品房网签面积折线图

6.8.1.3　柱状图

柱状图，又称柱形图或者长条图，是一种以矩形柱高度为变量的统计报告图，由一系列高低不等的矩形柱表示分类数据的大小，通常用于进行类别（并列项目）之间的对比分析，其中一个数轴表示需要对比的分类维度，另一个数轴表示相应的数值，如图 6-36 所示。

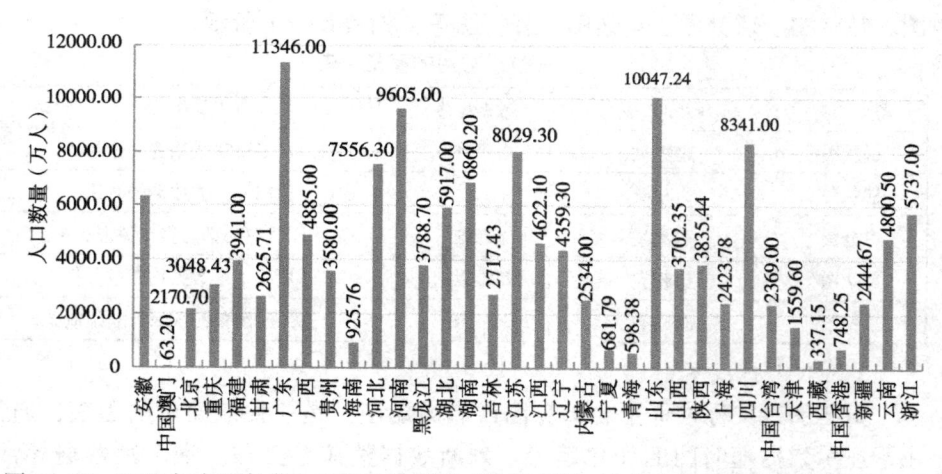

图 6-36　2019 年全国各省人口统计柱状图（数据来源：中华人民共和国国家统计局）

6.8.1.4　饼分图

饼分图，又称圆形图，是根据一个整体内部各组成部分的占比情况，将一个圆形按占比划分成若干个大小不同的扇形，就像一个圆饼切成若干个扇形饼，整个圆饼代表数据的总量，每个扇形表示该组成部分占整体的比例大小，各扇形面积表示的百分率之和为100%（整个圆形面积），如图6-37所示。饼分图可以比较清楚地反映出部分与部分、部分与整体之间的数量关系，通常用于表示总体与其组成部分的比率（占比）关系，显示事物的构成情况，尤其适用于项目分类不多的情况下，简单显示各项目所占比例。

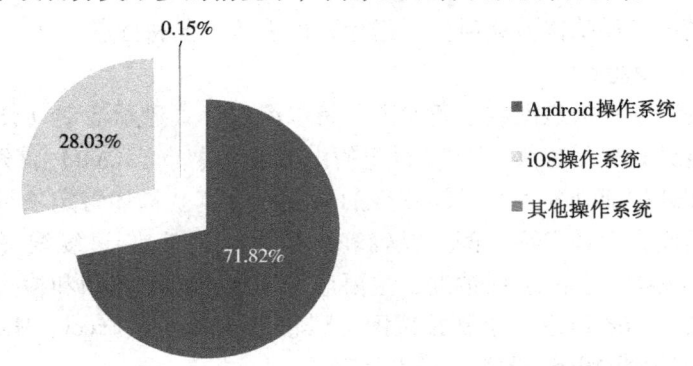

图6-37　2018年第一季度国内移动终端操作系统分布情况饼分图

6.8.1.5　雷达图

雷达图，也叫蜘蛛图，是一种以二维图表形式展示多维数据的统计方法，通过将多个项目（指标）的分析比较情况展示在同一坐标系内的方式，检查（包括自我检查和他人检查）工作成效及显示不同项目（指标）间的均衡性。因其图表形态与电子雷达图像相似，故名雷达图，如图6-38所示。

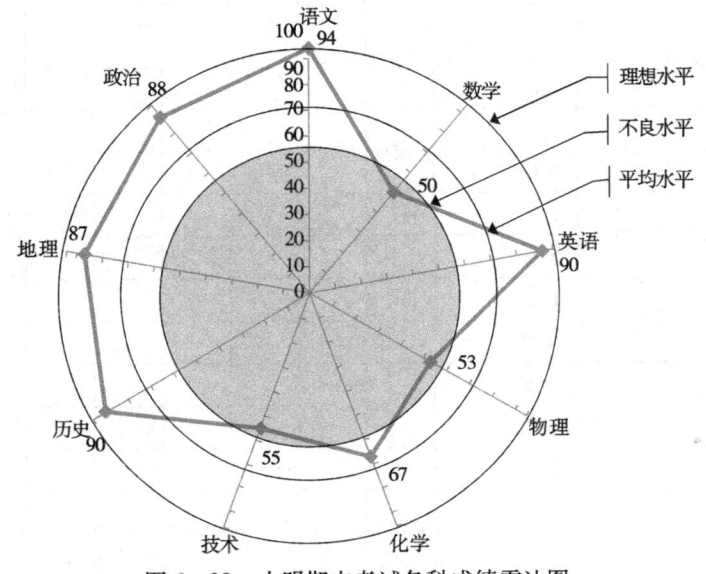

图6-38　小明期末考试各科成绩雷达图

雷达图的基本形态是带有若干条射线的多个同心圆,从坐标原点(圆心)引出若干条射线(标示刻度)分别表示需要检查的不同项目(指标),同时确定三个不同大小的同心圆分别作为被检查项目(指标)的水平参考(理想水平、平均水平和不良水平),将检查结果的具体水平在射线上描点,连接各点形成一个闭环的折线,闭环折线的形状以及与三个同心圆(水平参考)的相对位置情况,反映被检查项目(指标)的总体状况和特点。

6.8.1.6 甘特图

甘特图,又称横道图或者条状图,是以图表形式显示活动(任务)安排的一种进度计划表示方法,于20世纪初由美国人甘特(Gantt)首先提出。

甘特图通过活动列表与时间刻度的相互联系直观描述特定项目的活动顺序与持续时间,横轴表示时间,纵轴表示活动(任务),进度线(横道)表示进度计划安排和实际进展情况,主要应用于项目进度控制和检查项目完成进度,如表6-68所示。绘制甘特图可以借助 Microsoft Excel、Microsoft Project、亿图图示或 MicrosoftVisio 等工具完成。

表6-68 甘特图的基本形式(QC小组活动计划甘特图)

活动阶段	活动内容	持续时间(天)	活动进度	项目进度时间安排								
				2015年			2016年					
				10月	11月	12月	1月	2月	3月	4月	5月	6月
计划	选择课题	15	计划	▬								
			实施									
	现状调查	15	计划	▬								
			实施									
	设定目标	5	计划		▬							
			实施									
	原因分析	15	计划		▬							
			实施									
	确定主要原因	10	计划		▬							
			实施									
	制订对策	30	计划			▬						
			实施									
实施	对策实施	60	计划				▬▬					
			实施									

续表

活动阶段	活动内容	持续时间（天）	活动进度	项目进度时间安排							
				2015年			2016年				
				10月	11月	12月	1月	2月	3月	4月	5月	6月
检查	效果检查	30	计划						━━			
			实施									
巩固	制订巩固措施	60	计划									
			实施									
	总结和下一步打算	30	计划									━━
			实施									

6.8.1.7 通过 Excel 软件绘制雷达图

选取待分析数据区域的单元格范围（A1：I2），菜单栏【插入】选项卡上单击【其他图表】按钮，选择 < 带数据标记的雷达图 >，如图 6-39 所示。

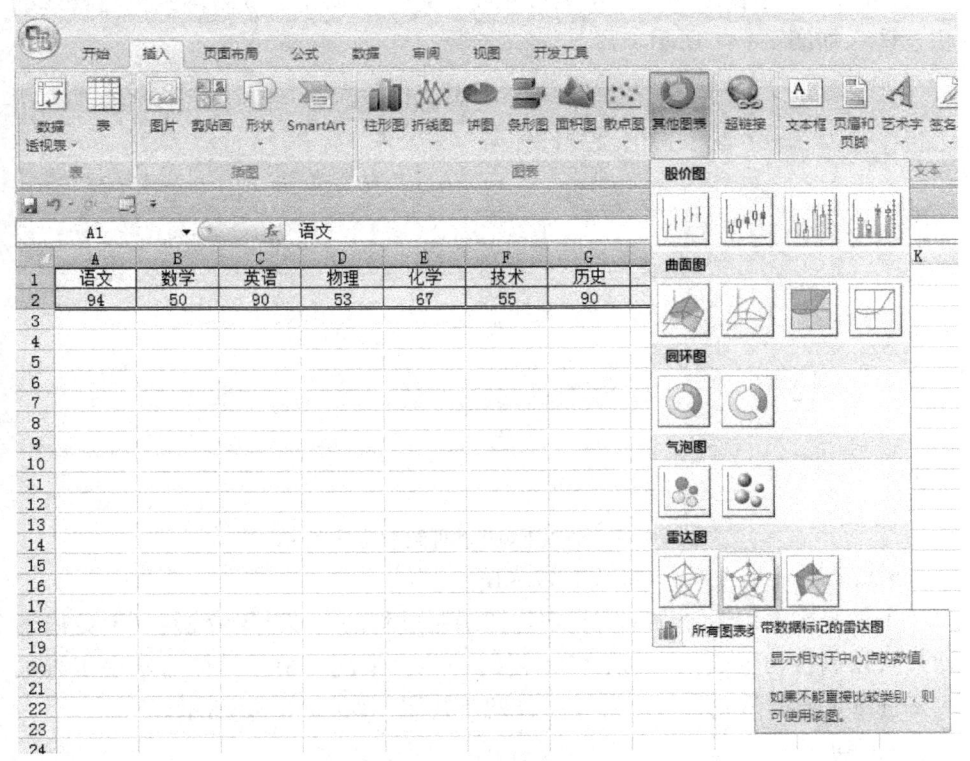

图 6-39 通过 Excel 软件绘制雷达图 - A

右键单击雷达图坐标轴，选择 < 设置坐标轴格式 >，坐标轴选项卡 < 主

要刻度线类型 > 设置为 "无"，填充选项卡设置为 "纯色填充 – 白色"，如图 6 – 40 所示。

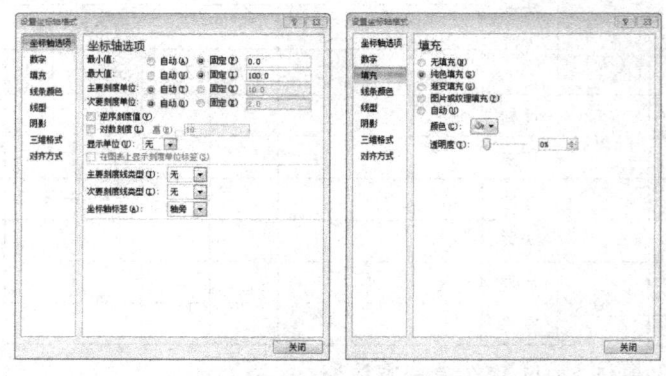

图 6 – 40　通过 Excel 软件绘制雷达图 – B

删除 < 雷达轴主要网格线 >，删除 < 图例 >，菜单栏【插入】选项卡上单击【形状】按钮，选择 "圆形" 图标，在雷达图上分别绘制 "理想水平" "平均水平" "不良水平" 三条圆形弧线，并进行标注，最终得到标注格式的雷达图，如图 6 – 41 所示。

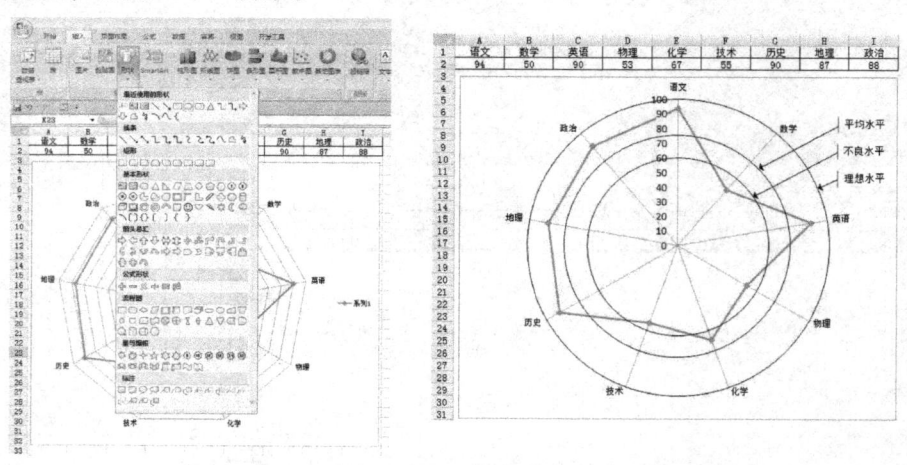

图 6 – 41　通过 Excel 软件绘制雷达图 – C

6.8.1.8　通过 VBA 代码绘制雷达图

下面是本书用于自动化实现雷达图绘制过程的一段 VBA 代码（部分内容通过宏录制自动生成），以及 VBA 代码的执行情况，根据具体需求手工添加判定标准的圆弧线后，可以得到一样的雷达图，如图 6 – 42 所示。

```
Sub 雷达图（）
'最后修订于 2023 – 02 – 09
Dim Checkup_ chart As Integer, Checkup_ shape As Integer
```

```
Dim Formwidth As String, Formsize As String, Chartname As String, Response As Integer
Dim mychart As ChartObject
Dim myShape As Shape, s As Shape
Dim myRange As Range
'清理当前工作表中已经存在的图表
    Sheets("雷达图").Select
    Checkup_chart = ActiveSheet.ChartObjects.Count
    Checkup_shape = ActiveSheet.Shapes.Count
    If Checkup_chart <> 0 Then
        ActiveSheet.ChartObjects.Delete
      Else
    End If
    For Each s In ActiveSheet.Shapes
     If Checkup_shape <> 0 Then
        s.Delete
      Else
     End If
    Next s
'确定数据表格规模并绘制图表
    Range("A1").Select
    Do
      ActiveCell.Offset(0, 1).Select
      Formwidth = ActiveCell.Value
    Loop Until Formwidth = ""
    ActiveCell.Offset(1, 0).Select
    ActiveCell.Offset(0, -1).Select
    Formsize = ActiveCell.Address
    Range("A1:" & Formsize).Select
    Set mychart = Sheets("雷达图").ChartObjects.Add(10, 80, 460, 350)
    mychart.Chart.ChartType = xlRadarMarkers
    mychart.Chart.SetSourceData Source:=Range("雷达图!$A$1:" & Formsize)
    Chartname = ActiveSheet.ChartObjects(1).Name
    ActiveSheet.ChartObjects(Chartname).Activate
    ActiveChart.Legend.Select
    Selection.Delete
    ActiveChart.Axes(xlValue).MajorGridlines.Select
    Selection.Delete
    ActiveChart.Axes(xlValue).Select
```

```
With myRange
Set myShape = ActiveSheet.Shapes.AddShape (msoShapeOval, 90, 105, 300, 300)
End With
With myShape
.Fill.Visible = msoFalse
.Line.ForeColor.RGB = RGB (0, 0, 0)
.Line.Weight = 1
End With
Response = MsgBox (" 雷达图绘制完成,请根据具体需求手工添加判定标准的圆弧线!当前工作表上的图表是否需要保留?", vbYesNo)
If Response = vbNo Then
    ActiveSheet.ChartObjects.Delete
For Each s In ActiveSheet.Shapes
    s.Delete
Next s
Else
End If
End Sub
```

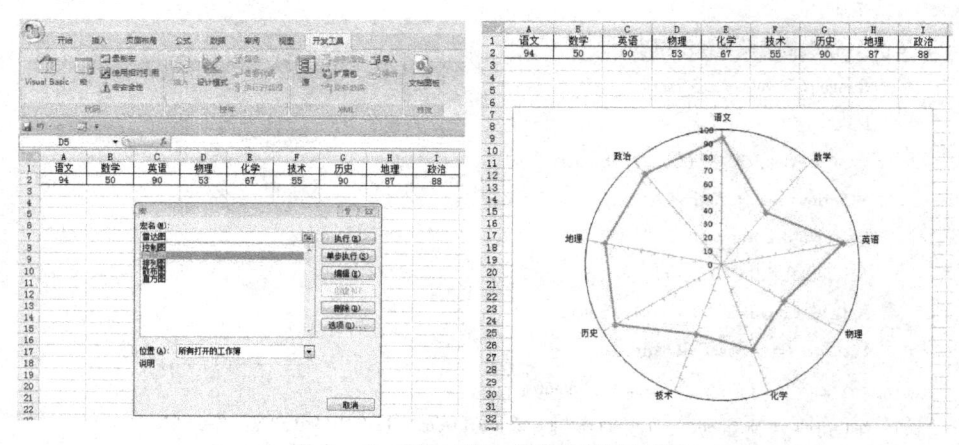

图6-42 通过VBA代码绘制雷达图

6.8.2 基本程序

简易图表通过非专业图表进行统计数据的简单分析和分析结果的直观呈现,提升了数据的可读性,通俗易懂,一目了然,在统计资料整理与分析中得到广泛应用,是一种方便实用的统计工具。正确使用质量工具是达成质量管理目标的基本保证,每一种质量工具都要按照一定的程序或步骤来进行,应用简易图表的基本程序包括五个步骤,如图6-43所示。

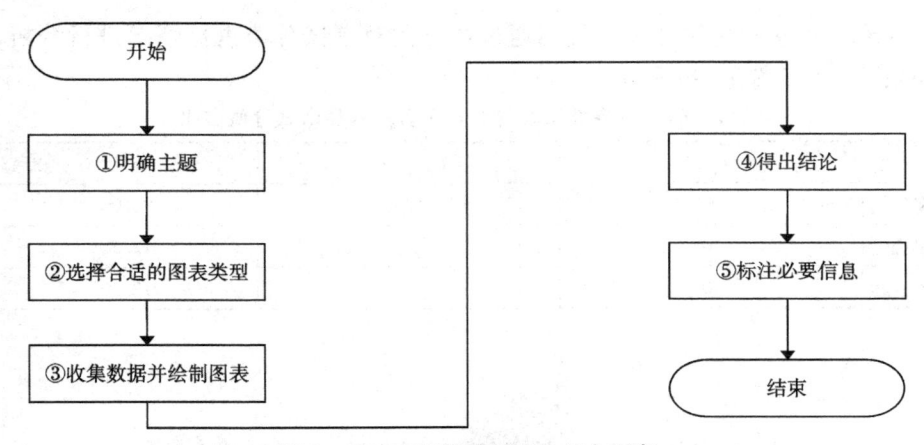

图 6-43 应用简易图表的基本程序

6.8.2.1 明确主题
应用简易图表的第一步,首先是定义一个明确的主题。

6.8.2.2 选择合适的图表类型
根据主题任务需求,考虑数据可视化表达的针对性和有效性,选择合适的图表类型。

6.8.2.3 收集数据并绘制图表
选定了合适的图表类型,接下来就是收集数据并绘制图表了。图表是数据的可视化表达,特定类型的图表匹配特定类型的数据,应根据数据呈现需求和选择的图表类型收集相应类型的数据,并进行必要的整理和分析,确保绘制的图表清晰表述。

6.8.2.4 得出结论
根据图表分析数据,找出重点信息和关键信息(如数据间的比例关系及变化趋势),并对研究对象做出合理的推断和预测。

6.8.2.5 标注必要信息
标注必要事项,比如,标题名称、制图人员、数据采集时间等。

6.8.3 应用案例

【例 6-8】一级建造师执业资格考试是从事建筑活动的专业技术人员依法取得相应执业资格证书的考试,共分四个科目(建设工程经济,建设工程项目管理,建设工程法规及相关知识,专业工程管理与实务),其中尤其以专业工程管理与实务的知识点最多,学习难度最大,考试通过率最低。

为弄清考试重点难点内容,实现更有针对性地学习,顺利通过《专业工程管理与实务》科目考试,我们通过饼分图对考试分值占比情况进行分析,如表 6-69、图 6-44 所示。

表 6-69 《专业工程管理与实务》科目考试分值占比

题型	题量（道）	分值（分）	占比（％）
案例题	5	120	75.00
单选题	20	20	12.50
多选题	10	20	12.50

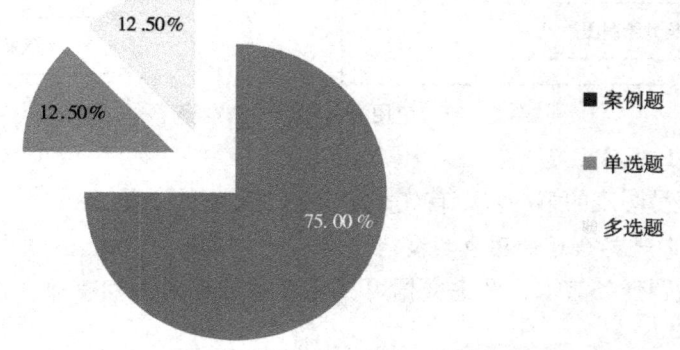

图 6-44 《专业工程管理与实务》科目考试分值占比

根据图 6-44 分析结果,总共 5 道案例题占总分值的 75.00％,总共 30 道选择题（包括单选题和多选题）仅占总分值的 25.00％,案例题部分是绝对的考试重点,应适当增加学习时间和精力。

6.8.4 注意事项

6.8.4.1 折线图绘制要点

①折线图中,类别数据沿水平轴均匀分布,特性值数据沿垂直轴均匀分布。

②垂直轴刻度单位要恰当,以便能直观呈现特性值的波动差异。

③横坐标上的类别数据应该以一种合乎逻辑的和直观的方式进行排列,比如,按字母顺序、大小顺序或价值大小进行排序。

④应该使图表尽可能轻松地帮助读者理解数据。例如,在折线图中添加趋势线来强调变化的趋势,或者添加标准线（平均数或目标值）呈现可改进空间。

⑤某些情形下,为了视觉美观可以将折线转换成平滑曲线。

⑥折线图的绘制比较简单,通过办公软件 Microsoft Office Excel 就可直接实现。

6.8.4.2 折线图适用场景

①折线图主要用于展示特性值在时间序列上的变化趋势。

②折线图也支持多组数据的趋势对比。

6.8.4.3 柱状图绘制要点

①同一张柱状图中所有矩形柱宽度相同，相互间隔相同（矩形柱宽度的 0.5~1 倍）。

②柱状图刻度基准为"0"，横轴纵轴长度和刻度大小需要整体平衡协调，以便能直观呈现数据对比情况。

③横坐标上的类别数据应该以一种合乎逻辑的和直观的方式来排列，比如，按字母顺序、大小顺序或价值大小进行排序。

④应该使图表尽可能轻松地帮助读者理解数据。例如，在柱状图中添加水平比较线（或者其他辅助线）来凸显数据差异。

⑤当运用柱状图呈现多组数据序列的对比情况时，可以考虑区分序列颜色或者组合使用折线图与柱状图。

⑥柱状图的横坐标（X 轴）通常是分类维度，某些情况下也可以是时间维度。

⑦柱状图的绘制比较简单，通过办公软件 Microsoft Office Excel 就可直接实现。

柱状图使用情况如图 6-45、图 6-46 所示。

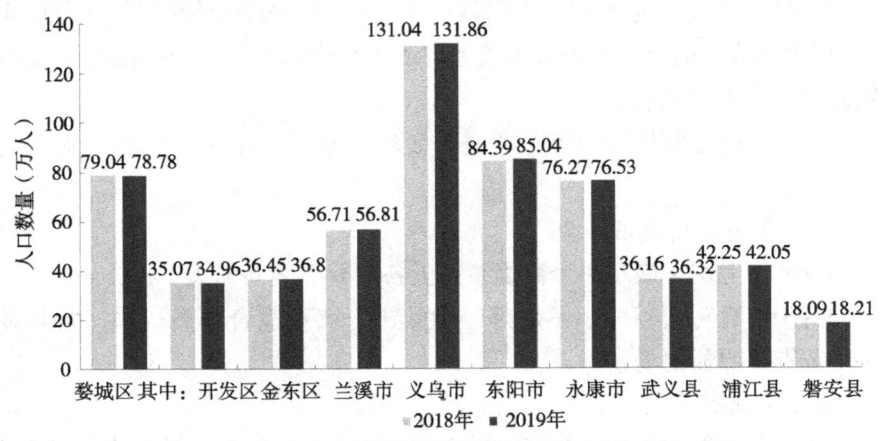

图 6-45 不同数据序列的颜色区分

6.8.4.4 柱状图适用场景

①柱状图描述的是分类数据，主要适用于多个分类数据（大小、数值）之间的对比，柱状图显示数据在一段时间内的连续变化趋势时，效果通常不理想，应考虑使用折线图。

②当分类情况过多时，为保证更强的可读性，应考虑使用横向柱状图，或者改用折线图。

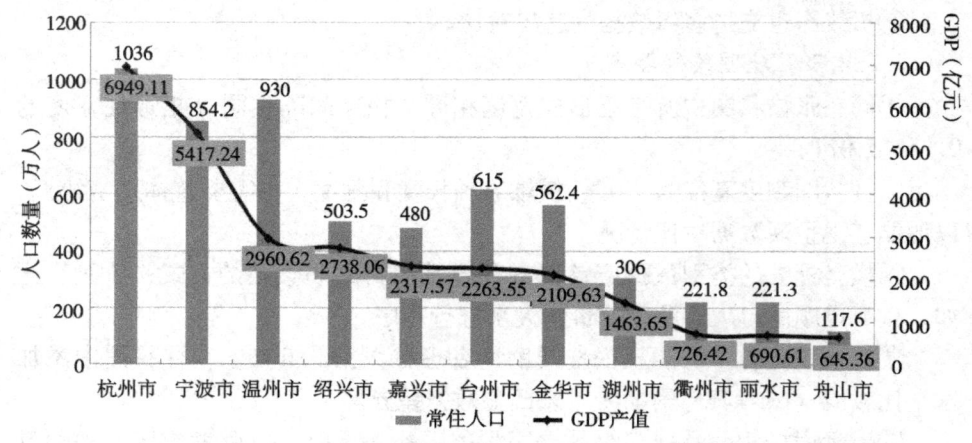

图6-46 不同数据序列的折线图与柱状图组合使用

③柱状图也适用于多组数据序列的对比呈现。

6.8.4.5 饼分图绘制要点

①图中的分类项目要求属于同一统计总体，并保证总和为100%。

②饼分图基准线在时钟12点位置（圆心引出的向上直线），各个项目比例需要以基准线为起始点，按顺时针方向从大到小顺序排列。

③饼分图的设计应该直观而清晰，通常一个饼分图不应该分割超过5块（如果超过5块，则应该考虑采用其他图表进行表达，比如排列图或柱状图），以免无法突出表述重点。

④饼分图的绘制比较简单，通过办公软件 Microsoft Office Excel 就可直接实现。

6.8.4.6 饼分图适用场景

①饼分图适用于展示一个数据系列上各个分类之间的大小占比。

②由于肉眼对面积大小不敏感，因此饼分图不适合分类过多，尤其是分类占比差别不明显的场景。

6.8.4.7 雷达图绘制要点

①代表不同数据维度（项目或指标）的射线夹角通常是没有信息量的，但通常会要求在360度范围内相同夹角（相同间距）径向排列。

②雷达图上每一个数据维度（项目或指标）对应一根射线，数据维度过多，会使射线过于密集，造成可读性下降，应尽可能控制数据维度的数量使雷达图保持简单清晰。

③雷达图每根射线都表示不同数据维度，使用上为了容易理解和统一比较，通常会要求统一所有射线的度量单位，比如，统一成分数、百分比等。

④雷达图的项目（指标）可以是系统关系，也可以是互相独立的，但不能是时间序列，以避免雷达图与折线图混淆，比如，把360度极坐标确定为时间线，记录特性值随时间的变化，仍然属于折线图，不属于雷达图。

⑤雷达图的绘制比较简单，常见的办公软件都具备雷达图的自动生成，如Microsoft Office 和 Kingsoft WPS 等。

6.8.4.8 雷达图适用场景

①雷达图是综合评价中常用的一种方法，尤其适用于对多个目标作出全局性、整体性评价（至少是3个以上），且最好是定量目标值。

②雷达图除了用于发现多项目间的平衡性及平衡性不佳的状况外，通常也用于改善前后的工作成效对比或者不同个体之间的综合能力对比，如图6-47、图6-48所示。

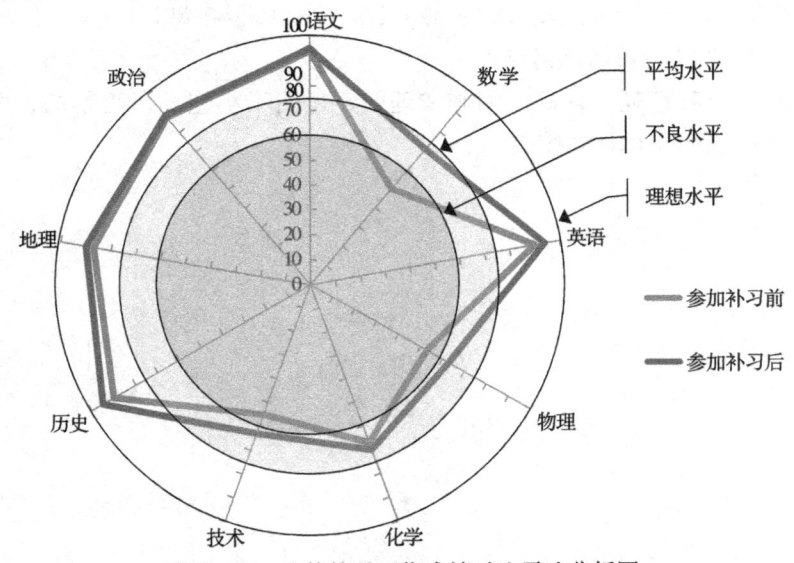

图6-47 改善前后工作成效对比雷达分析图

6.8.4.9 甘特图绘制要点

①甘特图至少应包括两个基本部分，左侧的基本数据部分（工作名称和持续时间等）和右侧的横道线部分（描述工作进度）。

②甘特图的横轴表示时间，纵轴表示工作，进度线表示出特定工作的开展顺序与持续时间，直观表明计划何时进行，进展与要求的对比。

③持续时间的描述可以用日历时间，也可以用累计时间，通常以天为单位，或者以周、旬、月为单位。

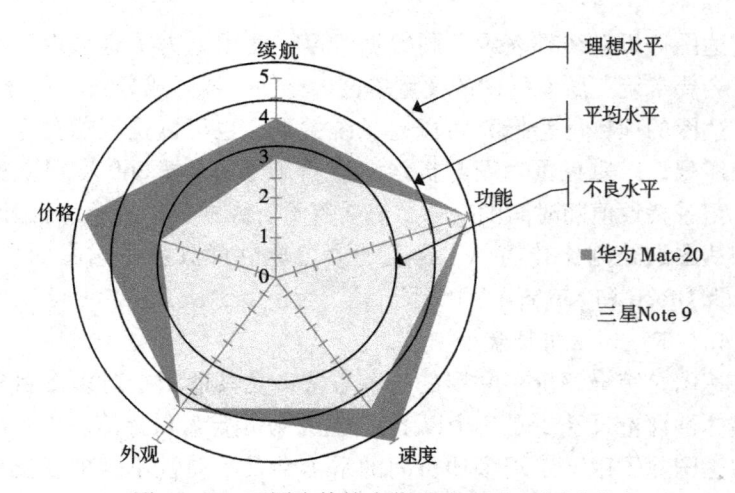

图6-48 不同个体综合能力对比雷达分析图

④甘特图的绘制并不复杂，可通过常见的办公软件辅助实现，比如Microsoft OfficeProject，Microsoft Office Excel和GanttProject等。

6.8.4.10 甘特图的适用场景

甘特图形象直观，且易于编制和理解，适用于小型的，简单的，由少数工作事项组成的项目计划编制。

参考文献

[1] 国家经济贸易委员会. 关于推进企业质量管理小组活动的意见[Z]. 北京：国家经济贸易委员会、财政部、中国科学技术协会、中华全国总工会、共青团中央委员会、中国质量协会，1997.

[2] 中国质量协会. 质量管理小组活动管理办法（1997年版）[S]. 北京：国家经济贸易委员会、财政部、中华全国总工会、共青团中央委员会、中国科学技术协会、中国质量协会，1997.

[3] 中国质量协会. QC小组基础教材（二次修订版）[M]. 北京：中国社会出版社，2000.

[4] 邢文英. QC小组活动指南[M]. 北京：中国社会出版社，2003.

[5] 铁健司. 质量管理统计方法[M]. 韩福荣，译. 北京：机械工业出版社，2006.

[6] 中国质量协会. 质量管理小组基础知识[M]. 北京：中国计量出版社，2010.

[7] 中国质量协会. 质量管理小组理论与方法[M]. 北京：中国质检出版社，2013.

[8] 周冰. QC手法运用实务[M]. 厦门：厦门大学出版社，2013.

[9] 陈国华. 大数据背景下质量管理理论和方法创新[M]. 北京：企业管理出版社，2015.

[10] 全国一级建造师执业资格考试用书编写委员会. 建设工程项目管理[M]. 北京：中国建筑工业出版社，2016.

[11] 中国质量协会. 中国质量协会团体标准——质量管理小组活动准则（征求意见稿）[Z]. 北京：中国质量协会，2016.

[12] 中国质量协会. 中国质量协会团体标准——质量管理小组活动准则[S]. 北京：中国质量协会，2016.

[13] 中国质量协会.《质量管理小组活动准则》要点解读[M]. 北京：中国质检出版社/中国标准出版社，2018.

[14] 中国质量协会. 质量管理小组活动准则T/CAQ 10201—2020 [M]. 北京：中国标准出版社，2020.

[15] 吴文广. QC知识解读与实战案例[M]. 天津：天津科学技术出版社，2020.

附　录

A_2 常用正交表和正态分布函数表

附表1　常用正交表

$L_4(2^3)$ 正交表

试验号	列号		
	1	2	3
1	1	1	1
2	2	1	2
3	1	2	2
4	2	2	1

$L_8(2^7)$ 正交表

试验号	列号						
	1	2	3	4	5	6	7
1	1	1	1	2	2	1	2
2	2	1	2	2	1	1	1
3	1	2	2	2	2	2	1
4	2	2	1	2	1	2	2
5	1	1	2	1	1	2	2
6	2	1	1	1	2	2	1
7	1	2	1	1	1	1	1
8	2	2	2	1	2	1	2

$L_{12}(2^{11})$ 正交表

试验号	列号										
	1	2	3	4	5	6	7	8	9	10	11
1	1	1	1	2	2	1	2	1	2	2	1

续表

试验号	列号										
	1	2	3	4	5	6	7	8	9	10	11
2	2	1	2	1	2	1	1	2	2	2	2
3	1	2	2	2	2	2	1	2	2	1	1
4	2	2	1	1	2	2	2	2	1	2	1
5	1	1	2	2	1	2	2	2	1	2	2
6	2	2	1	1	2	2	2	1	2	1	1
7	1	2	1	1	1	1	2	2	2	1	2
8	2	2	1	2	1	2	1	1	2	2	2
9	1	1	1	1	2	2	1	1	1	1	2
10	2	1	1	2	1	1	1	2	1	1	1
11	1	2	2	1	1	1	1	1	1	2	1
12	2	2	2	2	2	1	2	1	1	1	2

$L_{16}(2^{15})$ 正交表

试验号	列号														
	1	2	3	4	5	6	7	8	9	10	11	12	13	14	15
1	1	1	1	2	2	1	2	1	2	2	1	1	1	2	2
2	2	1	2	2	1	1	1	1	1	2	2	1	2	2	1
3	1	2	2	2	2	2	1	1	2	1	2	1	1	1	1
4	2	2	1	2	1	2	2	1	1	1	1	1	2	1	2
5	1	1	2	1	2	2	1	2	2	2	2	2	2	1	2
6	2	1	1	1	2	2	1	1	1	2	1	2	1	1	1
7	1	2	1	1	1	1	1	2	1	1	2	2	2	2	1
8	2	2	2	1	2	1	2	2	2	2	1	2	1	1	2
9	1	1	1	1	2	2	1	2	1	1	2	1	2	2	2
10	2	1	2	1	1	2	2	2	2	1	1	1	1	2	1
11	1	2	2	1	2	1	2	1	2	1	1	2	1	1	1
12	2	2	1	1	1	1	1	2	2	2	1	1	1	1	2
13	1	1	2	2	1	2	2	1	1	1	1	2	1	2	2
14	2	1	1	2	2	1	2	2	2	1	2	2	2	1	1
15	1	2	1	2	1	2	2	2	1	2	2	2	1	2	1
16	2	2	2	2	2	2	1	2	2	2	1	2	2	2	2

$L_9(3^4)$ 正交表

试验号	列号			
	1	2	3	4
1	1	1	3	2
2	2	1	1	1
3	3	1	2	3
4	1	2	2	1
5	2	2	3	3
6	3	2	1	2
7	1	3	1	3
8	2	3	2	2
9	3	3	3	1

$L_{27}(3^{13})$ 正交表

试验号	列号												
	1	2	3	4	5	6	7	8	9	10	11	12	13
1	1	1	1	1	1	1	1	1	1	1	1	1	1
2	1	1	1	1	2	2	2	2	2	2	2	2	2
3	1	1	1	1	3	3	3	3	3	3	3	3	3
4	1	2	2	2	1	1	1	2	2	2	3	3	3
5	1	2	2	2	2	2	2	3	3	3	1	1	1
6	1	2	2	2	3	3	3	1	1	1	2	2	2
7	1	3	3	3	1	1	1	3	3	3	2	2	2
8	1	3	3	3	2	2	2	1	1	1	3	3	3
9	1	3	3	3	3	3	3	2	2	2	1	1	1
10	2	1	2	3	1	2	3	1	2	3	1	2	3
11	2	1	2	3	2	3	1	2	3	1	2	3	1
12	2	1	2	3	3	1	2	3	1	2	3	1	2
13	2	2	3	1	1	2	3	2	3	1	3	1	2
14	2	2	3	1	2	3	1	3	1	2	1	2	3
15	2	2	3	1	3	1	2	1	2	3	2	3	1
16	2	3	1	2	1	2	3	3	1	2	2	3	1
17	2	3	1	2	2	3	1	1	2	3	3	1	2

续表

试验号	列号												
	1	2	3	4	5	6	7	8	9	10	11	12	13
18	2	3	1	2	3	1	2	2	3	1	1	2	3
19	3	1	3	2	1	3	2	1	3	2	1	3	2
20	3	1	3	2	2	1	3	2	1	3	2	1	3
21	3	1	3	2	3	2	1	3	2	1	3	2	1
22	3	2	1	3	1	3	2	2	1	3	3	2	1
23	3	2	1	3	2	1	3	3	2	1	1	3	2
24	3	2	1	3	3	2	1	1	3	2	2	1	3
25	3	3	2	1	1	3	2	3	2	1	2	1	3
26	3	3	2	1	2	1	3	1	3	2	3	2	1
27	3	3	2	1	3	2	1	2	1	3	1	3	2

$L_{16}(4^5)$ 正交表

试验号	列号				
	1	2	3	4	5
1	1	2	3	2	3
2	3	4	1	2	2
3	2	4	3	3	4
4	4	2	1	3	1
5	1	3	1	4	4
6	3	1	3	4	1
7	2	1	1	1	3
8	4	3	3	1	2
9	1	1	4	3	2
10	3	3	2	3	3
11	2	3	4	2	1
12	4	1	2	2	4
13	1	4	2	1	1
14	3	2	4	1	4
15	2	2	2	4	2
16	4	4	4	4	3

附表2　常用正交表的交互作用表

正交表$L_4(2^3)$二列间的交互作用表

1	2	3	列号
（1）	3	2	3
	（2）	1	2
		（3）	1

正交表$L_8(2^7)$二列间的交互作用表

1	2	3	4	5	6	7	列号
（1）	3	2	5	4	7	6	7
	（2）	1	6	7	4	5	6
		（3）	7	6	5	4	5
			（4）	1	2	3	4
				（5）	3	2	3
					（6）	1	2
						（7）	1

正交表 $L_{16}(2^{15})$ 二列间的交互作用表

1	2	3	4	5	6	7	8	9	10	11	12	13	14	15	列号
(1)	3	2	5	4	7	6	9	8	11	10	13	12	15	14	15
	(2)	1	6	7	4	5	10	11	8	9	14	15	12	13	14
		(3)	7	6	5	4	11	10	9	8	15	14	13	12	13
			(4)	1	2	3	12	13	14	15	8	9	10	11	12
				(5)	3	2	13	12	15	14	9	8	11	10	11
					(6)	1	14	15	12	13	10	11	8	9	10
						(7)	15	14	13	12	11	10	9	8	9
							(8)	1	2	3	4	5	6	7	8
								(9)	3	2	5	4	7	6	7
									(10)	1	6	7	4	5	6
										(11)	7	6	5	4	5
											(12)	1	2	3	4
												(13)	3	2	3
													(14)	1	2
														(15)	1

正交表 $L_{27}(3^{13})$ 二列间的交互作用表

列号	1	2	3	4	5	6	7	8	9	10	11	12	13
1	(1)	3, 4	2, 4	2, 3	6, 7	5, 7	5, 6	9, 10	8, 10	8, 9	12, 13	11, 13	11, 12
2		(2)	1, 4	1, 3	8, 11	9, 12	10, 13	5, 11	6, 12	7, 13	5, 8	6, 9	7, 10
3			(3)	1, 2	9, 13	10, 11	8, 12	7, 12	5, 13	6, 11	6, 10	7, 8	5, 9
4				(4)	10, 12	8, 13	9, 11	6, 13	7, 11	5, 12	7, 9	5, 10	6, 8
5					(5)	1, 7	1, 6	2, 11	3, 13	4, 12	2, 8	4, 10	3, 9
6						(6)	1, 5	4, 13	2, 12	3, 11	3, 10	2, 9	4, 8
7							(7)	3, 12	4, 11	2, 13	4, 9	3, 8	2, 10
8								(8)	1, 10	1, 9	2, 5	3, 7	4, 6
9									(9)	1, 8	4, 7	2, 6	3, 5
10										(10)	3, 6	4, 5	2, 7
11											(11)	1, 13	1, 12
12												(12)	1, 11
13													(13)

附表3 标准正态分布函数表[1]

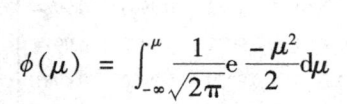

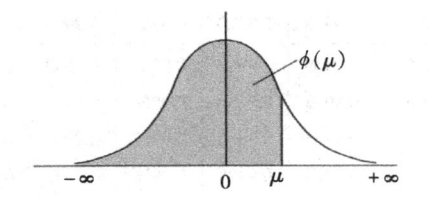

$$\phi(\mu) = \int_{-\infty}^{\mu} \frac{1}{\sqrt{2\pi}} e^{\frac{-\mu^2}{2}} d\mu$$

μ	0.00	0.01	0.02	0.03	0.04	0.05	0.06	0.07	0.08	0.09
0.0	0.5000	0.5040	0.5080	0.5120	0.5160	0.5199	0.5239	0.5279	0.5319	0.5359
0.1	0.5398	0.5438	0.5478	0.5517	0.5557	0.5596	0.5636	0.5675	0.5714	0.5753
0.2	0.5793	0.5832	0.5871	0.5910	0.5948	0.5987	0.6026	0.6064	0.6103	0.6141
0.3	0.6179	0.6217	0.6255	0.6293	0.6331	0.6368	0.6406	0.6443	0.6480	0.6517
0.4	0.6554	0.6591	0.6628	0.6664	0.6700	0.6736	0.6772	0.6808	0.6844	0.6879
0.5	0.6915	0.6950	0.6985	0.7019	0.7054	0.7088	0.7123	0.7157	0.7190	0.7224
0.6	0.7257	0.7291	0.7324	0.7357	0.7389	0.7422	0.7454	0.7486	0.7517	0.7549
0.7	0.7580	0.7611	0.7642	0.7673	0.7703	0.7734	0.7764	0.7794	0.7823	0.7582
0.8	0.7881	0.7910	0.7939	0.7967	0.7995	0.8023	0.8051	0.8078	0.8106	0.8133
0.9	0.8159	0.8186	0.8212	0.8238	0.8264	0.8289	0.8315	0.8340	0.8365	0.8389
1.0	0.8413	0.8438	0.8461	0.8485	0.8508	0.8531	0.8554	0.8577	0.8599	0.8621
1.1	0.8643	0.8665	0.8686	0.8708	0.8729	0.8749	0.8770	0.8790	0.8810	0.8830
1.2	0.8849	0.8869	0.8888	0.8970	0.8925	0.8944	0.8962	0.8980	0.8997	0.9015
1.3	0.9032	0.9049	0.9066	0.9082	0.9099	0.9115	0.9131	0.9147	0.9162	0.9177
1.4	0.9192	0.9207	0.9222	0.9236	0.9251	0.9265	0.9278	0.9292	0.9306	0.9319
1.5	0.9332	0.9345	0.9357	0.9370	0.9382	0.9394	0.9406	0.9418	0.9430	0.9441
1.6	0.9452	0.9463	0.9474	0.9484	0.9495	0.9505	0.9515	0.9525	0.9535	0.9545
1.7	0.9554	0.9564	0.9573	0.9582	0.9591	0.9599	0.9608	0.9616	0.9625	0.9633
1.8	0.9641	0.9648	0.9656	0.9664	0.9671	0.9678	0.9686	0.9693	0.9700	0.9706
1.9	0.9713	0.9719	0.9726	0.9732	0.9738	0.9744	0.9750	0.9756	0.9762	0.9767

[1] 本表对于 μ 给出标准正态分布函数 $\phi(\mu)$ 的数值，例：$\mu=1.52$，$\phi(\mu)=0.9357$。

续表

μ	0.00	0.01	0.02	0.03	0.04	0.05	0.06	0.07	0.08	0.09
2.0	0.9772	0.9778	0.9783	0.9788	0.9793	0.9798	0.9803	0.9808	0.9812	0.9817
2.1	0.9821	0.9826	0.9830	0.9834	0.9838	0.9842	0.9846	0.9850	0.9854	0.9857
2.2	0.9861	0.9864	0.9868	0.9871	0.9834	0.9878	0.9881	0.9884	0.9887	0.9890
2.3	0.9893	0.9896	0.9898	0.9901	0.9904	0.9906	0.9909	0.9911	0.9913	0.9916
2.4	0.9918	0.9920	0.9922	0.9925	0.9927	0.9929	0.9931	0.9932	0.9934	0.9936
2.5	0.9938	0.9940	0.9941	0.9943	0.9945	0.9946	0.9948	0.9949	0.9951	0.9952
2.6	0.9953	0.9955	0.9956	0.9957	0.9959	0.9960	0.9961	0.9962	0.9963	0.9964
2.7	0.9965	0.9966	0.9967	0.9968	0.9969	0.9970	0.9971	0.9972	0.9973	0.9974
2.8	0.9974	0.9975	0.9976	0.9977	0.9977	0.9978	0.9979	0.9979	0.9980	0.9981
2.9	0.9981	0.9982	0.9982	0.9983	0.9984	0.9984	0.9985	0.9985	0.9986	0.9986
3.0	0.9987	0.9990	0.9993	0.9995	0.9997	0.9998	0.9998	0.9999	0.9999	1.0000

A_3 F分布表

$\alpha=0.05$

n_2 \ n_1	1	2	3	4	5	6	7	8	9	10	12	15	20	24	30	40	60	120	∞
1	161.4	199.5	215.7	224.6	230.2	234.0	236.8	238.9	240.5	241.9	243.9	245.9	248.0	249.1	250.1	251.1	252.2	253.3	254.3
2	18.51	19.00	19.16	19.25	19.30	19.33	19.35	19.37	19.38	19.40	19.41	19.43	19.45	19.45	19.46	19.47	19.48	19.49	19.50
3	10.13	9.55	9.28	9.12	9.01	8.94	8.89	8.85	8.81	8.79	8.74	8.70	8.66	8.64	8.62	8.59	8.57	8.55	8.53
4	7.71	6.94	6.59	6.39	6.26	6.16	6.09	6.04	6.00	5.96	5.91	5.86	5.80	5.77	5.75	5.72	5.69	5.66	5.63
5	6.61	5.79	5.41	5.19	5.05	4.95	4.88	4.82	4.77	4.74	4.68	4.62	4.56	4.53	4.50	4.46	4.43	4.40	4.36
6	5.99	5.14	4.76	4.53	4.39	4.28	4.21	4.15	4.10	4.06	4.00	3.94	3.87	3.84	3.81	3.77	3.74	3.70	3.67
7	5.59	4.74	4.35	4.12	3.97	3.87	3.79	3.73	3.68	3.64	3.57	3.51	3.44	3.41	3.38	3.34	3.30	3.27	3.23
8	5.32	4.46	4.07	3.84	3.69	3.58	3.50	3.44	3.39	3.35	3.28	3.22	3.15	3.12	3.08	3.04	3.01	2.97	2.93
9	5.12	4.26	3.86	3.63	3.48	3.37	3.29	3.23	3.18	3.14	3.07	3.01	2.94	2.90	2.86	2.83	2.79	2.75	2.71
10	4.96	4.10	3.71	3.48	3.33	3.22	3.14	3.07	3.02	2.98	2.91	2.85	2.77	2.74	2.70	2.66	2.62	2.58	2.54
11	4.84	3.98	3.59	3.36	3.20	3.09	3.01	2.95	2.90	2.85	2.79	2.72	2.65	2.61	2.57	2.53	2.49	2.45	2.40
12	4.75	3.89	3.49	3.26	3.11	3.00	2.91	2.85	2.80	2.75	2.69	2.62	2.54	2.51	2.47	2.43	2.38	2.34	2.30
13	4.67	3.81	3.41	3.18	3.03	2.92	2.83	2.77	2.71	2.67	2.60	2.53	2.46	2.42	2.38	2.34	2.30	2.25	2.21
14	4.60	3.74	3.34	3.11	2.96	2.85	2.76	2.70	2.65	2.60	2.53	2.46	2.39	2.35	2.31	2.27	2.22	2.18	2.13
15	4.54	3.68	3.29	3.06	2.90	2.79	2.71	2.64	2.59	2.54	2.48	2.40	2.33	2.29	2.25	2.20	2.16	2.11	2.07
16	4.49	3.63	3.24	3.01	2.85	2.74	2.66	2.59	2.54	2.49	2.42	2.35	2.28	2.24	2.19	2.15	2.11	2.06	2.01
17	4.45	3.59	3.20	2.96	2.81	2.70	2.61	2.55	2.49	2.45	2.38	2.31	2.23	2.19	2.15	2.10	2.06	2.01	1.96
18	4.41	3.55	3.16	2.93	2.77	2.66	2.58	2.51	2.46	2.41	2.34	2.27	2.19	2.15	2.11	2.06	2.02	1.97	1.92
19	4.38	3.52	3.13	2.90	2.74	2.63	2.54	2.48	2.42	2.38	2.31	2.23	2.16	2.11	2.07	2.03	1.98	1.93	1.88
20	4.35	3.49	3.10	2.87	2.71	2.60	2.51	2.45	2.39	2.35	2.28	2.20	2.12	2.08	2.04	1.99	1.95	1.90	1.84
21	4.32	3.47	3.07	2.84	2.68	2.57	2.49	2.42	2.37	2.32	2.25	2.18	2.10	2.05	2.01	1.96	1.92	1.87	1.81
22	4.30	3.44	3.05	2.82	2.66	2.55	2.46	2.40	2.34	2.30	2.23	2.15	2.07	2.03	1.98	1.94	1.89	1.84	1.78
23	4.28	3.42	3.03	2.80	2.64	2.53	2.44	2.37	2.32	2.27	2.20	2.13	2.05	2.01	1.96	1.91	1.86	1.81	1.76
24	4.26	3.40	3.01	2.78	2.62	2.51	2.42	2.36	2.30	2.25	2.18	2.11	2.03	1.98	1.94	1.89	1.84	1.79	1.73

$\alpha=0.01$

n_2 \ n_1	1	2	3	4	5	6	7	8	9	10	12	15	20	24	30	40	60	120	∞
1	4052	4999.5	5403	5625	5764	5859	5928	5982	6022	6056	6106	6157	6209	6235	6261	6287	6313	6339	6366
2	98.50	99.00	99.17	99.25	99.30	99.33	99.36	99.37	99.39	99.40	99.42	99.43	99.45	99.46	99.47	99.47	99.48	99.49	99.50
3	34.12	30.82	29.46	28.71	28.24	27.91	27.67	27.49	27.35	27.23	27.05	26.87	26.69	26.60	26.50	26.41	26.32	26.22	26.13
4	21.20	18.00	16.69	15.98	15.52	15.21	14.98	14.80	14.66	14.55	14.37	14.20	14.02	13.93	13.84	13.75	13.65	13.56	13.46
5	16.26	13.27	12.06	11.39	10.97	10.67	10.46	10.29	10.16	10.05	9.89	9.72	9.55	9.47	9.38	9.29	9.20	9.11	9.02
6	13.75	10.93	9.78	9.15	8.75	8.47	8.26	8.10	7.98	7.87	7.72	7.56	7.40	7.31	7.23	7.14	7.06	6.97	6.88
7	12.25	9.55	8.45	7.85	7.46	7.19	6.99	6.84	6.72	6.62	6.47	6.31	6.16	6.07	5.99	5.91	5.82	5.74	5.65
8	11.26	8.65	7.59	7.01	6.63	6.37	6.18	6.03	5.91	5.81	5.67	5.52	5.36	5.28	5.20	5.12	5.03	4.95	4.86
9	10.56	8.02	6.99	6.42	6.06	5.80	5.61	5.47	5.35	5.26	5.11	4.96	4.81	4.73	4.65	4.57	4.48	4.40	4.31
10	10.04	7.56	6.55	5.99	5.64	5.39	5.20	5.06	4.94	4.85	4.71	4.56	4.41	4.33	4.25	4.17	4.08	4.00	3.91
11	9.65	7.21	6.22	5.67	5.32	5.07	4.89	4.74	4.63	4.54	4.40	4.25	4.10	4.02	3.94	3.86	3.78	3.69	3.60
12	9.33	6.93	5.95	5.41	5.06	4.82	4.64	4.50	4.39	4.30	4.16	4.01	3.86	3.78	3.70	3.62	3.54	3.45	3.36
13	9.07	6.70	5.74	5.21	4.86	4.62	4.44	4.30	4.19	4.10	3.96	3.82	3.66	3.59	3.51	3.43	3.34	3.25	3.17
14	8.86	6.51	5.56	5.04	4.69	4.46	4.28	4.14	4.03	3.94	3.80	3.66	3.51	3.43	3.35	3.27	3.18	3.09	3.00
15	8.68	6.36	5.42	4.89	4.56	4.32	4.14	4.00	3.89	3.80	3.67	3.52	3.37	3.29	3.21	3.13	3.05	2.96	2.87
16	8.53	6.23	5.29	4.77	4.44	4.20	4.03	3.89	3.78	3.69	3.55	3.41	3.26	3.18	3.10	3.02	2.93	2.84	2.75
17	8.40	6.11	5.18	4.67	4.34	4.10	3.93	3.79	3.68	3.59	3.46	3.31	3.16	3.08	3.00	2.92	2.83	2.75	2.65
18	8.29	6.01	5.09	4.58	4.25	4.01	3.84	3.71	3.60	3.51	3.37	3.23	3.08	3.00	2.92	2.84	2.75	2.66	2.57
19	8.18	5.93	5.01	4.50	4.17	3.94	3.77	3.63	3.52	3.43	3.30	3.15	3.00	2.92	2.84	2.76	2.67	2.58	2.49
20	8.10	5.85	4.94	4.43	4.10	3.87	3.70	3.56	3.46	3.37	3.23	3.09	2.94	2.86	2.78	2.69	2.61	2.52	2.42
21	8.02	5.78	4.87	4.37	4.04	3.81	3.64	3.51	3.40	3.31	3.17	3.03	2.88	2.80	2.72	2.64	2.55	2.46	2.36
22	7.95	5.72	4.82	4.31	3.99	3.76	3.59	3.45	3.35	3.26	3.12	2.98	2.83	2.75	2.67	2.58	2.50	2.40	2.31
23	7.88	5.66	4.76	4.26	3.94	3.71	3.54	3.41	3.30	3.21	3.07	2.93	2.78	2.70	2.62	2.54	2.45	2.35	2.26
24	7.82	5.61	4.72	4.22	3.90	3.67	3.50	3.36	3.26	3.17	3.03	2.89	2.74	2.66	2.58	2.49	2.40	2.31	2.21

A_4 t分布表

$n-2$	单侧	$t_{0.10}$	$t_{0.05}$	$t_{0.025}$	$t_{0.01}$	$t_{0.005}$	$t_{0.0025}$	$t_{0.001}$	$t_{0.0005}$
	双侧	$t_{0.20}$	$t_{0.10}$	$t_{0.05}$	$t_{0.02}$	$t_{0.01}$	$t_{0.005}$	$t_{0.002}$	$t_{0.001}$
1		3.078	6.314	12.710	31.820	63.660	127.30	318.30	636.600
2		1.886	2.920	4.303	6.965	9.925	14.090	22.330	31.600
3		1.638	2.353	3.182	4.541	5.841	7.453	10.210	12.920
4		1.533	2.132	2.776	3.747	4.604	5.598	7.173	8.610
5		1.476	2.015	2.571	3.365	4.032	4.773	5.893	6.869
6		1.440	1.943	2.447	3.143	3.707	4.317	5.208	5.959
7		1.415	1.895	2.365	2.998	3.499	4.029	4.785	5.408
8		1.397	1.860	2.306	2.896	3.355	3.833	4.501	5.041
9		1.383	1.833	2.262	2.821	3.250	3.690	4.297	4.781
10		1.372	1.812	2.228	2.764	3.169	3.581	4.144	4.587
11		1.363	1.796	2.201	2.718	3.106	3.497	4.025	4.437
12		1.356	1.782	2.179	2.681	3.055	3.428	3.930	4.318
13		1.350	1.771	2.160	2.650	3.012	3.372	3.852	4.221
14		1.345	1.761	2.145	2.624	2.977	3.326	3.787	4.140
15		1.341	1.753	2.131	2.602	2.947	3.286	3.733	4.073
16		1.337	1.746	2.120	2.583	2.921	3.252	3.686	4.015
17		1.333	1.740	2.110	2.567	2.898	3.222	3.646	3.965
18		1.330	1.734	2.101	2.552	2.878	3.197	3.610	3.922
19		1.328	1.729	2.093	2.539	2.861	3.174	3.579	3.883
20		1.325	1.725	2.086	2.528	2.845	3.153	3.552	3.850
21		1.323	1.721	2.080	2.518	2.831	3.135	3.527	3.819
22		1.321	1.717	2.074	2.508	2.819	3.119	3.505	3.792
23		1.319	1.714	2.069	2.500	2.807	3.104	3.485	3.767
24		1.318	1.711	2.064	2.492	2.797	3.091	3.467	3.745
25		1.316	1.708	2.060	2.485	2.787	3.078	3.450	3.725
26		1.315	1.706	2.056	2.479	2.779	3.067	3.435	3.707
27		1.314	1.703	2.052	2.473	2.771	3.057	3.421	3.690
28		1.313	1.701	2.048	2.467	2.763	3.047	3.408	3.674
29		1.311	1.699	2.045	2.462	2.756	3.038	3.396	3.659
30		1.310	1.697	2.042	2.457	2.750	3.030	3.385	3.646

续表

$n-2$	单侧	$t_{0.10}$	$t_{0.05}$	$t_{0.025}$	$t_{0.01}$	$t_{0.005}$	$t_{0.0025}$	$t_{0.001}$	$t_{0.0005}$
	双侧	$t_{0.20}$	$t_{0.10}$	$t_{0.05}$	$t_{0.02}$	$t_{0.01}$	$t_{0.005}$	$t_{0.002}$	$t_{0.001}$
40		1.303	1.684	2.021	2.423	2.704	2.971	3.307	3.551
50		1.299	1.676	2.009	2.403	2.678	2.937	3.261	3.496
60		1.296	1.671	2.000	2.390	2.660	2.915	3.232	3.460
80		1.292	1.664	1.990	2.374	2.639	2.887	3.195	3.416
100		1.290	1.660	1.984	2.364	2.626	2.871	3.174	3.390
120		1.289	1.658	1.980	2.358	2.617	2.860	3.160	3.373
∞ ❶		1.282	1.645	1.960	2.326	2.576	2.807	3.09	3.291

A_5 相关系数临界值表

$n-2$	α		$n-2$	α	
	5%	1%		5%	1%
1	0.997	1.000	21	0.413	0.526
2	0.950	0.990	22	0.404	0.515
3	0.878	0.959	23	0.396	0.505
4	0.811	0.917	24	0.388	0.496
5	0.754	0.874	25	0.381	0.487
6	0.707	0.834	26	0.374	0.478
7	0.666	0.798	27	0.367	0.470
8	0.632	0.765	28	0.361	0.463
9	0.602	0.735	29	0.355	0.456
10	0.576	0.708	30	0.349	0.449
11	0.553	0.684	35	0.325	0.418
12	0.532	0.661	40	0.304	0.393
13	0.514	0.641	45	0.288	0.372
14	0.497	0.623	50	0.273	0.354
15	0.482	0.606	60	0.250	0.325
16	0.468	0.590	70	0.232	0.302
17	0.456	0.575	80	0.217	0.283
18	0.444	0.561	90	0.205	0.267
19	0.433	0.549	100	0.195	0.254
20	0.423	0.537	200	0.138	0.181

❶ 当自由度（$n-2$）为无穷大时（∞），t 分布等价于正态分布。